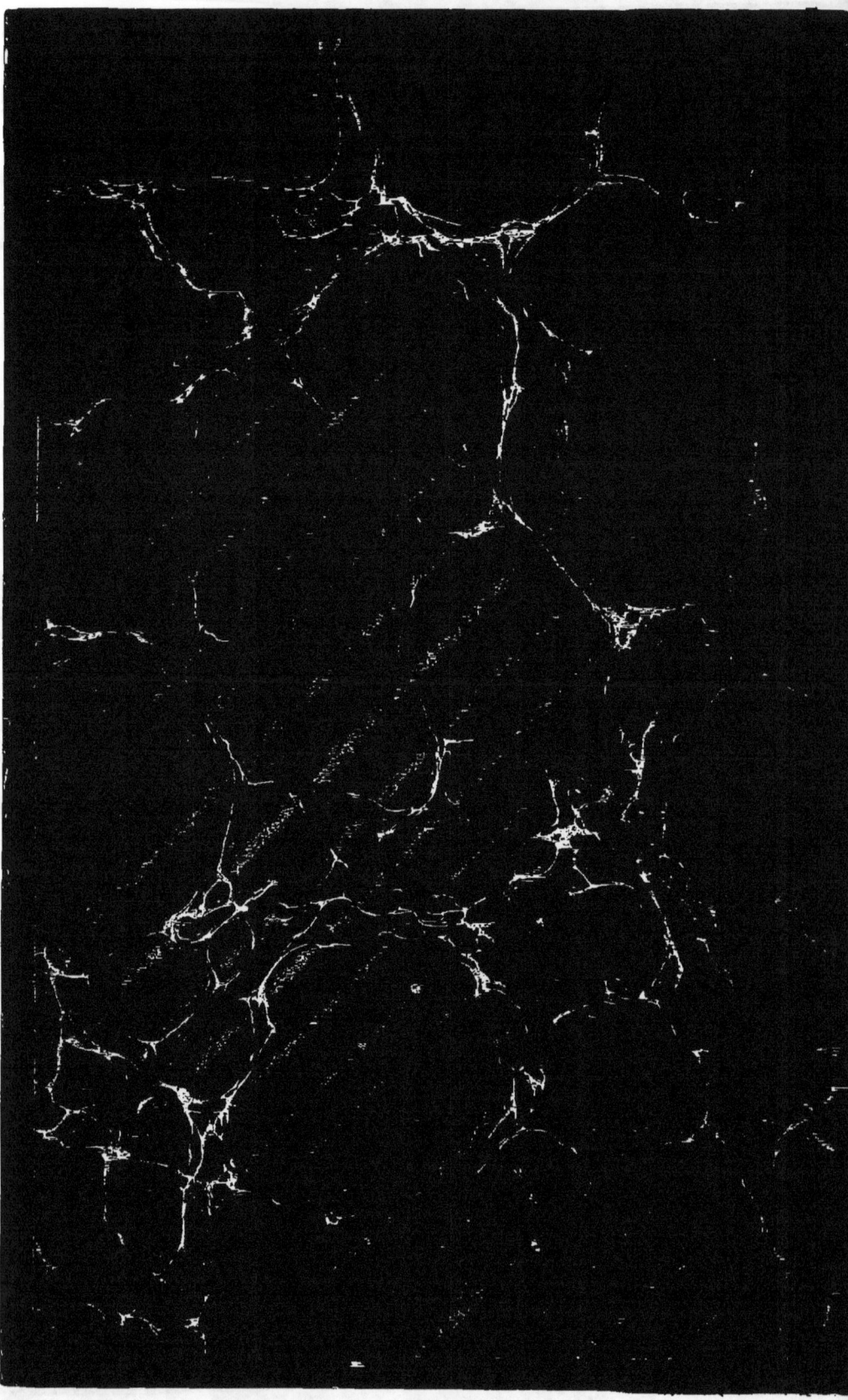

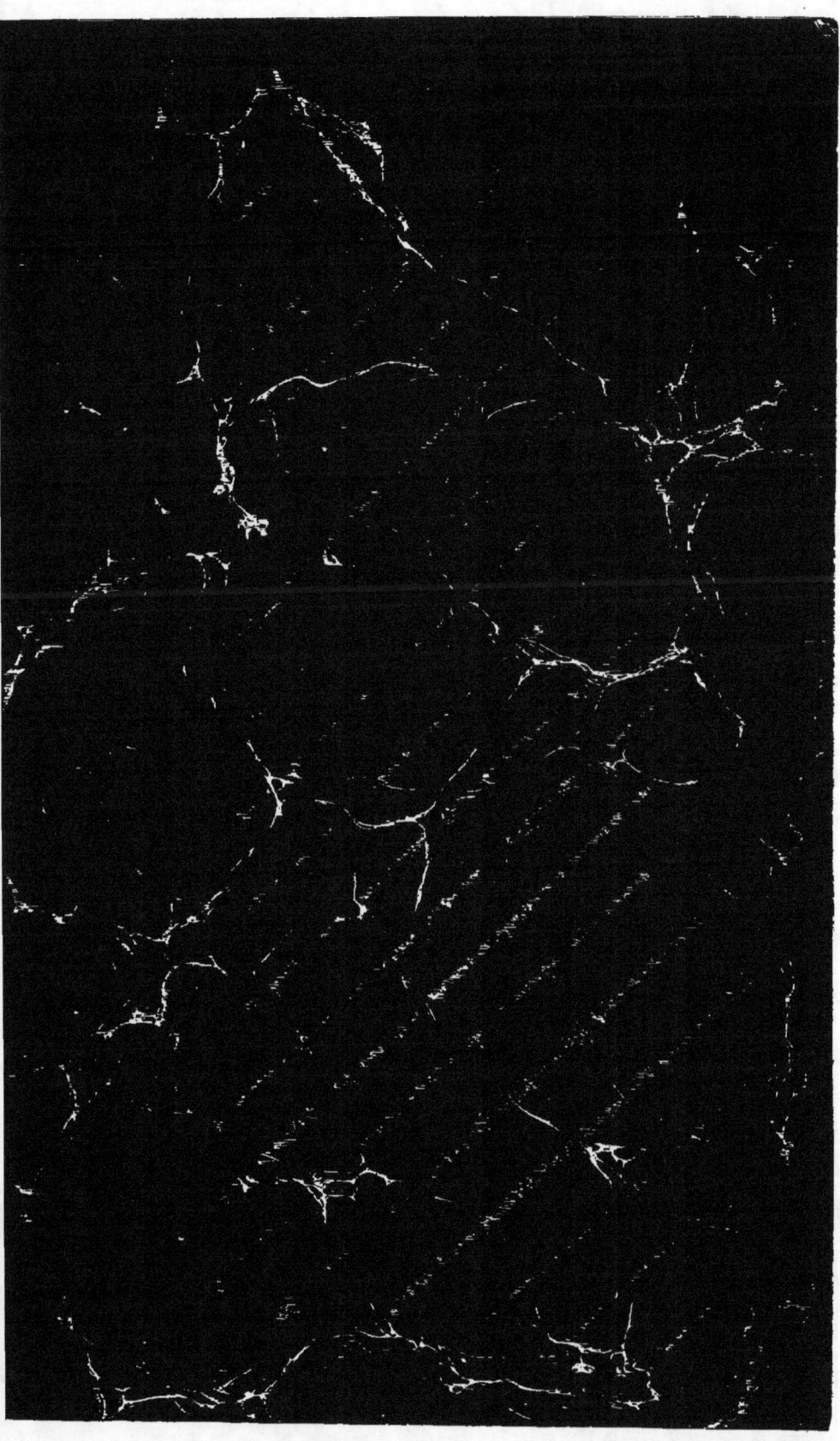

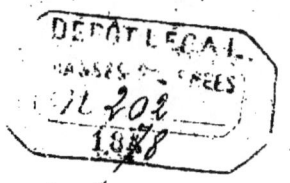

# VIE

DU

SERVITEUR DE MARIE

## Louis-Edouard CESTAC.

# VIE

DU

## SERVITEUR DE MARIE

# L. E. CESTAC

FONDATEUR

DE

## NOTRE-DAME-DU-REFUGE

(Diocèse de Bayonne)

PAR

### M. l'Abbé Ed. PUYOL

Docteur en Théologie.

---

BAYONNE

IMPRIMERIE LAMAIGNÈRE, RUE CHEGARAY, N° 39.

1878

*A Monseigneur François LACROIX,*

Evêque de Bayonne.

---

MONSEIGNEUR,

*La dédicace de ce livre revient de droit à Votre Grandeur.*

*Lorsque la Supérieure Générale des* Servantes de Marie *m'a appelé à l'honneur d'écrire la vie de son vénéré Père en Dieu, vous avez bien voulu approuver son choix ; au milieu de l'entreprise, vous avez daigné encourager mes travaux de la manière la plus flatteuse ; aujourd'hui que l'œuvre est terminée, il ne me reste plus qu'à vous prier d'en agréer l'hommage et de lui accorder votre bénédiction.*

*Mais alors même que je n'aurais pas à remplir envers vous des devoirs particuliers de gratitude et de déférence, il suffit que l'Institut des* Servantes de Marie *soit intéressé de quelque manière dans la présente publication pour qu'elle soit respectueusement déposée à vos pieds. N'est-ce pas vous, Monseigneur, qui, depuis quarante ans, présidez à la formation et à la croissance de l'œuvre? vous qui avez soutenu, consolé, encouragé le saint prêtre qui l'a établie? vous qui, après la mort du vénéré fondateur, avez pris en mains les intérêts de la Congrégation et lui avez donné des preuves multipliées d'une affection paternelle? vous encore qui, tout récemment, l'avez si puissamment aidée à obtenir le bienfait de l'Approbation apostolique?*

*Votre place est trop grande dans l'œuvre, Monseigneur, et la vénération des* Servantes de Marie, *aussi bien que leur fidélité, vous sont trop légitimement acquises pour que je* n'hésite pas à vous offrir, en leur nom, comme un témoignage de respect et de reconnaissance, ce modeste travail où se trouvent racontées les saintes entreprises réalisées sous vos auspices, pendant votre long et glorieux épiscopat, par un saint prêtre que vous avez toujours protégé, estimé et aimé.

Je suis, Monseigneur,

De Votre Grandeur

le très-humble et dévoué serviteur.

Paris, en la fête de Notre-Dame-Auxiliatrice, 24 mai 1878.

## Ed. PUYOL,

Chanoine honoraire de la Cathédrale de Bayonne.

## ÉVÊCHÉ DE BAYONNE.

---

Nous, François LACROIX, Evêque de Bayonne, sur le rapport très-favorable qui nous a été fait par M. l'abbé Franchistéguy, notre vicaire-général, d'un livre intitulé : *Vie du serviteur de Marie L.-E. Cestac, fondateur de Notre-Dame-du-Refuge, par M. l'abbé Ed. Puyol, Docteur en Théologie, Chanoine honoraire de notre cathédrale*, avons permis et permettons par les présentes, l'impression et la publication de ce livre.

Nous sommes heureux que le saint prêtre, dont la mémoire demeure en bénédiction dans notre diocèse, ait trouvé un digne biographe, honorablement connu par ses estimables travaux d'histoire et de théologie. Nos très-chères filles, les *Servantes de Marie,* y retrouveront avec fruit les exemples et les leçons de leur pieux fondateur et s'attacheront de plus en plus à se pénétrer du véritable esprit de ses œuvres. Toutes les Religieuses et les simples fidèles eux-mêmes gagneront, à la lecture de cette vie, de mieux comprendre combien il est avantageux de marcher, sous la protection de la Très-Sainte Vierge, dans les voies toujours sûres de la divine Providence.

Donné à Bayonne, sous notre seing, le sceau de nos armes et le contre-seing de notre secrétaire, le Samedi 8 Juin 1878.

† François,
*Evêque de Bayonne.*

Par Mandement :

A. Saubot-Damborgez,
*Ch. hon., secrét.*

# AVERTISSEMENT.

Les documents ayant servi à la composition de ce livre ont été rangés en quatre catégories.

1º *Lettres autographes.* — Les archives du Monastère d'Anglet contiennent la série presque complète des lettres écrites par M. Cestac, depuis le jour où, en 1817, il quitta la maison paternelle pour la première fois, jusqu'à la veille de sa mort. Nous nous sommes servi de préférence de cette précieuse collection, comprenant plusieurs centaines de pièces de correspondance privée, administrative, ascétique, etc. Grâce à ces documents, jusqu'ici inconnus du public et que nous nous sommes fait un devoir de citer abondamment, nous avons pu établir jour par jour l'histoire du saint prêtre, avec une autorité irréfragable et une précision indiscutable. Nous croyons qu'on nous saura gré d'avoir révélé un si grand nombre de pièces remarquables.

2º *Lettres des membres de l'œuvre.* — On a mis à notre disposition beaucoup de lettres écrites par la Mère Vénérée et les premières Servantes de Marie. Elles nous ont permis de combler quelques lacunes de notre récit et de compléter les renseignements fournis par la correspondance du Bon Père.

3º *Mémoires, dissertations, opuscules,* etc. — Le vénéré fondateur a composé des volumes entiers de travaux relatifs aux sujets les plus divers. Ils contiennent des données du plus haut prix dont nous avons fait notre profit. Nous avons surtout consulté un mémoire assez étendu dans lequel se trouvent consignés les principaux détails relatifs à l'histoire de l'Institut. Nous le citons dans notre livre sous la désignation d'*Autobiographie*. Nous avons eu soin d'en reproduire intégralement les principaux passages. Malheureusement, cette œuvre est inachevée ; de plus, elle est rédigée de manière à ne pouvoir être imprimée dans son entier ; enfin, il nous a été nécessaire de modifier quelques points inexacts ou incomplets, d'après les correspondances contemporaines des événements eux-mêmes, tant l'autorité des documents immédiats l'emporte sur les traditions orales, nous disons plus, sur les mémoires authentiques, mais de seconde venue !

4º Il existe également quantité d'écrits, de relations, d'ouvrages, imprimés ou manuscrits, se rapportant à notre sujet. Nous les avons consultés avec soin et on les verra fréquemment cités dans le cours de ce travail. Nous rangerons dans la même classe les traditions orales si nombreuses dans la Congrégation et au dehors. Quelque précieuse et complète que fût la série des documents de premier ordre, nous n'avons pas négligé la tradition orale ; nous en avons surtout tenu compte, ainsi qu'il convenait, pour reconstituer le milieu historique ; mais, suivant les règles de la saine critique, nous avons dû tout subordonner aux témoignages écrits et contemporains des faits.

Nous manquerions à un devoir de justice et d'affection si nous n'exprimions pas notre reconnaissance au R. P. Etchégaray, directeur de Notre-Dame-du-Refuge, pour son concours si actif et si intelligent. La découverte et le classement des pièces lui appartiennent. Personne mieux que lui ne pouvait les mettre en œuvre. Il a préféré nous abandonner l'insigne faveur d'écrire l'histoire d'un saint. Nous l'en remercions d'autant plus vivement que sa vigilance n'a pas cessé de s'exercer un seul instant sur notre travail et lui a donné ce qui en constituera, nous le croyons, le principal mérite : l'exactitude et la correction des détails, la ressemblance et la proportion de l'ensemble.

Un mot sur le plan. Le Serviteur de Marie, dont nous racontons la vie, a été l'homme d'une idée. Son existence tout entière a été consacrée à la réalisation d'une seule œuvre. De là une division naturelle : l'œuvre *préparée, fondée, consommée*. Cette division nous paraît répondre complétement à la vérité des faits, et nous a permis de donner à notre livre l'unité qu'il ne nous aurait pas été possible d'atteindre autrement, au milieu de la complexité des événements et de la multiplicité des personnages dont nous avions à retracer la physionomie.

# DÉCLARATION.

Le Pape Urbain VIII ordonne aux écrivains catholiques d'insérer, au commencement et à la fin des livres qu'ils font imprimer sur la vie, les vertus et les miracles des serviteurs de Dieu qui ne sont ni béatifiés, ni canonisés, deux protestations dont la forme a été arrêtée par l'autorité apostolique elle-même. Nous insérons ici la première protestation. On trouvera la deuxième au dernier chapitre de ce livre :
« Notre Saint-Père le Pape Urbain VIII
« ayant défendu, par ses décrets des 13 mars
« 1625 et 5 juillet 1634, d'imprimer, sans
« l'examen et l'Approbation de l'Evêque dio-
« césain, aucuns livres contenant les actions,
« les miracles et les révélations des person-
« nes mortes en odeur de sainteté ou regar-
« dées comme martyrs ; ayant en outre statué,
« par son décret du 5 juin 1631, que, dans le
« cas où l'on donnerait à ces personnes le
« nom de *saint* ou de *bienheureux,* on serait
« tenu de déclarer qu'on n'emploie ce titre
« que pour exprimer l'innocence de leur vie
« et l'excellence de leur vertu, sans nul pré-

« judice de l'autorité de l'Eglise catholique,
« à laquelle seule appartient de déclarer les
« saints et de les proposer à la vénération
« des fidèles; en conséquence de ces décrets,
« auxquels je suis sincèrement et inviolable-
« ment soumis, je proteste ici que je ne recon-
« nais pour saints, bienheureux ou vrais mar-
« tyrs, que ceux auxquels le Saint-Siége apos-
« tolique accorde ces titres; et je déclare que
« tous les faits rapportés dans ce livre n'ont
« qu'une autorité privée et qu'ils ne peuvent
« acquérir une véritable authenticité qu'après
« avoir été approuvés par le jugement du Sou-
« verain Pontife. »

# LIVRE PREMIER

L'Œuvre préparée.

# LIVRE PREMIER

## CHAPITRE PREMIER

### UNE PIEUSE ÉDUCATION
(1801-1822)

I.

**La première Enfance.**

Le père du serviteur de Marie dont nous avons à raconter la vie, se nommait Dominique Cestac, natif de Sariac, département des Hautes-Pyrénées, issu d'une famille très-honnête et très-chrétienne. Il était, avec un frère jumeau, le douzième de la famille. De très-bonne heure se révélèrent en lui des tendances aventureuses ; éprouvant un goût prononcé pour les voyages, la vie domestique lui pesait. Ne pouvant résister à ses impressions, il quitta tout jeune la maison paternelle, avant même d'avoir fait sa première communion. Arrivé à Bayonne, il s'engagea comme mousse dans un navire qui faisait voile

*La première Enfance*

pour l'Amérique. Au moment de partir, il fut assez heureux pour faire sa première communion avec de pieuses dispositions.

Le bâtiment sur lequel naviguait le jeune Dominique se trouvait dans la grande mer, lorsqu'on s'aperçut qu'une voie d'eau menaçait de faire couler le navire. On court aux pompes : on les met en jeu avec l'énergie que donne le péril prochain. Bientôt on acquiert la preuve que ce moyen de salut est insuffisant. Le capitaine et l'équipage, reconnaissant l'inutilité de leurs efforts, s'en remettent à Dieu et se résignent à sa volonté. Le mousse se met à chanter les litanies, fait vœu s'il échappe à la mort d'aller en pèlerinage à N.-D.-de-Garaison, en montant à genoux la côte qui va de Sariac à Garaison. Peu après, le navire touche un banc de rochers dans le voisinage des îles Açores et y échoue. Le danger n'avait fait que se transformer. Les malheureux naufragés, se nourrissant de coquillages et de biscuits avariés, se voyaient menacés de périr bientôt de la plus cruelle des morts, lorsqu'on découvrit leur triste situation. Des barques légères sont envoyées pour les ramener à terre. Leur salut est considéré comme miraculeux ; le clergé et les corps religieux viennent les recevoir en procession sur le rivage pour les conduire à l'église, afin d'y chanter l'hymne de la reconnaissance.

## UNE PIEUSE ÉDUCATION.

Le jeune marin, au retour de ce premier voyage, se consacra à l'étude de la chirurgie. Nous avons sous les yeux un brevet du duc de Penthièvre, amiral de France, en date du 11 août 1784, d'où il résulte que le jeune homme « depuis son bas âge s'est appliqué avec exactitude à apprendre l'art de chirurgie, de manière qu'il s'est rendu capable d'exercer le dit art en qualité de chirurgien de mer sur les vaisseaux destinés pour les voyages de long cours, ainsi qu'il le justifie par le certificat de son apprentissage durant trois ans, et par le certificat des chirurgiens-majors du siége de Bayonne, qui attestent son examen et sa capacité. »

Puis, il reprit, en qualité de chirurgien, le cours de ses voyages et entra ensuite, en la même qualité, au service des armées de terre. Il vint à Bayonne pendant les guerres de la République. Il épousa le 11 octobre 1795, à l'âge de 33 ans, une jeune fille de vingt ans, Jeanne Amité-Sarobe, née à Bayonne, mais d'origine espagnole. Il se fixa à Bayonne et y exerça son art.

Dominique Cestac n'avait pas, dans ses longs voyages, contracté des habitudes de piété. D'une probité exemplaire, d'un dévouement compatissant pour les pauvres, de mœurs irréprochables, il était un honnête homme dans toute l'acception des termes : il ne vivait pas en chrétien.

Dans la grande mission de 1818 qui ébranla si heu-

*La première Enfance.*

## LIVRE I. — CHAPITRE I.

**La première Enfance.**

reusement la ville de Bayonne, la lumière et la grâce descendirent en son âme. Il se convertit et dès lors sa vie fut édifiante et mortifiée (1). Il jeûnait trois fois la semaine, faisait le chemin de la croix tous les jours, entretenait dans sa maison les habitudes de la religion. Sa femme, d'une foi fervente et naïve, comme le sont ordinairement les personnes de race espagnole, l'aidait efficacement et répondait avec bonheur à ses désirs de piété.

C'est dans ce milieu calme et religieux que naquit et fut élevé le serviteur de Marie dont nous racontons ici l'histoire édifiante.

Il naquit le 6 janvier 1801 et reçut le baptême le même jour, avec les noms de Louis-Edouard. Il avait une sœur aînée, nommée Marianne : il eut

---

(1) Le serviteur de Marie était élève de philosophie au collège d'Aire, lorsque son père lui annonça la nouvelle de sa conversion. Il lui répondit :

« Que la nouvelle dont vous m'entretenez a été douce et consolante pour moi ! O mon cher père, puisque votre cœur a bien voulu s'ouvrir au plus cher de tous les fils, je vais vous ouvrir aussi le mien. Eh bien ! depuis l'ouverture de la mission, je n'ai cessé de prier Dieu pour vous. La grâce que je demandais avec le plus d'instance, c'était que le Seigneur daignât nous faire tous revenir à lui. Rien, non, rien, ne pouvait être pour moi plus agréable. Tous les trésors de la terre ne valent pas cette nouvelle. Vous me demandez des prières, mon cher père. Dès aujourd'hui, je veux consacrer toutes celles que je ferai à votre intention, afin qu'il daigne faire de nous de parfaits chrétiens et de fidèles serviteurs de son saint nom ». (23 mai 1819.)

bientôt une sœur plus jeune (1) nommée Élise, dont il fut le parrain.

*La première Enfance.*

La première enfance du serviteur de Marie fut éprouvée par de dangereuses maladies. A l'âge de trois ans, il fut si gravement atteint, qu'il fut jugé perdu par les médecins de la ville accourus pour témoigner leurs sympathies à un collègue malheureux et l'assister de leurs conseils. La pieuse mère, à cet aveu d'impuissance de la science humaine, se confia entièrement à la Providence et porta son premier-né au sanctuaire du couvent de Saint-Bernard, près le Boucau, sanctuaire de Marie aujourd'hui disparu, mais dont il restait alors des parties considérables. L'enfant malade y trouva la guérison et la santé et, jusqu'à la fin de sa vie, en souvenir de ce bienfait, le serviteur de Marie fut fidèle à faire un pèlerinage à Saint-Bernard à l'époque de la neuvaine annuelle.

Insistons sur ce premier incident. Il a été pour le serviteur de Marie comme l'origine de sa dévotion

---

(1) Nous aurons à parler souvent dans le cours de cette histoire d'Élise, la jeune sœur du serviteur de Marie. Quant à la sœur aînée, elle fut mariée à un honnête homme d'affaires, nommé Vidalies, qui occupait une position avantageuse à Artagnan (Gers). Elle s'appelait Marianne. Elle mourut pieusement, laissant plusieurs enfants. Un fils, Jean-Baptiste, fit la mort d'un prédestiné. Eugénie, modèle de toutes les vertus, entra parmi les Filles de la charité de Saint-Vincent-de-Paul et mourut dans la communauté de Béziers en odeur de sainteté. Honorine, qui a pris le nom de Marie-Madeleine, est aujourd'hui Servante de Marie.

*La première Enfance.*

fervente à la Très-Sainte Vierge. Assurément, la piété espagnole de sa mère, les habitudes religieuses de sa ville natale, les instincts de son cœur suffiraient à expliquer l'attrait extraordinaire que le serviteur de Marie éprouvait pour le culte de sa sainte Mère du Ciel. Il ne laissait pas cependant d'indiquer lui-même une autre cause plus spéciale : « Lorsque je fus en âge d'apprécier les choses, a-t-il raconté dans une de ses prières à la Très-Sainte Vierge, je dis à saint Bernard avec simplicité et confiance que m'ayant obtenu de vivre, lorsque, si j'étais mort, j'aurais été assurément au Ciel, je le suppliais de veiller sur moi et de faire en sorte qu'il n'eût pas un jour à se repentir de m'avoir rattaché à la vie. J'ai cru toujours que ce grand saint, voyant sans doute combien je serais exposé à faire fausse et mauvaise route, me confia à vous, ô ma bonne et tendre Mère, et vous chargea de ma direction et de ma conduite ; et vous, dans la grande charité de votre cœur maternel, vous n'avez pas refusé cette charge qui vous a coûté peut-être tant de larmes et d'amertumes. »

L'enfant était élevé par son père avec une grande sévérité. Point de faiblesse ; nulle tendresse amollissante. Certaine ardeur de tempérament exigeait sans doute une vigilance particulière. Une circonstance de la vie du serviteur de Marie semble indiquer des instincts pétulants qui eurent besoin d'être,

## UNE PIEUSE ÉDUCATION. 9

de bonne heure, contenus et dirigés vers le bien. Se trouvant, quelques années plus tard, en diligence avec des séminaristes qui se dirigeaient comme lui vers le séminaire de Saint-Sulpice, l'un de ses compagnons lui adressant la parole l'appela par son nom de famille. Certaine personne du pays basque, de rang considérable, était dans le même compartiment, et, entendant prononcer ce nom, tressaillit, puis demanda au jeune homme s'il ne s'appelait point Edouard. Sur une réponse affirmative, elle parla en ces termes : « Il y a quelques années, je regardais dans une des rues de Bayonne un jeune enfant qui s'amusait avec ses camarades. Un de mes amis s'approcha de moi et me dit avec énergie : — Voyez-vous ce petit enfant, il sera un très-mauvais sujet ou un saint. Il s'appelle Edouard Cestac. — Ce nom, je ne l'ai jamais oublié et maintenant je vois avec bonheur que vous êtes sur la voie de la sainteté. »

C'est bien ainsi que tous les contemporains nous dépeignent le jeune Edouard, bon et généreux, mais vif, aiguisé, impétueux. Il ne fallait rien moins que la main de fer du père de famille et les pieuses leçons d'une mère pleine de foi pour assouplir cette riche nature et l'incliner vers la piété.

On l'initia aux premiers éléments des lettres dans une institution dirigée à Saint-Esprit par M. Guiraud. A partir de la quatrième, il entra dans un

<small>La première Enfance.</small>

*La première Enfance.*

collége de Bayonne, dirigé par M. Dargaiñaratz. Il y fit jusqu'à sa seconde inclusivement.

Arrêtons-nous un instant sur le nom de M. Dargaiñaratz. Ce vénérable prêtre, au sortir de la tourmente révolutionnaire, pendant laquelle il avait donné les exemples du plus admirable zèle et de la plus inébranlable constance, comprit que ce qui importait le plus aux intérêts de l'Eglise, c'était l'éducation de la jeunesse. Sur les ruines non encore relevées des anciennes institutions scolaires, il établit une école où, au commencement de ce siècle, ont été élevés la plupart des jeunes Bayonnais. D'une discipline exacte et rigoureuse, d'une habileté consommée dans l'enseignement des belles-lettres, le chef de la nouvelle institution avait surtout conservé, parmi les anciennes traditions, l'esprit de foi et de piété. Un grand nombre d'ecclésiastiques, entr'autres M. Carteron, doyen du chapitre de Bayonne ; Mgr Hiraboure, évêque d'Aire ; M. Doyambéhère, curé-doyen de St-Jean-de-Luz ; M. Bidart, curé de Ciboure, etc., etc., ont été élevés par M. Dargaiñaratz et lui doivent d'avoir pu correspondre à leur vocation (1). Sous une direction si sage,

---

(1) M. Dargaiñaratz peut être considéré comme le véritable fondateur de l'utile institution de Saint-Louis-de-Gonzague, qui, après avoir été successivement dirigée par d'éminents supérieurs, MM. Brat, Harriet (Fabien), Labour, Larréguy, est aujourd'hui confiée aux soins pieux et dévoués de la congrégation de Bétharram.

## UNE PIEUSE ÉDUCATION.

le jeune Edouard acquit cet esprit de dévotion qui a dominé sa vie entière. Le vieux confesseur de la foi était particulièrement habile à pétrir les âmes et à les pénétrer de religion. Auprès de lui, mieux que partout ailleurs, le docile écolier apprit à aimer et à servir Dieu ; surtout, à rendre à Marie le culte le plus tendre et le plus constant.

*La première Enfance.*

Le jeune Edouard était fort laborieux et méritait toutes les récompenses scolaires. Il manifestait déjà cette disposition particulière, qui fut la caractéristique de son intelligence, d'atteindre aux objets les plus divers avec une égale facilité et un même succès. Les mathématiques lui plaisaient autant que les belles-lettres, et il cultivait le dessin et la musique avec amour. Dès le bas âge, il manifesta des dispositions surprenantes pour l'étude du violon. Son maître, M. Armengaud, musicien de talent, avait sa demeure en face de la maison de l'enfant. Attentif à développer le talent musical de son jeune élève, il se plaisait à le faire briller en des réunions artistiques : l'on se souvient encore à Bayonne des quatuors dans lesquels le précoce virtuose, huché sur une estrade, à cause de sa petite taille, tenait sa partie avec maëstria. Le professeur se désola de la détermination du jeune homme de se vouer à l'état ecclésiastique et, plus tard, il aimait à répéter que l'homme de Dieu, s'il avait continué ses études musicales, aurait disputé à son com-

La première Enfance.

patriote Alard, l'honneur d'être le premier violoniste de l'école française.

Les vertus marchaient de pair, dans le jeune écolier, avec les progrès dans les lettres et les arts. Tous les témoignages sont unanimes à nous représenter le pieux enfant sous les couleurs les plus aimables : docile et respectueux à l'égard de ses parents, affectueux et complaisant envers ses condisciples, doux et soumis vis-à-vis de ses maîtres ; industrieux et animé dans ses jeux, appliqué et subtil dans ses travaux, recueilli et fervent dans ses exercices de piété. Tout révélait en lui une nature d'élite ; sous l'écolier, perçaient le cœur exquis et les facultés équilibrées d'une âme extraordinaire.

Lorsque le jeune Edouard fut en mesure d'entrer en rhétorique, son père lui demanda quelle carrière il voulait embrasser : « Veux-tu te faire médecin, avocat, artiste? disait le père. » — L'enfant répondait toujours négativement. — « Mais alors tu veux te faire prêtre? » — « Oui, mon père. »

Le père ne put s'empêcher de manifester son étonnement. En qualité de chirurgien des établissements municipaux, il avait entrée libre dans le théâtre de la ville, et n'étant pas encore revenu à Dieu et voulant entretenir les heureuses dispositions musicales de l'enfant, il profitait de son privilége pour conduire quelquefois son fils, bien que rarement, aux représentations des chefs-d'œuvre de l'art lyrique. L'enfant s'était laissé emmener sans résistance, et maintenant le père s'en étonnait et disait : — « Mais, puisque tu voulais te faire prêtre, pourquoi venais-tu au théâtre ? » — « Mon père, répondit le jeune Edouard, il fallait obéir ; mais au théâtre, je n'ai jamais rien regardé, ni rien entendu. » Ainsi le vertueux enfant donnait-il déjà d'admirables exemples, soit de soumission, soit de mortification de la curiosité.

<small>La première Enfance.</small>

Pour favoriser la vocation du jeune homme, ses parents l'envoyèrent au petit séminaire d'Aire. Le jeune Edouard quitta les siens avec le plus grand chagrin. Le père de famille était sévère et maintenait avec ses enfants des rapports de respect inaltérable ; mais il était aimé autant que respecté, et, auprès de lui, était une mère, la bonté même ; puis, deux sœurs pour lesquelles le jeune homme éprouvait une tendre affection, surtout pour la moins âgée, la pieuse Elise. La famille était étroitement unie : les relations y étaient douces et agréables. La soumission était strictement exigée par le chef ; l'habitude et la piété, aussi bien que le respect et l'amour, en faisaient une loi facile pour les enfants. Le jeune Edouard, formé à cette école d'autorité, ne cessa jamais de rendre à ses parents les devoirs d'un fils soumis et respectueux. Il fut reconnaissant à son père de la sévérité de son

**La première Enfance.**

éducation (1). Il conserva aux siens une affection supérieure à toutes les contradictions de la vie. Il ne les quittait jamais qu'avec peine ; il les revoyait toujours avec joie. Une conformité particulière de goûts et de vues lui inspirait une sympathie plus prononcée à l'égard de sa sœur Elise. Cette préférence que, d'ailleurs, la sœur éprouvait pour le frère, ne fut pas inutile au succès des œuvres entreprises par le serviteur de Marie. Les sentiments de parenté eurent une place et une influence dans la constitution de la famille religieuse et contribuèrent à lui donner un caractère à part au milieu des établissements de même nature. Obligé de se rendre à Aire pour mieux suivre sa vocation, le jeune homme se sépara donc avec tristesse de parents qu'il chérissait aussi tendrement.

---

(1) Le père de famille ayant un jour fait allusion dans ses lettres à sa sévérité et parlé d'un traité de paix définitive à conclure avec son fils, celui-ci répondit avec émotion :

« Je n'ai pas lu sans un grand attendrissement tout ce que vous me dites du traité de paix définitive que vous voulez conclure avec moi. Ah! mon cher père! c'est bien au contraire à moi à vous demander pardon à deux genoux et les larmes aux yeux de tout ce que je vous ai fait souffrir par ma désobéissance et par ma méchanceté. Certainement, je n'ai pas eu tout ce que j'ai mérité, et je reconnais que c'est l'attachement que vous aviez pour moi qui vous a fait agir. Aussi je ne cesse de demander pardon à Dieu de ma mauvaise conduite et des impatiences que je vous ai fait prendre. J'espère de sa miséricorde qu'il voudra bien me pardonner et me faire grâce. » (6 septembre 1821.)

## II.

### Les Humanités.

Il est à désirer que l'un des prêtres distingués de ce diocèse d'Aire, qui compte un si grand nombre d'ecclésiastiques de talent, veuille bien consacrer quelques mois à recueillir les traditions, encore vivantes, de l'histoire du collége et du petit séminaire d'Aire, aux premières années de ce siècle.

Quelles grandes personnalités se dresseraient devant lui ! Des confesseurs de la foi pendant la persécution, des prêtres remarquables par la science et la sainteté, des restaurateurs de l'Eglise après les désastres révolutionnaires. Parmi eux, le vénérable M. Lalanne, qui semble avoir eu pour mission de relever le sacerdoce dans les diocèses de Bayonne, d'Aire, de Tarbes et d'Auch ; la famille lévitique des Destenabe, qui a eu la gloire d'être la forme du clergé, en même temps qu'elle a eu l'honneur de le diriger ; et tant d'autres souvenirs édifiants pour la piété et consolants pour l'Eglise !

La ville d'Aire était devenue le centre du mouvement ecclésiastique de toute la région. Là se trouvait, ainsi qu'on l'a dit quelquefois, une sorte d'Université catholique, établie dans la vieille cité gasconne, à côté du tombeau de sainte Quitterie.

*Les Humanités.*   M. Lalanne était le supérieur du collége, les Destenabe gouvernaient le petit séminaire : mais le vénéré M. Lalanne était le chef suprême des deux établissements qui, en réalité, n'en formaient qu'un seul sous sa direction. Les basses classes étaient au collége : les classes supérieures au petit séminaire.

C'est au mois d'octobre 1817 que le jeune Edouard entra au petit séminaire pour y faire sa rhétorique. Plus tard, dans l'un de ses écrits, le serviteur de Marie parla en ces termes de son séjour dans la pieuse maison : « J'ai été envoyé au séminaire d'Aire, et là, j'eus le bonheur de faire mes études cléricales sous la direction des saints prêtres qui ont laissé dans le diocèse des souvenirs impérissables. Ils furent pour moi d'une bonté qui ne se peut pas dire. Cependant je dus traverser des épreuves qui me firent un grand bien et me firent connaître le bonheur et la nécessité de l'humiliation. On m'avait envoyé en rhétorique et c'était bien le tout que j'eusse été reçu en cinquième. J'étais donc bien au-dessous de ma classe et de là toute une série d'humiliations qui me furent bien salutaires. M. Destenabe, le supérieur, fut d'une bonté, d'une condescendance que je ne m'explique pas encore. Il usa à mon égard d'une incroyable bonté. Il avait sans doute pitié de moi et de ma susceptibilité ; il me garda deux mois en rhétorique. Puis, il me fit descendre en seconde et là j'eus l'avantage de pouvoir étudier plus spécialement les Les Humanités. mathématiques. M. Abeilhé, plein de bonté et de dévouement, se chargea de m'initier et de me faire atteindre mes condisciples qui étaient déjà assez avancés. En peu de temps je me trouvai au niveau de la classe sous ce rapport. Et ce fut cette étude qui me permit plus tard de professer les mathématiques au petit séminaire de Larressore. »

Le serviteur de Marie, dans son humilité, avait réussi à perdre même le souvenir de l'estime dont il avait été entouré, au petit séminaire d'Aire, de la part des maîtres et des élèves. Heureusement, des témoignages contemporains nous permettent de rétablir l'exacte physionomie des faits.

M. Deyhéralde, vénérable supérieur des Missionnaires de Hasparren, a eu le bonheur d'être le condisciple de l'écolier modèle. Plus jeune que lui de deux ans, M. Deyhéralde lui fut confié et trouva en lui un sage mentor. Il jouissait déjà d'une vraie célébrité parmi ses condisciples. Elève très-distingué, grand travailleur, exact à accomplir tous ses devoirs, il se plaisait à obliger ses camarades en toutes manières : il était d'ailleurs d'une piété exemplaire.

M. Larrose, curé-doyen d'Accous, confirme ces renseignements par une lettre du 18 novembre 1873 : « En 1818, nous étions 34 élèves de philosophie au petit séminaire d'Aire. Hélas ! en relisant

**Les Humanités.** leurs noms, je vois qu'ils ont tous été rappelés à Dieu, à l'exception de M. Saint-Guily, archiprêtre de Pau, et de moi. J'ai eu l'avantage de recevoir les bons exemples de mon condisciple, M. Cestac, et M. l'abbé Manaudas, alors notre préfet d'études, ayant vite reconnu ma légèreté et mon manque de piété, me plaça à l'étude et au réfectoire au milieu de deux saints : feu l'abbé Garicoïtz et feu l'abbé Cestac. Ces deux étudiants étaient d'une piété angélique. L'abbé Cestac aimait beaucoup la Sainte Vierge ; le jour où j'eus le bonheur de recevoir le saint scapulaire, dans la crypte de sainte Quitterie, il me prit en affection et consentit à toujours réciter avec moi l'office de la Sainte Vierge pendant les promenades. Pendant son travail, les oraisons jaculatoires sortaient fréquemment de sa bouche, et partout il était un modèle de mortification et de ferveur. »

Mais quoi ! la correspondance même du serviteur de Marie nous dévoile, aussi bien que les sentiments d'humilité qui l'animaient déjà, les succès obtenus au petit séminaire d'Aire.

Le père du jeune étudiant n'apprenait jamais que d'une manière indirecte que son fils était l'honneur du petit séminaire. Impatienté, il finit par ordonner à son enfant de faire connaître exactement son rang en classe. Le jeune homme obéit. Dans une lettre du 23 mai 1819, il exposa que l'étude de la philosophie ne lui prenait qu'une part de son temps ; que les difficultés de cette science ne l'arrêtaient pas ; qu'il était le premier de son cours et que plusieurs de ses condisciples lui avaient demandé de leur donner des répétitions régulières, ce qui lui permettait de mieux posséder son sujet et d'acquérir la facilité d'élocution ; enfin, que, pour occuper tout son temps, il avait repassé l'arithmétique, l'algèbre et la géométrie ; qu'il s'appliquait maintenant à la trigonométrie et à la physique. Le jeune homme ajoutait : « Voilà, mon cher père, ce que je puis vous dire sur ma classe. Quelque vrai que ce soit, je vous assure qu'il a fallu me faire la plus grande violence pour me résoudre à vous en faire part. Je vous l'avais caché, et je l'aurais fait encore si vous ne m'aviez expressément ordonné de vous le communiquer. Je l'ai fait, et je vous ai donné en cela la plus grande marque d'attachement que je pouvais vous donner. Aussi il me semble que j'ai droit d'exiger de votre amour pour moi de ne parler à qui que ce soit au monde de ce que contient cette lettre. »

Les Humanités.

Il paraît bien que ses supérieurs le jugeaient avec une faveur particulière, puisqu'à la fin de ses études classiques, il fut désigné comme l'un des élèves d'élite dignes d'être envoyés au séminaire de Saint-Sulpice, pour y compléter, aux frais du diocèse de Bayonne, leur éducation ecclésiastique. (Octobre 1820.)

## III

**Le Séminaire de Saint-Sulpice.**

Le départ du serviteur de Marie pour Saint-Sulpice donna lieu à un incident où l'on aperçoit quelle était déjà son absolue confiance en la bonté de Dieu ; ce qui, avec la dévotion à la Très-Sainte Vierge, forma plus tard le fonds de sa spiritualité. Le diocèse payait bien la pension au séminaire de Saint-Sulpice : mais le voyage, l'entretien et les autres dépenses demeuraient à la charge de l'étudiant. Les parents de notre séminariste, quoique relativement aisés, ne laissaient pas d'être embarrassés de pourvoir à ces frais, d'ailleurs assez considérables. Le départ était fixé au dimanche, et, la veille, le père de famille n'avait pas encore réuni la somme nécessaire : or, sa répugnance à contracter des emprunts était invincible. Le jeune homme en était là, espérant fermement, mais ne sachant d'où viendrait le secours, lorsqu'un voyageur arrivant d'Espagne, se présenta, rappela à la famille qu'elle avait sur lui créance de huit cents francs, depuis plusieurs années, et qu'il allait acquitter cette dette. La somme fut reçue avec gratitude, à l'égard de la divine Providence qui daignait se montrer si attentive et si libérale envers ses humbles serviteurs.

Nous avons peu de renseignements sur le séjour du serviteur de Marie au séminaire de Saint-Sulpice. D'ailleurs, la vie d'un séminariste peut-elle prêter à des événements variés? Les rares lettres de cette époque qui nous ont été conservées ne contiennent guère de détails à citer. A peine si le pieux jeune homme laisse entrevoir quelques côtés de sa vie intime. Un jour, il s'échappe à dire : « Ici, nous aimons bien le bon Dieu et nous sommes tous fort gais. Je passe pour un des plus sérieux de la maison, mais je suis parfaitement bien avec tous mes confrères. » Mais ces distractions sont rares et le jeune ecclésiastique revient bientôt à ses habitudes de vie humble et cachée.

*Le Séminaire de Saint-Sulpice.*

Cependant, les parents du modeste séminariste ayant été, jadis, les obligés de la maison Montesquiou-Fezenzac, originaire de Sariac, il fallut que le jeune homme rendît ses devoirs aux anciens patrons de sa famille. Bien que la distance fût grande du séminaire à la rue d'Anjou, où était situé l'hôtel de Montesquiou ; que le jeune abbé dût consacrer à ses courses les jours de promenade ; qu'il arrivât quelquefois que les nobles personnages fussent absents ; néanmoins, le vieux chirurgien tenait la main à ce que les visites se fissent régulièrement. Le fils respectueux obéissait à son père.

Citons un exemple de ce que pouvaient bien être, en 1821, les rapports entre un jeune aspirant au

Le Séminaire de Saint-Sulpice.

sacerdoce, venu du fond de la province, né de petite bourgeoisie, et une des familles les plus puissantes de la cour. « J'arrivai à l'hôtel de Montesquiou vers les 3 heures, écrit à son père le jeune séminariste ; je me fis annoncer à M<sup>me</sup> la comtesse de Fezenzac. J'étais en manteau long, avec une belle ceinture en soie que j'ai achetée de rencontre pour trois francs, un collet bien propre et rasé de frais. Elle me fit entrer de suite. Il y avait avec elle un ancien noble avec des croix, je ne sais qui c'est. J'entrai en faisant un profond salut : elle se leva ainsi que le monsieur. — « Bonjour, mon cher Monsieur Cestac, me dit-elle, je suis bien fâchée de la peine que vous vous êtes donnée. » Elle savait que je m'étais présenté plusieurs fois. — « Madame, lui répondis-je en m'inclinant, il y a bien longtemps que je désirais avoir l'honneur de vous présenter mes hommages. » Elle me fit asseoir et je continuai ainsi : « Lorsque je partis de Bayonne, mon père me recommanda instamment de venir auprès de vous pour vous renouveler les sentiments de sa reconnaissance. » — « Ah ! Monsieur, reprit-elle, ils sont bien rares aujourd'hui ceux qui conservent ces sentiments. Dans les temps où nous avons passé, il y en a bien peu qui se soient rappelé ce qu'on avait fait pour eux. » — « Madame, répondis-je, mon père n'a jamais oublié que c'est à vous qu'il doit ce qu'il est. C'est vous qui eûtes la bonté de l'accueillir lorsqu'il vint à Paris et qui fûtes le principe de sa connaissance avec toute votre maison. » — « Pauvre Monsieur Cestac, dit-elle en s'adressant au monsieur qui était là ; certainement, après tout le bien qu'il a fait à tous les miens, il faudrait être bien ingrat pour ne pas s'intéresser à ceux qui lui appartiennent. Et comment est-il ? » — « Madame, Dieu le favorise d'une bonne santé. » — « Il n'a pas d'autre fils que vous ? » — « Je suis le seul garçon. » — « Mais c'est un grand sacrifice qu'il fait que de vous donner à l'Eglise ! » — « Il ne consulte que la volonté de Dieu. » Alors le monsieur dit : — « Mais aujourd'hui le clergé a un sort heureux ; après tout, il faut convenir que les prêtres sont fort considérés. » — « Monsieur, lui dis-je, à Dieu ne plaise qu'un tel mobile puisse faire agir un jeune homme. Ce ne sont pas les honneurs que nous cherchons, et d'ailleurs la Providence nous met en la main de nos Evêques, de qui nous dépendons absolument. » Ce qui n'est que la vérité parut faire plaisir à M$^{me}$ la comtesse. La conversation roula ensuite sur le séminaire de Saint-Sulpice, sur les études, etc., etc. Puis je me levai, la compagnie se leva aussi. Madame me recommanda, lorsque je vous écrirais, de la rappeler à votre souvenir. Et puis, elle m'offrit ses services *surtout pour l'avenir*. Je remerciai de tout mon cœur et je partis. On dit ici que M. l'abbé de Montesquiou va être nommé cardinal et grand-aumônier de France. Cela vous fera

Le Séminaire de Saint-Sulpice.

Le Séminaire de Saint-Sulpice.

peut-être beaucoup de plaisir ; pour moi, cela ne me touche qu'autant que l'Eglise y est intéressée. Ne soyez pas fâché d'une petite réflexion que je vais vous faire. Dans un endroit de votre dernière lettre, vous me parlez de ce qu'on dira de moi au château de Sariac. A vous parler sérieusement, cela ne me fait rien. Tenez, mes chers parents, je ne suis que ce que je suis devant Dieu. Je vous aime beaucoup et je me sacrifierais volontiers pour votre salut. Je désirerais donc vous voir détachés de ces idées d'ambition et de grandeur qui ne font que nous éloigner de Dieu, nous rendre malheureux dans ce monde, sans nous donner que des inquiétudes pour l'autre. La pensée du néant des grandeurs humaines m'attache mieux à mes devoirs ; je les remplis non pour m'élever et m'avancer, mais pour plaire à Dieu, auquel je me donne sans réserve. »

Le serviteur de Marie ne cessa jamais de se féliciter d'avoir été confié aux soins des hommes vénérables qui maintiennent, dans la maison célèbre de Saint-Sulpice, les bonnes traditions de la piété sacerdotale. Indépendamment des rédactions théologiques, quelques cahiers que nous avons retrouvés, dans lesquels le jeune ecclésiastique a analysé avec soin les discours et les sujets d'oraison prononcés par ses dignes maîtres, MM. Garnier, Boyer, Carrière, etc., témoignent de son respect pour la parole

## UNE PIEUSE ÉDUCATION. 25

et l'enseignement de ses directeurs, aussi bien que de sa préoccupation de ne rien laisser perdre de ce qui pouvait lui servir. Il ne parlait jamais sans attendrissement de M. Olier, qui a établi à Saint-Sulpice un culte si fervent pour la Sainte Vierge. « J'ai eu l'insigne faveur, disait-il plus tard, d'avoir été au séminaire de Saint-Sulpice, où se conserve admirablement l'esprit de M. Olier, serviteur généreux et très-fidèle de l'adorable Jésus et aussi serviteur et enfant si obéissant de Marie. » C'est ainsi que tout contribuait à développer en lui l'amour de la Très-Sainte Vierge ; c'est ainsi qu'il continuait à puiser aux sources les plus pures la dévotion envers la mère de Dieu (1).

Malheureusement, le climat et la vie de Paris sont fréquemment dangereux pour nos jeunes compatriotes, brusquement transportés du rivage de l'Océan et du pied des Pyrénées dans l'atmosphère

*Le Séminaire de Saint-Sulpice.*

---

(1) Le serviteur de Marie adressait à son père les paroles suivantes qui expriment sa complète confiance en la Très-Sainte Vierge : « J'ai presque versé des larmes en voyant les sentiments religieux exprimés dans votre lettre, mon cher père. Quelle joie je ressens en pensant aux pieux sentiments dont vous êtes pénétré ! J'en remercie le bon Dieu de tout mon cœur. Vous les attribuez à mes prières. Oh ! ne le croyez pas, elles sont trop indignes pour cela, mais plutôt attribuez cette miséricorde dont Dieu nous favorise aux prières de la bonne Vierge. C'est elle qui se charge de présenter à son Fils les prières que nous pouvons lui offrir. Ne doutons pas qu'elle ne prie Dieu pour ceux qui l'aiment » (3 juillet 1821.)

*Le Séminaire de Saint-Sulpice.*

corrompue de la grande ville. Le jeune séminariste se livrait sans ménagements à la rigueur de la discipline et à la pratique de la mortification. Sa santé vint bientôt à défaillir. Il écrivait quelques années après : « Mon séjour dans cette maison sainte, à Paris, a été pour moi un séjour de grandes épreuves et de grâces signalées ; ma santé se délabra à tel point que les médecins n'eurent d'autres ressources que de me renvoyer respirer l'air natal. Après quelques jours de repos, je fus envoyé au séminaire de Larressore. »

# NOTES DU CHAPITRE PREMIER

**La correspondance d'un petit Séminariste.**

Assurément, la correspondance d'un jeune séminariste ne saurait offrir à la biographie des détails importants. Nous avons entre les mains les lettres échangées entre le serviteur de Marie et ses parents pendant son séjour au petit séminaire d'Aire. Nous nous garderons bien de donner à ces documents une importance qu'ils ne sauraient avoir, car c'est la vie d'un homme et non celle d'un enfant que nous avons à raconter. On nous permettra cependant de citer intégralement la lettre suivante, où le jeune séminariste, alors âgé de 17 ans, exprime à ses parents sa tendresse et sa soumission avec une naïveté charmante et un accent gascon que ne méconnaîtront pas les gens du terroir. Il s'agit d'un petit orage domestique. La famille, privée de la présence de l'enfant qui faisait sa joie, était chagrine ; le jeune homme, entraîné peut-être par les distractions des vacances, fut un peu négligent. Le vieux père gronda et laissa son fils sans lui donner de nouvelles. Nous citons la plainte du jeune homme :

« Mes chers parents, si quelque chose a dû m'étonner, c'est la lettre que m'a montrée ma sœur Marianne. Moi qui vous croyais fort tranquilles et charmés de mon départ pour le cher Sariac ! tandis que vous me croyiez mort ou à peu près ! maman ne faisait que pleurer. La

*La correspondance d'un petit Séminariste.*

pauvre maman ! elle, que j'aime tant et dont le moindre déplaisir me cause une douleur mortelle, ainsi que toi, mon cher papa, vous étiez donc si inquiets sur mon compte ! Ah ! si je l'avais su ! mais je pensais que vous auriez bien plus de plaisir de recevoir la lettre de Sariac plutôt que d'Artagnan. Vous savez bien que jamais je n'ai manqué de vous écrire au temps fixé. Je ne sais, mes chers parents, si vous êtes fâchés contre moi : j'ai bien lieu de le présumer puisque depuis si longtemps que vous avez reçu ma lettre vous ne m'avez pas fait seulement un petit mot de réponse. Pour l'amour de Dieu ! au moins dites-moi que vous n'êtes pas fâchés !.... mais rien, vous me laissez de côté comme un étranger. Vous écrivez à Marianne et il n'y a pour moi que des reproches. En vérité, j'ai tant de peine que je n'ai pas le cœur de vous dire un mot de mon voyage. Rien ne me fait aucun plaisir. Je vous en supplie, tirez-moi de peine. Dites-moi un mot, un seul mot. Est-ce trop vous demander pour un fils qui n'a jamais eu d'autre soin que de vous plaire ? Je prie le bon Dieu que ce mot arrive enfin et que nous puissions, comme auparavant, nous écrire non de ces lettres pleines de douleur, de plaintes, de reproches, mais au contraire des lettres de bonheur, de consolation et d'amour.

« Il faut cependant que je fasse un effort et que je vous dise quelque chose de Sariac. De vous dire que partout j'ai été caressé, bien traité, invité, etc., c'est ce que vous savez déjà aussi bien que moi. Mais ce que vous ne savez pas, c'est que M. le chevalier de Montesquiou et les dames de Fezenzac ont eu les plus grandes attentions pour moi. On voulait que je dînasse tous les jours au château. Si je restais deux jours sans y aller manger la soupe, ils me grondaient. Tous les matins, les dames me menaient promener avec elles et M. le chevalier m'a fait aller à cinq lieues de là en voiture avec lui, côte à côte. Je crois que vous auriez bien voulu m'y voir. Et moi qui vous croyais fort tranquilles, je me disais en moi-même : Ah ! si papa, maman et Elise étaient ici, quel plaisir ! en un mot, je ne me suis pas ennuyé un seul instant, et si je pouvais vivre sans vous voir et vous embrasser, mes chers parents, ce serait là que j'irais passer mes vacances de préférence.

« Plus d'une fois je les faisais rire jusqu'aux larmes et une fois surtout, la vieille M$^{lle}$ de Fezenzac pouvait à peine se tenir tant elle riait et, deux jours après, elle me disait encore en riant : « Mon Dieu ! que je riais bien de bon cœur ! » Ces dames m'ont engagé à revenir encore les vacances prochaines ainsi que M. le chevalier, qui a été jusqu'à me dire qu'en passant à Vic il me prendrait dans son cabriolet. Voyez quelles nouvelles agréables je vous annonce ! Et que ce serait bon si vous n'étiez pas fâchés contre moi ! Mais, hélas ! peut-être même que vous ne voudrez pas lire ma lettre. Tenez, si vous saviez comme ça me fait de la peine, jamais vous ne resteriez sans m'écrire.

« Le terme de mes vacances s'approche, mes chers parents, et dans dix jours je vais rentrer au séminaire. Ecrivez-moi une lettre, de celles que vous m'écriviez avant et cela me doublera les forces pour commencer l'année. Autrement, si je ne suis pas toujours votre cher enfant, je n'ai plus ni goût, ni courage.

« Chère maman, pardon, mille fois pardon de la dou-

La correspondance d'un petit Séminariste.

leur que je t'ai causée sans le savoir ; pardonne-moi et veuille encore m'embrasser de cœur comme je t'embrasse ainsi que ma chère Elise. Adieu. Pour l'amour de Dieu, répondez-moi courrier par courrier. Votre cher enfant, etc., etc. »

Nous nous gardons bien de citer la lettre qui précède autrement qu'à titre de curiosité. Toutefois, il importe de remarquer que cette page est unique dans l'œuvre du serviteur de Marie. C'est la seule peut-être qui soit dépouillée du caractère religieux. Elle est instructive en ce qu'elle nous fait connaître la nature des rapports du jeune homme avec ses parents et la sensibilité de son cœur. Mais, ordinairement, l'accent de la correspondance est plus contenu et plus surnaturel. Il n'est pas rare de trouver des réflexions, comme les suivantes, qui témoignent de la haute vertu du jeune séminariste déjà appliqué à devenir parfait :

« Il est un endroit de votre lettre, mes chers parents, auquel je dois répondre plus particulièrement. Je pense que vous êtes trop assurés de mon respect et de ma tendresse pour croire que je veuille vous faire le moindre déplaisir. Vous me dites que nous devons avoir une certaine ambition. Oui, j'en suis persuadé, et je sais même que nous serions bien coupables de ne pas faire valoir les talents que le Seigneur nous a donnés, puisqu'il ne nous les aurait pas donnés, s'il n'avait pas voulu que nous nous en servissions : aussi les négliger, c'est mépriser le don de Dieu. Je fais donc mon possible pour acquérir de la science et la faire valoir ensuite pour la gloire de celui qui m'a donné l'intelligence. Aussi, mes chers parents, vous me faites de la peine quand vous

me supposez des sentiments différents de ceux qu'ins- La correspondance
pire la religion. Je crois qu'il faut tâcher, autant qu'on d'un
le peut, de se mettre à même de faire le bien, pourvu petit Séminariste.
que cette intention seule nous dirige. » (8 mai 1818.)

« Que j'aime, mes chers parents, les réflexions que vous me faites sur la faiblesse de l'homme et sur le besoin qu'il a sans cesse de l'humilité ! Notre plus cruel ennemi, c'est l'orgueil. Loin de moi un pareil sentiment. On ne peut être à la fois orgueilleux et disciple de Jésus-Christ. Faites-moi donc des réflexions là-dessus, mes chers parents, lorsque vous verrez que j'en aurai besoin. Je les recevrai avec toute la soumission d'un fils respectueux. Et qui m'avertira de mes défauts, si ce n'est mon père et ma mère ? » (25 avril 1819.)

# CHAPITRE DEUXIÈME

## LE PETIT SÉMINAIRE DE LARRESSORE
### (1822-1831)

### I.

**Le petit Séminaire de Larressore.**

Après les années du grand séminaire, il n'a pas été d'époque plus avantageuse pour la formation de l'esprit et du cœur du serviteur de Marie, que le temps de son professorat au petit séminaire de Larressore.

Quelle merveilleuse discipline l'Eglise met en usage pour la préparation des hommes appelés à exercer le ministère sacré! Elle ne se contente pas toujours de l'initiation du petit et du grand séminaire : elle appelle souvent les jeunes lévites à exercer dans des maisons d'éducation les fonctions de l'enseignement. Là, se fait comme une sorte d'apprentissage du gouvernement des âmes. Si l'enfant reçoit de son professeur l'éducation religieuse, en retour, le professeur acquiert une expérience d'autant plus précieuse qu'elle s'obtient dans un milieu d'une susceptibilité exquise. Dans cette action et cette réaction, l'élève, pour sa part, contribue au bien du maître, qui, de son côté, lui communique les trésors divins, et l'un et l'autre travaillent de concert à la gloire de Dieu.

<small>Le petit Séminaire de Larressore.</small>

La Providence conduisit le jeune séminariste dans une communauté où, mieux que nulle autre part, pouvait se développer en lui l'esprit de science et de piété.

Dans l'une des plus gracieuses vallées d'une région dont tous les paysages sont ravissants, un des prêtres les plus vénérables du dix-huitième siècle, M. Daguerre, avait bâti un petit séminaire où le sacerdoce basque aimait à envoyer les jeunes gens qu'on désirait former à la vertu. La Révolution avait dispersé les maîtres et les élèves. De la maison, il ne restait que des ruines, attristant cette riante nature où tout respire le calme et la joie. Dès que la tranquillité eut été rétablie dans notre France, l'Evêque de Bayonne se préoccupa de rendre à la religion l'un des plus précieux joyaux de son diocèse. Ce ne fut guère que vers 1820 qu'il réussit à acquérir ce qui était encore debout du petit séminaire de Larressore.

Les premiers commencements furent laborieux. L'œuvre de restauration avançait lentement. Au début, tout semblait manquer : l'argent, les hom-

mes, les circonstances. Bientôt, tout changea d'as- *Le petit Séminaire de Larressore.*
pect. L'arrivée d'un prêtre suffit pour transformer
toutes choses.

Saurait-on dire d'où vient à certaines personnes le don de l'autorité, ce don merveilleux qui assouplit les caractères les plus difficiles et dompte les intelligences les plus vives ? Comment s'est-il fait que M. Claverie, nommé supérieur de Larressore, ait gouverné son petit royaume avec un succès dont notre pays n'a pas encore perdu le souvenir ? Certes, le prestige de l'homme n'était pas établi sur les qualités extérieures : M. Claverie était d'aspect chétif et peu imposant ; ni sur les talents de l'esprit : ils étaient ordinaires ; ni sur les services rendus : la vie du nouveau supérieur s'était écoulée dans les positions relativement inférieures de professeur à Aire et d'économe au grand séminaire de Bayonne. Néanmoins, dès que M. Claverie eut pris la direction du petit séminaire de Larressore, on reconnut en lui un maître dans l'art du commandement. Il possédait, à un haut degré, les deux facultés qui font le bon supérieur : la possession de soi-même et la suite dans la volonté. Il s'empara en toute souveraineté de la direction de sa communauté. Comme un chef habile, il sut pénétrer de son esprit les professeurs chargés de le seconder dans son œuvre. Il connaissait ses élèves et suivait leurs progrès avec sollicitude.

*Le petit Séminaire de Larressore.*

C'est ainsi que le serviteur de Marie eut la bonne fortune de devenir le collaborateur du plus vénéré et du plus habile des supérieurs.

Sous la direction de M. Claverie, le petit séminaire de Larressore acquit une réputation que près d'un demi-siècle de succès constants, que l'éclat d'une prospérité croissant de jour en jour, n'ont pu faire oublier. On doit à ce sage maître dans l'éducation l'établissement des précieuses traditions que les nobles supérieurs de Larressore, tous enfants du petit séminaire, ont conservées depuis avec un soin jaloux. L'esprit de Larressore, ce n'est pas seulement Dieu servi avec piété, la science cultivée avec amour; c'est aussi, c'est surtout, la confiance et l'affection descendant des maîtres aux élèves et remontant des enfants aux supérieurs. M. Claverie avait compris que l'action du prêtre ne doit pas être seulement disciplinaire. Il voulait qu'il y eût autre chose que de la justice et du devoir dans les rapports de ses professeurs et de leurs disciples. A la soumission, à l'estime, au respect pour leurs maîtres, il avait l'ambition que ses élèves joignissent une affection profonde. Il parvint à résoudre cet idéal de l'éducation. Nous pouvons le dire sans crainte d'être démenti par nos condisciples : nous tous qui avons été élevés à Larressore, nous avons été entourés dans notre jeune âge, par nos vénérables maîtres, de soins paternels que n'ont jamais pu décourager les défauts et l'inconstance de l'enfance. Plus tard, lorsque l'éveil de la réflexion nous a fait comprendre notre heureuse fortune, il n'a pas été trop tard pour réparer les injustices et les défaillances du passé, et nos excellents professeurs ont consenti à toujours rester pour nous les premiers et les meilleurs de nos amis.

*Le petit Séminaire de Larressore.*

Pour réaliser son admirable programme d'éducation, M. Claverie avait su réunir à Larressore un ensemble vraiment imposant de jeunes ecclésiastiques. La confiance de Mgr d'Astros ne lui manquait pas, non plus que le don du discernement des hommes. Il attira auprès de lui, des départements des Landes et des Basses-Pyrénées, des jeunes gens distingués qui devinrent ensuite les prêtres vénérables que notre génération a été enseignée à respecter et à admirer. La Providence avait sans doute voulu que les grands serviteurs de Dieu qui ont le plus travaillé au triomphe de l'Eglise dans notre diocèse, fussent réunis, à l'aurore de leur sacerdoce, sous la direction d'un supérieur éminent, pour se pénétrer du même esprit de foi et de piété, pour s'animer des sentiments de la même charité et de la même soumission, pour se connaitre et s'estimer mutuellement, pour se disposer à apporter le concours le plus empressé à l'établissement des grandes œuvres qui sont l'honneur de notre pays.

Le petit Séminaire de Larressore.

Là, se trouvaient réunis M. Boutoey, depuis vicaire-général de Bayonne, administrateur habile, esprit fin et délié ; M. Haramboure, qui fut le successeur de M. Claverie à Larressore et mourut grand-vicaire de Mgr Lacroix, l'homme bon, expert dans la pratique de l'éloquence sacrée ; M. Harriet, aîné, prêtre spirituel et plein de cœur, qui, après avoir dirigé à Bayonne une maison d'éducation où la jeunesse de la ville a reçu les meilleurs principes, n'a pas cessé jusqu'à son dernier souffle, bien qu'il fût devenu chanoine de la cathédrale, de travailler à la sanctification de la jeunesse ; M. Harriet (Maurice), qui a porté dans les situations les plus diverses une intelligence et un caractère supérieurs à toutes les fonctions ; M. Duvoisin, littérateur élégant, érudit patient ; M. Dassance, comme M. Duvoisin, mort chanoine de la cathédrale, critique de premier mérite qu'une excessive défiance de ses forces et une haute conception de l'art ont empêché de se mesurer à des œuvres à la hauteur de son talent ; M. Saint-Guily, aujourd'hui archiprêtre de Saint-Martin de Pau, dès sa jeunesse entouré de cette vénération si méritée qui est aujourd'hui le couronnement de sa vieillesse ; M. Franchistéguy, que le diocèse de Bayonne voit avec bonheur à la tête de son administration et qui semble avoir reçu en héritage de ses confrères disparus la bonté et l'ardeur d'un cœur que les ans ne peuvent refroidir.

Le serviteur de Marie ne se rencontra pas seulement à Larressore avec ces hommes distingués, également recommandables par les talents et les vertus. Il y vécut avec le vénérable M. Garicoïtz qui, lui aussi, se préparait à l'accomplissement d'une vocation divine.

<small>Le petit Séminaire de Larressore.</small>

Qui se refuserait à reconnaître une vue particulière de la Providence dans la réunion à Larressore des deux hommes appelés à fonder dans le diocèse de Bayonne deux grandes institutions, l'une de religieux, l'autre de religieuses, destinées après la mort de leurs fondateurs à se prêter un mutuel appui? Ne convenait-il pas, pour que les deux congrégations fussent animées d'un même esprit, que la Providence amenât leurs fondateurs à puiser aux mêmes sources les eaux vives dont elles devaient s'abreuver?

Et comme M. Garicoïtz et M. Cestac étaient bien choisis pour l'accomplissement de leur mission!

M. Garicoïtz, esprit droit et ferme, cœur bon mais austère, volonté ardente mais disciplinée, était bien l'homme qu'il fallait pour être le directeur d'une congrégation de prêtres aspirant à la perfection. La congrégation de Bétharram, formée par ses leçons et ses exemples, est le garant de la vocation divine de son fondateur, car il n'y a que les envoyés de Dieu qui établissent les œuvres saintes.

*Le petit Séminaire de Larressore.*

Pendant que M. Garicoïtz achevait son entreprise à l'extrémité du Béarn, au pied des Pyrénées, son ancien confrère de Larressore, M. Cestac, travaillait à fonder la sienne dans le pays de Labourd, sur les bords de l'Océan. Celui-ci était en quelque sorte le contraste vivant de son digne ami. Ame chaude et enthousiaste, affectueuse et livrée sans défense à la charité, abandonnée tout entière à l'inspiration divine, M. Cestac n'était-il pas tout particulièrement apte à remplir la mission que la Providence lui avait départie? Tant la main de Dieu est habile à choisir ses instruments et à les proportionner à leur destination !

On ne permettrait pas à l'auteur de cette histoire de garder le silence sur un autre collègue de M. Cestac, qui lui resta toujours uni par les liens de la plus dévouée sympathie. M. l'abbé Hiraboure, mort évêque d'Aire, débutait alors dans la carrière de l'enseignement avec un succès extraordinaire. Entré à Larressore en qualité de professeur de huitième, dès la troisième année il était chargé de la rhétorique, malgré sa jeunesse (le professeur était plus jeune que le moins âgé de ses élèves). La surprenante facilité de son génie, l'exquise pureté de sa littérature, l'élégance nombreuse de son élocution, lui avaient fait une place d'honneur dans la brillante pléiade des professeurs de Larressore. Une conformité particulière de goûts et de talents le rapprochait de M. Cestac : ils collaboraient d'habitude aux œuvres littéraires qui étaient l'ornement des fêtes principales du petit séminaire. Ce qui établissait entr'eux une indéfectible harmonie, mieux encore que la communauté des travaux, c'étaient le sentiment religieux et l'esprit sacerdotal. La littérature et les connaissances scientifiques étaient peu de chose à leurs yeux. Aimer Dieu et le servir, telle était leur unique ambition. Entre ces deux grands serviteurs de Dieu, ce fut toujours comme une émulation de piété. Nous verrons, pendant le cours de notre présent travail, combien le serviteur de Marie a été fidèle à sa vocation sacerdotale. Ceux qui ont assisté à la vie et à la mort de Mgr Hiraboure, rendent témoignage qu'il a vécu et qu'il est mort en saint. Le serviteur de Marie aimait à rendre hommage aux éminentes vertus de son ancien collègue de Larressore. Ils restèrent toujours liés l'un à l'autre par une vive charité, qui ne les laissait indifférents à aucun des événements importants de leur vie. L'éloignement n'interrompait pas leur intimité, car les amis qui sont unis en Dieu ne cessent pas d'être réunis quand ils se quittent pour lui. Celui qui écrit ces lignes sait que le serviteur de Marie, disant un jour la messe, de grand matin, dans le sanctuaire de Buglose, pendant le mois de mai 1857, éprouva une profonde émotion. Une voix intérieure lui criait : « Mgr Hiraboure se meurt ! » Or,

La Prêtrise.  la veille au soir, entre onze heures et minuit, le vénérable Evêque avait fait une chute dont les suites furent promptement mortelles. C'est ainsi que la sympathie établie dans ces grandes âmes sous l'influence de la religion, maintenait entr'elles des communications mystérieuses.

Tel était le milieu dans lequel fut appelé à vivre le serviteur de Marie. C'était là, dans une atmosphère d'intelligence et de piété, que la Providence avait voulu le placer. Comme une semence précieuse, transplantée dans un parterre de choix et soumise aux plus heureuses conditions de température, profite promptement des influences qui s'exercent sur elle, ainsi l'âme du jeune lévite, dirigée par un supérieur d'une expérience consommée et soutenue par les exemples de confrères d'élite, fit bientôt de rapides progrès dans toutes les directions.

## II.

### La Prêtrise.

Au milieu de ces brillantes personnalités, le serviteur de Marie occupa l'un des premiers rangs et ne fut inférieur à personne en science et en piété.

Nommé professeur de mathématiques, il sut exposer avec clarté les principes d'une science dont il avait fait une sérieuse étude au collège d'Aire. Dans le cours de son enseignement, il prit les habitudes de précision, de méthode, de lucidité qui caractérisèrent toujours ses travaux.

Comme pour mieux plier son caractère aux inclinations régulières et ordonnées, M. Claverie lui confia les fonctions d'économe de la communauté. Plus tard, M. Cestac reconnaissait lui-même que la direction de ses œuvres lui aurait été sinon impossible, du moins bien difficile, si la Providence ne lui avait fourni l'occasion d'acquérir des connaissances spéciales, toutes pratiques, dans la gestion des affaires temporelles du petit séminaire.

Par une singulière rencontre, M. Cestac fut en même temps chargé de l'éducation musicale du petit séminaire. A cette époque, époque héroïque mais primitive de l'histoire du petit séminaire de Larressore, les ouvriers spéciaux faisaient défaut et, comme Machabée, les serviteurs du sanctuaire étaient obligés de se livrer aux travaux les plus différents ; à construire, aujourd'hui, à combattre, demain. Aussi, le serviteur de Marie devint-il professeur de mathématiques, économe et professeur de musique, menant de front, avec une activité sans égale, ses triples fonctions. « La musique (a dit un ancien élève de notre jeune professeur, élève devenu bientôt amateur distingué), avait eu pendant longtemps les prédilections de l'abbé Cestac. Il apportait dans l'enseignement de

*La Prêtrise.*

La Prêtrise.

cet art l'esprit de rectitude, et si nous pouvons le dire, d'ingéniosité qu'il mettait à toutes choses, Après quelques mois de leçons, l'élève attentif et qui voulait profiter possédait une connaissance méthodique de la grammaire et de la syntaxe musicales ; la notation, avec ses mille difficultés, lui était devenue familière et les notions qu'il avait acquises, quoique incomplètes (un collége n'est pas un Conservatoire), étaient au fond très-positives et le mettaient sur la voie des mystères de l'harmonie et du contre-point. Avec des éléments très-disparates, l'abbé Cestac avait organisé à Larressore (chose assez rare alors), un corps de musique composé de chanteurs et d'instrumentistes, un peu rudimentaire, sans doute, mais qui ne laissait pas de donner un certain éclat aux solennités religieuses et même profanes. Emporté par sa verve artistique, le digne abbé chantait et jouait tout à la fois. Sa voix ne dépassait pas la portée ordinaire ; son violon, en revanche, valait presque un orchestre.

« Parmi les compositions du saint prêtre, quelques-unes avaient franchi les murs du séminaire et jouissaient au dehors d'une véritable vogue. Nous nous rappelons encore l'*Adorons tous* pour la fête de Noël, le *Prosternons-nous, pécheurs*, pour la Fête-Dieu, la suave prière : *Vierge, patronne des enfants*, et surtout la délicieuse mélodie avec chœur, composée, ou plutôt improvisée pour la fête de saint Jean-l'Evangéliste : *O Joannes, dilecte Deo* ; sans parler d'une foule de cantiques et de motets qu'il serait trop long d'énumérer et que, d'ailleurs, nous ne connaissons pas tous. » (F. MAGESCAS, dans le *Réveil des Landes* du 4 mai 1871.)

Mais ce ne fut là qu'un côté, important sans doute, mais relativement secondaire, des débuts du serviteur de Marie à Larressore.

« A Larressore, disait un jour le bon prêtre, la Providence daigna me ménager des croix. Or, celui qui refuse les croix, disait-il en une autre circonstance, refuse le ciel. » Le serviteur de Marie ne refusa pas les croix.

Les premières difficultés vinrent de l'exercice des fonctions d'économe. Si dès le début, le serviteur de Marie, dans la chaire de mathématiques, gagna l'estime de ses élèves, dans le gouvernement temporel de la communauté, il commença par susciter des murmures qui ne laissèrent pas d'être quelquefois assez vifs. Le jeune dispensateur des biens matériels de la maison, non-seulement prit au sérieux, mais en toute rigueur, la responsabilité de sa charge. Or, qui ne sait qu'un économe trop rigoureux est un économe fâcheux ? Les professeurs se joignirent aux élèves pour se plaindre d'une gestion qui ne consentait à rien laisser se perdre. Il en résulta des scènes accentuées où le serviteur de Marie ne se départit jamais de sa patience et de sa sérénité Au goûter, on voyait réapparaître, depuis longtemps, au réfectoire des professeurs, un plat de pommes avariées que M. Cestac faisait servir, malgré les protestations de ses collègues, à qui il disait imperturbablement : « Si vous aimez les pommes, vous ne les laisserez pas se gâter ; si vous ne les aimez pas, il est inutile de vous en présenter d'autres. » Exaspéré par le calme du jeune économe, le pétulant abbé Dassance prit l'un des fruits trop mûrs, se leva et se permit d'en barbouiller la figure de son confrère, en s'écriant : « Qu'elles servent au moins à quelque chose ! » Le serviteur de Marie ne résista pas, se laissa faire en paix et se contentant de regarder son collègue du plus doux regard, il lui dit d'un accent pénétrant : « Oh ! M. Dassance ! M. Dassance ! » Cette mansuétude désarma le fantaisiste confrère et le fit rentrer en lui-même : « Je vous demande pardon, reprit-il ; je suis un écervelé et vous êtes un saint. Mais, de grâce, ne nous servez plus des pommes pourries. »

Instruit par des incidents semblables et averti par la résistance qui se trouve dans la force même des choses, peu à peu le jeune économe sut saisir le juste milieu où réside la bonne administration, attentive à ne rien gaspiller comme aussi à ne rien refuser de nécessaire. Avec son habile concours, M. Claverie put tout à la fois préparer cette forte génération dont les tempéraments énergiques sont la honte de notre faiblesse, et restaurer les ruines du petit séminaire avec une grande rapidité.

Mais les disgrâces extérieures sont peu de chose pour qui possède la paix intérieure. Malheureusement, le serviteur de Marie fut, à cette époque, troublé par des peines d'âme qui se prolongèrent pendant plusieurs mois et lui donnèrent lieu d'exercer à un haut point la vertu de patience; or, la patience complète est la perfection du christianisme. Rien ne manque à celui qui sait tout souffrir. Comme toutes les vertus contribuent à former la patience, la patience sert à perfectionner toutes les vertus.

Dès son arrivée au petit séminaire, il fut donc soumis à une épreuve spirituelle, la plus dure à la sensibilité de sa dévotion, la plus utile à son avancement dans la piété.

Rien n'est plus propre à nous faire connaître, d'un côté, et la force, et l'humilité, et l'esprit de soumission du jeune ecclésiastique, d'un autre côté, la fâcheuse persistance dans notre pays si catholique de certaines traditions jansénistes (1), que le récit

---

(1) Le véritable fondateur du jansénisme, l'abbé de Saint-Cyran, était de Bayonne. La sévérité de la secte répondait à la rigidité de mœurs d'une partie de la ville et du diocèse de Bayonne. On peut se rendre compte, en lisant la *Vie de M. Daguerre*, par M. Duvoisin, de la prépondérance que cette hérésie a exercée dans nos contrées

La Prêtrise.

suivant, dans lequel M. Cestac nous a conservé le souvenir d'un épisode de sa vie, où le dernier tenant d'un rigorisme outré éloignait, suivant les traditions de sa secte, des sacrements de pénitence et d'eucharistie, le lévite qu'il jugeait néanmoins digne de monter au degré supérieur de la hiérarchie. Triste exemple de la manière dont les vrais serviteurs de Dieu peuvent être tourmentés par les ministres sacrés qui substituent leur esprit particulier à l'esprit de l'Eglise !

« Puisque vous voulez, dit M. Cestac, en adressant son discours à la Très-Sainte Vierge, que je raconte vos bontés dans les épreuves comme dans les consolations, je vais ici rappeler une circonstance de ma vie qui m'a coûté bien des soupirs et des larmes, mais dans laquelle, comme toujours, vous avez signalé vos maternelles bontés.

« J'étais à Larressore et revêtu du sous-diaconat. J'avais la pieuse pratique de me confesser tous les huit jours. Nous entrâmes en vacances et mon confesseur étant parti, passant devant le presbytère à X....., j'y entrai pour me réconcilier au sacre-

---

pendant le dix-huitième siècle. A la fin, les erreurs doctrinales disparurent, mais les pratiques jansénistes, surtout celles qui se rapportent à l'administration des sacrements de pénitence et d'eucharistie, persistèrent avec opiniâtreté. Il n'est pas encore impossible de rencontrer des âmes dévotes qui, sous prétexte de respect, refusent de recevoir la sainte absolution et la sainte communion.

ment de pénitence avec le bon vieux curé qui y demeurait.

« Il m'accueillit avec bonté, reçut ma confession de huit jours et, me différant l'absolution, il me dit de revenir dans la huitaine. J'y revins, mais ce fut comme la première fois, la troisième fois comme la seconde, la quatrième comme la troisième. Ainsi nous arrivâmes à la grande fête de Toussaint, rien ne changea ; puis vint la belle fête du 21 novembre ; puis, la précieuse fête du 8 décembre ; puis, la grande solennité de Noël. Je me présentais fidèlement à la huitaine : c'était toujours la même chose. Enfin nous arrivâmes à Pâques. J'avais quelque espoir qu'au moins j'aurais le bonheur de faire ma communion pascale. Mon espoir fut encore trompé et je dus traverser ces époques si grandes, si saintes, toujours en excommunié.

« Vous, ô ma bonne et tendre Mère, vous savez tout ce que j'ai souffert dans ces jours si tristes et si douloureux ! Pendant que toute la communauté, dans la sainte joie du cœur, allait s'unir avec tant de bonheur à votre adorable Jésus, seul, derrière le pupitre du chœur, cachant mon visage dans mes mains, je pleurais et m'offrais en sacrifice d'expiation pour mes grandes et nombreuses iniquités.

« Mais enfin votre cœur de mère ne voulut pas laisser se prolonger plus longtemps une si doulou-

*La Prêtrise.* reuse épreuve que, pour moi, j'étais résigné à subir indéfiniment et jusqu'à ce qu'il plairait à la bonté divine de m'en délivrer. Ma confiance ne fut pas confondue.

« Arrivé à l'ordination de la Trinité, Monsieur le supérieur me dit : — Vous devez vous disposer à profiter de l'ordination et à recevoir le diaconat. — Mais, Monsieur le supérieur, lui répondis-je, comment puis-je profiter de l'ordination puisque je n'ai pas encore fait mes Pâques ? — C'est égal, me dit-il, parlez-en à votre confesseur de ma part. — Je le ferai, repartis-je, par obéissance. — Au fond, je n'osais rien espérer.

« Ainsi que j'en avais reçu l'ordre, je fus trouver mon confesseur et je lui fis part de ce que m'avait dit Monsieur le supérieur. Il n'hésita pas un seul instant et me dit : — Certainement que vous devez profiter de l'ordination. — Mais, mon père, comment puis-je être ordonné si je n'ai pas l'absolution ? — Allez, fit-il, je vous la donnerai.

« *Je vous la donnerai !* Oh ! quelle parole ! Il faut avoir traversé toutes les angoisses d'une pareille épreuve pour comprendre ce que fut pour moi cette parole : *Je vous la donnerai !* Je poussai un long soupir et enfin je pus profiter de l'ordination. Et puis, ô ma bonne et admirable Mère ! pour me dédommager des peines que j'avais portées, votre bonté me ménagea le bonheur de recevoir la même année, à Noël, l'insigne faveur d'être promu au sacerdoce, avec dispense d'examen et de retraite, par ordre exprès de M<sup>gr</sup> d'Astros, mort cardinal-archevêque de Toulouse. Ainsi se termina cette rude épreuve, par des grâces spéciales et privilégiées. » *(Autobiographie.)*

*La Prêtrise.* — Le serviteur de Marie fut ordonné prêtre par M<sup>gr</sup> d'Astros, le 17 décembre 1825, dans la chapelle du séminaire de Bayonne. M. Larrose, doyen d'Accous, qui se trouvait à côté de M. Cestac pendant la cérémonie, raconte qu'après la consécration des mains, le nouveau prêtre, à peine revenu à sa place, au pied de l'autel, s'écria avec ferveur : « Très-Sainte Vierge, je vous offre, avec mes mains, mon cœur et toute ma personne. » Il mettait alors en pratique une sentence qu'il aimait à voir inscrite sur les murs et qu'il rappelait fréquemment dans la conversation : « Pensez-vous souvent à notre bonne Mère du Ciel ? » En ce moment solennel, où concentrant toutes les puissances de son âme en une seule pensée, le nouveau prêtre met sa vie entière au service de Dieu et de l'Eglise, c'est vers Marie que le cœur du jeune homme se portait, et c'est par la dévotion à Marie qu'il s'engageait à servir Dieu et l'Eglise.

Il célébra sa première messe dans la chapelle du petit séminaire de Larressore, le jour de Noël. Son vieux père était présent. « Nous étions bien enfant alors, raconte un témoin oculaire, mais nous n'avons

La Prêtrise. jamais oublié le spectacle attendrissant qu'offraient ce vieillard et ce jeune prêtre, le père et le fils, le premier recevant la communion de la main du second. » (*Réveil des Landes*, 4 mai 1871.)

La vie tout entière du serviteur de Marie a été comme une longue action de grâce de son élévation au sacerdoce. Comprenant à quel point il était engagé par la prêtrise à désirer le triomphe de la Foi, il fut inspiré de ne jamais recevoir d'honoraires les jours de dimanche afin de célébrer la messe, ce saint jour, pour les grands intérêts de l'Eglise. Il a toujours été fidèle à sa résolution. Il ne manquait pas à cette occasion de mêler sa voix à celle des anges et des fidèles pour bénir Dieu, comme l'apôtre saint Paul, de ses dons inénarrables *Super inenarrabili dono ejus*. Mais, après avoir rendu à Dieu l'hommage de la reconnaissance, il avait soin de reconnaître les engagements qu'il avait contractés par son ordination, et les obligations que les ordres sacrés lui avaient imposées. Bien loin de ressembler à ces personnes, dont parle quelque part le vénérable Louis de Blois, qui confondent les honneurs avec le mérite et s'imaginent de faire des progrès dans la vertu à mesure qu'ils avancent dans les dignités, M. Cestac ne regardait le sacerdoce que comme une source de devoirs plus rigoureux, et chaque dimanche, il se renouvelait dans les dispositions et dans la ferveur du jour de sa première messe.

## III.

### Direction des Elèves.

A peine élevé au sacerdoce, le serviteur de Marie fut chargé par M. Claverie de diriger la section des petits et de présider la congrégation de la Très-Sainte Vierge.

Il ne se pouvait trouver d'occasions plus favorables pour développer dans le jeune prêtre l'instinct du maniement des âmes et son ardent amour pour la Mère de Dieu.

Le problème que lui avait donné à résoudre le vénérable supérieur de Larressore était des plus compliqués. Il s'agissait de faire régner le travail et la discipline, de procurer l'avancement dans la piété et..... de se faire aimer. Le jeune directeur montra qu'il n'était pas impossible d'arriver à ce multiple résultat.

Il était ferme et vigilant en tout ce qui touchait à l'observation de la règle. Inexorable dans les transgressions relatives à la discipline et au travail, il payait de sa personne et avait l'œil à tout. Le premier debout, il ne se reposait qu'après s'être assuré que la petite communauté était livrée au sommeil. Surchargé d'occupations, il arrivait à mener de front les travaux les plus divers, à force d'activité et d'énergie. Il tenait ainsi ses jeunes élèves en haleine perpétuelle, en leur donnant la grande leçon de

*Direction des Elèves.*

l'exemple et en décourageant en eux l'espérance de l'impunité.

« L'oisiveté, dit un ancien élève de Larressore (*Réveil des Landes,* n° 1,900), était particulièrement odieuse à l'abbé Cestac. Ajoutons qu'elle n'était guère en honneur à Larressore. On s'y levait de bonne heure pour avoir plus de temps à donner au travail, et la prière ouvrait la journée ; chaque action commençait et finissait ainsi. M. Cestac donnait l'exemple ; levé longtemps avant les autres, il se rendait immédiatement à la chapelle pour dire la messe. Mais ses soins ne se bornaient pas là ; son active protection s'étendait à tout et veillait même à notre chevet. Bien souvent le digne prêtre interrompait son sommeil pour parcourir silencieusement les dortoirs ; les froids les plus âpres de l'hiver n'arrêtaient point ces rondes vigilantes. »

Le jeune directeur était très-sévère en tout ce qui concernait la règle du silence. Il en exigeait l'observation la plus rigoureuse, non pas seulement parce que le silence est la condition première de l'ordre dans une communauté, mais encore parce que l'habitude du silence est une vertu morale des plus utiles pour le progrès dans la piété. Il répétait souvent la parole de l'apôtre saint Jacques : Soyez toujours disposés à écouter, soyez lents à parler *Sit omnis homo velox ad audiendum : tardus autem ad loquendum.*

Autant le jeune prêtre était zélé pour le maintien de l'ordre, du travail et du silence, autant il était empressé à procurer à ses élèves des amusements pendant les récréations.

A Larressore, on croit que les récréations doivent être employées à développer l'activité physique et à procurer la distraction de l'esprit. Aussi y est-il de tradition, de ne pas permettre aux élèves de s'oublier dans la torpeur ou dans les discours inutiles, qui ne tardent pas, ordinairement, à devenir des discours dangereux. Personne n'a mieux su que le serviteur de Marie entraîner les jeunes gens et occuper leur imagination. Il y avait surtout une récréation du soir, pendant l'hiver, longue récréation de trois quarts d'heure, précédant immédiatement le coucher, qui faisait le désespoir des habiles maîtres du petit séminaire. Les enfants, engourdis par le froid, la fatigue et le sommeil, ne savaient pas se tenir en mouvement. Le serviteur de Marie réussit à animer cette désastreuse récréation, aujourd'hui supprimée. « Inexorable pour certaines fautes, le grave professeur savait au besoin redevenir enfant avec nous, a raconté un ancien élève de Larressore, et s'associer à nos plaisirs pour les diriger. Un de nos bonheurs était de nous grouper autour de lui, dans la dernière récréation des jours d'hiver, pour lui faire conter une de ces aventures dramatiques qui allument la curiosité des jeunes écoliers et plai-

*Direction des Elèves.*

Direction des Elèves.

sent tant à leur imagination. L'excellent homme, riant dans sa barbe, cédait ordinairement à notre désir. Aussitôt qu'il avait pris place, il fallait voir comme tous les jeux étaient abandonnés, et comme nous l'écoutions avec attention, tous penchés en avant, suspendus à ses lèvres, tantôt poussant des cris d'admiration, tantôt réclamant le silence avec des gestes forcenés. Que de fois nous avons frémi, en compagnie d'une centaine de petits trembleurs, au récit des faits et gestes de l'illustre *Morganor !* Le précepte d'Horace : *Hâtez-vous toujours vers le dénouement,* aurait eu peu de succès auprès de l'impressionnable auditoire. Aussi nous avons toujours soupçonné le conteur de procéder à la façon des feuilletonnistes modernes, qui allongent leur histoire d'un numéro à l'autre et qui en retardent le dénouement au moyen d'innombrables péripéties. Rien, d'ailleurs, ne manquait à ces merveilleuses épopées, ni le charme des détails, ni la couleur locale, ni les suspensions habilement ménagées. » (*Réveil des Landes,* 4 mai 1871.)

Quand les récits ne suffisaient pas, il appelait à son aide la musique. Lorsqu'aux jours de promenade, la pluie commençait à tomber, M. Claverie venait dire quelquefois à la petite communauté : « Que préférez-vous ? remettre la promenade à demain ou la remplacer immédiatement par une récréation musicale ? » Et tous de répondre : « Musique !

musique ! » Alors M. Cestac allait quérir son violon ; son petit monde se rangeait autour de lui, et les plus légers, immobiles et muets sous l'archet fascinateur, écoutaient, pendant plusieurs heures, l'artiste qui, avec une infatigable complaisance, tour à tour jouait de son instrument, chantait et déclamait à la plus grande satisfaction de ses auditeurs.

*Direction des Elèves.*

Quels touchants souvenirs d'une éducation douce et forte, bien propre à établir entre les professeurs et les élèves une étroite solidarité ! Qui n'envierait le bonheur d'avoir eu de tels maîtres ? Et comment s'étonner que, formés par des hommes de ce talent, de cette vertu et de ce dévouement, la génération qui a précédé immédiatement la nôtre au petit séminaire de Larressore, nous offre dans l'Eglise et dans le monde de si admirables modèles d'honneur, de religion et de sainteté !

« La prière, le silence et le travail sont la vie et la force d'une communauté. » C'était une des maximes favorites du serviteur de Marie. Nous venons de voir comment il contribuait par ses efforts à maintenir à Larressore le silence et le travail. Mais comment parvenait-il à assurer l'établissement de la piété ?

Le serviteur de Marie s'attacha de tout son pouvoir à développer dans l'âme des séminaristes la plus ardente dévotion envers la Très-Sainte Vierge.

**Direction des Elèves.**

Dans ce but, il s'efforçait d'entretenir l'esprit de ferveur dans la *congrégation*. Il en avait été le fondateur avec M. Hiraboure. Ils l'avaient établie pour la première fois le 21 novembre 1829, fête de la Présentation de la Très-Sainte Vierge. C'était dans une vue particulière qu'ils avaient choisi ce saint jour. Marie élevée dans le Temple, n'est-elle pas le modèle admirable de la vie régulière, fervente, ecclésiastique que doivent mener les jeunes gens qui se destinent au sacerdoce ? Selon le sentiment de saint Ambroise, il n'est point d'état de vie auquel la vie de la Très-Sainte Vierge ne puisse servir de modèle *Satis fuit Mariæ ut ejus unius vita omnium sit disciplina*. Or, il ne faut point douter que la vie de Marie, très-sainte dans la maison de ses parents, n'ait redoublé de ferveur dans la maison de Dieu, dans ce séminaire où le Saint-Esprit a pris soin de l'instruire et de la préparer pour être son épouse. Dans cette pensée, les pieux directeurs de la nouvelle congrégation appelèrent à eux les élèves les plus méritants de la communauté, pour les former à la dévotion sous les auspices de Marie vivant dans le Temple.

Nous avons retrouvé parmi les papiers de Mgr Hiraboure les procès-verbaux des réunions et les actes de la congrégation. Aux fêtes principales, les membres de la pieuse assemblée récitaient des dialogues, lisaient des compositions, en prose et en vers, sur la solennité du jour. Le principal auteur de ces travaux littéraires était M. Hiraboure, dont la facilité de travail était prodigieuse et qui payait en toutes ces occasions le tribut de son talent, d'une indéfectible élégance. Le serviteur de Marie ne restait pas étranger à ces compositions. Néanmoins, il n'y avait pas la plus grande part. Il bornait sa coopération à quelques poésies, à quelques narrations que nous avons retrouvées et qui se distinguent, comme tout ce qui sort de sa plume, par la vigueur et l'onction.

Ce qui lui appartenait en propre, c'était l'enseignement religieux.

L'une de ses plus grandes sollicitudes était de développer dans les jeunes âmes dont il avait la conduite, la connaissance des vérités de la foi, car la religion est la science de l'homme, elle est sa lumière, elle est son bonheur. Apprenons à la connaître et nous apprendrons à l'aimer ; creusons dans les profondeurs qu'il a été donné à l'homme de sonder et nous nous trouverons en face des assises éternelles qui lui servent de fondement !

On remarque la trace des préoccupations du serviteur de Marie dans les pages suivantes, que nous reproduisons ici, comme un exemple des conceptions tout à la fois finement analysées et fortement construites, qui formaient la caractéristique de son talent.

*Direction des Élèves.*

Direction des Elèves.

### Réflexions sur l'enseignement de la Religion.

« Quoique l'enseignement de la religion soit mieux soigné dans les séminaires que dans les colléges universitaires, il n'est pas, on doit en convenir, beaucoup plus fructueux dans ses résultats ; la partie morale est bien traitée, mieux soutenue par les exemples et la surveillance paternelle du directeur ; mais la partie doctrinale et scientifique laisse presque tout à désirer. Arrivé à la fin de ses classes, le rhétoricien, après six ou sept ans d'études, après avoir vu épuiser toutes les formes d'instruction, sort du séminaire avec plus de sentiments que de principes et sans avoir une connaissance même superficielle de l'ensemble de la religion.

« Ce désordre, qui semblerait impossible et qui cependant n'est que trop réel, tient immédiatement *au défaut d'ordre*. Sans ordre point de vraie connaissance ; la mémoire peut retenir quelques idées éparses, mais l'intelligence, seule dépositaire du savoir, n'apercevant pas le lien qui les coordonne, défaille à chaque instant et court un danger toujours imminent de s'égarer. C'est ainsi qu'un homme se fatigue en vain dans un labyrinthe dont il ne connait pas le plan ; tandis que, possédant l'idée génératrice et la manière dont elle se développe, il ne serait étranger nulle part et saurait se retrouver toujours.

« Mais le défaut d'ordre lui-même a pour cause l'absence d'études approfondies dans ceux qui sont chargés de dispenser l'enseignement religieux. La religion tient à tout ; ses rapports embrassent tout : théorie de l'intelligence, théorie du cœur, théorie de la société domestique, civile et politique ; même les sciences et les arts, tout tient essentiellement à la religion.

*Direction des Élèves.*

« Tout, en effet, venant de Dieu, tout doit se rapporter à Dieu et ce n'est que par la religion vraie, par sa vertu, par son esprit, par ses dogmes et par sa morale que peut se réaliser cette grande unité de toutes choses.

« On ne peut donc bien comprendre la religion et en saisir le *système* à moins qu'on n'en pénètre tous les rapports avec la nature humaine et ses applications. Or, je le demande, une telle connaissance est-elle commune ? Est-ce même l'idée qu'on se forme de la religion ? Aux yeux de plusieurs, qu'est-elle autre chose qu'une série de dogmes et de préceptes vrais, sans doute, mais circonscrits dans leur application, sans rapport avec une multitude de besoins qui surgissent du cœur de l'homme et qui résultent d'ailleurs de sa sociabilité ? De tels esprits, pieusement renfermés dans les limites restreintes qu'ils font à la vérité, dévouent à l'anathème ou tout au moins à l'indifférence, tout ce qui est en dehors, isolent la religion de ce qui est son domaine

Direction des Elèves.

et la privent de son plus beau caractère, qui est d'embrasser *toute vérité, toute beauté.*

« Ces idées fausses, qui les dominent sans qu'ils s'en aperçoivent, se rencontrent dans l'esprit général de leurs instructions ; s'ils n'isolent pas la religion expressément, au moins ils ne l'entendent pas et le moindre mal qui en résultera pour les élèves, ce sera de leur montrer la religion comme chose étroite et isolée ; hors de l'église ou du confessionnal, ils ne la retrouveront nulle part, et parler de Jésus-Christ au sujet de musique, de peinture, de politique ou de commerce, leur paraîtra, je le dis avec horreur, chose absurde ou ridicule.

« Le défaut de connaissance profonde amène naturellement la confusion. La religion dans leur bouche est mutilée ; ils ne saisissent le système que par parties et n'en voient ni l'ensemble, ni les rapports. Leur enseignement incomplet et désordonné a le double inconvénient de ne laisser dans les esprits que des idées vagues et de ne répondre pas à une multitude de vues qui semblent incohérentes, parce qu'elles ne sont pas placées dans leur ordre naturel. Les faits parlent ici trop haut pour que l'on puisse contester ces assertions.

« Il n'en serait pas ainsi si l'enseignement de la religion était dirigé sur un plan largement conçu et méthodiquement ordonné. Ce plan serait étendu sans doute, mais facile à saisir, car ce n'est pas la multitude des objets, mais le désordre qui fatigue l'intelligence. Une armée de 100,000 hommes, disposée selon les règles de l'art, sera plus facile à compter que ne le serait une foule tumultueuse qui n'en renfermerait que 100. La clarté, je le répète, résulte de l'ordre, et l'ordre est le fruit d'une connaissance profonde...... »

*Direction des Élèves.*

Si le serviteur de Marie s'en était tenu à la critique, son œuvre n'eût guère été féconde. Mais il entreprit, d'après les données exposées dans les *Réflexions* qui précèdent, un *Cours philosophique de la Religion,* dont nous ne connaissons, malheureusement, que les conférences des années 1827, 1828 et 1829. Nous en avons assez vu pour reconnaître l'esprit du travail ; nous en avons trop vu pour ne pas déplorer la perte des cours de 1830 et 1831.

Dans ses conférences, le serviteur de Marie ne négligea rien de ce qui était propre à affirmer la croyance de ses auditeurs et à développer leurs convictions.

Il se proposait surtout de démontrer invinciblement à ses jeunes disciples la solidité de la foi.

La méthode qu'il suivait était vraiment philosophique ; il posait d'abord comme base de tout ordre et de toute vérité, l'existence de Dieu, fait capital autour duquel viennent se grouper tous les genres de certitude. De cette vérité première, liée à l'exis-

*Direction des Élèves.*

tence de l'homme par un lien étroit, découlent les conséquences les plus étendues : la religion, ou le rapport de l'homme à Dieu, son unité, sa perpétuité. Le conférencier recherchait ensuite où résidait cette religion si nécessaire à l'homme. Est-ce dans la raison ou dans une révélation divine ? L'homme doit-il faire sa religion, ou bien le souverain Maître l'a-t-il établie ? Cette partie essentielle du cours était développée avec soin et donnait lieu à des discussions étendues sur les droits et la force de la raison et sur la nécessité d'une révélation divine. Puis il s'agissait d'examiner le fait de la révélation chrétienne. Le christianisme apparaissait alors avec son cortége imposant de preuves et de témoignages qui en démontraient la divinité. C'était à une étude aussi consolante que le serviteur de Marie conviait chaque année ses jeunes auditeurs de rhétorique et de philosophie, et cette étude remplissait leur intelligence de sublimes clartés et entretenait dans leur cœur la sécurité et la paix.

En même temps que ces graves travaux de théologie, le serviteur de Marie menait de front des études d'un genre tout différent. Son esprit poussait des pointes en tous sens. Dans ses papiers, nous trouvons des réflexions sur des sujets de politique, de littérature, d'économie sociale. A côté d'un travail sur l'hypothèse du *progrès à l'infini,* ou sur l'*origine du mal,* nous trouvons des *Considérations* sur *la révolution de 1830,* sur *la Pologne,* sur les *Basques.* Son intelligence était ouverte à tous les sujets d'étude. Les neuf années de séjour à Larressore établirent l'esprit du bon prêtre en pleine possession de lui-même et lui permirent d'amasser le plus riche bagage intellectuel.

Enseignement philosophique.

## IV.

### Enseignement Philosophique.

Il faut néanmoins le dire : le mérite principal du serviteur de Marie et son occupation habituelle, au séminaire de Larressore, ont consisté dans l'enseignement de la philosophie.

Si nous avions à nous livrer à la critique philosophique, nous trouverions dans l'enseignement du jeune professeur matière à de nombreuses réflexions. Un grand nombre d'ouvrages, composés à cette époque, nous ont été confiés ; nous les avons étudiés avec étonnement. Nous regrettons de ne pouvoir développer ici les raisons de notre sentiment : mais nous sommes convaincu qu'il devait se trouver alors peu de philosophes, dans l'Eglise de France, capables d'une telle puissance de travail, d'une telle faculté de généralisation, d'une telle originalité de pensée. Aussi partageons-nous sans réserve l'admiration des anciens élèves de Larressore, qui proclament hautement le rare mérite de leur maître en philosophie.

| Enseignement philosophique. | Le jeune professeur entreprit une étude de tous les objets de la philosophie. Il y joignit un exposé rationnel des vérités de la foi. Il embrassa donc et la science de la raison et celle de la révélation. Il réussit, après quelques années d'un labeur opiniâtre, à bâtir un ensemble constituant un monument intellectuel considérable. Ce travail n'est pas arrivé jusqu'à nous dans son intégrité : l'auteur en a livré l'original aux flammes dans une circonstance que nous aurons bientôt à indiquer. Mais, grâce à des fragments échappés à la destruction ; grâce aux cahiers et aux analyses des anciens élèves de Larressore, il est facile de se rendre compte du plan suivi par le philosophe catholique. Il est immense. Il renferme toutes les questions de la philosophie et de la théologie. D'ailleurs, le dessein de ce grand ouvrage a été plusieurs fois exposé de main de maître par l'auteur lui-même ; il nous paraît que l'exécution en a été conduite avec une vigueur remarquable. |
|---|---|
| | La qualité qui frappe dans les fragments philosophiques que nous avons examinés, c'est le don de généralisation. M. Cestac se plaît à synthétiser. Il aime à relier dans de vastes systèmes les divers ordres de connaissances. Son coup d'œil est profond. En même temps, il est précis. Sa vue porte loin et distingue bien. Rien n'est plus intéressant à étudier que son *Essai de conciliation des idées* |

*rationnelles et révélées.* Nous avons lu avec le plus vif intérêt une dissertation, malheureusement mutilée, mais dont il reste la plus grande partie, sur cette question : *Quelle est la voie de vérité pour l'homme dans les desseins de la Providence ?* Enfin, dans un travail assez considérable, une centaine de pages, M. Cestac résume pour un évêque, peut-être l'évêque de Bayonne, l'ensemble de ses doctrines. On a là une construction d'une logique et d'une hardiesse singulières. Nous osons le dire : M<sup>gr</sup> Gerbet, le plus renommé des généralisateurs de l'école mennaisienne, ne dépasse pas cette puissance. Nous venons de comparer son plan de philosophie professé à Juilly, en 1829, au plan suivi la même année par le modeste professeur de Larressore. La mémoire de l'illustre évêque nous inspire du respect ; sa réputation s'impose à nous. Toutefois, la critique conservant toujours ses droits, pour notre part, nous préférons l'essai philosophique de Larressore à celui de Juilly.

Enseignement philosophique.

Le motif de notre préférence se tire particulièrement de l'originalité du système enseigné par le penseur méridional. Les deux philosophes acceptent les mêmes données essentielles. Ce qui nous frappe dans le professeur de Larressore, c'est la liberté avec laquelle il use des enseignements de ses maîtres. Il les juge, les corrige, les accepte, les rejette, les coordonne à son gré avec une pleine

**Enseignement philosophique.**

indépendance. Ce n'est pas un disciple qui jure sur la parole d'autrui. Par un surprenant effort de logique, il devance l'avenir. Il arrive, du premier coup, aux déductions qui n'apparaissent dans la controverse que vingt ans plus tard. Le professeur a repensé les idées de ses devanciers et leur a donné une forme et une vie nouvelles. Ce sont vraiment ses idées à lui. Elles sont sorties de son cerveau ; elles restent marquées de son estampille. Sans doute, il subit, comme beaucoup de ses contemporains, l'influence de Bonald et de Lamennais ; mais c'est moins leur système qu'il enseigne que les doctrines plus tard exposées par les traditionnalistes, le P. Ventura, M. Bautain et M. Bonnetty. Nous ne le dissimulons pas : l'œuvre philosophique du serviteur de Marie se révèle à nous comme une œuvre de premier ordre. Le pieux ecclésiastique ne songea à aucune époque à la faire connaître au grand public. En communiquant ses principaux écrits au supérieur de Larressore, il disait : « Ne pensez pas que je songe à me produire au grand jour. Dieu me fait la grâce de me connaître assez pour me tenir à ma place, et il faudrait que sa volonté me fût bien positivement connue pour sortir de la sphère où je désire me renfermer. » (Lettre du 9 octobre 1829.) Plus tard, le serviteur de Marie condamna à la destruction la plupart de ses écrits. Ce serait donc aller contre ses intentions que de trop insister sur ses travaux philosophiques. Mais il était nécessaire, pour la connaissance de l'homme supérieur dont nous écrivons la vie, de les signaler avec soin.

*Enseignement philosophique.*

Nous devons aussi à notre tâche de faire connaître les idées mères de cette philosophie.

Le serviteur de Marie eut une fois occasion de caractériser son système à grands traits. Nous reproduisons ici l'exposé remarquable qu'il en a fait :

« Tout me semblait se séparer en deux grandes divisions : le règne de Dieu, le règne de l'homme. Dieu règne par la soumission de l'homme ; l'homme règne en se faisant indépendant de Dieu.

« Partant de ce point de vue, je me suis transporté là où le règne de l'homme est pleinement réalisé, au milieu des doctrines athées et matérialistes. J'avais beaucoup lu les philosophes du dix-huitième siècle ; en suivant les aberrations de leur esprit égaré, j'avais conçu comment l'un d'eux avait pu dire : Existe-t-il quelque chose ? La philosophie allemande avait pu arriver au même résultat par une autre voie. Remontant ensuite de cet abîme et suivant cette échelle mystérieuse qui ramène à la vérité, je rencontrai sur ma route cette multitude d'errants, protestants à divers degrés, n'échappant aux conséquences de leur doctrine qu'en faisant violence à la logique qui les pousse, mais toujours

*Enseignement philosophique.*

conservant le germe funeste dont le développement les aurait jetés dans le scepticisme. (Cette vérité, aperçue par tous les apologistes et démontrée plus particulièrement dans le premier volume de l'*Essai*, ne me paraissait pas contestable.) C'était toujours le règne de l'homme à divers degrés ; or, la source ou le prétexte philosophique de cette erreur fondamentale, c'est la *suffisance* de l'homme isolé tel que l'ont fait Descartes et Fénelon par une fiction qui plus tard a été réalisée ; il fallait donc attaquer l'orgueil de l'homme dans sa racine et lui montrer la nullité de son être intellectuel, lorsqu'il veut ainsi s'isoler. Nullité d'existence intellectuelle, nullité de certitude. De là, nécessité de remonter à Dieu et de poser son existence et ses perfections comme un fait premier, nécessaire, sous peine d'être exclu de toute vérité.... Mais entre Dieu et l'homme il faut un moyen de communication et ce moyen je le voyais dans la *société* quant aux vérités sociales, et dans l'Eglise catholique pour les vérités religieuses. La société, le sens commun, le témoignage universel n'étaient pas à mes yeux un moyen rationnel substitué à l'évidence isolée, mais seulement l'écho de la parole divine reçue dès l'origine, plus ou moins altérée parmi les nations et, par une providence spéciale, conservée dans sa pureté, seulement dans l'Eglise catholique. De sorte que, d'un côté, je voyais le catholique fidèle jouissant par sa soumission de la double paix de l'esprit et du cœur, par la réalisation de l'état normal, tandis que partout ailleurs je voyais incertitude et agitation. Lors donc que M. Bautain fit paraître ses premiers ouvrages, je ne m'expliquai pas son opposition avec M. de Lamennais, puisque j'y retrouvais, avec plus de précision peut-être, ce que j'avais déjà conçu et enseigné depuis plusieurs années : la parole de Dieu, source de toute vérité, de toute sainteté, de toute harmonie, et la parole de l'homme, isolé de Dieu, foyer terrible, inépuisable d'erreur et de désordre.

*Enseignement philosophique.*

« Voilà, quoique imparfaitement rendu, le fond de mes opinions philosophiques. Vous sentez assez quel devait être mon dégoût pour l'enseignement philosophique tel qu'il avait lieu dans nos séminaires et avec quel empressement j'avais adopté les vues du Père Ventura. Ainsi me croyais-je de l'école de M. de Lamennais, ou plutôt, car cette expression me répugne, croyais-je défendre la théorie dont il s'était établi l'apôtre. Ma philosophie ne démontrait pas, elle constatait des faits ; elle n'était pas hérissée d'arguments, mais elle pénétrait dans l'âme comme une lumière douce et vive et s'épanouissait comme la fleur s'épanouit aux rayons du soleil. » (Lettre du 1er juin 1836.)

Evidemment, il ne serait pas prudent d'enseigner aujourd'hui, dans les écoles catholiques, le

**Enseignement philosophique.** système dont on vient de lire l'exposé, sans y introduire des modifications fondamentales. Les définitions de l'Eglise, de 1855 et de 1870, sur les limites de la foi et de la raison, ébranlent, sans exception, tous les systèmes fidéistes et traditionnalistes. Le serviteur de Marie n'accordait pas assez à la puissance naturelle de l'homme et lui refusait des droits intellectuels qui lui appartiennent ; c'est par là que pèche sa doctrine. Mais si on veut bien voir les choses à leur place et comparer cet essai de philosophie catholique à celui qui était défendu par Lamennais et ses principaux disciples, on ne peut s'empêcher de reconnaître la vigueur d'esprit du philosophe qui, se dérobant à l'étroitesse de la philosophie du sens commun, parvenait, d'un bond, à formuler un système que la dialectique et la controverse de quelques penseurs distingués ne réussissaient à dégager entièrement, à Strasbourg, à Paris et à Rome, que longtemps après.

Le petit séminaire de Larressore poursuivait ses destinées brillantes, lorsque l'arrivée de M$^{gr}$ d'Arbou, qui entra dans le diocèse de Bayonne le 25 février 1831, apporta une modification complète dans l'existence de cette précieuse maison.

Les doctrines de Lamennais avaient exercé une influence prépondérante dans le petit séminaire de Larressore. Supérieur et professeurs n'avaient pu se dérober à la fascination d'un génie dominateur. Ce qui était bien propre à séduire un si grand nombre d'esprits d'élite, ce n'était pas la doctrine révolutionnaire : leur éducation et leur caractère la repoussaient avec horreur ; c'était moins encore le système philosophique du maître, système étroit et instable, dont la vigueur d'un grand style dissimulait à peine les défauts. Ces âmes jeunes et généreuses étaient surtout entraînées par le courant de piété et d'amour déterminé vers Rome, par l'action de l'homme même qui devait plus tard donner à l'Eglise, dans notre siècle, le plus mémorable et le plus triste exemple de révolte contre Rome. Mais, à l'origine, Lamennais ne respirait qu'obéissance et dévouement pour la papauté. Lassés par les mesquines revendications d'un gallicanisme qui n'avait même plus sa raison d'être, les ecclésiastiques du petit séminaire de Larressore se rangèrent résolûment à la suite des Lacordaire, des Gerbet, des Montalembert.

Mais Rome intervint. La cause mûrement examinée fut enfin décidée. Encore une fois, le bien jaillit du mal, la vérité de l'erreur ; l'hérésie servit à mieux éclairer quelques points de doctrine restés dans l'obscurité. Il fallut alors montrer si l'amour pour Rome était une vertu de parade ou un sentiment vrai.

Le serviteur de Marie n'hésita pas. On peut se rendre compte de la physionomie générale de son

*Enseignement philosophique.*

Enseignement philosophique.

enseignement par les extraits que nous venons de citer. Son système philosophique ne tombait pas précisément sous la condamnation de l'Encyclique. Mais le jeune et ardent professeur avait partagé volontiers les illusions du journal l'*Avenir*. Il abandonna sincèrement ses idées. « Je ne vous fais pas ma profession de foi, écrivait-il à un ecclésiastique de ses amis ; elle serait inutile. Ma foi c'est mon être et, comptant les opinions humaines pour ce qu'elles valent, je les mets à une distance infinie d'une simple parole du vicaire de Jésus-Christ. »

C'est pourquoi il condamna ce que Rome avait condamné et comme Rome l'avait condamné (1). Il

---

(1) Les sentiments du serviteur de Marie à l'égard de la papauté furent toujours ceux d'un fils plein de respect et d'amour. Il écrivait de Saint-Sulpice à ses parents :

« Vous ne diriez pas combien je suis content d'avoir le portrait du Pape ! Hier, je pleurai presque en le regardant. » (Lettre du 20 octobre 1820.)

Dès que la condamnation des erreurs de Lamennais fut connue, une des sœurs du bon prêtre lui demanda quelle était la valeur de la décision pontificale. Il répondit immédiatement par ces paroles significatives, bien dignes de sa foi ardente :

« Je n'ai pas besoin de répondre à ta question, elle est toute comprise dans ces mots solennels adressés à saint Pierre, chef visible de son Eglise et dépositaire de sa puissance : *Tu es Pierre et sur cette pierre je bâtirai mon Eglise et les portes de l'enfer ne prévaudront point contre elle....* Et ces autres : *Tout ce que tu délieras sur la terre sera délié dans le Ciel et ce que tu lieras sera lié.* Dans ces mots, tout est renfermé. Et puis, la pratique de l'Eglise, dès le temps des Apôtres, a été de s'incliner sans observa-

livra aux flammes de nombreux volumes imprimés où l'erreur était enseignée, qu'il avait fait venir à grands frais et dont il aimait à être le propagateur. Bien plus, il détruisit ses ouvrages manuscrits où les doctrines condamnées avaient pu pénétrer à quelque degré. Enfin, répétant la parole de l'*Imitation* : *Que nous importent les genres et les espèces ?* il abandonna les spéculations théoriques pour se livrer désormais à la seule culture des âmes (1).

*Enseignement philosophique.*

tion devant les décrets du Pape. De sorte que si, dans cet usage, l'Eglise eût outrepassé ses pouvoirs réels, on peut dire qu'elle aurait erré et que les portes de l'enfer auraient prévalu contre elle. »

Bien que la théologie alors régnante en France eût pu lui procurer des prétextes pour éluder les décisions pontificales, le serviteur de Marie s'inclina, sans la moindre hésitation, devant l'autorité suprême qui a conservé inviolablement le précieux héritage de la foi à l'abri de toute corruption. Il se souvint de la parole de saint Jérôme : Au milieu des schismes et des hérésies, je suis avec ceux qui s'attachent inébranlablement à la chaire de Pierre : *Clamito : si quis cathedræ Petri jungitur, meus est ;* et de cette autre parole du même saint : Disciple du Christ, je dois être en communion avec la chaire de Pierre : *Christum sequens, cathedræ Petri communioni consocior.*

(1) « Cet excellent abbé Cestac, je l'ai connu dès mon bas âge, a écrit M. Fabien Harriet, et toujours édifiant de toutes manières. Il se livra un temps aux études sérieuses, pour lesquelles il avait une rare aptitude : il en sentit bientôt la vanité et le vide, et il s'adonna tout entier aux œuvres de charité au milieu desquelles le bon Dieu vient de l'appeler à lui. » — *Bayonne, le 29 mars 1868.*

*Enseignement philosophique.*

M$^{gr}$ d'Arbou ne jugea pas qu'il fût suffisant, pour sauvegarder la saine doctrine, d'avoir imposé aux professeurs de Larressore la reconnaissance de la vérité. Il dispersa les principaux membres du corps enseignant. Le serviteur de Marie fut l'un des premiers atteints. Il fut nommé vicaire à la cathédrale de Bayonne.

# NOTE DU CHAPITRE DEUXIÈME

Nous n'hésitons pas à reproduire ici un travail du serviteur de Marie, mi-parti de philosophie et de théologie, où l'on pourra saisir mieux que partout ailleurs le fonds véritable de sa doctrine.

Les personnes qui sont au courant de l'histoire des idées, dans notre siècle, y retrouveront surtout l'influence de la théorie de M. de Bonald sur l'origine de la parole. A l'homme qui se dit maître de la société, de la religion, de la vérité, cette théorie semblait démontrer que l'homme doit tout à la société et à la religion, et que la vérité est au-dessus et en dehors de l'homme. Ainsi l'individualisme, le déisme, le rationalisme, paraissaient-ils sapés par leurs bases. Il était naturel que le système de M. de Bonald fût accepté d'enthousiasme par les cœurs nobles et les esprits généreux qui cherchaient en tout le triomphe de la foi. Mais les fondements de la nouvelle doctrine étaient défectueux. Le système eut beau se modifier et passer successivement du *traditionalisme* au *révélationisme*, au *fidéisme*, au *supernaturalisme exclusif*, à *l'extériorisme*, il n'en devint pas meilleur. Il était en opposition avec la philosophie et la théologie, telles qu'elles sont enseignées dans les écoles. La dissertation que nous reproduisons ci-après est l'expression la plus adoucie du système, celle qui a été adoptée récemment par les disciples de M. de Bonald. Plusieurs philosophes catholiques soutiennent encore cette doctrine et prétendent qu'elle

**Utilité et nécessité de la révélation.** ne tombe pas sous le coup des décisions pontificales et conciliaires. L'*extériorisme*, c'est le nom du système, veut que toute idée, tout principe, toute vérité, viennent à l'homme du dehors. Il présente des nuances et des distinctions d'une extrême subtilité. Or, c'est l'*extériorisme* qui est enseigné dans le document suivant. A notre sens, il ne présente pas un enseignement vrai : cela nous paraît incontestable; mais nous n'oserions pas dire qu'il présente un enseignement condamné.

### Utilité et nécessité de la Révélation.

D. — *La religion consistant dans la doctrine, la morale et le culte, quelle était, sous ce triple rapport, l'utilité et la nécessité de la révélation ?*

R. — Le sujet proposé soulève les plus hautes et les plus difficiles questions de la philosophie religieuse. L'existence et la valeur de la loi naturelle, le droit d'examen de la part de l'homme, le droit d'autorité dans l'institution établie de Dieu, et pour tout renfermer en un seul mot, la loi du développement intellectuel et moral dans l'humanité, telles sont les graves discussions que nous aurions à traiter, pour répondre convenablement à la question proposée. Renfermés comme nous le sommes dans des bornes étroites, nous essayerons de présenter le plus sommairement possible l'ensemble des idées fondamentales, qui nous apparaissent comme l'expression fidèle de la vérité.

Et d'abord, l'utilité ou la nécessité de la révélation divine est nécessairement subordonnée à la valeur, à l'étendue, à la clarté de la loi naturelle que l'on a généralement regardée comme ayant précédé la révélation : car si cette loi naturelle, indépendante, comme on le suppose, de la révélation, présente, sous le triple rapport de la doctrine, de la morale et du culte, un système arrêté de dogmes, de préceptes et de cérémonies, la révélation pourrait n'être qu'une superfétation inutile, qu'un embarras suscité à la raison humaine, attaquée dans son domaine et blessée dans ses droits ; ou bien, en admettant qu'elle ajoutât une somme quelconque de lumières aux lumières déjà possédées par l'humanité, on la jugerait utile sans que pour cela elle fût considérée comme nécessaire. Aussi, pour justifier cette nécessité, fallait-il évoquer de leur sépulcre les générations infidèles et montrer en quels excès d'erreur et de désordre elles étaient tombées, pour montrer ensuite l'impossibilité où était le monde de retrouver la vérité perdue, écrasée sous l'amas énorme des sacriléges superstitions qui avaient prévalu sur la terre. Utilité et nécessité de la révélation.

Telle était la doctrine professée par l'école et elle l'eût professée en paix, si les prétentions de l'orgueil de l'homme n'eussent amené la nécessité d'un examen plus rigoureux des bases sur lesquelles il se fondait pour s'inscrire contre la révélation divine et la repousser. Ces bases étaient la raison et la nature. Dès lors, en effet, que la raison était en possession d'un domaine acquis, qu'elle avait à elle et en elle une loi éternelle, positive, claire, suffisante aux besoins de l'existence sociale dont elle formulait les devoirs, loi universelle parlant à tous un langage que tous pouvaient comprendre pour peu qu'ils fussent attentifs au *dictamen* naturel, loi quelquefois obscurcie

*Utilité et nécessité de la révélation.*

par les prétendues révélations divines, mais que l'on devait s'efforcer de dégager pour la ramener à sa pureté primitive ; dans ce cas, la révélation n'était plus qu'une dangereuse superfluité. Tel a été le champ de bataille qu'avaient choisi les rationalistes, et il faut convenir qu'il était assez difficile de repousser leurs conséquences, lorsque déjà on avait travaillé avec eux à établir le principe.

C'est donc ce principe d'une loi naturelle tirant son origine de l'homme même, ayant sa source dans le développement naturel de l'homme comme l'instinct qui ressort du développement organique de l'animal, c'est ce principe d'une loi résidant dans chaque homme, dans chaque individualité humaine, loi dont le siége est dans la raison et la conscience de l'homme isolé ou social, lequel porte en lui seul le motif, la raison et la règle de ses croyances et de ses devoirs fondamentaux, c'est, dis-je, ce principe qui a été soumis à un examen plus sévère par la philosophie chrétienne ; et de cet examen il est résulté comme démonstration acquise, que cette loi, telle qu'elle était comprise, 1° n'est qu'une chimère, 2° qu'elle n'a existé nulle part en tant que loi sociale et religieuse, 3° qu'elle serait impossible, 4° qu'elle conduirait l'homme qui la prendrait exclusivement pour règle aux plus monstrueux excès, à l'indifférence absolue et à l'athéisme.

Cette loi, en effet, indépendante de toute révélation divine, de toute institution sociale, établit la souveraineté de la raison individuelle, la suffisance et la souveraineté du *moi* humain, et dès lors, l'homme ayant une règle en lui-même, soumet à cette règle toute doctrine, toute croyance qui lui est proposée d'ailleurs, et demeure de droit maître de l'accepter ou de la repousser, selon qu'il la juge conforme ou contraire à cette règle qui est en lui et qu'il prend pour juge.

*Utilité et nécessité de la révélation.*

L'existence d'une loi naturelle antécédente et indépendante de toute révélation divine va donc droit à établir la souveraineté de la raison, à la rendre arbitre en dernier ressort de toute doctrine proposée, sinon dans son objet du moins dans ses motifs, et c'est bien ce qu'ont avoué les théologiens du dernier siècle lorsqu'ils mettaient en principe que l'obéissance devait être raisonnable, c'est-à-dire conforme à la raison, qui avait droit d'examiner et d'intervenir.

Or, ce principe essentiellement anti-catholique et même anti-social, comme nous le dirons plus tard, repose sur une base chimérique. Si l'homme, en effet, par le seul développement de son être isolé, arrivait à un perfectionnement intellectuel et moral; qu'en lui seul se trouvât la parole, la pensée, le sentiment, la connaissance distincte des vérités religieuses et sociales, cette loi, qui serait en lui l'expression fidèle de sa nature, aurait une immense valeur, et nous comprendrions qu'il serait en droit d'examiner et de juger avec sévérité toute doctrine extérieure qui voudrait surtout absorber et dominer ce *dictamen* intérieur. Mais, certes, il n'en est pas ainsi : l'homme a bien une aptitude quelconque à saisir la vérité et surtout certaines vérités fondamentales, et, sous ce rapport, ces vérités peuvent être appelées naturelles, comme parfaitement en harmonie avec la nature et les besoins de l'homme ; mais ces vérités sont transmises à l'homme par le fait immense de l'éducation. Ces vérités sont essentiellement sociales, puisqu'elles sont le fondement nécessaire de la sociabilité ;

**Utilité et nécessité de la révélation.**

elles sont donc du domaine social, et la société, qui les a reçues d'en haut, les transmet à chacun de ses membres à mesure qu'il est appelé à la vie sociale. L'homme n'a donc pas le droit d'examiner ces vérités d'un examen réel et sérieux, car tout examen de ce genre suppose doute, et mettre en doute ces vérités, c'est mettre en doute l'existence même du monde, c'est mettre en question l'existence de l'humanité. Certes, ce n'est pas un droit, c'est plutôt un crime, une folie. Et voilà comment se renversent à la fois et le principe et les conséquences de l'individualisme.

Les bornes de ce travail me permettent à peine d'effleurer cette grave question, mais il me serait facile de faire voir que c'est de cette source d'orgueil et d'indépendantisme, comme dit Bossuet, qu'est sortie toute doctrine d'impiété et d'athéisme, la souveraineté, l'indépendance de l'individu pouvant et voulant trouver en lui-même la vie et la lumière, la vérité et la loi; tel est le principe qui constitue le désordre moral dans tous ses degrés, du schismatique jusqu'à l'athée, de Satan, au premier des jours, jusqu'à l'ante-Christ, à la fin du monde.

Cette doctrine d'une loi naturelle, telle que nous l'avons envisagée, est donc fausse dans son principe et destructive de toute loi sociale, dans ses conséquences. Il faut donc remonter plus haut et chercher ailleurs l'origine et la source de ces vérités sociales qui soutiennent et vivifient le monde, vérités qui doivent dominer tout individu, à l'égard duquel elles ont le caractère supérieur de règle et de loi, que l'individu, par conséquent, ne s'arrogera pas le droit de soumettre à son examen, mais sous lesquelles il doit plier, auxquelles il doit toujours obéir.

Ces vérités, d'où viennent-elles donc? Elles sont avant toute société, puisque ce n'est que sous leur influence que la société a pu se former et vivre. Il faut donc en chercher la source jusque dans le sein de cette vraie lumière qui éclaire tout homme venant en ce monde, de ce Verbe Eternel, intelligence éternelle du Père, d'où jaillit toute parole de vie et de lumière, qui éclaire le monde moral comme l'astre du jour jette les flots de ses rayons dans la création matérielle, et dès lors, on voit apparaître cette révélation divine, cette parole d'en haut, non plus comme une parole supplémentaire, utile seulement, nécessaire même, d'une nécessité secondaire, mais comme l'unique source de toute vérité, mais comme la vie même de l'intelligence humaine, qui s'alimente, se nourrit sans cesse de ces divines émanations, toujours cependant, dans des conditions de foi, d'humilité et d'amour. Car, chose remarquable, si dans son stupide orgueil, l'homme veut se séparer de cette source féconde et jaillissante, s'il veut emporter dans son âme ces vérités qui lui furent données, les faire sa propriété individuelle, s'imaginer qu'il en est, lui, la source, qu'il ne les doit qu'à lui-même, bientôt il est frappé de stérilité ; ces vérités, séparées de leur principe, perdent de leur éclat, s'obscurcissent, finissent par disparaître et laissent cette âme malheureuse se dévorer elle-même dans son orgueil et se rouler sans fin dans l'abîme de ses ténèbres.

<small>Utilité et nécessité de la révélation.</small>

Voilà comment nous apparaît la grande question que nous étudions. Maintenant il faudrait suivre l'enchaînement du dessein de Dieu dans la suite admirable des manifestations divines. Voir cette parole de Dieu, comme l'aurore, revêtir la forme patriarchale et se transmettre

**Utilité et nécessité de la révélation.**

aux premières générations par la bouche de ces justes des anciens jours ; puis, prenant une forme plus sévère, en se nationalisant chez le peuple juif, exclusivement adopté comme peuple de Dieu, on l'entend retentir sur le sommet du Sinaï, elle descend au bruit du tonnerre et des éclairs avec grand appareil, pour imposer la terreur dans cette nation dure et rebelle, pour la préserver de cette horrible plaie de l'idolâtrie, qui a déjà envahi tant de peuples étrangers. Et enfin, dans la plénitude des temps, cette parole, ce verbe s'incarne lui-même, vient en personne enseigner toute vérité, appeler tous les peuples à la vie et mettre le sceau à son amour et à sa miséricorde.

Et ces trois manifestations divines sont encore visibles à nos yeux par trois grands mouvements aussi éclatants que le soleil, aussi indestructibles que le monde ; la première, par les croyances universelles et fondamentales des peuples ; la seconde, par l'existence si phénoménale de ce peuple, unique entre tous les peuples, qui passe devant nous traversant les générations et portant en ses mains les titres de sa condamnation, et sur son front l'ineffaçable sceau de son anathème ; la troisième, enfin, par cette Eglise fondée par Jésus Notre-Seigneur, toujours persécutée, toujours existante, toujours sûre de triompher par les promesses d'immortalité qui lui ont été faites.

Mais pourquoi, dit-on, cette inégalité dans les temps et dans les lieux ? Pourquoi ? la question est bien téméraire ; cette inégalité existe partout, de siècle à siècle, de peuple à peuple, dans les familles, dans les individus ; Dieu seul sait le secret de ses dons et nul n'a le droit de lui en demander compte. Ce que Dieu veut devoir à sa créature, c'est le moyen de parvenir à sa fin. Il lui donne *Utilité et nécessité* toujours, proportionnellement à ce qu'il exige, et jamais *de la* il n'exige plus qu'il n'a donné. Or, à cet égard, nul *révélation.* homme ne sera tenu de rendre compte que des lumières qu'il aura reçues, et à tout homme il en est donné assez pour que, s'il est fidèle, il puisse parvenir à la réalisation de ses destinées. Soyons tranquilles à cet égard ; occupons-nous moins de ce que Dieu fera que de ce que nous avons à faire nous-mêmes. Et laissons à celui qui est la lumière et la vie, qui éclaire tout homme venant en ce monde, le soin de dispenser à chacun d'eux, par les moyens à lui connus, les rayons de la révélation divine selon les desseins toujours justes de sa sagesse.

On ajoute : mais cette révélation que vous appelez lumière et vie est cependant remplie d'obscurité et de ténèbres ; est-ce là une révélation digne de la sagesse de Dieu ?

Je réponds : dans ce que Dieu fait, tout est digne de Dieu, et lors même que nous ne pourrions atteindre à la hauteur de vue divine, ce ne serait certes pas un motif pour révoquer en doute un fait divin dont la négation entraînerait la négation même de toute existence sociale. Mais, grâce à Dieu, nous n'en sommes pas à ces incertitudes, car 1° Dieu étant infini, toute révélation de l'être divin doit nécessairement présenter ce caractère et dépasser infiniment les bornes étroites de la compréhension humaine, et à cet égard, on peut dire que le premier caractère, le caractère essentiel de toute révélation divine est le mystère et l'incompréhensibilité ; donc les obscurités de la révélation ne sont pas une difficulté, mais bien une preuve essentielle de sa divinité ; 2° il est de la sagesse

**Utilité et nécessité de la révélation.**

de Dieu de tenir l'homme dans la dépendance et d'exiger de lui la triple immolation de sa raison, de sa volonté et de ses jouissances, et c'est par la foi aux mystères révélés que se fait la première et la plus nécessaire de ces immolations.

Mais la défense d'examiner la croyance, comment la concilier avec la sagesse de Dieu ? Comme je concilie la sagesse d'une mère qui veut que son enfant mange la nourriture qu'elle lui présente sans lui permettre d'aller s'enquérir de la bonté des éléments qui la composent. Mais entrons au fond. Cette question est, sans contredit, la question fondamentale, et je sens que je vous ai déjà trop longtemps entretenus pour oser entreprendre une discussion aussi longue et aussi difficile. J'essaierai néanmoins de ne pas la laisser sans solution.

Est-il permis d'examiner la croyance ? Y a-t-il quelque distinction à faire entre l'examen des motifs et l'examen des objets de la croyance ? Franchement, à ces deux questions je réponds d'une manière négative, et entre l'examen des motifs ou de l'objet, je ne saurais voir en principe et en droit aucune différence. Posons d'abord en principe : 1º que toutes les vérités de foi sont également révélées, même les plus fondamentales, l'existence de Dieu, la vie future, les châtiments et les récompenses de l'avenir, aussi bien que les mystères de la Trinité, de l'Incarnation, de la présence réelle ; 2º que toutes ces vérités sont environnées de profondes ténèbres, d'obscurités mystérieuses, qu'elles dépassent les limites de la raison humaine ; 3º que le droit d'examen étant accordé, il peut et doit, sans distinction, s'étendre à toutes les vérités dogmatiques ; 4º qu'il s'agit ici non pas d'un examen

fictif et de pure spéculation, de sorte qu'avant de le com- Utilité et nécessité
mencer, la raison doit être par avance déterminée à croire de la
aux vérités qu'elle examine, quel que puisse être le résul- révélation.
tat de son examen ; mais d'un examen vrai et sérieux et
duquel dépendra l'acceptation ou le rejet des vérités exa-
minées ; 5° que l'examen ainsi compris établit l'esprit
dans un état de doute, comme dit Bossuet, et de suspen-
sion, soit qu'il porte sur le motif de la crédibilité, soit
qu'il ait pour objet les vérités mêmes proposées à croire.
Or, accorder à la raison de l'homme le droit d'examiner
ainsi les croyances, c'est lui donner le droit de mettre
en question toute vérité, tout ordre, toute existence.
Conséquence anti-sociale et surtout anti-catholique,
car d'après les principes de la foi, si sages d'ailleurs, si
conformes aux vrais besoins de l'homme et de la société,
jamais, dans aucun des instants de sa vie, il n'est permis
à l'homme de douter, au plus léger degré, d'aucune des
vérités dogmatiques dont la connaissance lui a été révélée.

Ce dogme de la permanence de la foi est la plus sage
et la plus forte garantie de la stabilité de l'homme, mais
il faut avouer qu'au premier abord il présente une immense difficulté, et j'ajoute une difficulté insoluble, dans
les principes spéculativement professés dans les écoles
de philosophie ; car si l'homme doit croire sans examiner,
quel est donc le principe rationnel du premier acte de foi?
De principe rationnel il n'y en a point dans le sens de la
question ; le premier acte de foi est la correspondance de
l'âme à une action divine relativement aux vérités révélées de Dieu et extérieurement proposées par l'Eglise. On
ne peut point sortir de là, c'est un principe catholique à

*Utilité et nécessité de la révélation.*

la fois et un principe d'existence sociale. C'est là la véritable voie de l'homme, tel que Dieu le veut.

Que si l'on essaie d'ébranler ce principe essentiel pour y substituer le droit d'examen, on commencera avec les protestants à demander l'examen du sens des paroles révélées, et on finira, avec Rousseau, par détruire tout enseignement comme attentatoire aux droits de la raison et on laissera l'enfant grandir dans une inscience complète de toute vérité, afin que, parvenu à un âge plus avancé, il puisse examiner par lui-même et se décider avec connaissance de cause. Et la conséquence sera rigoureuse, inévitable, mais meurtrière et terrible.

Mais alors, dira-t-on, chacun doit croire ce qu'on lui enseigne dans son église, dans sa communion, dans la croyance de son peuple, de son époque?

Le droit d'examen, nous l'avons vu, est inconciliable avec la nature et les besoins de l'homme, aussi bien qu'avec le dogme et les prescriptions catholiques. La défense d'examiner entraîne aussi, dit-on, de graves inconvénients; mais ils sont dans la réalité bien moins graves qu'ils ne le paraissent d'abord. Car dans tout enseignement religieux quelconque il y a toujours un fonds de vérité et souvent bien des vérités, puisque les religions fausses ne sont que des altérations plus ou moins profondes de la vérité divine; cet enseignement n'est pas pur, il est vrai, mais Dieu, dont l'action est continue dans l'esprit et le cœur de l'homme, saura bien, selon les desseins de sa miséricorde et la correspondance de l'âme, séparer la vérité de l'erreur et la conduire par des voies secrètes, mais admirables, dans le sein de la lumière, ou du moins ne lui imputera pas les erreurs dont elle ne serait pas coupable.

Car il ne faut pas s'imaginer que l'erreur s'allie au cœur de l'homme droit et fidèle comme la vérité; voyez le protestant converti, comme il est paisible et content, comme il sent qu'il a trouvé là la vérité et la vie, comme il possède en paix la plénitude du repos qui lui a été donné. En est-il de même de l'apostat? Non, certes. Tous les jours on voit des âmes bonnes, mais pour devenir meilleures, rentrer dans la vérité, tandis que jamais on ne voit une âme fidèle et pure sentir le besoin de déserter et d'aller sous les bannières de l'erreur.

Utilité et nécessité de la révélation.

Mais c'est là une foi aveugle. Comment, aveugle? l'enfant n'est pas aveugle quand il saisit le sein de sa nourrice et qu'il s'y attache; il y trouve la vie. Que lui faut-il de plus ?......

Je termine avec le regret d'avoir traité bien imparfaitement une question qui demanderait de longs et difficiles développements, heureux toutefois si j'ai réussi à présenter quelques idées justes, et répondu, à quelques degrés du moins, à la confiance dont vous avez daigné m'honorer.

# CHAPITRE TROISIÈME

## LA CATHÉDRALE DE BAYONNE
(1831-1838)

I.

**La Paroisse et le Curé.**

Le serviteur de Marie commençait son ministère à la cathédrale de Bayonne en des circonstances difficiles. Il avait encouru la disgrâce de son évêque et nous ne saurions dire tout ce qu'il y a de poignant pour un bon prêtre à sentir sur sa tête le mécontentement de ses supérieurs ecclésiastiques. Les préoccupations d'avenir ne lui sont rien. Qu'importe à un ministre de Dieu que sa carrière soit plus ou moins brillante? Il se trouve bien partout où il fait la volonté du Père céleste. Mais n'avoir pas la confiance et l'affection de ceux qui nous ont été donnés d'en haut pour chefs et pour pères, c'est l'épreuve amère entre toutes. Certes, il faut élever son âme au-dessus des consolations même spirituelles : il est bon de savoir conserver la paix au milieu des angois-

*La Paroisse et le Curé.*

ses et des contradictions les plus cruelles. Toutefois, rien ne jette en une plus grande tristesse que de voir les bonnes intentions suspectées, les fatigues oubliées, les succès diminués par ceux-là même que Dieu ordonne de regarder comme les interprètes de sa volonté. Il semble que nos supérieurs nous méconnaissant, Dieu même nous méconnaît. Il faut une grande énergie de volonté et un véritable esprit de piété pour ne pas s'abandonner alors au découragement.

La sévérité de l'évêque de Bayonne avait atteint le bon prêtre, mais il ne fallut pas longtemps pour que les préjugés fâcheux fissent place à une appréciation favorable. La soumission prompte et sincère aux décrets de Rome et aux dispositions de l'administration diocésaine avait déjà touché le cœur de M$^{gr}$ d'Arbou. Ce qui restait de préventions ne tint pas, à la vue du bon esprit et du zèle apostolique déployés par le nouveau vicaire. Le saint prélat ne tarda pas à accorder au jeune prêtre toute son estime et, bientôt, le plus précieux concours et l'amitié la plus solide furent acquis, du côté où l'on n'avait rencontré, d'abord, que mesures rigoureuses et défiance prononcée.

M$^{gr}$ d'Arbou voulut, dans une pensée de bienveillance, que le serviteur de Marie demeurât avec ses parents. Il y répugnait, craignant de n'avoir pas l'indépendance nécessaire à son ministère. Il dut accéder aux désirs du prélat. Mais lui qui avait vécu jusqu'alors vis-à-vis de son père comme un petit enfant craintif et sans volonté, il se plaça, dès le premier jour de ses fonctions nouvelles, dans toute la liberté de la vie sacerdotale.

*La Paroisse et le le Curé.*

Le serviteur de Marie n'était pas sans appréhension à l'égard de son vénérable curé, M. Barbaste, archiprêtre de la cathédrale. Confesseur de la foi pendant la Révolution française, ce digne ecclésiastique montrait au jeune clergé un bel exemplaire du sacerdoce ancien. Sévère dans ses mœurs, dans sa tenue, dans ses discours, le vieil archiprêtre inspirait à tous le respect. Il se plaisait à donner l'exemple de la fidélité aux petites choses. Mais comme il exigeait beaucoup de lui-même et ne se pardonnait aucune défaillance, il se croyait autorisé à demander aux autres la plus minutieuse exactitude dans l'accomplissement du devoir. Sa direction était réputée sévère.

Néanmoins, une circonstance particulière, dont le souvenir nous a été conservé dans ses moindres détails par le serviteur de Marie, établit du premier abord, entre l'archiprêtre et son vicaire, les relations les plus faciles. Admirons ici une des mille preuves de l'action particulière de la Providence dans la vie de son ministre et un témoignage frappant des inspirations subites et impersonnelles qui ont tenu une si grande place dans cette existence vraiment exceptionnelle.

La Paroisse
et
le Curé.

A Larressore, le serviteur de Marie étant en récréation avec quelques professeurs, entr'autres avec M. Garicoïtz, la conversation tomba sur un jeune homme de grande espérance, Eugène Ségalas, qui faisait alors sa rhétorique au lycée de Pau.

Une impulsion irrésistible domina notre jeune professeur, le poussa hors de la récréation, le mena dans sa chambre. Il prit la plume et se mit à écrire au rhétoricien une longue lettre de plusieurs pages. Quel en était le contenu ? Le serviteur de Marie n'a jamais su le dire. Il en avait perdu le souvenir aussitôt après l'envoi de la lettre, à laquelle il n'avait pas mis de signature. Il n'eut aucun souci de cette démarche étrange et il ne lui vint même pas en pensée de se renseigner, plus tard, sur le jeune homme, qui lui demeura encore longtemps inconnu, après la lettre.

Plusieurs années s'écoulèrent.

Le serviteur de Marie, pendant les vacances, se trouvait au petit séminaire pour représenter le supérieur absent, lorsqu'un des derniers jours de septembre, on vint le prévenir, à l'entrée de la nuit, que trois ecclésiastiques demandaient l'hospitalité jusqu'au lendemain. Ils avaient donné leurs noms : l'un d'eux s'appelait l'abbé Ségalas. Des trois noms, ce fut le seul qui frappa le serviteur de Marie et réveilla en lui comme un vague souvenir, ne se rattachant à rien de précis.

Le professeur se dirigea vers ses hôtes et, inconsciemment, il se mit à promener et à causer à part avec M. Ségalas, fouillant toujours dans sa mémoire et cherchant à reconnaître la cause de l'impression singulière qu'il ressentait. Enfin, la lumière se fit; le souvenir de la lettre lui revint; il prit ses précautions pour bien savoir s'il avait affaire à l'ancien élève du lycée de Pau, et, sûr de ne pas se tromper, il demanda brusquement : « Avez-vous reçu à la fin de votre rhétorique une lettre anonyme? » M. Ségalas s'arrêta comme frappé de stupeur : « Connaîtriez-vous, dit-il bientôt après avec feu, celui qui a écrit cette lettre, cette lettre qui est cause que je suis prêtre? Puisque vous savez l'existence de cette lettre, peut-être n'ignorez-vous pas le nom de celui qui l'a écrite? » Le serviteur de Marie se prit à sourire et, sans répondre encore à la demande de son interlocuteur, il se fit raconter comment la lettre anonyme avait pu produire de si grands résultats. M. Ségalas ne cacha pas son histoire :

« J'étais chez moi, à Saint-Palais, reprit-il, et je me disposais à partir pour la chasse avec un de mes amis. La gibecière aux reins et le fusil sur l'épaule, il ne nous restait plus qu'à franchir le seuil de la maison, lorsque ma mère me remet une lettre, d'une écriture inconnue, qui venait d'arriver par la poste. Je l'ouvre avec impatience : elle n'était pas signée :

*La Paroisse et le Curé.*

La Paroisse et le Curé.

je la parcours rapidement. Je ne saurais dire l'émotion qui me gagna. Aussitôt, je renonçai à la chasse, j'allai me promener dans la solitude. Je lus et relus cette lettre mystérieuse. Mon émotion était au comble. Enfin, mon parti fut pris ; et, revenant chez moi, je dis à ma mère : « C'est fini ; je dois et je veux être prêtre. Je vous prie de tout disposer pour mon entrée au séminaire. » Et j'y fus reçu, en effet, quelque temps après. Mais quelles démarches n'ai-je pas faites pour découvrir l'auteur de ces pages bénies! Il me connaissait à fond, incontestablement, et devait avoir eu de fréquentes relations avec moi. Mais c'est en vain que j'ai écrit à mes anciens confesseurs, aux prêtres de ma connaissance ; ma famille a partagé ma sollicitude et pris part à mes démarches. Rien n'a abouti. Et maintenant que vous semblez au courant de ce qui s'est passé, veuillez me donner les moyens d'exprimer ma vive reconnaissance à mon correspondant inconnu. Le connaissez-vous ? Savez-vous qui il est ? » — « Je le sais, répondit le serviteur de Marie. » Et montrant sa main droite au jeune prêtre, il ajouta : « Cette main a écrit la lettre, mais Dieu, sans doute, l'a dictée, car je n'en ai pas retenu, je n'en ai jamais su un seul mot. »

« O ma tendre et douce Mère, s'écriait à cette occasion le bon prêtre, je ne connus pas alors vos conseils. J'admirai les voies mystérieuses de la bonté divine et je m'humiliai bien profondément d'avoir été l'instrument dont elle s'était servie pour l'accomplissement d'un sage dessein. Plus tard, j'eus à m'humilier plus encore lorsque je vis ce bon, ce saint prêtre, devenir la gloire du clergé et l'honneur du sacerdoce dans le diocèse de Bayonne. Néanmoins, ô ma douce et très-bonne Mère, je ne compris pas tout d'abord la suite de vos vues. Ce n'est que plus tard qu'il vous a plu à vous-même de m'en donner connaissance. Vous saviez qu'un jour votre divin Fils m'appellerait à exercer le saint ministère comme vicaire, dans ma ville natale de Bayonne, et vous saviez que je devais avoir pour curé M. l'abbé Barbaste, prêtre excessivement sévère dans l'accomplissement du devoir, soit pour lui-même, soit pour ceux qui travaillaient sous sa direction. Ce bon prêtre était l'oncle de l'abbé Ségalas et il avait pour son neveu une affection, une vénération, une admiration que rien ne saurait exprimer. Il était heureux et saintement fier d'avoir pour neveu un prêtre, un digne et saint prêtre. Certainement, il fut le premier à savoir comment s'était déclarée d'une manière extraordinaire la vocation de son jeune parent. Il sut qui avait été l'instrument de la volonté divine. Ses impressions me furent favorables et ne se démentirent jamais. Dès le commencement, il eut pour moi des bontés particulières. Plus tard, quand l'œuvre fut entreprise, il me fit

*La Paroisse et le Curé.*

*La Paroisse et le Curé.*

des concessions que jamais il n'aurait accordées sans cette circonstance, qui le rendit pour toujours bienveillant et facile. » *(Autobiographie.)*

D'ailleurs, à défaut d'autre recommandation, la manière dont le nouveau vicaire remplit à Bayonne les fonctions de son ministère aurait suffi à lui attirer toute la sympathie de son vénérable archiprêtre.

Le prêtre est le ministre de Jésus-Christ. Il a l'honneur d'être le dépositaire de ses secrets et le dispensateur de ses mystères. En cette qualité, il est plus particulièrement tenu à procurer la gloire de Dieu par sa fidélité à remplir tous ses devoirs, à acquitter dignement les fonctions de son ministère, à accroître son règne par l'instruction des peuples, par le soulagement des nécessiteux, par la visite des malades, par la consolation des affligés, en un mot, par un zèle ardent pour le salut des âmes.

C'est là ce qui fit tout le bonheur et toute l'occupation du prêtre dévoué, pendant le temps de son vicariat à la cathédrale de Bayonne.

Le théâtre sur lequel son zèle allait s'exercer était digne de l'occuper tout entier.

La paroisse était vaste et belle. L'esprit chrétien y était en honneur. Les exercices du culte suivis avec assiduité, les sacrements fréquentés avec piété, imposaient au clergé paroissial un travail constant, auquel venaient encore ajouter les œuvres de miséricorde, si pénibles à exercer dans un périmètre étendu et au sein d'une population très-nombreuse.

Dans ce milieu absorbant, sans rien négliger de ses autres devoirs, le jeune vicaire donna un soin particulier à la prédication de la parole de Dieu et au soulagement des pauvres.

## II.

### La Parole de Dieu et les Pauvres.

Puisque Notre-Seigneur, qui est le chef, le prince et le modèle des pasteurs, a bien voulu donner son propre sang pour tous les hommes, un prêtre, chargé du soin des âmes, doit être dans la disposition de sacrifier son temps, ses biens et sa propre vie pour son troupeau. Le serviteur de Marie entra dans ces dispositions et se donna sans réserve aux fidèles de la paroisse.

Il se préoccupa surtout de leur distribuer le pain de vie renfermé dans la parole de Dieu. Il ne fut pas plus circonspect, plus délicat et plus difficile pour choisir les terres où il devait jeter sa prédication, que Dieu même qui répand la pluie sur les épines et sur les moissons. La Providence fait lever le soleil sur les bons et les mauvais (1). Celui qui sème, dit Notre-Seigneur dans une de ses paraboles, jette la semence le long du grand

(1) Math. 5, 45.

La parole de Dieu et les pauvres. chemin, dans les lieux pleins de rochers et dans les terres pleines de ronces, pour en pouvoir jeter une partie dans une bonne terre (1). C'est ainsi que fit le zélé vicaire. Il n'hésita pas à répandre sa parole à temps et à contre-temps ; il n'interrompit pas ses instructions, il n'abandonna pas son ministère parce qu'il rencontra des pécheurs endurcis dont le cœur est souvent plus insensible que la pierre. Il continua à prêcher à la cathédrale, dans les prisons, dans les écoles, en tous lieux, en toutes circonstances, avec une ardeur infatigable. Certes, le succès ne répondit pas toujours à de si grandes fatigues. Rien n'est plus ingrat de nos jours que le ministère de la parole sacrée. Il n'est pas de tentation plus redoutable pour le prédicateur, en voyant la vérité exposée à l'indifférence ou au mépris, que d'abandonner une lutte décourageante et de se condamner au silence. Le serviteur de Marie ne céda jamais à de telles suggestions. Comme le prophète, il savait que Dieu l'avait chargé de parler aux hommes et non de les convertir ; de les avertir et non de transformer leurs cœurs ; de prêcher la vérité, ce qui est l'œuvre des hommes, et non de la faire germer dans les âmes, ce qui est l'œuvre de Dieu ; et, embrasé comme d'un feu dévorant, il revenait avec zèle, malgré la stérilité apparente de la plupart de ses discours, à ses fonctions de prédicateur.

(1) Math. 13, 3.

Toutefois, il ne tarda pas à comprendre que la parole sacrée, dans la bouche du prédicateur, doit être, avant tout, un écho du ciel. D'abord, il porta dans la chaire de la cathédrale des discours étudiés, longuement travaillés dans le silence du cabinet et abondamment munis des ressources de l'art. On conserve aux archives de Notre-Dame une collection nombreuse d'œuvres oratoires écrites avec soin. Quelques expériences malheureuses ne tardèrent pas à faire comprendre au zélé vicaire qu'il ne se trouvait pas dans sa voie. Il prit dès lors l'habitude de s'abandonner à l'improvisation, ou plutôt, à l'inspiration d'en haut. Cette méthode lui réussit. La parole récitée convenait peu à cette âme douée d'une si vive spontanéité et dont la faculté maîtresse était le cœur. Il se mit à prêcher d'abondance, laissant découler de ses lèvres les sentiments qui débordaient. Bien souvent, il produisait ainsi des effets auxquels n'eussent pu atteindre les moyens les plus savants. Son âme allait droit aux âmes, presque sans intermédiaire ; et comme son âme était puissante et animée de l'esprit de Dieu, l'action qu'elle exerçait était énergique et bienfaisante.

*La parole de Dieu et les pauvres.*

Le serviteur de Marie ne se contentait pas de donner sa parole : il dépensait ses biens sans mesure pour les intérêts du prochain.

Il n'aimait pas les hommes en homme, c'est-à-

*La parole de Dieu et les pauvres.*

dire, à cause des talents et des avantages naturels qui sont ordinairement l'unique source de la sympathie et de l'amitié ; il les aima en prêtre, c'est-à-dire, pour la beauté et le prix de leurs âmes, pour leur ressemblance et leur union avec Dieu. Et comme les anges aiment les âmes qui leur sont confiées par la Providence, pour les porter à Dieu, les détourner du mal et les conduire au bien, ainsi le bon prêtre se vouait-il au prochain par passion pour leurs intérêts éternels. Dès lors, que lui importait la condition temporelle de ceux qui avaient affaire à lui ? Il ne considérait que leur âme, d'une valeur incomparable.

M. Barbaste était un digne prêtre, esclave de son devoir, mais déjà avancé en âge. Les collègues du pieux vicaire étaient : M. Marsan, déjà ancien et fatigué ; puis, M. Arbelbide, d'une santé toujours douteuse, et qui était forcé de circonscrire son ministère dans des bornes assez étroites. Il résulta de cet état de choses que le serviteur de Marie se trouva immédiatement chargé du ministère des pauvres, surtout dans la banlieue, plus spécialement habitée par les nécessiteux. Il se fit leur ami et il établit entre eux et lui des rapports non interrompus. Il devint, après Dieu, toute leur Providence.

Son confessionnal était placé dans une chapelle de la cathédrale dédiée à saint François-de-Sales (la chapelle occupée aujourd'hui par le grand crucifix), alors de toutes la moins belle. Elle était constamment remplie de pauvres. Peu ou point de personnes de condition élevée, mais des domestiques, des artisans, des malheureux. Ils se trouvaient plus à l'aise avec le vicaire de leur cœur et lui plus à l'aise avec eux.

*La parole de Dieu et les pauvres.*

Et comme son amour pour les pauvres était généreux et désintéressé ! Comme il allait jusqu'au dépouillement complet ! Les excellents parents du bon prêtre étaient très-charitables et ne le gênaient jamais dans ses libéralités. Ils lui donnaient toute latitude pour suivre son attrait miséricordieux. Aussi chaque jour les pauvres venaient-ils s'échelonner sur l'escalier de la maison paternelle, et il leur donnait tout ce qu'il avait. Il ne laissait jamais aucune infortune sans la soulager plus ou moins, selon la mesure de ses ressources.

Une fois seulement, ce nouvel apôtre de la charité se laissa aller à ce qu'il appelait plus tard une faute, une faute dont il gardait un amer souvenir et qu'il répara amplement.

Une mendiante revenait chaque jour à l'escalier et chaque jour se montrait exigeante. Elle appartenait à une triste famille qui spéculait sur la charité publique, et attendait de l'aumône ce qu'elle aurait pu obtenir du travail. Fatigué de la voir toujours présente et toujours âpre à la curée, le bon prêtre,

*La parole de Dieu et les pauvres.* un jour, la rebuta et la renvoya. Il ne tarda pas à entendre une voix intérieure, la voix de la Très-Sainte Vierge, disait-il plus tard, qui lui adressait de véhéments reproches. Son âme en fut si bouleversée que, laissant toute autre affaire, il se précipita à travers les rues de Bayonne à la recherche de la pauvresse. Et quand, après de longues courses, il l'eut rencontrée, il s'humilia devant elle, lui demanda pardon, lui donna l'aumône et l'encouragea à se présenter désormais quand il lui conviendrait. Lorsque, quelques années après, il eut fondé Notre-Dame-du-Refuge, l'une des premières recueillies fut la mendiante rebutée qui, du reste, n'avait jamais manqué au rendez-vous assigné par le charitable prêtre.

Cependant, l'amour pour le prochain ne doit pas être imprudent et téméraire. Il faut qu'il soit sage et discret. Rendons au prochain les services qui dépendent de nous. Sachons instruire nos frères, les corriger et les soulager dans leurs besoins spirituels et corporels. Mais ne compromettons pas notre ministère et nos intérêts éternels par amour pour le prochain. Un ancien étant prié par un de ses amis d'une chose qu'il ne croyait pouvoir faire avec honneur, cet ami lui disait avec amertume : « Que m'importe que vous soyez de mes amis, si votre amitié m'est inutile ? » Il répondit sagement : « Que m'importe que vous soyez le mien si votre amitié m'est pernicieuse ? »

Voilà quelle doit être notre conduite et notre langage, et il n'appartient à aucun de nous de s'en écarter. Quand les âmes extraordinaires croient pouvoir en quelques circonstances abandonner les voies tracées, elles obéissent à des vues supérieures et sont aidées d'une grâce particulière. Il faut admirer leurs exemples et, dans le désespoir de pouvoir être assistées comme elles, se bien garder de les imiter.

Un jour, une jeune personne de 16 ans, d'une beauté accomplie, se présenta au jeune vicaire, éplorée et éperdue, s'écriant qu'autour d'elle tout conspirait à la perte de sa vertu ; qu'elle ne connaissait que la fuite pour échapper à ce malheur, et que ne sachant où aller, sans appui et sans asile, elle venait demander protection et refuge. Le bon prêtre ne vit là qu'une âme à sauver, qu'une malheureuse à secourir. Il ne calcula pas les dangers auxquels on s'expose en retenant les mineures sans le consentement de leurs parents, et avec le zèle de la charité et la simplicité de l'innocence, il conduisit immédiatement l'adolescente auprès d'une pieuse veuve, mère de deux jeunes filles exemplaires, qui consentit à se charger du dangereux dépôt. Mais cette retraite ne calmant pas les appréhensions de la jeune personne, qui ne se croyait ni en sécurité, ni en paix tant qu'elle serait à Bayonne, le serviteur de Marie lui proposa un asile dans un couvent éloigné. Elle consentit à s'y rendre, trouva dans

*La parole de Dieu et les pauvres.*

La parole de Dieu et les pauvres.

ce séjour le calme et le repos, et après une succession d'événements divers, elle put rentrer dans le monde, où ses qualités de l'esprit et du cœur lui valurent une belle position et la plus grande considération.

« Quand l'esprit de Dieu agit, disait à cette occasion le serviteur de Marie, il fait marcher toujours, même contre tout esprit de prudence humaine. » Cela est vrai, mais il n'y a que les saints, illuminés de clartés particulières, animés de grâces exceptionnelles, qui puissent se permettre d'agir en quelques occasions sans tenir compte de la prudence humaine. Aussi n'était-ce là sa conduite qu'en des circonstances rares. Habituellement, le serviteur de Marie était le plus sage des hommes.

Sa charité était forte et généreuse. Elle ne se contentait pas des sentiments intérieurs de sympathie, ni des marques extérieures de compassion ou de sensibilité : elle était efficace et agissante. Il y a des personnes, a dit un auteur de spiritualité, dont la charité a beaucoup de langue et point de main ; en d'autres, elle a des yeux et point de pieds. La charité du serviteur de Marie était tout autre, nous venons de le voir : elle n'allait pas cependant jusqu'à lui faire oublier jamais le soin et la sauvegarde de ses intérêts spirituels. Il semble qu'étant ainsi occupé des pauvres et de leurs besoins, il aurait dû chercher à pénétrer chez les riches pour leur demander des aumônes. Il prit au contraire la résolution de restreindre, autant qu'il le pourrait, ses rapports avec les personnes élevées en condition. Il adopta l'usage de refuser les invitations pour aller dîner en ville. « C'était, disait-il, gagner un temps précieux et ne pas m'exposer à sortir de l'esprit de ma vocation. »

### III.

#### Le Confessionnal.

Si le ministère de la prédication a quelque chose de plus éclatant, l'administration du sacrement de la pénitence a quelque chose de plus utile, car si les prédicateurs gagnent beaucoup d'âmes, les confesseurs n'en sauvent pas moins. Les prédicateurs ébauchent l'ouvrage de Dieu, mais les confesseurs l'achèvent. Les uns sont les trompettes qui animent les hommes à faire la guerre au péché ; les autres sont les soldats qui le tuent dans les âmes. Les prédicateurs, comme les anges, annoncent aux hommes le déluge ; les confesseurs, comme Noé, sauvent le genre humain. Ceux-là, comparables à Aaron, intimident et ébranlent les cœurs révoltés ; ceux-ci, comparables à Moïse, retirent les israélites de la captivité d'Égypte. Les prédicateurs ressemblent à Saül, qui réunissait des guerriers pour combattre les Philistins ; les confesseurs ressemblent à

David, vainqueur de Goliath. Les premiers, précurseurs du Fils de Dieu, préparent ses voies dans les âmes ; les seconds, disciples du Maître, préparent le cénacle où il fera sa demeure.

*Le Confessionnal.*

Le serviteur de Marie avait du sacrement de pénitence l'idée la plus haute et la plus respectueuse : il aimait à méditer sur ce grave sujet : il s'en entretenait volontiers avec ses confrères, remarquant avec un saint orgueil que Notre-Seigneur, pour former des confesseurs, a fait un composé de l'humanité et de l'Esprit divin en disant à ses apôtres : *Recevez le Saint-Esprit. Les péchés seront remis à qui vous les remettrez, retenus à qui vous les retiendrez.* Il ne savait assez admirer la grandeur du pouvoir conféré au sacerdoce et il suppliait le Seigneur de ne pas permettre que ses ministres se servissent de leurs redoutables fonctions dans un autre but que celui de détruire le péché. Enfin, bénissant le grand amour du Sauveur pour les âmes et s'adressant au Maître dans les termes touchants dont se sert l'Ecriture : *Seigneur, qui aimez les âmes....* le bon prêtre demandait la grâce qu'ayant le pouvoir des apôtres, il lui fût donné aussi de participer à leur mérite.

Il semble que les prières du bon prêtre lui obtinrent de Dieu des grâces de choix : car le ministère du confessionnal a été, dans la vie du serviteur de Marie, comme un levier puissant dont il s'est servi pour soulever tout un monde de pécheurs.

Mais quel soin n'a-t-il pas apporté à se rendre digne de si hautes fonctions ! En étudiant de près la vie du saint prêtre, on est convaincu que si Dieu l'a admirablement doué pour le ministère de la réconciliation, il y a eu de sa part une correspondance complète à la vocation divine. Le Confessionnal.

On sait que Notre-Seigneur, en instituant le sacrement de la pénitence, l'a établi, comme parle le Concile de Trente, par manière de jugement, où le pénitent est lui-même l'accusateur, le témoin et le vengeur de son crime ; où le prêtre occupant la place du juge souverain des vivants et des morts, tient en main les intérêts de Dieu et des hommes. Il doit donc ménager les uns sans trahir les autres ; comme Dieu doit parler par sa bouche et que sa bouche doit être celle de Dieu, il faut qu'il sache faire le discernement de ce qui est vil d'avec ce qui est précieux, c'est là son œuvre propre d'après la Sainte-Ecriture (1). Il n'a pas, en conséquence, à s'imaginer qu'il est le maître absolu d'absoudre ou de condamner, selon son caprice, ceux qui ne le méritent pas ; ce serait en lui un orgueil et une insolence de pharisien, dit saint Ambroise (2). Il faut que la sentence qu'il prononce sur la terre

---

(1) *Si separaveris pretiosum a vili, quasi os meum eris.* (Jer. 15, 19)

(2) *Aliquid de supercilio pharisœorum quidam sibi assumunt vel ut damnent innocentes vel ut solvere se noxios arbitrentur.*

soit conforme au jugement que Dieu en porte dans le ciel (1).

C'étaient les sentiments du serviteur de Marie : aussi examinait-il les causes qui lui étaient soumises au tribunal de la pénitence avec une attention scrupuleuse. Il s'agissait pour lui de bien plus que du gain d'un procès temporel, de la possession d'un peu de terre, de l'injure faite à un homme ; il s'agissait du salut d'une âme et de la réparation des injures faites à Dieu. Quand il prononçait, il le faisait en esprit d'équité, s'attachant surtout à éviter tout choix et toute distinction de personnes, se gardant de n'avoir que de la douceur et de la complaisance pour les unes et de n'avoir que de la rigueur et de la dureté pour les autres. Sa maxime favorite était qu'un prêtre ne doit pas se charger de la direction des âmes, s'il n'a pas la force et le courage de résister au mal et d'en arrêter le cours. On se rappelle qu'il s'éleva une fois avec une extrême force, dans une réunion d'ecclésiastiques, contre les confesseurs timides qui appréhendent de choquer leurs pénitents ou craignent de leur faire de la peine en leur refusant ou suspendant l'absolution en certains cas. Pour lui, comprenant la gravité de ses fonctions de juge des âmes, il était jaloux de conserver intacte toute son autorité. Mais de quel-

---

(1) *Tunc enim vera est absolutio præsidentis cum æterni sequitur arbitrium judicis.* (S. Grég.)

que rigueur qu'il se crût obligé d'user envers les pécheurs mal disposés, le bon prêtre ne séparait jamais sa qualité de père de celle de juge.

<small>Le Confessionnal.</small>

Se peut-il que le confesseur ne se regarde pas, au tribunal de la pénitence, comme le père des âmes qui viennent à lui en tout abandon ? En se remettant entre ses mains, ne lui donnent-elles pas la plus grande marque de confiance et d'estime ? C'est alors, disait le serviteur de Marie, que le confesseur doit se servir de ces entrailles de miséricorde dont parle l'apôtre (1). Il doit entrer, ajoutait-il, dans les sentiments du père de l'enfant prodigue qui conçut tant de joie de le voir revenir de son égarement, le reconnut sans peine sous les haillons de la pauvreté et les dehors de la misère, et ne se lassait pas de lui entendre raconter ses infortunes, ni de compatir à ses malheurs. Aussi le saint prêtre se montrait-il d'une inépuisable bonté à l'égard de ses pénitents. L'accès de son confessionnal leur était toujours facile. Il ne se lassait jamais de la longueur de leurs discours.

Bon et affectueux en toute rencontre, il s'appliqua à se montrer particulièrement affectueux et bon à l'égard des pécheurs qui recouraient à lui. Personne ne le surpassa en charité tendre pour se laisser toucher de compassion par les misères

---

(1) *Induite vos, sicut electi Dei et dilecti, viscera misericordiæ.* (Col. 3, 12.)

**Le Confessionnal.** spirituelles de ses pénitents. Toutefois, cette bonté était bien entendue. Il n'était pas comme ces pères idolâtres qui aiment jusqu'aux défauts de leurs enfants. Sa direction était un mélange d'autorité et d'amour, de zèle et de patience, de fermeté et de condescendance, de douceur et de sévérité. La bonté et la douceur toutes seules ne sont bonnes que pour les enfants. Pour les êtres raisonnables, il faut mélanger le vin à l'huile, comme le charitable samaritain. Il n'y a pas moins d'inconvénients à vivre sous l'autorité d'un père qui souffre tout, que d'un père qui ne souffre rien. La trop grande facilité de pardonner à un coupable ne sert qu'à le faire devenir plus méchant ; l'oubli qu'on fait trop facilement de ses fautes lui donne lieu d'en commettre bientôt de nouvelles et souvent de plus grandes (1). Comme le saint directeur recherchait le véritable bien de ses pénitents, il employait à leur égard les moyens que réclamait leur état, parmi lesquels la rigueur, le châtiment et la sévérité se trouvaient trop souvent nécessaires. Ainsi leur donnait-il des marques d'un véritable amour. Il est vrai que pour l'ordinaire, comme dit saint Léon, il préférait une exhortation douce à une réprimande austère, l'amour à l'autorité (2). Mais, toutes les fois

---

(1) *Facilitas veniæ incentivum tribuit delinquenti.* (S. Grég.)
(2) *Plus agat benevolentia quàm severitas, plus cohortatio quàm commonitio, plus charitas quàm potestas.*

qu'il était nécessaire, il traitait ses pénitents en malades, et tenait la conduite d'un médecin consciencieux. *Le Confessionnal.*

Quelquefois les malades se plaignent des remèdes prescrits par le médecin. On crie à pleine tête ; on voudrait être délivré de la douleur ; mais comme le médecin aime mieux nous délivrer d'un mal extrême que d'une douleur passagère, ainsi le confesseur habile fait la sourde oreille aux cris importuns que la chair et le sang, l'intérêt et la passion, poussent sans cesse pour être délivrés de toute gêne, et s'il ne nous accorde pas ce que nous voulons, c'est pour nous accorder ce que nous devons mieux aimer (1). C'était la pratique du serviteur de Marie et nous connaissons un grand nombre d'âmes qui se félicitent d'avoir été dirigées par lui avec cette fermeté.

Cependant les pénitents qui viennent au tribunal de la pénitence, ne sont pas seulement des malades qu'il faut guérir, ce sont des aveugles qu'il faut conduire. Le prêtre y remplit l'office de docteur pour éclairer les âmes, de pasteur pour les conduire, de médiateur pour les réconcilier avec Dieu, de sauveur et de rédempteur en leur appliquant le fruit de la Passion de Notre-Seigneur. Ce n'est donc pas assez pour un confesseur d'être prudent et charita-

---

(1) *Negat quod volumus ut tribuat quod mallemus.* (S. Aug.)

Le Confessionnal. ble, il faut encore qu'il soit éclairé, et il ne doit pas se charger de cet emploi, s'il n'a les lumières et la capacité voulues, s'il n'est en état d'enseigner les voies de Dieu à ceux qui les veulent connaître.

Le serviteur de Marie ne cessait donc de s'appliquer à une étude profonde et constante, pour se tenir à la hauteur de ses fonctions de docteur des âmes.

Quand on parle de la science nécessaire au confesseur, on n'entend pas une science profane et purement humaine, mais la science des saints, fondée sur les règles de la Sainte Ecriture, des Conciles et des Pères, dont le directeur des âmes ne doit jamais s'écarter. S'il est lui-même un aveugle, comment pourra-t-il conduire des aveugles comme lui ? Il faudra nécessairement qu'ils tombent tous deux dans le précipice (1). Le serviteur de Marie citait à ce sujet un passage de saint Augustin. Le saint docteur remarque que Notre-Seigneur ne dit pas : *celui qui conduit tombera,* ou *ceux qui suivent tomberont,* mais que *les uns et les autres tomberont également.* Le serviteur de Marie recherchait donc la lumière ; il voulait que sa doctrine fût saine et irrépréhensible. Il rejetait les auteurs qui enseignent une théologie trop sévère, aussi bien qu'une morale trop relâchée : c'était son souci cons-

---

(1) *Ambo in foveam cadunt.* (Math. 15, 14.)

tant. Il demandait à Dieu cette langue du prophète Isaïe (1) qui prononce des paroles de consolation pour celui qui est tombé, et non de reproches pour l'accabler après sa chute. Il rompait ouvertement avec les traditions jansénistes, encore en honneur, nous l'avons vu, auprès de certains confesseurs. Il réprouvait les auteurs qui prennent toujours les partis outrés. En vérité, disait-il avec saint Jérôme, quand le père de famille est si libéral, pourquoi son intendant serait-il donc si avare ? Si Dieu est si miséricordieux, pourquoi son ministre serait-il sans cœur ? (2) Par ces durs procédés envers les pénitents, voudrait-on se donner une marque de sainteté ? Le serviteur de Marie pensait que le confesseur doit se mettre bien au-dessus de ces coupables calculs et mépriser une auréole faite de la pénitence d'autrui. Toutefois, sa direction dépouillée de tout excès, n'était pas celle des docteurs relâchés auxquels Dieu jette ses plus épouvantables malédictions (3), guides aux opinions faciles et s'alliant à tous les cas, dans le but d'accommo-

<small>Le Confessionnal.</small>

---

(1) *Dominus dedit mihi linguam eruditam ut sciam sustentare eum qui lassus est verbo.* (50, 4.)

(2) *Ubi pater familias largus est, dispensator non debet esse avarus. Si Deus benignus est, ut quid sacerdos ejus austerius est ?*

(3) *Væ quæ consuunt pulvillos sub omni cubito manûs et faciunt cervicalia sub capite universæ ætatis ad capiendas animas.* (Ez. 13, 18.)

Le Confessionnal. der la chair avec l'esprit, Dieu et le monde, la religion et le siècle.

Enfin, un dernier trait à relever dans la méthode de direction du serviteur de Marie, c'était le désintéressement du ministre d'un Dieu pauvre, ne cherchant en toute chose que la gloire de Dieu et le salut des âmes. Non, il ne remplissait pas le ministère de la réconciliation en pasteur mercenaire, dans les basses vues de vanité, de curiosité, d'intérêt. Alors, ce qu'il recherchait seulement, c'étaient les chères brebis rachetées du sang de Jésus-Christ; ce qu'il voulait uniquement, c'était les attirer au bercail et fournir par là à Notre-Seigneur la plus grande preuve de son amour; car rien de plus agréable au Sauveur que l'offrande d'une âme qui lui coûta si cher et qui vaut plus, à elle seule, que tout l'univers.

Qui pourrait être surpris que de si grands efforts unis à de si beaux sentiments aient abouti au ministère le plus fructueux ? Le serviteur de Marie devint un parfait directeur d'âmes. Il acquit les qualités par lesquelles on agit irrésistiblement sur les cœurs : la pénétration, la divination, un tact exquis et sûr, une sympathie et une condescendance inépuisables.

Que de détails nous sont connus qui mériteraient d'être signalés ici! Il nous faut respecter l'intimité de la conscience. Dieu qui sait combien le bon prêtre a aimé les âmes et leur a fait de bien, a sans doute récompensé déjà son ministre et n'a pas refusé, Le Confessionnal. dans le ciel, à ce grand maître des consciences, la gloire qu'il ne nous est pas permis de rechercher ici-bas pour sa sainte mémoire, gloire pure que ne lui refusent pas néanmoins, dans le sanctuaire de leurs cœurs, tant de personnes pieuses et d'habiles directeurs, encore fidèles aux conseils efficaces et aux saines traditions dont le serviteur de Marie fut l'interprète exact et autorisé.

# NOTE DU CHAPITRE TROISIÈME

### La journée d'un saint Prêtre.

Il est surprenant que nous ayions pu recueillir dans les papiers du serviteur de Marie son Règlement de vie tel qu'il l'avait arrêté pendant sa retraite de l'année 1842, tant il était attentif à ne rien laisser subsister de ce qui pouvait révéler la sainteté de ses dispositions intérieures. Nous reproduisons ici ce document précieux sans y ajouter ni retrancher un seul mot ; on y verra la peinture d'une vie édifiante et un modèle achevé de vertu sacerdotale.

---

LEVER PROMPT. — A 5 heures, offrande de toute ma journée entre les mains de Marie.

HABILLER. — En priant et se préparant à la méditation. Mortification de la vue ; silence.

PRIÈRE ET MÉDITATION. — Au moins vingt minutes ; une heure, si je le puis. Résolution précise et particulière.

ALLER A L'EGLISE. — Avec recueillement, en présence de Dieu et en me préparant aux redoutables fonctions du ministère. Penser au compte que j'aurai à rendre de cette journée.

ENTRER DANS L'EGLISE. — Comme devant mon juge qui décidera de mon éternité. Après avoir adoré Notre-Seigneur, rendre mes devoirs à la Très-Sainte Vierge et saluer les saints et les anges présents dans le lieu saint.

*La journée d'un saint Prêtre.*

Aller au Confessionnal. — En esprit de préparation, pensant que de ces confessions que je vais entendre peut dépendre le salut de quelque âme.

Entrer au Confessionnal. — Dans l'esprit de Jésus-Christ et de sa Très-Sainte Mère. Voir toutes les âmes indistinctement, dans cet esprit. Immoler généreusement et absolument tout sentiment naturel quelconque, pour m'abandonner à Dieu et à ses divines et miséricordieuses intentions.

Pendant les Confessions. — Voir les âmes en Notre-Seigneur et dans l'élévation du cœur à Marie, les considérer comme autant de tabernacles achetés au prix du sang de Jésus-Christ et destinés à recevoir cet adorable Sauveur qui a un désir immense d'y venir habiter. Avoir une horreur infinie de Satan, déjà établi en nous par le péché mortel ou qui cherche à s'y établir par le péché véniel, les imperfections ou les tentations. Combattre ce cruel ennemi par la vertu de Notre-Seigneur et la toute-puissante protection de la Très-Sainte Vierge mère de cette âme perdue, ou exposée plus ou moins à se perdre.

Dans ce même temps. — Faire de fréquents actes d'amour à Notre-Seigneur, entretenant mon âme dans un ardent désir du saint sacrifice où j'aurai le bonheur de m'unir à mon Dieu. Faire par avance à ma bonne et sainte Maîtresse l'offrande de tous les fruits du sacrifice, ou du moins de ceux dont j'ai la libre disposition. Gémir sur mon extrême indignité en priant cette bonne et tendre Mère de m'obtenir la grâce d'être moins indigne.

Ce qui doit dominer en mon cœur dans le saint tribunal, ce sont les intentions de Notre-Seigneur, et puis, les effusions de sa tendresse, de sa charité, de sa miséricorde infinie sur les pauvres âmes faibles ou pécheresses qu'il m'aura confiées.

Au saint Tribunal. — Je ne m'appliquerai pas seulement à poursuivre dans les âmes les péchés qui détruisent ou affaiblissent en elles la grâce, l'amour et le règne de Jésus-Christ ; mais je m'appliquerai encore à les orner de toutes sortes de vertus, selon les attraits de l'Esprit saint. Je m'efforcerai pour cela d'établir en elles l'esprit de mortification, les portant à une mort généreuse et universelle, ruinant la nature dans les yeux, dans les oreilles, dans la langue, dans l'esprit, dans le cœur et dans la volonté, afin que sur les débris de la nature corrompue, puisse s'établir le règne de la grâce par l'humilité, l'abnégation et la pénitence.

Mais je dois bien comprendre que jamais je ne puis avoir la grâce et la vertu d'opérer ces choses dans les autres, si je ne me résous à les opérer en moi-même. Si je suis orgueilleux, sensuel, lâche et immortifié, comment rendrai-je les autres mortifiés, humbles et généreux ?

Après les Confessions. — Je dois remercier le Seigneur des grâces qu'il a daigné accorder au confesseur et aux pénitents, lui demander humblement pardon des fautes que j'ai commises et tout remettre entre les mains de notre bonne Mère et Maîtresse.

Allant dire la Sainte Messe. — Je dois pénétrer mon âme d'une sainte crainte en pensant que je vais monter à l'autel et offrir le redoutable sacrifice, que je vais me revêtir de Jésus-Christ, devenir un autre Jésus-Christ pour l'offrir et m'offrir en lui et avec lui au Père Éternel. Je penserai à son état de victime qui doit devenir aussi mon état. *Et nos hostiam secum effectos.*

*La journée d'un saint Prêtre.*

Et de la crainte, je m'efforcerai de m'élever à l'amour, en pensant que c'est par amour que Jésus s'immole : amour pour son père, qu'il glorifie ; pour l'Eglise, qu'il sanctifie ; pour les frères défunts, qu'il purifie ; et je tâcherai d'entrer moi-même dans cet amour de Jésus, unissant mon cœur à son cœur et à l'aimable cœur de Marie, qui partage admirablement ces intentions et participe à cet amour.

A LA SACRISTIE. — A moins de motifs bien réels et pressants, je ne devrai y entrer qu'au moment même où je dois m'habiller pour la Sainte Messe. Je ferai mes préparations, ou même, je réciterai mon office au vestiaire, à genoux et en présence de Notre-Seigneur. Je m'en trouverai mieux de toute manière et je supplie ma Très-Sainte Mère et Maîtresse d'aider à ma faiblesse et de m'obtenir la grâce de faire ainsi.

DISPOSITION IMMÉDIATE. — Silence et recueillement profond.

PENDANT LA SAINTE MESSE. — Toutes les fois que j'aurai l'intention libre, j'offrirai le saint sacrifice aux intentions de la Très-Sainte Vierge, reine du ciel et de la terre, et lorsque je ne serai pas libre d'intention, je lui remettrai tout ce dont je puis disposer. Ce n'est d'ailleurs qu'une conséquence de l'offrande, du don absolu, perpétuel et irrévocable, que je lui ai fait et que je renouvelle en ce moment de toutes les œuvres et mérites que, par la grâce de mon Sauveur, je puis et pourrai acquérir.

APRÈS LA SAINTE MESSE. — Silence profond et recueillement accompagné de prières qui soient un obstacle à ce que je parle et à ce qu'on vienne me parler. S'il y avait nécessité, ce serait à voix basse et le plus brièvement que possible. L'action de grâce, à l'église et à genoux, selon la formule A. R. D. O. R.

*Après l'action de grace.* — Je me rendrai au confessionnal dans les intentions du matin, recevant de la main de Notre-Seigneur, que je porte dans mon cœur, et de sa Très-Sainte Mère, les âmes que j'aurai à entendre et à purifier ; j'immolerai courageusement les répugnances que je pourrai éprouver, et j'accepterai avec empressement les fatigues que je ressentirai pour en faire un présent agréable à ma bonne Mère et Maîtresse, me persuadant bien que s'il n'y avait pas quelque dessein particulier de miséricorde divine sur ces âmes, le démon ne m'inspirerait pas cette peine, cette répugnance à les confesser ; et je prendrai bien garde que cela ne paraisse ni dans mon air, ni dans mes manières, de crainte que ces âmes ne s'en aperçoivent, ne se rebutent et ne se retirent pour leur malheur et pour le mien.

*Avant de sortir de l'Eglise.* — Je remercierai le Seigneur et sa divine Mère, et je leur demanderai de me faire connaître ce que je dois faire et la grâce et la force de fidèlement l'accomplir. Je renouvellerai la résolution du matin et l'offrande de mes œuvres.

*Dans les rues.* — Toujours la même modestie. Un véritable et sincère recueillement.

*A la maison.* — Entrant dans ma chambre, si je suis libre, *règle* : Je dois me prosterner devant ma bonne Mère et Maîtresse et commencer de suite ou terminer les petites heures et lire au moins une page des Livres Saints. Après quoi, je vaque à mes occupations selon l'ordre de la divine Providence et l'urgence des affaires.

*Avant le dîner.* — Pendant que l'on dispose la table,

La journée d'un saint Prêtre.

*La journée d'un saint Prêtre.*

examen particulier précédé d'un chapitre du Nouveau Testament. Ce point de règle est d'autant plus essentiel que, utile et presque nécessaire en lui-même, il pourra m'épargner des paroles oiseuses avec les autres.

APRÈS LE DÎNER. — Recevoir les personnes qui auraient à me parler avec douce charité et dans un grand esprit de Dieu, mais les pauvres surtout, avec amour et bonheur, regardant leur visite comme le moment le plus heureux de ma journée, puisque c'est Notre-Seigneur lui-même qui daigne me visiter dans leurs personnes. *Mihi fecistis*. J'aurai soin de prévoir cette visite en me procurant par avance les monnaies convenables.

DÈS QUE JE SERAI LIBRE. — Toujours, depuis 3 heures, je reviendrai à l'église. J'y dirai vêpres et complies et lirai dans quelque bon livre, en attendant les pénitents ; mon exactitude les rendra exacts. S'il m'est possible, je réciterai le grand office, et même ferai le Chemin de la Croix toutes les fois que je le pourrai.

Je dois me souvenir que ma vie tout entière appartenant à la Très-Sainte Vierge, dont je suis le pauvre et bien indigne serviteur, je ne puis, sans me rendre coupable, en perdre un seul instant en l'employant à autre chose qu'aux intentions de ma Très-Sainte Maîtresse. (*Souvenir essentiel.*)

LES MALADES. — Ils demandent de ma part un soin, une sollicitude continuels, soit pour les soutenir dans leurs souffrances, soit pour les disposer et les aider à faire une sainte mort. Je dois regarder, comme une tentation de Satan toute particulière, la lâcheté ou les prétextes qui me porteraient à négliger ou à renvoyer à un autre moment les intérêts de ces pauvres âmes.

**Des Visites et des Conversations.** — Je dois recevoir avec la plus aimable charité les personnes que Notre-Seigneur et sa Très-Sainte Mère m'envoient. N'importe pour quelle affaire, je dois *toujours* et sans exception être doux et bon à l'égard de tous ; et lorsque je ne puis accorder ce que l'on me demande, le refuser en des termes et avec des manières qui consolent et adoucissent le refus. Me souvenir de cette parole : « Vous serez traité comme vous aurez traité les autres….. »

<small>La journée d'un saint Prêtre.</small>

Quant aux visites que j'aurai à faire, elles seront aussi rares que possible et précédées de prières, de préparations qui en écartent le danger. Je me souviendrai de cette parole dont tant de fois moi-même j'ai fait l'expérience : *Quoties inter homines fui, minor homo redii.*

En général, je m'appliquerai à écouter et à ne point parler. Je veillerai à ce que mes paroles soient toutes de Dieu, selon l'esprit de Dieu, pour la gloire de Dieu, prenant bien garde de ne pas parler avec précipitation et au hasard ; mais me recueillant avant de parler et me souvenant que je rendrai, au jugement, un compte rigoureux de mes paroles.

Il sera très-bien, au sortir des conversations, d'examiner avec simplicité si j'ai failli en quelque chose, afin de m'en humilier de suite et d'en demander pardon à Dieu.

**De l'Etude.** — Je dois considérer comme un devoir essentiel d'étudier habituellement la théologie, considérant que la science la mieux possédée s'affaiblit et finit par disparaître lorsqu'elle n'est pas rafraîchie et comme alimentée par l'étude et que je répondrai devant Dieu des fautes que j'aurai commises par ignorance, si je ne faisais pas tout ce qui dépend de moi pour me maintenir dans les connaissances théologiques que je dois posséder. Je ne dois pas oublier que l'évêque de Belley décide qu'un prêtre qui, habituellement, n'étudie pas la théologie, est coupable de péché mortel. J'aurai donc au moins un *compendium*, et ne fût-ce qu'au moment du coucher, je ne prendrai pas mon repos sans en avoir lu au moins une ou deux pages.

Du Chapelet. — Tous les jours, je dois réciter le chapelet. La Très-Sainte Vierge attend de moi ce tribut quotidien, et il me semble qu'Elle serait mécontente de moi si j'y manquais. Je m'efforcerai de gagner les indulgences attachées à cette pratique afin de mettre entre les mains de ma bonne et Très-Sainte Maîtresse plus de moyens de délivrer du purgatoire les âmes qui lui sont chères.

Des biens et des ressources pécuniaires. — Tout ce que nous avons, et nos personnes, appartiennent à la Très-Sainte Vierge, autant que cela peut être dans l'ordre des décrets divins. Ce que je puis avoir est donc à Elle ; et je ne puis en disposer qu'en son nom et selon ses intentions ; tout comme ce que je reçois, je le reçois pour Elle et pour en user selon ses volontés.

Cela étant ainsi, je ferai de bon cœur soit dépenses, soit aumônes, mais en ayant soin, avant de rien donner, de lui demander au fond du cœur si je dois ou si je puis le faire. Quant à mes dépenses personnelles, je ne prendrai, soit pour la nourriture, soit pour le vêtement, que le moins possible, me réduisant en toute chose autant que je le pourrai, parce que moins je prendrai pour moi, plus j'aurai pour les autres. Je dois m'efforcer d'inspirer les mêmes sentiments et le même esprit à toutes les Servantes de notre bonne et sainte Maîtresse.

Pour mes dispositions intérieures. — Selon ma grâce actuelle, je me sens intérieurement porté à me tenir dans un état de profond anéantissement en présence de la suradorable Trinité, me considérant comme un néant devant sa suprême et infinie majesté, et ne pouvant trop me confondre et m'anéantir. Et me souvenant de mes péchés et de mes infidélités, de mes continuelles ingratitudes, de mes inconstances et aussi de la terrible responsabilité qui pèse sur moi dans la position où je me trouve, je me sens pénétré d'une grande crainte du jugement et de mon éternité et je me sens porté à adorer continuellement Notre-Seigneur comme mon juge, comme celui qui doit un jour décider, sans appel, de mon sort éternel. Dans cette vue, toutes les fois que j'entre dans l'église où repose ce divin Sauveur, mon esprit se fixe de suite sur le Très-Saint Tabernacle, mon corps se courbe et ma tête s'incline avec un saint tremblement, lui demandant intérieurement d'avoir pitié de ma pauvre âme, de me faire miséricorde et de me juger favorablement lorsque j'irai paraître devant son saint tribunal. Cependant, voyant son infinie bonté, cet amour immense qui l'a porté à venir sur la terre, à souffrir, à mourir pour nous, à résider au milieu de nous, à se donner tout entier à nous, j'élèverai mon cœur dans une douce espérance et je m'animerai à m'abandonner sans mesure à sa volonté comme à mon Seigneur et Maître, mais faisant tout ce qui dépendra de moi pour être fidèle en tout ce qu'il demande, selon cette parole : *Qui timet Dominum nihil negligit.*

Quant a la Très-Sainte Vierge. — J'éprouve une confusion extrême qu'elle ait daigné me choisir pour

*La journée d'un saint Prêtre.*

*La journée d'un saint Prêtre.*

son serviteur spécial ; et je ne puis cependant en douter en voyant tout ce qu'elle a fait par mon ministère, les continuelles et innombrables marques qu'elle nous a données et qu'elle nous donne tous les jours de sa présence et de sa protection dans l'œuvre. Cependant je suis si indigne, si infidèle ! Mais enfin, il en est ainsi ; et si nous ne trompons pas ses desseins, elle continuera, à cause de son incomparable bonté et de l'inépuisable compassion qu'elle a pour les âmes qui veulent l'aimer et la servir, mais qui sont faibles, qui sentent leur faiblesse et qui s'en humilient; elle continuera à conduire, à diriger, à soutenir et à défendre l'œuvre qu'elle s'est formée pour la gloire de la Très-Sainte Trinité, pour l'amour de Jésus son Fils et pour le salut de quelques âmes abandonnées.

J'avoue ici, en toute humilité et sincérité, que ma grande crainte, ma crainte unique, est de mécontenter cette Sainte Mère et Maîtresse, de me rendre indigne de sa bonté, de sorte qu'elle se retire de nous. Cependant, si jamais, ce qu'à Dieu ne plaise, il en était ainsi, je la prie et la conjure par ses entrailles maternelles, par son cœur si plein de compassion, d'avoir encore pitié de moi, de se ressouvenir de ses anciennes bontés, de me mettre de côté, si elle le veut, de se choisir alors un serviteur plus digne, plus fidèle, mais de me convertir, de me faire faire pénitence et de m'obtenir, ne serait-ce que la dernière place dans le Ciel, pour que je ne sois pas à jamais séparé d'elle et de mon Dieu pendant l'éternité.

Puisque j'ai lieu de croire, néanmoins, qu'elle me veut encore dans l'œuvre, et jusqu'à ce qu'elle juge à propos de se choisir un autre serviteur, je dois et je veux, avec la grâce de Dieu et avec son secours, faire tout ce qui dépendra de moi pour correspondre à ses vues et contenter son cœur.

D'abord, je dois me tenir toujours à ses côtés, en sa présence et dans une union continuelle à sa volonté, n'ayant d'autre vouloir que le sien : Bonne Mère, très-sainte, très-douce Maîtresse, que voulez-vous que je fasse ? Parlez, faites-moi connaître ce que vous désirez. Je suis prêt à le faire.

Je sais et je sens qu'elle veut me briser ! Briser cette mauvaise nature, cette volonté propre, ces caprices, ces fantaisies, ces commodités, ces aises que la nature demande toujours. Cela ne peut être autrement. Il faut à cette véritable Mère des douleurs, qui nous a engendrés au pied de la Croix, qui a été transpercée, crucifiée, il lui faut un serviteur broyé, crucifié comme elle, et je comprends bien que c'est à ce prix et à ce prix seulement qu'elle consentira à me garder à son service. Jusqu'ici, elle a été bien bonne ; elle m'a beaucoup ménagé, mais dorénavant, elle attend de moi autre chose. Si je veux continuer à jouir de ses bontés, je crois qu'il faudra que j'entre franchement dans la voie du crucifiement. Je n'aurai qu'à l'écouter et à faire, coûte que coûte, tout ce qu'Elle me dira. Car Elle est si bonne ! Sa voix, quand elle daigne parler, est si douce et si claire dans le cœur !

O ma bonne et tendre Maîtresse, oui, certainement, je vois bien ce que vous voulez, ce que vous attendez de moi. Et certainement, je sens que je le veux aussi. Mais vous me connaissez et vous savez combien j'ai lieu de me craindre moi-même. Oserais-je vous demander de me

*La journée d'un saint Prêtre.*

prendre par la main, de me forcer, pour ainsi dire, à entrer dans la voie des croix? Je vois que vous m'en réservez de grandes et de très-grandes. Eh bien, je m'immole, je me sacrifie. Je dirai bien : « S'il est possible, éloignez ce calice de moi! » car si, d'un côté, je sens qu'il me faut des croix, que je ne puis ni me sauver, ni sauver les autres, ni accomplir les desseins de la miséricorde divine sans passer par les croix et par de grandes croix; d'un autre côté, je redoute ma faiblesse. Mais non, ô ma bonne Mère, j'ai confiance en vous. Vous êtes si bonne, si tendre Mère, si compatissante ! Vous me soutiendrez, vous me conduirez par la main. Si je tombe, et je crains que cela ne m'arrive souvent, vous serez là pour me relever. Je ne crains donc rien, ô bonne Mère et très-sainte Maîtresse. Gardez-moi à vos côtés, combattez pour moi, protégez-moi au dedans et au dehors et je suis tranquille.

Qu'il soit donc fait selon votre volonté et la volonté de votre Fils Jésus, pourvu qu'il soit aimé, adoré, servi, que vous régniez sur les cœurs, pour y faire régner votre doux Jésus ! Que cela se fasse par mon ignominie, par les persécutions, les douleurs, les croix, les chagrins de tout genre, soyez bénie ô tendre Mère, soyez bénie !.... Je m'offre à vous pour la gloire de Jésus, sans réserve, sans mesure, sans terme, jusqu'à mon dernier souffle. Amen.

Des Croix. — Il est donc indubitable, si la Très-Sainte Vierge, notre bonne Mère et Maîtresse, daigne continuer et affermir son œuvre, que nous avons à traverser bien des croix. Jusqu'aujourd'hui, nous pouvons dire que ce n'est qu'à travers les croix que nous avons avancé. Nous n'avons jamais rien fait, rien entrepris, même les plus petites choses, sans avoir eu à commencer par la croix.

C'est donc notre voie, et nous devons mille fois bénir notre Sainte Maîtresse et la remercier.

Toutefois, lorsque la croix arrive et qu'elle pèse un peu fort, je sens ma faiblesse fléchir, mon âme se troubler. Eh bien, je tâcherai qu'il n'en soit plus ainsi. Je me rapprocherai, alors plus que jamais, de notre Sainte Mère et bonne Maîtresse. Si je suis coupable en quelque chose, je m'en humilierai et je remettrai mon repentir entre ses mains. Si même cette douce Mère semble se cacher et me laisser dans le vide, les ténèbres et la désolation, je me tiendrai à ses pieds, je lui protesterai que je me soumets à toutes les volontés de son Fils adorable, que, malgré tout, je veux toujours l'aimer, lui demeurer toujours fidèle. Pour m'aider un peu, je me souviendrai de tant d'autres croix que nous avons eues, tant de contradictions, tant d'orages pendant lesquels tout semblait perdu, tant d'occasions où nous ne savions plus de quel côté nous tourner, et je me souviendrai que cette bonne Mère a toujours tout arrangé, et même que toujours, les plus grandes croix ont été l'annonce, le prélude et souvent le moyen des plus grandes grâces.

Et puis, que peut-il nous arriver, sinon ce que Dieu permettra? Et s'il fallait que nous fussions dispersés, conspués, anéantis, foulés dans la boue et l'opprobre, si Dieu doit en être glorifié, si notre Sainte Mère et Maîtresse doit en être mieux aimée et bénie, que la très-sainte volonté de Dieu et de cette bonne Mère soit accomplie. Seulement, que nos âmes soient sauvées et c'est tout.

De la direction de mes œuvres. — Quoique je n'aie pas fait encore le vœu de serviteur à la Très-Sainte Vierge, je dois, et avec la grâce de Dieu, je veux agir comme si

*La journée d'un saint Prêtre.*

*La journée d'un saint Prêtre.*

je l'avais fait en vertu de la donation universelle et irrévocable que je lui ai faite de tout ce que j'ai, de tout ce que je fais, de tout ce que je possède, lui abandonnant tous les mérites de ma vie afin qu'elle en dispose selon ses intentions pour la plus grande gloire de son Fils Jésus.

En conséquence, je ne me bornerai pas à renouveler tous les matins cette offrande ; mais je me ranimerai dans cette vue à chaque heure du jour, à chacune de mes actions, grandes et petites, m'efforçant de les accomplir de la manière la plus parfaite et tâchant, entre diverses choses qui se présentent, de choisir toujours celle qui peut procurer le plus de gloire à Dieu, me faire acquérir le plus de mérite, et par conséquent, le plus contenter ma Très-Sainte Mère et Maîtresse. Et lorsque dans ce choix j'aurai à contrarier, à immoler la nature, j'élèverai ma pensée vers cette bonne Mère et lui demanderai de m'obtenir de son divin Fils la grâce et la force de faire généreusement le sacrifice qui m'est demandé. Et dans le doute de ce qui lui plairait le plus, je lui demanderai de me le faire connaître afin que je m'y décide avec courage et générosité. Oh ! si j'étais fidèle à cette sainte pratique, que je deviendrais bientôt un saint ! Mais que j'ai de chemin à faire pour y arriver !.... Bonne et tendre Mère, obtenez-moi l'esprit de mortification et la grâce d'y être fidèle, car ici toutes les oppositions ne viennent que de la nature et de ses mauvaises inclinations. Un grand moyen d'y parvenir, c'est de vivre dans le recueillement et de commencer par les petites choses ; et puis, si je tombe, si je me laisse aller, de réparer de suite par le repentir et l'humiliation, suivis de confiance et de bon propos fondés sur la grâce de Dieu et le secours de ma bonne Mère et Maîtresse.

# CHAPITRE QUATRIÈME

## LA FORMATION D'UNE SAINTE

### I.

#### Le Frère et la Sœur.

L'intérieur de famille, où le serviteur de Marie venait se réfugier après les fatigues de son laborieux ministère, ne pouvait que lui assurer le repos et la paix. Entre son respectable père et sa digne mère, à côté de sa douce et pieuse sœur (l'aînée, Marianne, habitait loin de Bayonne), le bon prêtre se trouvait à l'aise et il pouvait s'entretenir avec ces chères âmes de Dieu et des choses de Dieu en tout abandon. C'était vraiment un modèle de la famille chrétienne. Unis dans les sentiments d'une même piété, tous les membres de cette petite société domestique cherchaient à accomplir la volonté de Dieu et poursuivaient de concert la sanctification de leurs âmes. L'affection la plus tendre, cette affection filiale et fraternelle, composée de confiance, d'abandon, de préférence et de dévouement, montait des plus jeunes aux plus âgés, pour redescendre des vieillards aux enfants avec une intarissable abondance. Dominant tous les autres sentiments, le respect du prêtre s'imposait à la famille entière : le fils et le frère disparaissaient en quelque sorte sous le ministre de Dieu, toujours vénéré à cause de son caractère. De ce mélange des sentiments de la nature et de la religion, il résultait des rapports pleins de douceur dont le bon prêtre était l'origine, le centre et le terme.

Aussi le serviteur de Marie ne manqua-t-il en aucune occasion de rendre hommage au charme de sa vie de famille.

Dans un de ses écrits, parlant de son retour à la maison paternelle après un long voyage : « Je fus heureux, dit-il, de revoir mon pauvre père et ma chère mère. Ce bonheur était bien partagé, car, ô ma bonne et tendre Mère du ciel, vous aviez mis dans la famille une affection, une confiance mutuelles qui nous rendaient tous heureux, et ce bonheur était pur et sans mélange, parce que c'était dans votre cœur et dans votre amour que tous nos cœurs s'aimaient et demeuraient unis. » *(Autobiographie.)*

Toutefois, sa sœur Elise était surtout l'objet de ses soins et de ses affections particulières.

La Providence veut bien quelquefois placer, à côté de ses ouvriers les plus puissants, un cœur de sainte amie pour les soutenir et les consoler au milieu des combats de la vie. Ainsi sainte Claire et saint François-d'Assise, sainte Françoise de Chantal et saint François-de-Sales, M^me Legras et saint Vincent-de-Paul. Lorsqu'il plaît à la divine bonté de choisir dans l'enceinte même de la famille les cœurs de femmes qui doivent aider les élus dans l'accomplissement des grands desseins, il leur infuse une puissance de sympathie dont le rayonnement est incomparable. Telle Marie auprès de Jésus, Monique auprès d'Augustin, Scholastique auprès de Benoît.

 La Providence avait placé auprès du serviteur de Marie une sœur vraiment capable de le comprendre et de le soutenir. Il ne nous est pas possible de ne pas faire une place considérable dans le présent travail à celle dont la vie s'est confondue avec l'existence du serviteur de Marie et avec la destinée des œuvres fondées par lui. La *Mère Vénérée* (c'est le nom populaire donné à Elise Cestac et la désignation que notre histoire doit conserver) était digne de son frère. Qu'on ne croie pas cependant qu'obéissant au sympathique instinct qui porte à voir les sœurs, dans les fortes lignées, plus grandes que les frères, nous ayions exagéré les proportions de cette figure remarquable. Nous n'avons pas oublié un seul instant qu'Elise n'a eu sa valeur qu'à raison des soins perpétuels dont le serviteur de Marie n'a cessé de l'entourer. Mais à quoi bon insister sur ce sujet : « Mieux vaut, dit l'*Imitation,* prier les saints avec

*Le Frère et la Sœur.*

<small>Le Frère et la Sœur.</small>

ferveur et larmes, et implorer humblement leurs glorieux suffrages, que de chercher vainement à scruter le secret de leur état. »

Elise, plus jeune que son frère de dix ans (elle était née le 14 mars 1811), Elise, disons-nous, était le Benjamin de la famille. Le frère était l'honneur et l'éclat du foyer domestique ; Elise en faisait le charme. C'était vers elle que se portaient toutes les tendresses. Il n'est pas une seule des lettres écrites d'Aire et de Paris, par le serviteur de Marie, qui ne contienne quelques lignes pleines de cœur pour l'enfant chérie.

Elevée au milieu des caresses, la nature délicate, éminemment nerveuse d'Elise, devint d'une sensibilité extrême : elle fut tout sentiment. Elle ne savait autre chose que sentir et sentir passionnément. Ne parvenant à être indifférente à rien, elle se tourmentait de tous les ennuis d'autrui. Un reproche, une parole moins douce la frappaient douloureusement au cœur. Alors, la pauvre enfant passait de longues heures à souffrir en pleurant. Puis, sortant de son chagrin, c'étaient de longues étreintes, accompagnées de sanglots, entrecoupées d'excuses et de plaintes navrantes. On s'étudiait à ne pas heurter une impressionnabilité aussi facile à surexciter.

Si elle avait les défaillances de la sensibilité, elle en avait aussi le charme pénétrant. Son intelligence était ouverte à toutes les manifestations du beau. Son cœur ardent débordait de sympathie. Elle avait la gaieté expansive et pittoresque des méridionaux. Dans son regard, le profond regard noir de sa race, il y avait toujours la chaleur et l'étincelle. Encore à la fin de sa vie, après tant d'années de mortifications et de pénitences, ses yeux avaient un fier langage et réfléchissaient vivement les sentiments du cœur. Nous écrivons ces lignes en présence du portrait d'Elise Cestac, devenue la *Mère Vénérée*. La sainte religieuse est couchée sur son lit de mort. Son grand regard fixe sourit encore avec une expression bienveillante, dans l'étonnement profond de ceux qui semblent apercevoir déjà les rivages de l'éternité.

A peine le cœur d'Elise put-il s'ouvrir, qu'il fut rempli par l'amour fraternel. Elle aimait son père et sa mère d'une affection tendre : mais le grand culte de son âme fut réservé à son frère. Il était son parrain ; il était son compagnon d'enfance ; il avait pour elle des attentions exceptionnelles ; il l'amusait avec patience et ingéniosité ; pour elle, surtout, il était plein de ménagements et de condescendance. Les premières années d'Elise s'écoulèrent au milieu de cette chaude atmosphère de dévouement réciproque. Puis, quand le frère bien-aimé et bien-aimant partit pour le petit séminaire d'Aire, la maison n'en fut pas moins occupée par la

*Le Frère et la Sœur.*

**Le Frère et la Sœur**

pensée de l'absent. Ses lettres étaient la vie de la famille ; ses progrès et ses succès faisaient l'orgueil des siens. A table, il n'était question que d'un sujet, de l'enfant béni dont le souvenir ne pouvait être écarté. Chaque jour, le vieux père allait en promenade à la campagne avec Elise : tout le temps était occupé par d'interminables conversations où revenait sans cesse le nom du cher exilé. En même temps que la puissance d'aimer, croissait dans le cœur d'Elise l'affection fraternelle.

Bientôt, une sorte de respect religieux prit place à côté de l'amour. Le jeune homme devint séminariste, clerc, prêtre. Dès qu'il eut entrevu sa vocation, il ne se servit plus que du langage qui convient à l'homme de Dieu. Il mit sa conduite en harmonie avec ses discours. Il se respectait et fut respecté des autres. Elise ne put pas se déprendre des sentiments de l'amour. A vrai dire, elle n'y travailla point, rien ne la portant à modifier le caractère de son affection. Mais, dans son âme, elle fit au serviteur de Marie une part de vénération, et désormais elle le traita tout ensemble en frère et en prêtre.

Pour lui, il était trop pénétré des devoirs de son sacerdoce pour ne pas exercer sur les siens un ministère de salut et de vie. Il ne cessait de donner à sa jeune sœur les plus sages leçons. Dès qu'il la vit arrivée à l'âge où elle pouvait être dans la main de son propre conseil, il s'adressa plus ouvertement à sa conscience. Il lui écrivit un jour :

« Je ne sais pas du tout, ma chère enfant, où nous en sommes. Où en es-tu ? Que fais-tu ? Qui fréquentes-tu ? Es-tu mieux ou plus mal ? Voilà bien des choses qui m'intéressent et qui t'intéressent, mon enfant. Oh ! que je voudrais que tu fisses quelques réflexions sérieuses ! maintenant surtout que le cœur et l'imagination ont si grand besoin d'être surveillés ! A ton âge, tout est danger, mais aussi tout peut être mérite, si tu profites des occasions dans le sens des volontés de Dieu. » (Avril 1827.)

Tel fut le point de départ d'une correspondance spirituelle qui mena Elise à la sainteté. Toutes les lettres du serviteur de Marie ont été conservées par la chère âme à qui elles étaient adressées. Elles nous serviront à établir l'histoire d'une divine vocation. Que Dieu est admirable en sa Providence ! Après avoir ménagé au bon prêtre les bienfaits d'une éducation chrétienne et d'une initiation spéciale à la vie sacerdotale, à Aire, à Saint-Sulpice, à Larressore, à Bayonne, Dieu lui accorde de préparer directement la pieuse créature appelée à coopérer la première à ses charitables entreprises. Que Dieu est admirable en ses saints ! Dans ce premier et délicat apprentissage en la conduite des âmes, le serviteur de Marie a montré une sagacité, une connaissance du cœur humain, une prudence,

*Le Frère et la Sœur.*

qui n'appartiennent guère qu'aux maîtres de la vie spirituelle. Non, Dieu n'a refusé à son ministre aucune des grâces qui lui étaient nécessaires pour mener à bonne fin l'œuvre difficile entre toutes de la perfection d'une âme.

## II.

### Les Conseils d'un Moraliste.

Quelle était la situation morale de l'enfant (Elise n'avait encore que seize ans), au moment où le jeune ecclésiastique l'interrogeait sur l'état de son âme ? On peut s'en faire une idée par la lecture de la page suivante où le serviteur de Marie, sous air de faire un portrait général, dépeint avec précision le caractère de sa sœur :

« Je veux te parler avec cordialité. Ecoute-moi bien attentivement. Le cœur de l'homme est extrêmement faible et inconstant. Telle personne qui, aujourd'hui, est pleine de bonnes résolutions, pourra, si elle n'y prend garde, changer en bien peu de temps et, avant trois mois, se trouver bien loin de sa route. Elle se trouvera pleine d'autres idées ; par exemple, qu'il n'est pas nécessaire d'être si dévote ; qu'on peut bien se sauver sans ceci ni cela ; que l'on n'est pas une religieuse et que la vie serait bien triste si on ne pouvait s'égayer un peu ;

que, d'ailleurs, on n'a, Dieu merci, aucune mauvaise intention. De là, ma chère enfant, et sous ces prétextes, on se relâche insensiblement, on ne se plaît plus autant à l'église, il tarde que vêpres soient finies pour aller se promener ; on les trouve bien longues, le cœur se porte au dehors. De là, les prières sont tièdes, l'esprit se remplit de mille distractions. De là, on devient plus froide pour les sacrements, on trouve que c'est bien assez de se confesser d'abord tous les deux ou trois mois, puis, aux grandes fêtes ; alors, on y va, mais moitié par respect humain, par honte ; on voudrait que cette fête fût bien loin. Le cœur n'est plus comme autrefois : on est toute changée, mais, en revanche, on devient ardente pour les parures, pour les mondanités. Il faut être propre, et, sous ce prétexte, on recherche ce qui peut le mieux nous flatter ; le miroir devient notre grand ami. On n'est pas fâchée de plaire. Et, alors, on est déjà à mille lieues du point d'où l'on est parti. Et quelles misères s'ensuivent ! On continue à glisser dans le mauvais chemin. Adieu la piété, adieu la religion ; on n'en conserve qu'une espèce de fantôme. » (1er mai 1827.)

*Les Conseils d'un Moraliste.*

N'est-ce pas là le portrait exact d'un grand nombre de jeunes personnes vivant dans le monde ? Ne reconnaît-on pas à ces traits les *honnêtes gens* du christianisme qui se contentent de vivre selon la lettre ? Le serviteur de Marie ne voulait pas de cette demi-religion : il ne comprenait pas qu'on fût satisfait de ce *minimum* de piété. C'est pourquoi il exhortait sa sœur à embrasser la plénitude de la loi. Il souhaitait qu'elle fût une *sainte*.

Une sainte !........ quel ne dut pas être l'effroi de la jeune fille, lorsqu'elle entendit, pour la première fois, prononcer à son oreille cette parole austère ? Le serviteur de Marie lui en fit connaître la portée exacte :

« ...... On se forme une fausse idée de la sainteté. A entendre certaines gens, il faudrait, pour être saint, quitter tout, abandonner tout, s'enfoncer dans un désert et là, ne plus s'occuper que de prières, de mortifications. Or, dit-on, cela est impossible, et alors le mieux est de laisser la sainteté pour les saints, et, quant à soi, on marche en avant à travers mille fautes, mille péchés, mille infidélités à l'égard de Dieu, c'est-à-dire que sous prétexte que l'on ne peut pas être un saint, on se tranquillise sur son état et on court à sa propre perte. Voilà, mon enfant, une erreur inventée par l'esprit de mensonge, accréditée par le monde, favorisée par les passions qui ne demandent pas mieux que de trouver un prétexte plausible pour se satisfaire.

« Non, mon enfant, ce n'est pas là la sainteté. Sans doute, il y a des âmes privilégiées, des âmes choisies, que Dieu appelle par des voies extraordinaires, et il faut bien qu'il y en ait : ce sont comme les héros du christianisme, comme des lumières brillantes qui éclairent le monde par leurs vertus. Mais ces exemples sont rares et c'est une erreur grossière de croire que tout le monde soit appelé à un genre de vie si extraordinaire.

« En quoi donc consiste la sainteté ? Dans l'accomplissement des devoirs que Dieu nous impose. Ainsi une personne qui aurait le bonheur de bien accomplir, mais surtout d'accomplir pour Dieu les différentes obligations de son état, serait une véritable sainte. Il n'en faudrait pas davantage. » (13 mai 1827.)

*Les Conseils d'un Moraliste.*

Doctrine admirable ! doctrine vraiment évangélique ! La perfection de la sainteté, c'est l'amour de Dieu. L'amour de Dieu se manifeste par la conformité de notre volonté à la volonté divine. Cette conformité aboutit, pratiquement, à faire ce que Dieu veut, c'est-à-dire à être fidèle au devoir.

A cette occasion, le serviteur de Marie exposait d'une manière développée les devoirs que sa sœur avait à remplir à l'égard de Dieu et de ses parents. Avec un tact plein de délicatesse, avec une grande sûreté de trait, il indiquait les infidélités habituelles de l'enfant à la soumission et à la prévenance.

Les leçons de l'habile directeur étaient données à une âme bien disposée. Elise profitait des conseils qui lui étaient adressés et ne tardait pas à mériter les éloges de son frère, peu prodigue cependant de tout

*Les Conseils d'un Moraliste.*

ce qui pouvait éveiller la vanité. « Je dois te dire, écrivait-il le 12 novembre 1827, que j'ai été content de toi pendant ces vacances. J'ai cru apercevoir un peu de cette attention et de cette prévenance que je t'avais recommandées ; ce qui m'a fait beaucoup de plaisir. Tu dois, ma chère amie, en remercier le bon Dieu et mériter de plus en plus son amour, en correspondant avec générosité aux grâces qu'il t'accorde. »

Il est nécessaire de connaître la théorie des devoirs ; c'est le point de départ de la vie morale. Mais un devoir connu n'est point, par cela même, un devoir pratiqué. Entre la science et la pratique de la vertu, il y a un obstacle : la passion. Moins une personne désire contenter ses passions, a dit saint Augustin, plus elle aime Dieu ; et si elle ne désire pas autre chose que Dieu, alors elle aime Dieu parfaitement. A ce sujet, le serviteur de Marie s'exprimait ainsi :

« Tout le monde, ma chère enfant, a des défauts à corriger et des passions à combattre. C'est là le fond du cœur de l'homme. Les plus grands saints n'en ont pas été exempts et, dans le fonds, ces inclinations mauvaises qui s'élèvent dans le cœur sont utiles à l'homme pour l'humilier à la vue de sa faiblesse, et lui offrent d'ailleurs un sujet continuel de mérite aux yeux de Dieu : « Celui-là seul sera couronné, dit saint Paul, qui aura bien combattu. »

« Ces inclinations, qui sont à peu près les mêmes dans tous les hommes, ne se présentent pas dans tous de la même manière. Chez les uns, elles sont plus fortes ; dans d'autres, elles sont plus faibles. Cela dépend de l'âge, du tempérament, de la vertu que l'on a acquise, et aussi de la volonté de Dieu qui éprouve plus ou moins les âmes, selon les desseins de sa justice ou de sa miséricorde. Mais ce qu'il y a de certain, c'est que tous ont à combattre pour gagner le ciel. Ainsi, ma chère enfant, il n'y a pas de doute que toi aussi tu dois avoir à corriger bien des défauts et à combattre plus ou moins contre les ennemis de ton salut. » (22 novembre 1827.)

*Les Conseils d'un Moraliste*

Le serviteur de Marie n'aurait pas été fidèle à la sage méthode de la spiritualité catholique si, en parlant des passions, il n'avait arrêté tout particulièrement l'attention de sa sœur sur la passion maîtresse, celle qui détermine en chacun de nous l'impulsion et commande à toutes les autres, la *passion dominante,* pour parler le langage des maîtres de la vie intérieure. Le sage moraliste ne tarda pas à signaler cet obstacle, le plus dangereux de tous : « La passion dominante, disait-il le 22 novembre 1826, est la reine et la maîtresse du cœur. Elle s'empare de notre être en telle manière que si on voulait la laisser dominer en nous, on ne penserait qu'à elle, on n'agirait que pour elle, on ne sacri-

*Les Conseils d'un Moraliste.*

fierait qu'à elle, et alors où serait Dieu ? Cette passion dominante n'est pas la même pour tous. C'est tantôt l'ambition, tantôt le désir de plaire, tantôt l'aversion contre ce qui nous déplaît ou nous irrite ; la jalousie, la colère, la paresse, l'orgueil qui veut s'élever toujours au-dessus des autres ; quelquefois un attachement, une inclination qui peut devenir plus dangereuse encore. Que sais-je ? tout peut devenir *passion dominante.* »

Le clairvoyant conseiller revenait encore sur cet important sujet dans sa lettre du 17 décembre suivant :

« Il est absolument nécessaire de bien connaître, pour se sauver, sa *passion dominante,* et celui qui vit sans y penser finira par se perdre. Mais cette connaissance ne nous suffit pas, elle nous rendrait même plus coupables si nous ne travaillions en même temps à combattre un si perfide ennemi. Lorsque l'Ecriture nous dit que la vie de l'homme est une guerre, cette guerre s'entend de celle que nous faisons à nos inclinations mauvaises et surtout à notre passion dominante qui les dirige toutes. »

Le serviteur de Marie indiquait ensuite comme moyen de combattre la passion dominante : la prière, la vigilance, la résistance, l'exercice des vertus contraires, l'examen particulier.

N'est-ce pas un exemple curieux que celui de ce moraliste, à peine âgé de 26 ans, sans connaissance du siècle, confiné au pied des montagnes, et qui, du fond d'un petit séminaire, avec une sagesse consommée, donne les plus précieuses indications à une jeune fille de seize ans vivant au milieu des dangers d'une cité populeuse? Pouvait-on toucher, avec plus de prudence et plus de fermeté, aux fibres les plus sensibles du cœur humain? Tant d'habileté et de discrétion ne pouvaient être le fruit d'une expérience personnelle. La grâce de Dieu communiquant au sacerdoce un don particulier ; les leçons de la spiritualité chrétienne étudiées avec sagacité par un ami des âmes saintement ambitieux de connaître la science de la vie intérieure, telles étaient les sources où le serviteur de Marie puisait les lumières et la pénétration dont il fait preuve aujourd'hui.

### III.

### La Direction.

Le directeur commence son œuvre au point où le moraliste finit la sienne. Celui-ci se borne à définir les mouvements du cœur humain ; celui-là s'attache à reconnaître les tendances particulières de chaque âme. L'un est l'homme de la théorie, l'autre de la pratique. Le premier se préoccupe de décrire la maladie, le second de guérir le malade.

La Direction.

Aussi faut-il, pour qu'une direction soit profitable, qu'il y ait confiance mutuelle entre le conseiller et le consultant. Il est nécessaire que le directeur soit assuré de la véracité et de la sincérité de celui qui recourt à ses avis ; car pourrait-il parler avec sécurité s'il y a quelques doutes sur l'exactitude des secrets qui lui sont confiés ? D'autre part, comment une âme peut-elle s'épanouir en toute franchise si elle conserve quelque méfiance à l'égard de son guide ?

De telles incertitudes ne pouvaient exister entre le serviteur de Marie et sa jeune sœur. La correspondance échangée entr'eux était arrivée au point où les avis de morale allaient nécessairement se changer en conseils de direction. Après avoir exposé les devoirs généraux, il fallait maintenant entrer dans la connaissance particulière des obstacles. Ou il fallait couper court, ou il était indispensable de découvrir son âme. Elise ne paraît pas avoir hésité à adopter ce dernier parti.

Et pourquoi aurait-elle hésité, la pure jeune fille ? Sa vie s'était écoulée dans le sanctuaire de la famille, entre ses vieux parents et son jeune frère, et c'est à peine si quelques pieuses amies venaient partager de loin en loin ses innocentes distractions. Elle ne connaissait guère d'autre chemin que celui de l'église, et quand elle prenait la distraction de la promenade, c'était avec son vieux père, dont la piété devenait

# LA FORMATION D'UNE SAINTE. 149

de jour en jour plus austère et qui ne cessait de parler de Dieu que pour s'entretenir de son fils. Si, parfois, son regard de jeune fille s'égarait vers le monde, ce n'était jamais que pour entrevoir furtivement un avenir modeste dans un intérieur de famille calme et religieux.

Mais plus l'âme est innocente, plus la pudeur est délicate; et la jeune fille, craignant de montrer les trésors de son âme, implorait l'indulgence de son frère. Elle voulait se mettre sous la direction du serviteur de Marie, elle ne pouvait résister à l'impulsion divine, mais elle redoutait, l'innocente enfant, de dévoiler ce chef-d'œuvre de Dieu, qui est l'âme chaste et pieuse. Elle se demandait avec angoisse si, en voyant l'intimité de son cœur, qu'elle s'imaginait horrible à contempler, son frère bien-aimé n'éprouverait pas un sentiment de mésestime, d'où résulterait une diminution d'intérêt.

Le serviteur de Marie savait au juste l'état de cette âme exquise. Aussi rassurait-il les inquiétudes d'une affection alarmée. Il disait, comme en souriant, à la pauvre tourmentée : « Le désir que tu témoignes, ma chère Elise, me fait croire que tu es disposée à bien profiter des choses qu'il plaira au Seigneur de m'inspirer pour le bien de ton âme et ton avancement dans la vertu. Ne crains pas, ma chère enfant, que ta confiance m'importune. Et pourquoi donc suis-je prêtre, si ce n'est pour consoler ceux qui sont

*La Direction.*

*La Direction.* affligés, éclairer ceux qui sont dans l'obscurité, guérir les infirmes, en un mot, pour compatir à toutes les misères qui affligent le cœur de l'homme ? Et qui, mon enfant, entrera mieux dans tes besoins, qui prendra plus d'intérêt à ton bien spirituel que ton frère ? Ne connais-tu pas tout l'attachement que j'ai pour toi ? Ainsi, ma chère amie, ne crains pas de me faire de la peine : parle-moi selon que ton cœur te l'inspirera et crois que le mien te sera toujours ouvert. » (17 décembre 1827.)

Il fallut revenir sur ce même sujet et en plusieurs circonstances. Quelques mois après, les inquiètes préoccupations de la jeune fille se réveillaient encore. Le serviteur de Marie crut devoir la calmer en ces termes : « Tu as tort, ma chère Elise, de craindre que ta franchise te fasse perdre quelque chose de mon amitié : tu sens bien que je t'aime; alors tu dois penser que si notre correspondance pouvait affaiblir mes sentiments à ton égard, je serais le premier à lui donner des bornes et à t'interdire toute ouverture. Mais, ma chère enfant, mets-toi bien dans l'esprit que je t'aime plus que tu ne le penses. Je t'aime, et c'est pour cela que je serais au comble du bonheur de te voir dans le chemin de la vertu et inconsolable, si tu venais à t'en écarter. C'est donc pour te diriger, t'éclairer, signaler les dangers où t'exposent et ta jeunesse et ton inexpérience, que je désire, ou plutôt, que je reçois ta confiance. Et après tout, mon enfant, à qui veux-tu la donner, si ce n'est à ton frère ? Tu n'en as qu'un, et, tant que Dieu te le conservera, tu n'auras pas dans ce monde, je l'espère, de meilleur ami. Ainsi soit dit une fois pour toutes : je n'y reviendrai plus. » Il ne fut plus nécessaire d'y revenir, car la chère âme donna à jamais sa confiance, sans réserve et sans retour, et ne fut pas déçue. *Que celui qui désire avancer en perfection,* a dit saint Philippe-de-Néri, *se soumette à un confesseur éclairé, auquel il obéira comme à Dieu.* Le bonheur d'Elise fut de rencontrer, dès son premier pas dans la vie spirituelle, le directeur éclairé qui avait charge de lui faire connaître la volonté divine. Son mérite a consisté à toujours avoir été fidèle et soumise.

Or, nous l'avons fait entendre, mais il faut le répéter, le premier point de la direction, celui-là même qui sépare la morale théorique de la morale pratique, c'est la détermination de la passion dominante. Etre fixé à ce sujet, c'est avoir la clef d'un grand mystère. Elise, avec l'inexpérience de son âge, tâtonnait et, tout à la fois ou successivement, trouvait en elle toutes les inclinations vicieuses à l'état aigu. Comme un habile médecin, qui sait distinguer dans une maladie compliquée le siége de l'affection principale, le jeune directeur sut démêler la vérité au milieu des affirmations confuses de sa pieuse sœur et lui signala l'orgueil, le péché des

*La Direction.*

âmes pures, comme la tendance prédominante de son caractère. Il ne semble pas qu'il y ait eu erreur dans cette désignation ; jusqu'à la fin de sa vie, la *Mère Vénérée* ayant eu à combattre sur ce point avec une énergie particulière. Dans ses retraites, elle s'examinait avec sollicitude sur ses progrès dans l'humilité. A force de patience et de mortification, elle finit par acquérir à un degré éminent cette vertu rare et difficile.

Ce n'est pas ici le lieu de suivre pas à pas la direction donnée par le serviteur de Marie à sa pieuse sœur. Il y aurait sans doute à faire de bien intéressantes observations sur ce progrès incessant d'une âme dans le bien. On saisirait sur le fait l'influence bienfaisante de la spiritualité catholique. On admirerait tout à la fois la sagesse des prescriptions morales de l'Eglise et la prudence du jeune directeur dans sa savante marche à la conquête de la perfection. Mais une telle analyse nous mènerait trop loin, et il faut nous borner à quelques traits principaux. Après avoir bien insisté sur la nécessité d'être uni à Dieu par l'esprit de Notre-Seigneur Jésus-Christ, sous les auspices de la Très-Sainte Vierge ; après avoir signalé les obstacles qui empêchent cette union divine, et surtout l'obstacle de la passion dominante, le serviteur de Marie s'appliqua à indiquer les remèdes ou les moyens les plus propres à amener le résultat désiré. Tour à tour, l'habile médecin de l'âme entretint sa sœur Elise du recueillement en Dieu, de la pratique des sacrements de pénitence et d'eucharistie, de la fidélité à un règlement de vie. Chacun de ces sujets abordés à leur heure, avec méthode et précision, donna lieu à des développements intéressants, toujours présentés dans une forme simple, mais frappante.

*La Direction.*

La correspondance entre le frère et la sœur, commencée depuis plusieurs mois déjà, venait de prendre un caractère plus intime et plus grave. La jeune fille, saisie brusquement d'un accès de curiosité, voulut se rendre compte par elle-même de l'influence que ces relations nouvelles exerçaient sur l'affection fraternelle, et, tout à coup, elle partit pour Larressore, afin d'y passer une journée avec le serviteur de Marie. Puis, à peine rentrée à Bayonne, elle désira connaître l'effet de sa visite. Le bon frère ne se refusa pas au désir d'Elise et lui communiqua ses impressions en un style plein d'esprit et d'originalité : « Tu veux donc savoir, ma chère sœur, le genre d'impression que m'a causé ta visite. Je soupçonne là-dessous un peu de curiosité féminine ; cependant, puisque tu tiens tant à ce que je te le dise, je ne te le cacherai pas et je mettrai dans ma déclaration autant de franchise que tu en as mis toi-même dans tes aveux. D'abord, je ne m'attendais pas à te voir, c'est clair. — Voilà votre sœur !... — Ma sœur ? — Oui, votre sœur. — Mais d'où vient-elle ?

La Direction. (en moi-même :) Cette visite aujourd'hui ! Dimanche matin ! (tout cela comme un trait dans l'esprit ; — ensuite :) Où la loger ? comment faire ? comment passer la journée ? (encore tout cela comme un trait.) Enfin, voyons. — J'arrive. J'ai plaisir de te voir. Je voudrais parler. Mais c'est M<sup>lle</sup> E... qui vole la moitié des compliments. Puis, c'est M. H..., debout, comme un grand paravent devant mon esprit. Nous sommes réduits aux compliments ordinaires, et tout cela est bien froid d'un frère à une sœur. Voilà pour l'abord.

« Cependant, je tiens à ce que tu sois bien. Je prends tous les moyens pour te mettre à l'aise. Voilà la vraie amitié : *les actes*. Puis, nous allons promener. Là, nous sommes à moitié seuls. Je retrouve un peu de liberté et tu me retrouves un peu plus ton frère, ce fut le commencement. Tu sais la fin. En nous séparant nous commencions à être nous-mêmes, mais le moment était arrivé de se retirer. — Maintenant, je pense que te voilà satisfaite.

« Tu sais, ma chère sœur : je suis un peu ce qu'on appelle *mystérieux* ; cela tient, un peu au défaut d'usage, un peu à la timidité. Toi aussi tu l'es autant que moi. Or, deux *mystérieux* qui ne sont pas franchement à l'aise, font devant des importuns triste figure. Et en tout ceci je n'accuse personne, pas même le bon M. H..., mais seulement les circonstances. Suppose qu'au lieu d'être au séminaire j'eusse été seul à notre maison de campagne, à *Jouanchouri*, et que tu fusses venue m'y voir. Tu aurais bien vu combien ta visite me fait plaisir ! Mais en voilà assez et peut-être trop sur cet article. » (10 mai 1828.)

<small>La Direction.</small>

Cette année 1828 a une importance capitale dans la vie d'Elise. Elle apprit à connaître et à aimer la perfection. Elle donna sa confiance entière au serviteur de Marie et lui remit la direction de sa conscience. Sans quitter son confesseur ordinaire, M. Labarraque, économe du grand séminaire, qui traitait sa pénitente avec rigidité, Elise, ainsi qu'il arrive quelquefois dans la conduite spirituelle, ne recourut à son confesseur que pour le ministère sacramentel, s'en remettant à son directeur du soin de la guider dans les voies parfaites.

Pour couronner les grâces de cette heure solennelle, la Providence ménagea à la jeune fille une grave maladie, pendant laquelle elle put réfléchir profondément sur sa destinée. Le serviteur de Marie était alors en vacances et put soutenir sa sœur par des conseils et par des soins multipliés. L'événement fut décisif : Elise résolut de se vouer à la vie intérieure et de ne penser plus qu'au service de Dieu. La lettre par laquelle elle fait connaître ses résolutions à son bien-aimé directeur nous a été conservée. Elle est débordante d'un saint enthousiasme. Cette âme passionnée ne pouvait que lancer des traits de flamme. C'est la première lettre de la

La Direction.  *Mère Vénérée* qu'il nous soit donné de citer. Quel regret que tant d'autres œuvres sorties de sa plume aient disparu sans retour !

« Je sens, mon bien cher frère, un grand besoin d'épancher mon cœur dans le tien. Je préfère t'écrire que te parler.

« Je n'ai point oublié, cher frère, les résolutions que j'ai prises lorsque j'étais malade, et j'espère, avec la grâce de Dieu, les mettre en pratique. Mais je commence à sentir que l'exécution en est pénible, à mesure que ma santé se rétablit. Le démon, de son côté, ne perd pas son temps. Il voudrait me persuader que j'ai encore longtemps à vivre ; qu'il ne faut pas se détacher du monde ; que je suis jeune et qu'il peut m'offrir des plaisirs ; voilà le langage qu'il me tient. A Dieu ne plaise que je me laisse jamais séduire par ces illusions ! Cependant, je n'y suis pas tout à fait insensible et mon cœur se laisserait facilement entraîner. C'est ce qui, mon cher ami, me vaut bien des combats. Mais j'espère triompher avec la grâce de Dieu. Je veux être à lui pour toujours, quoiqu'il m'en coûte. Oui, mon Dieu, je ne veux aimer que vous et n'aimer tout le reste que pour vous ! Ah ! dans la nuit où j'ai été si mal, que je m'écriais de bon cœur : Vanité des vanités, tout n'est que vanité ! Mon cher frère, Dieu m'a fait la grâce de le comprendre si clairement que je serais bien ingrate de l'oublier.

« Mais cette nuit !!! non... jamais elle ne s'effacera de ma mémoire. C'est alors que j'aurais voulu avoir bien aimé le bon Dieu ! alors que j'aurais voulu faire passer dans les cœurs de mes semblables quelque chose de ce que j'éprouvais moi-même ! A présent, il faut profiter de ces grâces, qui sont peut-être les dernières que Dieu m'accorde. Si j'étais assez malheureuse pour y résister, où cela me mènerait-il ? Mais Dieu ne veut pas la mort des pécheurs quand ils veulent revenir à lui ; et moi, je veux m'attacher à lui et j'espère tout de sa bonté.

« Et toi, mon bien cher frère, que ne te dois je pas pour les soins que tu m'as prodigués ? pour les consolations que tu répandais dans mon âme parfois si triste ? Je l'avoue, toi seul me faisais éprouver encore un sentiment de satisfaction. Ta vue seule me réjouissait et dissipait en même temps les idées noires qui m'accablaient. Oh ! combien j'avais besoin de toi ! Comme je remercie le bon Dieu de t'avoir eu près de moi pendant ma maladie ! Il me semble que depuis lors je t'aime encore davantage, si, du moins, il est possible d'ajouter quelque chose à l'amitié que j'avais pour toi. Mais, pour bien dire, l'amitié a eu l'occasion de se manifester tout entière. Auparavant, elle existait bien, toujours la même ; la circonstance présente l'a mieux fait connaître. C'est ce que je viens d'éprouver. Je crois que tu m'aimes bien sincèrement et tu peux être persuadé d'être payé de retour. »

*La Direction.*

Les Obstacles.

Ainsi s'exprimait cette âme affectueuse et charmante, faisant apparaître dans toute leur flamme les deux sentiments qui ont dévoré sa vie, l'amour de Dieu et l'amitié fraternelle.

## IV.

### Les Obstacles.

Ce n'est pas tout que de bien commencer, il faut persévérer. Or, persévérer est plus difficile que commencer. Elise ne tarda pas à en faire la douloureuse expérience.

Qui dit vertu, dit violence ; en d'autres termes, effort et douleur. Pour arriver à la perfection chrétienne, il faut se renoncer et se crucifier. On n'y arrive pas sans beaucoup de souffrances. La jeune fille, après le premier moment de générosité qui avait rendu faciles tous les sacrifices, se trouva aux prises avec une série de difficultés sans cesse renouvelées. Les contrariétés de chaque instant, la vigilance continuelle sur soi-même, la tension incessante vers Dieu, ne tardèrent pas à lui paraître un fardeau lourd et sans compensation, car la joie et la paix intérieures ne sont ordinairement que la récompense d'un long noviciat. Le dégoût s'empara de son âme. Dans sa détresse elle cria vers le serviteur de Marie, qui s'empressa de consoler l'âme affligée : « Ma chère enfant, tu sais que dans l'année, il y a un temps d'hiver où l'on ne voit que pluie, neige, froid, brouillard, et un temps de printemps où tout dans la nature annonce la belle saison. Il en est de même dans la vie spirituelle. Dieu permet des tristesses et des consolations, du calme et des tempêtes ; et cet ordre de la Providence est souverainement juste parce qu'il nous maintient dans une grande humilité, si nous en savons faire notre profit. Ne sois donc pas surprise, ma chère enfant, d'éprouver ces variations si pénibles ; mais seulement prends garde d'en perdre le fruit, par l'abattement, la tiédeur volontaire et la négligence de tes devoirs. Tu as peine, dis-tu, à faire tes prières ; il te tarde qu'elles finissent au plus tôt. Cela ne m'étonne pas. C'est le caractère de l'état où tu es. Toutefois, là n'est pas le mal. Mais si tu t'accoudais, si tu te jetais sur ta chaise, si tu tournais la tête de côté et d'autre, si tu ne faisais aucun effort pour ranimer ton attention ; si, au moins, tu ne gémissais pas intérieurement de ta misère ; si tu ne demandais pas le secours de Dieu ; en un mot, si tu t'abandonnais volontairement à cette négligence, voilà où serait le mal, parce qu'alors tu autoriserais la tiédeur et elle deviendrait coupable. Rappelle-toi que sainte Thérèse a été, je crois, plus de vingt ans sans pouvoir faire la moindre méditation. Elle n'éprouvait que dégoûts, sécheresses, ennui et le

*Les Obstacles.*

reste ; mais elle persévéra toujours par obéissance et elle est devenue une grande sainte. Egalement, elle ne voulait jamais communier : il fallait l'y contraindre et elle dit qu'elle fut à deux doigts de sa perte éternelle à cause d'un confesseur qui la laissait faire sur ce point comme elle voulait. Ainsi, ma chère enfant, aie du courage, tâche de bien remplir tes devoirs, quoique tu n'y éprouves aucun goût. Fais-les par obéissance ; évite le mal, humilie-toi de celui qui t'échappe et abandonne-toi sans réserve à la conduite de la Providence »

La difficulté de pratiquer la vertu et les souffrances qui en résultent, ne sont pas l'unique obstacle à la persévérance. Notre volonté n'est pas faible, seulement ; de plus, elle est inconstante ; la continuité lui pèse, surtout quand il s'agit d'aller contre son gré. Aussi la jeune Elise sentait de plus en plus ses résolutions vaciller et, comprenant le danger, elle demandait secours contre l'obstacle particulier de la légèreté : « Tu te plains de ta légèreté, répondait le serviteur de Marie ; c'est un défaut beaucoup plus dangereux qu'on ne le croit communément et qui, dans la conduite de l'âme, peut avoir souvent de funestes résultats. Tu dois donc travailler sérieusement à t'en corriger. Pour cela, il faut que tu comprennes combien il est essentiel de le combattre.

« La légèreté, c'est cette facilité extrême avec laquelle on passe du bien au mal et du mal au bien :

tu le dis toi-même. Aujourd'hui on a entendu une bonne parole, on a assisté à un sermon, on a appris la mort de quelque jeune personne. Voilà que l'on est tout affecté, on revient sur soi-même, la conscience dit qu'on ne va pas bien, on ne voudrait pas vivre ainsi. Mais on se contente de ces pensées générales, on ne réfléchit à rien de positif, on n'approfondit pas sa situation. Cette tristesse qui, dans les vues de Dieu, devrait nous avertir de notre état et nous engager à en sortir, ne fait que mettre un poids sur l'âme : elle se trouve comme accablée, découragée. Qu'arrive-t-il ? D'abord, une amie pleine de gaieté vient nous voir : elle nous raconte des histoires, elle promène notre imagination sur des objets riants et qui l'amusent. Voilà que peu à peu notre âme se débarrasse de sa tristesse, elle oublie ses bonnes réflexions, elle passe dans un état d'évaporation et d'oubli de toute bonne pensée. Alors que reste-t-il ? une idée vague qu'on n'est pas bien, une crainte, presque une horreur de la piété. Cependant, on n'est pas heureux. Il demeure au fond de l'âme un malaise, une peine intérieure et profonde qui nous poursuit partout et qui se réveillera dans la première occasion nous rappelant à nous-mêmes. Or, qu'arrivera-t-il à la fin ? C'est qu'à force de se balancer ainsi constamment entre le mal et le bien, le bien et le mal, la nature penchant plus vers le mal que vers le bien, chaque balance-

*Les Obstacles.*

Les Obstacles. ment nous éloigne un peu du bien et nous rapproche du mal ; c'est que la piété ne se présentant à nous que pour nous attrister, nous la considérons à la fin comme une ennemie qui nous poursuit sans cesse, qui nous importune et dont nous voudrions bien nous défaire. Et quand on en est là, peu de chose suffit souvent pour éloigner, et peut-être à jamais, de la bonne voie. O mon Dieu ! quel malheur ! »

Toutes ces considérations étaient excellentes, mais on ne vit pas de théories. Les habitudes de renoncement absolu ne se contractent pas en un jour. Elles ne sont pas le résultat des réflexions spéculatives, mais des actes pratiques. Poursuivies avec constance, elles deviennent une seconde nature, mais après de longues épreuves et au milieu d'innombrables ennuis. Or, la jeune fille en était encore à l'apprentissage de la vie parfaite. Dans ses efforts pour se dépouiller des penchants naturels et pour arriver aux mœurs de la haute spiritualité, chaque heure lui apportait un déchirement douloureux. C'était la première crise, le moment de la lutte incessante et attristée, semblable à cette période de la convalescence où le corps, à peine vainqueur de la puissance de mort, mais non pas encore délivré des influences morbides, se débat dans les dernières étreintes de la douleur en jetant l'âme dans une indicible mélancolie. Qu'il faut de patience au directeur des âmes pour compatir à des souffrances toujours les mêmes, dont la narration monotone soulage le patient, mais en fatiguant le conseiller ! Et cependant, il est indispensable que nulle plainte, que nul reproche ne viennent décourager les épanchements de l'âme endolorie. Il n'y a guère que deux mots à faire entendre : courage et constance ! mais ces deux mots il faut les répéter avec une opiniâtreté et une sympathie égales à l'incessante persécution du mal sur l'âme de bonne volonté.

<small>Les Obstacles.</small>

Pour l'avoir oublié, le serviteur de Marie fut sur le point de compromettre l'œuvre de perfection si heureusement commencée depuis plusieurs mois. Fixé dans le service de Dieu depuis son enfance, habitué à ne jamais compter avec la volonté divine, vivant au milieu d'une communauté où tout portait à la ferveur, le bon prêtre s'impatientait des lenteurs et des retours de la jeune fille, inexpérimentée dans sa marche vers la sainteté, défaillante au milieu des obstacles de la vie du monde, torturée par ses renoncements perpétuels. Il éclata un jour et, sans examiner la route parcourue depuis deux ans, il fit explosion en ces termes : « Tu es toujours à faire de longues jérémiades sur tes misères ; tu te plains de ta légèreté, de ta dissipation, de ton insensibilité au service de Dieu. Je vois bien ce que c'est : tu voudrais que je prisse ton mal avec la main, que je te l'arrachasse, et puis, que je te rendisse tout à coup, et comme par miracle, pleine de ferveur, d'amour de Dieu, toute recueillie, animée de l'esprit de prière et de mortification. Cela serait bien agréable. Je le vois bien, tu voudrais qu'il en fût ainsi. Alors tu demandes lettres sur lettres, espérant qu'elles vont opérer des prodiges, qu'elles vont te changer, te renouveler, mettre dans ton cœur la paix, l'amour de Dieu, que sais-je ? Pauvre enfant ! tu es dans une grande illusion, car voici ce qui en est : les lettres arrivent, tu les lis ; mais cela passe comme tout le reste, etc., etc. » (22 mars 1829). Le serviteur de Marie achevait bien sa lettre en donnant les plus sages conseils, les plus propres à encourager l'âme défaillante. Mais le coup était porté. La brusquerie du commencement compromettait les condescendances de la fin. La sensibilité de la jeune fille fut effarouchée, son affection blessée ; elle se replia doucement sur elle-même et répondit à son frère qu'elle voyait maintenant combien sa direction lui était à charge, qu'elle renonçait désormais à le fatiguer de sa correspondance.

Le serviteur de Marie se rendit compte immédiatement de la situation, et, réparant son erreur par un coup d'autorité, il écrivit à sa sœur la lettre suivante, d'un accent si haut et si ferme :
« Ta lettre m'a bien surpris, ma chère Elise ; tu

ne veux plus, dis-tu, m'ennuyer. Et comment donc? t'ai-je dit quelque part que tu m'ennuyais? Je t'ai parlé de *jérémiades,* il est vrai, c'est-à-dire de plaintes, de doléances, et j'ai tâché de t'encourager. Et voilà que tu tournes court, tu abandonnes tout ce qui nous occupait, ne voulant plus, dis-tu, me fatiguer. Mon enfant, je dois te le dire, j'ai été affligé de cela et je ne sais comment tu as pu mal comprendre une expression dont la suite des choses devait assurément te faire entendre le véritable sens. Quoiqu'il en soit, comme tu me connais et que je te connais aussi, comme nous savons qu'il n'y a pas de frère et sœur qui s'aiment plus que nous, comme tu sais que tu n'as pas au monde de meilleur ami que moi, comme tu sais encore que ton salut m'est plus cher que ma vie et que je suis obligé d'y concourir comme prêtre, comme ton frère et ton parrain, laissons tout cela et qu'il n'en soit plus question. Revenons à des sujets plus utiles pour toi et plus agréables pour moi. Ainsi j'attends ta lettre et je t'embrasse mille fois. » (29 mars 1829.)

La douce créature répondit aussitôt par une effusion de tendresses et de confidences. C'était elle maintenant qui, se confondant en regrets, se reprochait vivement d'avoir écouté une fausse susceptibilité. Puis, venaient de franches ouvertures qui touchèrent vivement le cœur de son frère : « Pauvre

*Les Obstacles.*

Les Obstacles.

enfant! disait-il, je t'assure que ton état me touche jusqu'aux larmes. Qu'as-tu à craindre avec moi? tu n'as pas dans le monde de meilleur ami. Je suis ton frère, ton parrain et prêtre. Mon enfant, aie en moi toute confiance, mon cœur te sera toujours ouvert. Loin de me refroidir à ton égard, ta confiance ne peut qu'augmenter mon attachement. J'espère, avec la grâce de Dieu, que, dans une confiance entière, tu trouveras un peu de consolation dans tes peines, et peut-être aussi un moyen de les guérir. » (3 avril 1829.)

Dès lors, il n'y eut plus de nuages. La jeune fille reprit le cours de sa correspondance spirituelle et n'eut plus à se plaindre de l'accueil fait à ses doléances. De son côté, le serviteur de Marie se garda bien de tomber désormais dans l'impatience. La leçon lui fut profitable. Il se précautionna d'une indéfectible douceur. D'ailleurs, elle ne tarda pas à lui être d'un grand secours. Après la crise des dégoûts, vint celle des scrupules.

Les scrupules sont quelquefois une maladie de l'âme qui recherche Dieu avec un trop grand zèle. La Providence ménage parfois cette épreuve à ses meilleurs serviteurs, afin de leur faire connaître qu'il n'est bon de se livrer à rien avec inconsidération, pas même à la poursuite du bien. La pauvre Elise fut longtemps tourmentée par cette épreuve cruelle. Mais jamais le serviteur de Marie ne répondit avec vivacité aux mornes et interminables consultations de la scrupuleuse. Il fut plein de compassion et de longanimité. Il ne cessait d'encourager sa sœur et de lui redire pour la centième fois les paroles qui lui étaient utiles. Nous choisirons, entre un grand nombre d'autres, la lettre du 10 mai 1830, qui montrera quelles furent dans ces circonstances la mansuétude et le zèle du jeune directeur :

Les Obstacles.

« A Dieu ne plaise, ma chère enfant, que je me fatigue d'entendre le récit de tes peines. Le cœur de notre aimable Sauveur était ouvert à toutes les misères, compatissait à toutes les souffrances. Sa vie tout entière, depuis la crèche jusqu'à la croix, n'a été qu'un martyre non interrompu. Il a voulu passer par toutes les douleurs, et celles du corps, et celles de l'esprit, et celles de l'âme ; par l'humiliation et les outrages, le fouet, les épines et les clous. Au jardin des Olives, les angoisses de son intérieur étaient si extrêmes, qu'elles éclatèrent au dehors par une sueur de sang qui coulait jusqu'à terre. Tel a été le Fils de Dieu dans les jours de sa vie mortelle ; et il n'est venu que pour nous servir de modèle et nous montrer la voie qui conduit au ciel. Cette voie, tous les saints l'ont suivie, à commencer par la Très-Sainte Vierge dont l'âme fut percée d'un glaive de douleur. Les apôtres, les disciples, et les martyrs, et les confesseurs, et les pénitents, et les solitaires, et même les rois jusque sur leurs

*Les Obstacles.* trônes, tous ceux qui ont voulu être à Dieu, ont passé par les peines, les tribulations, les épreuves, les uns plus que les autres, selon l'ordre des desseins de Dieu sur eux ; au point que sainte Thérèse, qui avait une si grande expérience des voies de Dieu sur les âmes, assurait que la Providence renverserait plutôt le ciel et la terre que de laisser sans quelque peine une âme qui est ou qui doit être entièrement à Dieu.

« Or, maintenant, je te le demande, quel serait l'esprit d'un prêtre qui refuserait de consoler une âme qui est dans la peine? qui la rebuterait, la repousserait avec dureté ? A la vérité, il est des cas où l'âme, scrupuleuse par sa faute, a besoin d'une conduite plus sévère et conforme aussi alors à la volonté de Dieu ; mais alors même, il faut se rappeler que l'esprit de Notre-Seigneur est un esprit de douceur et de charité. Ne crains donc pas, ma chère sœur, de m'ennuyer par le récit des mêmes peines; puisque Dieu t'inspire de la confiance en ton frère, ne crains jamais de lui ouvrir ton cœur. Tu le sais, ma chère amie, ton frère ne demande à Dieu qu'une chose : c'est que tu répondes pleinement à ce que Dieu te demande ; c'est que tu te donnes à Dieu sans réserve, sans partage, te laissant conduire à sa sainte volonté et qu'ainsi tu fasses ton salut, et qu'un jour il ait le bonheur d'être réuni à toi, avec sa famille, dans le sein de Dieu. » (10 mai 1830.)

V.

### La Dévotion.

Si nous avions à raconter l'histoire d'une fleur, nous commencerions par dire de quelle manière les racines se sont frayé à travers le sol une route souvent difficile. Avant de décrire le gracieux épanouissement de la plante, il y aurait à faire connaître les luttes de la croissance, luttes pénibles contre les obstacles du dehors et du dedans. C'est précisément ce que nous venons de faire en retraçant les épreuves spirituelles d'Elise Cestac. Mais en disant les souffrances et les combats, nous avons montré l'origine des vertus dont nous admirerons bientôt le rayonnement merveilleux. Au milieu des luttes, le cœur de la jeune fille se fortifiait. La nature souffrait, mais l'habitude de l'abnégation parfaite s'emparait de cette âme si admirablement disposée et s'y établissait en souveraine.

En 1830, trois ans après le commencement de la correspondance spirituelle avec le serviteur de Marie, Elise avait dix-neuf ans. Elle était déjà établie dans une piété solide. Elle n'était pas encore arrivée aux pratiques de la perfection ; mais elle était déjà établie en dévotion. Nous en trouvons une preuve dans le règlement de vie qu'elle sui-

La Dévotion. vait à cette époque et qui, dans sa brièveté, dans sa sobriété, renferme les éléments essentiels de la vie pieuse dans le monde :

*Petit règlement que je me propose de suivre avec la grâce de Dieu.*

« 1º Lever à six heures. Faire ma prière. Un quart d'heure d'oraison. Mettre ma chambre en ordre. A 7 heures, entendre la sainte messe.

« 2º A midi, je monterai dans ma chambre pour faire l'examen particulier et une lecture spirituelle. Après mon dîner, je mettrai le salon en ordre et je lirai, si j'ai le temps, dans quelque livre pour m'instruire.

« 3º J'irai tous les soirs au chapelet, à moins que maman n'ait besoin de moi. Dans ce cas, je le dirai à la maison. Avant de me coucher, je ferai l'examen de la journée, que j'écrirai. Si j'aperçois quelque faute plus grave, je m'humilierai devant le Seigneur, sans me décourager. Je lirai quelques versets du livre de l'*Imitation*. Je me coucherai modestement après avoir fait à genoux un acte de contrition du fond de mon cœur et m'être recommandée à ma bonne Mère.

« 4º Je me confesserai tous les huit jours. Je ne retarderai jamais ma confession, à moins que mon confesseur ne le juge à propos. Je ferai cette action avec beaucoup d'humilité intérieure et extérieure.

Me soumettre à tout ce qu'on exigera de moi, sans réplique. Parler peu, mais avec respect, réserve et confiance.

« 5° Je retrancherai certaines visites et resterai à la maison le plus de temps possible.

« 6° Avec mes amies, éviter la légèreté, la raillerie et toute conversation qui tendrait à me dissiper.

« 7° Jeûner une fois la semaine et faire le Chemin de la Croix.

« 8° Envers mes parents, douceur et prévenance.

« 9° Eviter le péché, me tenir autant que possible en la présence de Dieu.

« 10° Ne rien faire, pas la moindre petite action, sans consulter la volonté de Dieu. Une fois connue, la suivre avec fidélité. »

La jeune fille suivait ce règlement avec la plus grande exactitude mais sans contention d'esprit. Les contemporains, qui ont pu observer sa manière d'être, à cette époque, nous la représentent comme une personne de physionomie agréable et expressive ; svelte, élégante de mise et de tenue ; un peu sérieuse au premier abord, mais s'animant bientôt d'une douce et spirituelle gaieté ; active, charitable, prévenante ; une jeune fille aimable et distinguée, aristocratique de traits et de langage, me dit un des vieillards les plus respectables de Bayonne, qui a eu l'honneur de connaître la jeune Elise et de converser souvent avec elle.

La Dévotion.

Son confesseur et son directeur tenaient la main à ne pas la laisser s'égarer.

M. Labarraque était un confesseur de la vieille école, exigeant beaucoup pour obtenir quelque chose, poussant toujours en avant, afin qu'on ne fût pas exposé à reculer. La jeune fille restait fidèle à ce rude confesseur et ne se laissait décourager par aucun rebut. Un jour qu'elle allait au grand séminaire pour se confesser, elle rencontra une de ses amies qui lui donna un petit gâteau d'un sou. Elle le mangea. Après s'être confessée, elle était si triste, que la servante qui l'accompagnait lui en demanda la raison : « Vous savez, répondit-elle, que je viens de manger un petit gâteau. Je me suis accusée de cette immortification. *Pauvre de moi !* mon confesseur me reproche d'engraisser mon corps tandis que je laisse dépérir mon âme ! » De semblables sorties n'étaient pas rares, et elles avaient au moins cet avantage de maintenir la jeune fille en perpétuel état de pénitence et de circonspection.

D'ailleurs, ce qui pouvait échapper au confesseur était aperçu par le directeur, qui ne se faisait guère faute d'avertir sa sœur et de lui donner l'éveil en toute occasion.

Au mois de février 1830, le serviteur de Marie vint passer une journée à Bayonne. Il tomba au milieu des amusements du carnaval. Elise se laissa distraire par le spectacle des jeux populaires, si animés à cette époque. Elle ne dissimula pas ses impressions. Cette mondanité désola le bon prêtre et dès le lendemain il écrivait : « Je ne puis m'empêcher, ma chère sœur, de prendre la plume pour te faire connaître les sentiments qui m'oppressent. Tu as pu t'apercevoir que j'étais affligé. Mais tu es loin d'avoir compris toute la profondeur de ma peine. La présence de la famille me faisait un devoir de la dissimuler. Mais, dès que j'ai été seul, j'ai donné un libre cours à ma douleur. Ma route n'a été qu'une affliction de cœur qui m'accablait. Enfin, arrivé au séminaire, je me suis jeté à genoux devant Notre-Seigneur Jésus-Christ, en le priant d'avoir pitié de nous, de jeter sur nous des regards de miséricorde et de m'inspirer ce que je devais t'écrire pour toucher l'insensibilité de ton cœur. Ah ! je le vois bien, je ne suis pas assez saint pour attirer sur toi un rayon de lumière. Hélas ! tu es fascinée, ma pauvre enfant. Tu as un bandeau fatal sur les yeux. Ces illusions du monde, ces fantômes mensongers te semblent des réalités. Ton cœur s'y prend. Au lieu de repousser ces perfides imaginations, au lieu de les sonder avec courage, pour en voir le vrai et le faux, tu joues avec ces chimères. O mon enfant, faut-il te le répéter encore ? la vie est courte, le plaisir passe comme un songe. Pour avoir voulu goûter de vaines et fausses délices, on

*La Dévotion.*

*La Dévotion.* renonce au bonheur et à la paix de la vertu, pour cette vie, et on risque son éternité pour l'autre. O mon enfant ! quelle peine ! quelle peine j'ai éprouvée ! Plaise au Seigneur de jeter sur nous un regard de miséricorde et de toucher ton cœur. Que te servira de gagner l'univers si tu perds ton âme ! » (21 février 1830.)

Quand la jeune fille recevait de semblables avertissements, loin de se révolter, elle ajoutait encore aux reproches qui lui étaient adressés. Elle s'humiliait devant Dieu, se pénétrait de componction, et chaque moment de distraction mondaine était bientôt compensé par de nombreuses mortifications et de nouveaux efforts vers la perfection.

Quelque temps après, il y eut une autre occasion à avertissement. La jeune fille assista à la noce de l'une de ses amies, et, dans la soirée, elle eut, selon l'usage, mais non sans s'être fait beaucoup presser, à ouvrir le bal, en qualité de dame d'honneur ! Bientôt le serviteur de Marie reçut à ce sujet les confidences de sa sœur, qui lui raconta jusqu'aux moindres circonstances en toute franchise. Il répondit :

« Non, ma chère amie, non, tu ne devais pas danser, même en cette circonstance. Je veux qu'il n'y ait eu rien dans ton cœur, quoique je soupçonne qu'en cherchant bien au fond on y eût trouvé peut-être je ne sais quelle satisfaction secrète que la conscience n'eût pas trop avouée. Mais enfin, soit.

Il n'y a rien. Mais comptes-tu pour rien de n'avoir pas donné à ces gens-là une leçon importante que Dieu demandait de toi et qui eût pu leur être fort utile, tandis que, te voyant céder, ils se trouvèrent justifiés de leurs sollicitations déplacées? Ecoute, mon enfant : il n'y a rien de commun entre Jésus-Christ et le démon, entre la voie du salut, de la paix et du vrai bonheur, et la voie du désordre, de la réprobation. Ceux qui suivent l'une, ont des goûts, des inclinations, des manières de penser et d'agir diamétralement opposés aux goûts et aux inclinations, aux manières de penser et d'agir de ceux qui suivent l'autre. Entre ces deux voies, le milieu est impossible. Dieu nous les fait connaître et nous laisse libre. C'est à nous à nous décider, mais sans partage. Celui qui n'est pas avec moi, dit Notre-Seigneur Jésus-Christ, est contre moi. Et puisque par la miséricorde de Dieu, tu veux, ma chère enfant, être à lui, lui appartenir dans le temps et dans l'éternité, il faut donc agir en conséquence et prendre franchement ton parti dans les circonstances critiques où l'on chercherait à te faire dévier. Je crois donc que tu devais tenir ferme dans la négative et ne point plier sous de vains prétextes. La complaisance est une bonne chose, sans doute. Mais lorsqu'elle s'exerce aux dépens du devoir et avec perte de l'esprit de Dieu, elle devient faiblesse, respect humain. Son principe est l'amour-propre, et ses suites la

*La Dévotion.*

perte de l'âme. Voilà, mon enfant, la vérité. Tu as trop de confiance en moi pour que je n'y réponde pas avec une entière franchise. » (7 juillet 1830.)

Voilà le véritable esprit de la direction chrétienne ! Elise, au lieu de se consulter ou de prendre les avis de qui l'aurait flattée, n'agissait qu'après avoir considéré toutes choses devant Dieu, après avoir écouté les conseils de prêtres remplis de l'esprit de Dieu. Comme elle ne voulait au fond d'autre maître que Jésus-Christ ; comme elle n'avait point affaire avec des Docteurs commodes qui se montraient complaisants à ses faiblesses, bientôt elle se trouva engagée dans la voie rude mais triomphante de la vraie piété. Et plus ses directeurs exigeaient d'elle, plus elle leur accordait de confiance et de gratitude, car elle reconnaissait dans leur vigilance la preuve de leur zèle pour son bonheur.

Cette âme de jeune fille était ainsi pétrie depuis quatre ans par le serviteur de Marie et imbue des plus hautes pensées de la foi, lorsque le frère et la sœur furent appelés à se réunir, par suite de la nomination du professeur de philosophie de Larressore au vicariat de la cathédrale de Bayonne. Dès lors, Elise et son frère vécurent sous le même toit. Il ne fut plus question de direction par correspondance. L'influence fut directe et de tous les instants. Sans relâche, le frère prodiguait à cette chère âme, si bien disposée, les soins les plus délicats et les plus affectueux, appuyant, du reste, chaque fois, le précepte par l'exemple.

Aussi les progrès étaient-ils sensibles. Ce fut le temps de la moisson !

La jeune fille atteignait en beaucoup de circonstances à l'abnégation complète et renonçait avec bonheur à ce qui est le plus précieux à l'amour-propre. Comme son frère, elle était bonne musicienne. Elle avait une voix admirable qu'elle conduisait avec goût. Elle jouait de la guitare avec habileté. Un jour que le frère et la sœur, prenant un instant de distraction, finissaient de chanter en *duo* un *Salve Regina,* en s'accompagnant du violon et de la guitare, des applaudissements chaleureux se firent entendre de la rue, accompagnés de bravos enthousiastes. Les deux musiciens se mirent à la croisée pour savoir ce que signifiaient de telles acclamations. Ils virent sous leurs fenêtres une foule nombreuse arrêtée par leur concert et ravie d'entendre de si harmonieux accents. Les serviteurs de Marie se regardèrent en rougissant et il fut convenu alors qu'ils renonceraient désormais à ces jeux musicaux, trop flatteurs pour la vanité.

Entre le frère et la sœur, ce fut une émulation de sainteté. L'exercice de la présence de Dieu leur devint usuel. Ils n'agissaient l'un et l'autre qu'en conformité avec la volonté divine. Puis, ce fut un dépouillement complet en faveur des pauvres. Le

La Dévotion.

La Dévotion. serviteur de Marie se dépensait sans mesure pour les malheureux. Sa maison était toujours ouverte aux nécessiteux et il était heureux, le soir, en se couchant, de pouvoir dire que personne, à Bayonne, ne s'était mis au lit sans souper. Il savait bien que les affamés, dans leur détresse, venaient le trouver sans hésitation, de jour et de nuit. Dès lors, il était assuré que personne ne souffrait, faute de secours. Elise l'aidait de tout son pouvoir et consacrait, elle aussi, aux pauvres, son temps, ses forces et ses ressources. Le serviteur de Marie n'avait jamais qu'une soutane. Quand il lui arrivait d'en avoir deux, il passait la plus neuve à quelque confrère malheureux. Elise réduisit peu à peu son vestiaire au strict nécessaire et donna aux pauvres la meilleure portion de ses vêtements et de son linge. Elle était toujours de partie avec le serviteur de Marie dans ses pieuses industries. Une bonne femme ayant un jour avoué au charitable prêtre qu'elle n'avait pas de couverture pour la protéger contre les rigueurs de l'hiver, il la conduisit dans sa demeure, fit part à Elise des besoins de la pauvresse et, secrètement, on retira du lit la plus chaude couverture pour la donner. La mère surprit ses enfants dans cette occupation et leur dit : « Eh ! quoi, vous donnez la meilleure couverture ? » — « Ma chère mère, répondit le serviteur de Marie, elle n'en avait aucune, et moi j'aurai encore celle-là. »

Elise se mit à pratiquer avec rigueur la mortification extérieure. Elle s'écriait comme saint Pierre d'Alcantara : « Sois tranquille, mon corps ; en cette vie, je ne veux te donner aucun repos, tu n'auras de moi que des tourments ; mais quand nous serons en paradis, tu jouiras d'un bonheur sans fin. » Elle traitait donc son corps avec dureté. Quoique d'une santé délicate, souvent traversée par des crises nerveuses, elle n'écoutait guère ses douleurs et allait de l'avant jusqu'à ce que la nature lui refusât des forces. Comme saint Bernard, elle pensait que s'il faut compatir aux infirmités du corps, il est bien plus nécessaire de compatir aux infirmités de l'âme, qui sont beaucoup plus dangereuses et plus à craindre. Elle jeûnait plusieurs fois la semaine et se condamnait à manger des mets répugnants. Avec la permission de ses directeurs, elle se servit d'un cilice fait par elle-même avec des raffinements de dureté. Quelque précaution qu'elle prît pour dérober à tous les regards l'instrument de ses disciplines, il fut aperçu par la dévouée domestique de la famille qui, en un temps de maladie, comprit, en le voyant à la dérobée, la cause des macérations dont le corps de la jeune fille était couvert.

C'était vraiment la vie parfaite, la vie d'abnégation, de pauvreté, de chasteté, d'union à la volonté divine. Et, chose singulière, ni le frère, ni la sœur, ne se sentaient entraînés à la vie religieuse !

*La Dévotion.*

La Dévotion.

Il s'était agi plusieurs fois de mariage et l'on avait fait des démarches auprès des vieux parents pour obtenir leur fille. Toutes les demandes furent catégoriquement repoussées par la jeune personne, appuyée de l'assentiment de ses conseillers. Elle était résolue à vivre pour Dieu, et pour Dieu seul. Mais elle ne se sentait pas portée à quitter le monde.

Plus d'une fois cependant la pensée des deux serviteurs de Marie avait dû aborder le grave sujet de la vocation : « Sais-tu, écrivait le bon prêtre (9 juin 1829), que ce ne serait pas une trop vilaine métamorphose que de te voir avec la robe noire et le chapelet d'une religieuse ? Vous étiez pourtant loin de compte, je crois, toi et la bonne supérieure des Filles de la Charité, en faisant ce projet. Cependant, rien n'est impossible à Dieu, et l'on en a vu plus de quatre y arriver de bien plus loin. Au reste, mon enfant, en laissant de côté toute plaisanterie, **le salut ne consiste pas à se faire religieuse, ni à rester dans le monde, mais à faire en toute chose la volonté de Dieu** ; notre vocation est toute décidée au conseil de la Providence. Nous n'avons, nous, qu'à demander au Seigneur les lumières pour la connaître et la grâce pour la suivre avec fidélité. »

La vocation d'Elise était, en effet, décidée au conseil de Dieu. Mais l'heure n'était pas encore venue. Pour le moment, la Providence se bornait à préparer les éléments de l'œuvre qui devait bientôt s'accomplir. Il fallait d'abord former une âme d'élite destinée à servir en quelque sorte de type à la nouvelle congrégation religieuse dont le bon prêtre devait être le fondateur. Pendant dix ans, sous la conduite de son frère, Elise subit docilement les influences de la grâce. Après cette longue initiation, l'exemplaire était complet, la première religieuse était trouvée. D'un autre côté, le fondateur était prêt, il était armé de toutes pièces. Il nous reste désormais à examiner comment a été livré le bon combat.

*La Dévotion.*

# NOTE DU CHAPITRE QUATRIÈME

Nous avons emprunté, pour le chapitre qui précède, de nombreux extraits à la correspondance du serviteur de Marie avec sa sœur Elise. Il nous resterait encore beaucoup à citer. Dans l'impuissance où nous nous trouvons de reproduire tout ce qui mériterait de l'être, nous nous bornerons à faire le choix de quelques pages qui permettront à nos lecteurs de se faire une idée juste de ces lettres remarquables.

## I.

**Le Faux Bonheur.**

Voici une pensée qui se présente à moi : je vais m'y arrêter. L'homme cherche le bonheur; il veut, avec obstination, être heureux. Tout ce qu'il fait, ses travaux, ses démarches, ses privations même, tout a pour but cette seule et unique fin. Puisque Dieu nous a créés ainsi, il est évident que, ne voulant pas nous abuser sans cesse par une chimère, il faut de toute nécessité qu'il nous ait faits pour être heureux. La fonction dénote la destinée. C'est ainsi que le poisson, ayant des nageoires, est fait pour nager ; que l'oiseau, ayant des ailes, est fait pour voler ; car Dieu ne fait rien d'inutile.

Mais la différence de l'homme à l'animal est immense. L'animal n'ayant point de raison, se laisse conduire par

*Le faux Bonheur.* son instinct et parvient toujours à son but ; l'homme, au contraire, livré à sa liberté, éclairé de la raison et bien plus encore de la foi, peut examiner les diverses voies de la vie, peser, balancer, combiner et se déterminer enfin pour celle qui lui convient le mieux. La raison et la religion le poussent d'un côté, les passions, au contraire, le dirigent vers un autre ; et l'homme, entre ces puissances qui le sollicitent en sens contraire, peut obéir à l'une ou à l'autre ; il est libre et peut calculer par avance sa route sur l'Océan de la vie.

Actuellement, en examinant de près les diverses routes qui s'offrent à nous, tout se réduit à deux chemins opposés que se partagent l'universalité des hommes ; ce sont ces deux voies dont parle Notre-Seigneur Jésus-Christ dans son Evangile, la voie large et la voie étroite ; ce sont encore ces deux puissances ennemies dont parle saint Paul, lorsqu'il dit que la *chair* combat contre l'*esprit* et l'*esprit* contre la *chair*.

Or, ma chère enfant, une jeune personne se présentant aux portes de la vie, rencontre cette double voie : d'une part, la curiosité, l'inexpérience, la nature, l'orgueil, les passions, souvent l'exemple et les conseils perfides la poussent du mauvais côté. Il lui semble que c'est un chemin couvert de fleurs et de roses ; elle croit y trouver la souveraine félicité. A mesure qu'elle avance dans cette voie funeste, les routes deviennent âpres et difficiles, les remords et les inquiétudes, les jalousies, les dépits, les haines abondent de tout côté. Pour un instant d'ivresse et d'étourdissement, mille chagrins cuisants déchirent son âme. Mais elle ne se repent pas ; loin de regarder en arrière, elle court toujours en avant et toujours il lui semble que le bonheur est là, qu'elle va l'étreindre ; hélas ! ce bonheur, qui dans le fond n'est qu'une ombre, s'évanouit dans les mains quand on croit l'avoir saisi, et se montre plus loin pour exciter de nouveaux désirs et produire bientôt la même illusion. Cependant, les années s'écoulent ainsi, se perdent dans l'éternité ; on avance sans songer où l'on va et souvent on est dans l'abîme sans l'avoir aperçu. Heureux encore lorsque, éclairé sur son malheur, on a le courage de revenir en arrière, de reconnaître son erreur et de l'expier dans les larmes du repentir ! O illusion funeste qui couvre les yeux de tant de jeunes personnes ! que ce ne soit pas la tienne, ma chère Elise. Plaise à Dieu de t'éclairer sur les dangers de l'inexpérience ; tu es jeune, mais tu peux parfaitement sentir tout ceci. Prie le Seigneur de t'éclairer. — 16 Novembre 1828.

## II.

### La Vraie Dévotion.

Malheureusement, on a dans le monde, surtout parmi la jeunesse, de grandes préventions contre ce qu'on appelle la *dévotion*, et il faut avouer que certaines personnes qui se disent ou qui passent pour dévotes, ne contribuent pas, bien qu'elles aient les meilleures intentions du monde, à les faire disparaître. Elles sont minutieuses, plus vigilantes sur les autres que sur elles-mêmes, curieuses, entrant volontiers dans les plus petits commérages, passionnées pour toutes les prières qui paraissent ; faisant partie de toutes les confréries, surtout des nouvelles, et attachant à cela toute leur perfection. Mon enfant, ce

*La Sainte Communion.*

sont là des travers qui sont étrangers à la vraie dévotion. Ne crois cependant pas que je veuille ici exagérer ces imperfections ni en faire la satire, car, après tout, si ces personnes sont bonnes, charitables, attentives à leurs devoirs, exactes à l'observance de la loi de Dieu, tu sens bien qu'elles sont, malgré de pieux excès, bien préférables à ces femmes jalouses, vaines, mordantes, enivrées d'elles-mêmes, ne cherchant qu'à voir et à être vues, et faisant de leur corps leur idole. Ah ! il y a encore bien loin des unes aux autres, quoiqu'en dise le monde qui juge si mal de ce qui plaît à Dieu. Il n'épargne pas dans le fond les unes plus que les autres ; mais je voudrais, mon enfant, avec la grâce de Dieu, te faire éviter ces deux écueils en te fixant sur la vraie dévotion. Tu sais que je n'aime pas tout ce qui est minutieux et ridicule ; tu sais aussi que j'aime bien moins l'orgueil, la vanité, la dissipation et l'oubli de Dieu. Ainsi, ma chère amie, je tâcherai de bien t'éclairer sur ce sujet si important. Je t'assure que si l'on connaissait la vraie dévotion, les trois quarts de ceux qui se permettent de la critiquer tomberaient à ses genoux et lui rendraient hommage. — 20 Juin 1828.

### III.

**La Sainte Communion.**

Plaise au Seigneur de mettre sous ma plume des paroles vives et lumineuses. Je le lui demande humblement, prosterné devant sa Majesté sainte.

De toutes les actions que nous pouvons faire sur la terre,

la plus grande, la plus sainte, celle qui ne peut se comparer avec aucune autre, c'est la sainte communion. Malheureusement, les fidèles ne sont pas assez instruits sur la nature et la fin de cette sainte action, qui n'est autre que l'union ineffable avec le Sauveur des hommes. Plongés dans la vie des sens, la vie de l'âme s'évanouit à leurs yeux, et tout ce qui peut s'y rapporter n'est plus pour eux que comme une pensée lointaine et fugitive à laquelle ils ne prêtent qu'une très-légère attention. Que si quelquefois ils s'y arrêtent un instant, la grandeur des choses saisit leur imagination : ils sont tout étonnés du peu d'importance qu'ils y mettent ; ils sont obligés ou de se condamner eux-mêmes en confessant leur inexcusable négligence, ou de nier la réalité des choses pour s'absoudre. Ils préfèrent souvent ce malheureux parti, ou bien, flottant indécis dans un vague perpétuel, ne sachant ni à quoi se prendre, ni où s'arrêter, ils se laissent ainsi aller à l'aventure, sans songer que, par là même, ils prétendent qu'il n'est pas nécessaire de s'occuper de leur destinée morale.

*La Sainte Communion.*

Voilà l'homme des sens, l'homme de l'intérêt, de la vie animale.

Cependant, l'homme ne doit pas vivre par les sens ; cette vie, bornée dans sa durée, puisqu'elle n'a que quelques jours ; insuffisante, puisque jamais l'homme n'y trouvera son bonheur ; dégradante, puisqu'elle éteint dans l'homme ces nobles sentiments, ces pensées généreuses, ces vertus sublimes qui l'élèvent au rang des anges ; cette vie, dis-je, n'est pas la vie véritable de l'homme, tel que nous le montrent les nobles facultés dont le Créateur l'a pourvu. Il est une autre vie, une vie toute spirituelle,

La Sainte Communion.

toute divine, qui élève l'homme dans une région supérieure. Cette vie est dans l'âme et c'est Dieu qui la lui communique comme l'âme la communique aux organes. Et pour continuer la comparaison, de même que, l'âme étant séparée du corps, le corps meurt et tombe en pourriture ; ainsi, Dieu se séparant de l'âme, l'âme tombe dans les sens, dans l'orgueil, s'y dilate, s'y ruine et ne vit plus. Ma chère Elise, tu le vois, la vie de l'homme c'est la vie de l'âme, et la vie de l'âme, c'est l'union à Dieu.

Mais, depuis la chute originelle, nous ne pouvons nous unir à Dieu que par Notre-Seigneur Jésus-Christ, Dieu et homme, mort pour nous donner la vie et nous réconcilier à son père. La vie de l'âme, c'est donc l'union à Dieu par Jésus-Christ, c'est l'union de notre esprit à l'esprit de Jésus-Christ, de notre cœur à son cœur, de notre corps à son corps sacré ; c'est penser comme il pense, désirer ce qu'il désire, vouloir ce qu'il veut, ne se conduire que par son esprit, n'aimer que par son cœur, n'agir que par sa grâce, en sorte que nous puissions dire avec saint Paul : « Ce n'est plus moi qui vis, c'est Jésus-Christ qui vit en moi. » Voilà la vie propre de l'homme ; mais de l'homme régénéré, de l'homme parfait, du chrétien, en un mot.

L'action de Notre-Seigneur Jésus-Christ est donc continuelle sur les âmes qui lui sont fidèles ; il se communique à elles sans interruption dans la prière, par ses inspirations, par sa grâce. Mais cette communication ne suffit pas à l'ardent amour qu'il a pour nous ; il veut que nos corps mêmes, ces corps qui sont les temples du Saint-Esprit, destinés à jouir d'une splendeur éternelle ; ces corps sanctifiés par le baptême et qui aident l'âme à acquérir le ciel, il veut que ces corps aient part à cette union céleste et divine. Son amour, d'accord avec son infinie puissance, a trouvé le moyen de réaliser ce désir de son immense charité; il a institué l'adorable sacrement de l'Eucharistie. Voilà les effets de l'amour ineffable de notre Dieu pour ceux qui veulent y répondre, qui consentent à l'aimer. Juge, ma chère sœur, si Dieu, après tant de miséricorde, peut refuser quelque chose à ceux qui l'aiment! L'amour de Jésus-Christ pour les âmes fidèles, voilà la clef du mystère ineffable de nos autels. Aussi ces bonnes âmes qui brûlent du divin amour, n'éprouvent ni inquiétudes, ni peines, elles ne soupirent qu'après le bonheur de s'unir à Dieu; elles sentent que Dieu veut s'unir à elles; elles reçoivent Notre-Seigneur plein d'amour, et le mystère s'explique de quelque manière. Voilà aussi, ma chère sœur, la vie de l'homme; vie de calme, de bonheur, de paix; vie d'une parfaite confiance en Dieu; vie qui n'est pas sur la terre, mais qui transporte l'âme dans le ciel. Aussi l'âme qui vit ainsi, n'a-t-elle qu'un profond dégoût pour les plaisirs de la terre; ce qu'on appelle grandeur, richesse, honneur, la fait sourire de pitié; elle n'y voit qu'un peu de fumée qui laisse l'âme dans le vide et la plonge dans mille maux, après l'avoir séduite quelques instants. Elle ne veut que son Dieu, n'aime que son Dieu, n'espère qu'en son Dieu; son Dieu est son tout. Elle a horreur de tout le reste, à moins que tout le reste ne se rapporte à Dieu.

*La Sainte Communion.*

Voilà, ma chère Elise, quelques pensées qui se sont échappées de mon cœur; plaise au bon Dieu de les bénir. Fais-moi toujours part de tes peines; j'espère que le Seigneur m'aidera à t'éclairer, à te consoler. — 23 Janvier 1831.

## IV.

### Vigilance et Prière.

Je te conseille pour le moment de t'adresser souvent à Dieu par l'intercession de la Très-Sainte Vierge et de mettre dans la prière toute ta confiance. Je dis dans la prière, quel que soit ton état; c'est, en effet, une grande et funeste illusion que de cesser la prière lorsqu'on a eu le malheur de faire quelque faute ; ce découragement n'est pas dans la volonté de Dieu, qui connaît bien notre misère et qui ne demande jamais plus notre confiance que lorsque tout semble perdu pour nous. Dieu, en effet, prend à notre égard des titres bien propres à nous encourager, même dans nos plus grandes défiances. C'est un père, c'est un médecin, c'est le bon pasteur, c'est le père du prodigue, et nous, nous devons prendre parmi ces titres celui qui s'allie le mieux à notre situation actuelle. Nous devons nous livrer aux sentiments qui doivent y correspondre : c'est la reconnaissance, l'amour, la paix, ou bien la confusion, la douleur, le regret, mais un regret filial et accompagné d'une vive confiance dans la bonté de notre Dieu.

Voilà, ma chère enfant, la voie de Dieu fondée sur sa volonté; tout le reste vient de l'amour-propre, de la nature, et ne peut nous conduire à rien de bon.

Au reste, nous ne devons jamais négliger la vigilance. Notre-Seigneur Jésus-Christ n'a pas séparé ces deux choses : *veillez* et *priez*. Il faut donc veiller attentivement sur les mouvements du cœur, veiller sur nos démarches, nos vêtements, nos regards, nos oreilles, de manière que tout soit conforme à la sainte volonté de Dieu.

Mais ces deux choses doivent tellement se lier entre elles, que la vigilance soit fondée sur la prière et que la prière s'alimente par le recueillement qui naît de la vigilance.

Au fond, ma chère enfant, qu'avons-nous à faire dans les jours incertains de notre courte existence? Pourquoi Dieu nous l'a-t-il donnée, et que fait-on lorsqu'on fait autre chose que cela? Oh! que d'illusions dans la vie!... et qu'elles se dissiperont cruellement au moment de la séparation!

Tout pour Dieu, rien que pour Dieu, voilà notre devise; et puisqu'il plaît à ce Seigneur de t'appeler intérieurement à une vie plus chrétienne, ne lui résiste pas, ma chère enfant; songe qu'il a ses desseins que tu ignores, et combien tu serais malheureuse d'y mettre obstacle!— 29 Novembre 1829.

## V.

### Les Indulgences.

Tu me dis, ma chère sœur, que tu as quelques difficultés au sujet des indulgences : cela vient sans doute de quelque ignorance des voies de Dieu sur l'homme; car rien n'est plus beau, plus consolant, que la doctrine des indulgences et le principe qui en est la source. Il te suffira de le connaître pour en être vivement pénétrée.

Dans la vue première de Dieu, tous les hommes, et notamment tous les chrétiens, ne doivent former qu'une seule société dont lui-même est le souverain, une seule famille dont il est le père et, pour parler le langage plus énergique de l'Ecriture, un seul corps dont il est le chef. De cette idée primitive, si simple, découlent des vues infiniment étendues et qui embrassent tous les devoirs des hommes les uns à l'égard des autres. De là, la charité, la douceur, le support des injures, les devoirs mutuels, les services réciproques, en un mot, le code entier de la morale qui se résume en ces deux mots : *Aimer Dieu par dessus tout et le prochain comme nous-mêmes.*

De là, aussi, cette admirable unité de l'Eglise catholique, toute réunie sous la houlette d'un même pasteur, unie dans la même vérité, dans le même amour.

Mais ce n'est pas tout ; non-seulement les hommes forment comme une seule famille, mais cette famille elle-même n'est qu'une fraction de la grande famille des êtres dont Dieu est le suprême monarque, et qui embrasse dans son sein les anges, les archanges, les trônes et toutes les puissances célestes. Société complète, militante sur la terre, souffrante au purgatoire, triomphante dans le ciel, qui prend à juste titre le nom de catholique ou *universelle*, à laquelle toute intelligence ordonnée doit nécessairement appartenir.

Tel est, ma chère sœur, le plan admirable de Dieu ; de sorte que, tous ceux qui sont dans l'ordre de la volonté de Dieu, restent dans le sein de cette société, sont heureux et le seront éternellement, tandis que ceux qui en sortent par la révolte contre Dieu, s'exilent de l'ordre, de la vérité, de la paix et du bonheur, et s'ils passent dans ce triste état le temps qui leur est donné comme épreuve, s'ils meurent séparés, ils restent séparés éternellement et se perdent sans retour. Ce n'est pas Dieu qui les condamne ; eux-mêmes se sont volontairement condamnés en se séparant volontairement de la société vivante. *Les Indulgences.*

Or, indépendamment des rapports volontaires qui existent entre les membres de cette société sainte, il en est d'autres établis par la bonté divine. Celui que nous devons remarquer ici, c'est la communication des mérites, c'est-à-dire que les mérites de chacun profitent à tous, c'est-à-dire que les biens spirituels sont communs : dogme que proclame le symbole sous le nom de *Communion des Saints*. Mais, comme il peut se faire que les mérites surabondent, comme ceux de Notre-Seigneur Jésus-Christ qui sont infinis, ceux de la Très-Sainte Vierge et de tant de saints, Dieu n'a pas voulu que cette surabondance se répandît au hasard ; mais il a établi certaines conditions dont il a laissé la détermination à l'Eglise dans la personne des Evêques, et plus spécialement du Souverain Pontife, chef suprême de la société militante. Cette communication des mérites, c'est-à-dire, des prières et des bonnes œuvres, est le fondement des indulgences. De sorte qu'en accomplissant telle bonne œuvre désignée par le Souverain Pontife, dans les dispositions convenables, nous méritons que Dieu nous applique les mérites communs, selon le degré déterminé. De là encore découle le fruit des prières, des mortifications faites les uns pour les autres. De là, nous prions les saints et les saints prient pour nous ; nous prions pour nos frères souffrants et eux ressentent l'effet de nos prières.

Tu vois donc, ma chère sœur, que les *indulgences* tiennent au plan général adopté par la bonté divine ; et sous ce rapport, elles méritent de notre part la plus grande estime. — 3 Mars 1831.

# LIVRE DEUXIÈME

**L'Œuvre fondée.**

# LIVRE DEUXIÈME

## CHAPITRE PREMIER

### LES ORPHELINES & LES PÉNITENTES

(1836-1837)

I.

#### Hougassé.

Ames généreuses qui avez la sainte ambition de glorifier Dieu en vous consacrant au service du prochain, n'oubliez jamais que vous ne réussirez dans votre noble dessein qu'autant que vous vous montrerez dociles à l'action providentielle et patientes au milieu des contradictions terrestres. L'esprit de Dieu dirige les hommes et les événements avec non moins de force que de suavité, de sagesse que de logique. Savoir reconnaître la volonté divine et se montrer fidèle à ses inspirations, c'est le point de départ de toute sainte entreprise; c'est la garantie fondamentale de tout succès dans le bien. Mais ne négligez pas, ô cœurs passionnés pour la gloire de

Hougassé.

Dieu et le salut de vos frères, ne négligez pas surtout de vous armer de patience contre les épreuves. La puissance des ténèbres cherchera à obscurcir la clarté divine de ses obscurités sinistres : ne lui permettez pas de prévaloir. Aux épreuves, aux contradictions, aux persécutions, qu'elles viennent du dehors ou du dedans, opposez le calme, la résignation, la douceur. Supportez l'orage ! Dieu le dissipera, si vous êtes fidèles.

Le serviteur de Marie a montré ce que peut l'homme animé de telles dispositions.

Il fut avant tout l'humble ministre de la Providence.

Ce ne sont pas les conseils de la sagesse humaine qui l'ont dirigé : il se contentait d'écouter la voix de Dieu dans la prière. Il ne précéda jamais la volonté céleste : il se bornait à la suivre, dès qu'elle se manifestait à lui par l'inspiration intérieure ou par le langage des événements ; ensuite, il l'accomplissait avec une invincible fermeté. Cet abandon à la Providence était inséparable pour lui de la confiance en la Très-Sainte Mère de Dieu. C'est par elle et par sa médiation qu'il recourait à l'action divine et que l'action divine se manifestait à lui. Par le cœur de Marie, il allait sûrement au cœur de Jésus. Ces deux cœurs, étroitement unis, étaient son asile et son espérance. Pour mieux caractériser ses sentiments, il s'appela le *Servi-*

*teur de Marie* : « Moi, s'écriait-il en s'adressant à ses filles spirituelles, malgré mon indignité, j'ai osé prendre le nom trop glorieux de *Serviteur de Marie*. » Ce titre, qu'il revendiqua toujours, et auquel il se montra toujours fidèle, nous le lui conservons respectueusement dans le cours de cette histoire.

Cette docilité à l'action providentielle, sollicitée et obtenue par l'intercession de la Très-Sainte Vierge, le serviteur de Marie l'unissait à une inaltérable patience au milieu des contradictions.

Suivant l'expression consacrée (qu'il se plaisait à répéter en toutes circonstances), non-seulement il porta, mais il aima à porter *les croix*. Considérant les croix avec les yeux de la foi, il reconnaissait en elles, avec tous les saints, le remède de tous nos maux, l'affermissement de notre vertu, la force de notre cœur, le comble de notre perfection. Il les proclamait le partage de tous les hommes, l'apanage des chrétiens, l'héritage des pécheurs, la consolation des pénitents, la gloire des justes. « Vous vous trompez, vous vous trompez, dit l'*Imitation*, si vous cherchez ici-bas autre chose que des tribulations. Toute cette vie mortelle est pleine de misères et parsemée de croix. » En ces mots se trouve le résumé de la vie humaine. Travaillons-nous à fuir quelque épreuve ? nous en rencontrons toujours quelqu'autre à sa place ; et

Hougassé.

souvent celle que nous trouvons par notre propre choix est plus pesante que celle que Dieu nous avait destinée dans sa providence. Il ne faut pas attendre, il n'est pas juste que Dieu tienne à notre égard une conduite particulière. Pourquoi aplanirait-il pour nous un nouveau chemin pour le ciel, après qu'il a pris lui-même celui du calvaire? En a-t-il marqué d'autre à ses disciples? Aussi, ne faut-il point se flatter de trouver une voie inconnue à tout le reste des hommes. « Pensez-vous donc vous garantir de ce que personne n'a jamais évité. » *Credis evadere quod nullus mortalium potuit præterire ? (Imitation de J.-C.)*

Ces sentiments étaient ceux du serviteur de Marie et, parce que ce furent les siens, il put mener à bonne fin la mission dont le Seigneur l'avait chargé. Appuyé sur la Providence, se mettant au-dessus des contradictions humaines, il accomplit avec une invincible vigueur les travaux de sa vocation.

Cette vocation ne se dessina pas d'abord nettement. L'aptitude à diriger les esprits et les cœurs, ce don qu'il posséda à un degré si rare, lui semblait quelquefois devoir lui faire défaut. Sa défiance à cet égard commença par aller très-loin. A Larressore, il se demandait s'il parviendrait à exercer le ministère des âmes. Ne découvrant en lui que des imperfections et des défauts, que son humilité se plaisait à exagérer, il se prenait à donner sa compassion aux fidèles qui auraient un jour à subir sa direction : « Que je plains, s'écriait-il, les personnes qui seront attelées à ma charrue ! »

Toutefois, à côté de cette préoccupation, une sorte de pressentiment prenait place dans son esprit et entretenait le serviteur de Marie dans l'attente d'une mission spéciale. Il en a parlé lui-même avec ouverture : « Que dirai-je de ce pressentiment, vague mais fort, qui me faisait connaître qu'un jour je serais chargé de quelque œuvre ? Je m'en souviens très-clairement et alors, dans cette persuasion que je ne pouvais donner que des croix à toutes les personnes qui auraient affaire avec moi, je m'écriais en pensant à celles qui me seraient unies : « Oh ! pauvres personnes qui seront attelées « à ma charrue ! » C'était mon expression et je les plaignais d'avance de tout mon cœur. Là-dessus, je ne puis pas dire autre chose, mais je me souviens très-distinctement de ce que je viens de raconter. Et cela doit d'autant plus m'étonner, que c'était une pensée généralement reçue dans le séminaire que j'étais fait pour l'enseignement et que je n'en sortirais jamais ; et j'étais d'autant plus disposé à le croire que je ressentais une répugnance extrême, instinctive, pour être curé de paroisse. Cette position m'effrayait. Vicaire, missionnaire, bien ; mais, curé, je ne pouvais en supporter la pensée. » *(Autobiographie.)*

Hougassé.

Ce pressentiment ne prit une forme précise que vers l'époque à laquelle nous sommes arrivés. Ce fut en 1833 qu'il sentit une inspiration secrète de fonder à Bayonne une œuvre nouvelle.

Depuis deux ans, le serviteur de Marie exerçait le saint ministère au milieu des pauvres et toutes les misères se déroulaient sous ses yeux. Une adversité lui parut surtout à plaindre. Il voyait tous les jours de jeunes filles de 10 à 14 ans, vêtues de haillons, un panier sous le bras, se répandant çà et là dans la ville et la banlieue pour y gagner leur vie en ramassant des os, des morceaux de bois, des débris de toute sorte, exposées sans défense à tous les dangers et à tous les malheurs.

Le saint prêtre, touché de pitié, interrogeait ces enfants quand il les rencontrait et leur réponse unanime était qu'elles n'allaient pas à l'école parce que, sans famille et sans soutien, elles étaient obligées de pourvoir par elles-mêmes à leur nourriture et à leur entretien.

Bayonne n'avait pas encore à cette époque cette multitude d'institutions charitables qui se sont, depuis, si admirablement multipliées sous l'influence de la religion. Un hospice pour les malades, une maison d'école pour les jeunes filles, c'étaient, avec quelques dames vénérables, réunies en association de dames de la charité et secourant les familles pauvres par des ressources bien insuffisantes, c'étaient là toutes les institutions de bienfaisance de notre cité. Depuis lors, la société de Saint Vincent-de-Paul, les Sœurs de la Miséricorde, les Dames de la Providence, se sont établies et viennent en aide à la pauvreté en un grand nombre de circonstances où, jusque-là, elle se trouvait sans recours.

Le serviteur de Marie se sentit inspiré de protéger les jeunes orphelines et de suppléer à ce que ne faisait pas à leur égard la charité publique. Il comprit que les secours partiels seraient toujours insuffisants et pourraient même quelquefois être nuisibles. Pour remédier au mal, il fallait évidemment créer une famille religieuse et substituer à des parents, tantôt négligents, tantôt dépravés, un père et une mère aussi préoccupés des besoins de l'âme que du corps.

Le but était clair. Mais de quels moyens se servir? Le charitable vicaire n'avait pas de ressources et la création d'une œuvre, quelque modeste qu'elle fût, était pour lui un monde à soulever. Tous les revenus de son vicariat s'en étaient allés de jour en jour ou s'écoulaient sans cesse dans le sein des pauvres.

Selon son habitude, il recourut à la prière. Pendant plusieurs mois, il étudia son projet devant le Saint-Sacrement, sous les yeux de Marie. Peu à peu sa résolution se confirmait, ses idées prenaient un corps. Bientôt il n'eut plus qu'à mettre la main à l'exécution.

« Comment vous décidez-vous à réaliser à Bayonne un semblable dessein ? lui disait une demoiselle dont la longue existence s'était écoulée dans l'exercice des bonnes œuvres. Ignorez-vous donc qu'il n'est pas de terre plus rebelle à l'éclosion des œuvres nouvelles ? — « Mademoiselle, répondit le saint prêtre, les enfants que je recueillerai seront appelées les *Orphelines de Marie ;* la Très-Sainte Vierge sera leur Mère. »

Il parvint, à force de démarches, à intéresser à son projet quelques personnes pieuses qui le prirent à cœur et qui, par elles-mêmes ou par autrui, devaient aider le zélé vicaire à pourvoir à l'entretien de ses jeunes protégées.

Puis, il se mit à la recherche d'un local. Longtemps il parcourut les rues les plus pauvres pour y trouver un emplacement vaste, mais d'un prix en rapport avec ses ressources. Il crut, un jour, avoir trouvé ce qui lui convenait. Mais le propriétaire revint sur les conventions échangées, dès qu'il apprit le dessein du vénérable prêtre. Suivant son expression, il ne voulait pas avoir chez lui *ce train d'enfants.*

Le serviteur de Marie, fatigué mais non découragé, racontait, quelque temps après, ses embarras à l'honorable M. A. Dubrocq, auprès de qui les bonnes œuvres ont toujours trouvé un accueil si favorable. Cet homme de bien n'hésita pas à mettre à la disposition du charitable prêtre une cuisine avec quelques pièces au-dessus, dans une maison située aux environs de Bayonne et nommée *Hougassé*. Cette offre généreuse fut immédiatement acceptée avec reconnaissance.

Le logement était trouvé, mais ce n'était qu'un élément de l'œuvre. Il fallait une personne qui consentît à diriger les orphelines. Après plusieurs propositions qui furent déclinées sous divers prétextes, le serviteur de Marie trouva, dans une personne d'une cinquantaine d'années et d'honnête famille, l'auxiliaire dévoué qu'il cherchait.

Enfin, se présenta la question du mobilier. Le local à occuper était une cuisine de campagne, au sol de terre battue, uniquement meublée de murs nus et d'une grande cheminée noire. Les petites chambres du haut n'étaient pas moins vides que le rez-de-chaussée. Il n'abandonna à personne le soin d'acquérir le mobilier du nouvel établissement, « parce que personne, disait-il, ne serait entré dans cette voie d'extrême pauvreté que je devais et que je voulais suivre. » L'homme de Dieu se mit à parcourir les boutiques des revendeurs pour recueillir un certain nombre de vieilles chaises, d'armoires éventrées, de bois de lits boiteux, de couvertures usées. Quant aux matelas, il ne pensa même

*Hougassé.*

Hougassé.

pas à en acheter : ils coûtent trop cher. On les remplaça par de la paille et de la dépouille de maïs. Un appel à la charité publique procura un assortiment de vieux linge. Il eut la bonne fortune de rencontrer chez un brocanteur la batterie de cuisine qui lui convenait. Le nouvel établissement prit bientôt un air de vie. Il ne restait plus qu'à régler la question du costume. Le bon prêtre tint conseil avec sa sœur Elise. On détermina la coupe et la couleur du vêtement, tel qu'il est porté encore aujourd'hui. Ce fut Elise qui se chargea d'acheter et de confectionner les étoffes. On vaqua à cette occupation avec beaucoup d'entrain et de gaieté. « Que faites-vous là, demandait un ami de la maison à la jeune demoiselle, travaillant à coudre le nouveau costume ? » Elle répondit en riant : « Je suis occupée à fonder un ordre. » Elle ne croyait pas si bien dire.

Lorsque tout fut prêt, le ministre de la charité divine se mit à battre les haies et les pauvres quartiers ; il recueillit sept petites filles dans la plus extrême misère, couvertes de haillons et de vermine. On les revêtit de leurs habits nouveaux. L'œuvre était fondée.

C'était le 11 juin 1836, fête de saint Barnabé, le samedi de la semaine du Très-Saint Sacrement.

Les *Orphelines de Marie* se rendirent à la cathédrale sous la conduite de leur respectable directrice. Après avoir reçu la bénédiction du Très-Saint

Sacrement, elles allèrent à l'Evêché se prosterner devant Mgr d'Arbou, évêque de Bayonne, qui les bénit dans toute l'effusion de son cœur paternel. Après quoi, elles prirent possession de leur nouvelle demeure par un premier repas qui consista en un pain de huit livres, un plat de haricots et la moitié d'un fromage.

« O ma bonne et très-douce Maîtresse, s'écrie le serviteur de Marie, c'était un beau commencement et je goûtais une sainte joie en voyant éclore ainsi dans la pauvreté une œuvre qui avait été pendant si longtemps l'objet de tant de prières et d'anxiétés. Toute la ville prit part à cet événement et tout le monde applaudit à cette petite œuvre qui réunit les sympathies générales. Quelques bonnes demoiselles s'employant à réunir des listes de souscription et des secours, trouvèrent partout un véritable élan du cœur. »

Depuis ce moment, le plan de cette première fondation fut définitivement arrêté. L'œuvre devait reposer sur le désintéressement absolu, reposant lui-même sur la confiance entière, exclusive, dans la Providence. Une circonstance permit au bon prêtre de s'expliquer à cet égard en toute franchise.

Quelques ecclésiastiques respectables ne voyaient pas sans frayeur le digne vicaire s'engager dans une telle entreprise. Ils redoutaient la charité extrême du saint prêtre qu'ils traitaient en riant de *panier percé*.

Hougassé.

Hougassé.  Par intérêt pour l'honneur sacerdotal et l'avenir de ses intéressantes protégées, ils lui demandèrent de confier l'administration de l'orphelinat à un conseil composé de pieux laïques, expérimentés dans la gestion des affaires. Le serviteur de Marie repoussa énergiquement cette proposition, non par esprit de domination, mais par fidélité au caractère désintéressé de l'institution. « Avant longtemps, disait-il, on aurait accepté à l'orphelinat des enfants payant pension, comme cela s'est fait ailleurs, et cette pratique aurait été le renversement de l'esprit de la fondation. » Et, en effet, jamais le fondateur ne permit que l'on portât atteinte à l'esprit essentiel de l'orphelinat. Il tint exactement la main aux trois conditions primitives de l'œuvre : 1° la pauvreté extrême des enfants recueillies ; 2° l'origine bayonnaise ou le domicile continu dans la ville, pendant cinq ans ; 3° la gratuité absolue, et poussée jusqu'à l'exclusion, sinon des charités spontanées, du moins des pensions régulières.

Nous venons d'analyser les nombreuses instructions laissées par le digne fondateur sur la matière ; nous ajouterons à cette analyse une citation expressive : « O la plus tendre des Mères, vous avez voulu dès le commencement donner à votre œuvre cet esprit de *désintéressement absolu* qui la caractérise, désintéressement fondé sur une confiance entière, exclusive en vos bontés. Plus tard, vous avez daigné me le faire encore mieux connaître, lorsque de bonnes dames m'ont demandé, avec instances, de recevoir de pauvres enfants qui n'étaient pas de Bayonne et pour lesquelles on voulait se cotiser pour payer de petites pensions. Vous ne m'avez jamais permis de céder à cette amorce. Vous avez voulu que je maintinsse cette petite œuvre dans l'esprit de sa fondation. Nous n'en avons pas une seule fois dévié jusqu'à ce jour et j'espère, ô divine Maîtresse, que vous ne permettrez jamais qu'on s'en écarte à l'avenir. » *(Autobiographie.)*

Afin de mieux rester fidèle à cet esprit de désintéressement absolu, le serviteur de Marie renonça bientôt à la loterie annuelle organisée en faveur des orphelines de Bayonne. M. Emile Détroyat, l'un des plus dévoués amis de l'œuvre, étant venu, suivant son habitude, prendre les instructions du vénérable prêtre pour préparer la loterie périodique, celui-ci se contenta de répondre : « Je vous remercie, Monsieur, et la divine Mère vous remercie de votre bienveillance pour nos enfants. Mais l'œuvre grandit et le travail ne lui manque pas. La Très-Sainte Vierge se chargera désormais de subvenir aux besoins des orphelines. Veuillez réserver vos efforts pour d'autres nécessités. »

Hougassé.

## II.

### La Mère Vénérée.

Dans la nouvelle œuvre, la discipline, dès le premier jour, s'établit avec une précision complète. Quelque peu préparé que fût à l'obéissance le personnel d'*Hougassé*, il s'y façonna immédiatement sous l'influence de la grâce. Ces natures sauvages et indomptées, habituées à l'air libre, au vagabondage et à l'indolence, se plièrent docilement sous le joug du travail. La ferveur de ces enfants était admirable. Les familles chrétiennes, voyant cette dévotion, se plaisaient à recommander leurs affaires aux prières de l'œuvre naissante et il n'était pas rare que la petite communauté fût employée à de pieuses neuvaines. Le serviteur de Marie choisissait, pour aller visiter son cher troupeau, l'heure de la prière. Dissimulé derrière la porte d'entrée, il écoutait avec émotion les pathétiques accents des jeunes orphelines, et mêlant ses vœux à leurs supplications, il demandait à Dieu dans toute la ferveur de son âme de protéger des enfants si heureusement disposées.

Il fallut bientôt pourvoir à un aménagement plus vaste. La petite communauté, augmentée de nouvelles recrues, comprenait 14 membres : elle étouffait dans sa trop modeste installation. Une occasion favorable se présenta opportunément de transporter ailleurs les *Orphelines de Marie.* <small>La Mère Vénérée.</small>

Les Filles de la Croix, appelées à Bayonne pour y tenir une école communale, avaient d'abord été placées hors ville, dans une maison vulgairement nommée le *Grand-Paradis,* attenante au cimetière. On arriva à s'apercevoir qu'un établissement d'instruction primaire destiné à la ville était mal situé à la campagne. La municipalité ne tarda pas à préparer une nouvelle maison plus convenable au centre de la cité, et le *Grand-Paradis* resta disponible. M. Balasque, maire de Bayonne, administrateur intègre et intelligent, suivait avec un intérêt bienveillant la marche de l'œuvre des *Orphelines.* Il eut la pensée d'offrir au zélé fondateur la maison vacante. La proposition du magistrat municipal fut acceptée avec reconnaissance et l'orphelinat se transporta immédiatement au *Grand-Paradis,* dans le local qu'il occupe encore aujourd'hui.

L'œuvre acquérait peu à peu de la consistance. La sympathie publique lui était fidèle et les secours arrivaient à propos. A ce moment, survint une épreuve qui faillit tout compromettre : une modification dans le personnel chargé de la direction de la petite communauté. Il en résulta une vraie perturbation.

L'orphelinat avait déjà changé une fois de direc-

> La Mère Vénérée.

tion. Il était maintenant confié à une digne personne d'un certain âge, de beaucoup de piété, mais de vues un peu bornées. Elle chancela, se détacha peu à peu et finit par se retirer complétement de la fondation qu'elle avait contribué à établir dans la mesure de ses forces. Quand elle quitta l'orphelinat, sa mission était accomplie. Désormais, il était besoin d'une direction plus large et plus intelligente. Néanmoins, son départ donna lieu à une crise fâcheuse. Dans la période de transition qui suivit l'éloignement de cette directrice, la conduite de la petite communauté ne put être confiée qu'à des mains subalternes. L'autorité vint à défaillir. De sérieuses insubordinations se manifestèrent à plusieurs reprises. Les choses en vinrent au point que le serviteur de Marie éprouva un instant de découragement. Il consulta un saint religieux franciscain, alors à Bayonne, le P. François Areso, pour savoir de lui s'il ne s'était pas trompé sur les desseins de Dieu. « Gardez-vous, lui répondit le moine, d'abandonner votre œuvre. Persévérez, priez, attendez. »

Réconforté par cette ferme parole, honteux de sa faiblesse, peiné d'avoir manqué de confiance en la Très-Sainte Vierge, le digne prêtre se reprit avec ardeur à son âpre entreprise. Dès lors, le courage ne lui fit pas défaut. La crise servit du moins à lui faire comprendre qu'il était nécessaire, pour assurer le succès de l'œuvre, de former l'esprit de la communauté, élèves et maîtresses, en reprenant l'édifice aux premières assises. Il se mit résolûment à cette rude besogne. Heureusement, Dieu lui envoya à point nommé le concours qui lui était indispensable, et celui-là, quel concours ! La Mère Vénérée.

C'est alors, en effet, que cessèrent les indécisions d'Elise, qui se mit à la disposition de son frère pour servir Dieu en la personne des malheureux.

Le serviteur de Marie avait vécu plusieurs années avec sa sœur. Il connaissait intimement l'état de son âme. Il ne la croyait pas faite pour la vie du monde. Cependant, rien ne parvenait à la détacher du siècle. Sans doute, dès les premiers jours, elle s'était très-vivement intéressée aux œuvres de son frère. C'est elle qui avait acheté les vêtements des orphelines et les avait cousus. Elle avait aussi accueilli à la maison paternelle ces pauvres enfants, à mesure qu'on les retirait de leur misère ; elle les avait peignées, lavées, arrangées ; elle avait rempli à leur égard l'office de mère. C'était un premier pas. L'état de santé de son père, la crainte de l'affliger, l'incertitude où elle se trouvait sur sa vocation, l'empêchaient d'aller plus loin. Néanmoins, elle visitait très-souvent les orphelines et se préoccupait de tout ce qui les concernait. On voyait que son cœur inclinait à se donner entièrement à l'œuvre. Toutefois, ses hésitations persistaient. Elise le raconte elle-même avec éloquence ; elle écrivait un jour à son frère :

La Mère Vénérée. « Si j'avais eu assez de courage pour vous ouvrir mon cœur tout entier, vos paroles affectueuses auraient brisé mon cœur et peut-être rompu ces chaînes qui me tenaient attachée à la vie du siècle. Malheureuse ! je me taisais. Vous vous taisiez aussi. Cependant, quelle bonté de votre part ! et ce silence, ce chagrin secret, cet air froid à mon égard, me déchiraient le cœur. Je me disais : « Il n'est que trop vrai ! j'ai perdu l'affection du meilleur des frères. Et pourquoi ! et pourquoi ! » Alors un déluge de pleurs inondait mon visage. Je maudissais mille fois les liens qui me retenaient dans le monde. Mais je restais sans force pour les rompre. Vos prières, mon Bon Père, pénétrèrent jusqu'au ciel et me ménagèrent les moyens de briser ces malheureuses entraves, en m'appelant malgré moi, pour ainsi dire, dans cette maison qui m'a été une maison de refuge. »

Dès que le Seigneur eut parlé, Elise obéit avec générosité. Ses parents consentirent au sacrifice et Elise Cestac se consacra définitivement à Dieu. Du premier coup, elle se remit sans réserve entre les mains du serviteur de Marie :

« Fais de moi tout ce que tu voudras. Je suis à toi. Mets-moi ici ou là, n'importe où. Je ne veux pas avoir de volonté ! »

Le serviteur de Marie jugea que sa sœur était appelée à diriger les *Orphelines de Marie*. L'Evêque de Bayonne approuva cette pensée et nomma Elise La Mère Vénérée. Cestac supérieure de la petite communauté, le 10 novembre 1838.

A partir de ce moment, elle servit Dieu dans la vie religieuse et mérita, pour ses éminentes vertus, d'être honorée, au sein de la communauté, comme une âme bienheureuse, dans les limites néanmoins permises pas les saintes règles de l'Eglise. Dès lors, elle ne fut plus connue que sous le nom de *Mère Vénérée*, dont nous nous servirons désormais pour désigner cette grande âme.

Sa charge était des plus difficiles. Elle avait à pourvoir au temporel comme au spirituel, à l'instruction aussi bien qu'à l'éducation. Il lui fallait former les élèves et les maîtresses. Elle aborda de front toutes les difficultés. Quelques jours après son entrée à l'orphelinat, elle écrivait à son frère :

« Drôle de rôle que je joue ici, mon cher parrain ! Cependant (prétention de ma part !) je ne crois pas y être tout à fait inutile. Je dois te dire, car je ne veux rien te cacher, que j'ai pris avec ces enfants un air plus grave. Je parle moins et quelquefois j'élève la voix et le fais avec un air sévère. »

Hélas ! il lui fallut conserver habituellement cet air sévère et cette réserve de la langue. Elle était gaie et rieuse ; son esprit était alerte et pittoresque. Désormais, elle veilla à se montrer devant son petit monde sérieuse et retenue, à supprimer les saillies

*La Mère Vénérée.* et les originalités de sa conversation. Ce lui fut l'occasion d'une lutte de plusieurs années, dans laquelle elle obtint une complète victoire.

Dieu ne lui ménagea pas les plus rudes épreuves. Pendant les trois premières années, elle fut méprisée et tournée en ridicule : le monde ne comprenait pas ses résolutions ; il s'en moquait ou les blâmait avec sévérité. D'autre part, avant d'acquérir l'expérience et l'autorité nécessaires au gouvernement d'une communauté, elle dut traverser des oppositions. Quelquefois, se sentant défaillir, elle implorait d'être relevée de sa charge. Grâce à Dieu et aux conseils de son frère, la *Mère Vénérée* domina bientôt toutes les difficultés de la situation : « Je vous vois d'ici, lui écrivait le serviteur de Marie, dans les peines, les agitations, les obscurités, les dégoûts et presque le découragement. Votre état d'un côté, les sollicitudes de votre position de l'autre, la crainte de ne pouvoir remplir convenablement les charges qui vous sont imposées, voilà, si je ne me trompe, ce qui vous préoccupe et vous désole. Mais, ma chère enfant, sommes-nous chargés de notre œuvre ? A Dieu ne plaise. Nous sommes chargés, je l'espère du moins, de l'œuvre de Dieu, et ces œuvres sont toujours semées de beaucoup de croix, intérieures et extérieures. C'est donc à lui que nous devons nous adresser ; c'est lui qui prendra la direction des choses et les conduira à leur véritable fin : sa gloire et le salut des âmes. *La Mère Vénérée.* Oh ! vraiment, nous devons bien bénir le Seigneur de nos peines et lui demander cependant avec de vives instances qu'il vienne à notre secours. Souvenez-vous du cri des apôtres au moment où la barque s'enfonçait dans les flots : Seigneur, sauvez-nous ! nous périssons ! Et puis, ne sommes-nous pas dans le cœur de Marie notre bonne et tendre Mère ? Courage donc, ma chère enfant, ces croix passeront comme tant d'autres. Heureux si nous entrons bien dans les desseins de Dieu ! » (17 juin 1839.)

C'est avec de telles paroles, pleines de la plus généreuse sève chrétienne, que le serviteur de Marie soutenait les forces de la *Mère Vénérée*. Elle finit par devenir le modèle des supérieures. La fermeté unie à la douceur, imposant le respect et l'affection, tel doit être l'idéal de ceux qui sont appelés à commander. La *Mère Vénérée* parvint à être tout à la fois respectée et aimée. Son regard suffisait à réprimer tout désordre. Il était rare que, dans la communauté, l'on résistât à ses observations. Elle avait le don de commander aux cœurs et de les transformer. D'ailleurs, elle était chérie par les sœurs et les orphelines comme la meilleure des mères. On s'empressait autour d'elle et on n'avait d'autre préoccupation que de ne point la contrister. Ses absences étaient un deuil pour la jeune famille. Le serviteur de Marie lui en rendit une fois un curieux témoignage : « A la maison, vous êtes attendue avec impatience. Il y a quelques jours, je disais aux orphelines : « Mes enfants, je n'ai pas de l'ar-« gent pour faire revenir votre Mère. Travaillez bien « pour en gagner. » Mais les pauvres petites étaient tristes parce qu'elles ne pensaient pas pouvoir y parvenir. Et voilà que, le jour même ou le lendemain, on vint les avertir pour un grand enterrement et, de suite, elles s'écrièrent : « Voilà ! c'est la Très-« Sainte Vierge qui nous envoie ce mort pour faire « revenir notre Mère. » Et elles ont eu, je crois, cinq ou six enterrements à la suite. Vous voyez que la Très-Sainte Vierge y met la main ? » (3 novembre 1848.)

Quel touchant exemple que cette jeune religieuse, frêle de santé, d'une éducation exquise et d'une intelligence élevée, et se consacrant, à vie perdue, aux intérêts de quelques malheureuses enfants ! Elle leur sert de mère, pourvoit à leurs nécessités temporelles avec sollicitude, leur donne l'instruction primaire, les forme au travail professionnel, et couronnant par le plus grand bienfait cette série de bienfaits, habitue leurs âmes à la piété et à la vertu. Elle ne se contente pas de veiller sur elles, pendant leur séjour à l'orphelinat. Elle pourvoit encore à leur avenir ; sa sollicitude les suit dans le monde ; elle ne se désintéresse jamais de leur bonheur. Chaque dimanche, elle les reçoit et leur appartient, écoutant leurs confidences, leur donnant ses conseils, partageant leurs joies et leurs chagrins. S'épuiser à cet ingrat labeur ne lui suffit pas. Afin que ses bien-aimées enfants ne soient pas exposées à manquer de protectrices, elle anime de son ardeur quelques âmes bénies, leur inspire sa charité, les attire au service des orphelines, leur enseigne à se dépenser sans mesure et les instruit de leurs fonctions. Quelle œuvre et quelle vie ! Quelles difficultés et quel dévouement ! Et voilà le spectacle qu'offrait l'orphelinat du *Grand-Paradis !* Voilà la source des traditions qui y sont encore suivies ! Voilà la raison de la place considérable qu'occupe toujours dans l'œuvre cette première et modeste fondation !

En effet, l'œuvre entière du serviteur de Marie, dont le développement est aujourd'hui si merveilleux, est née dans l'humble maison d'*Hougassé ;* elle a poussé ses premières racines au *Grand-Paradis.* Les *Orphelines de Marie* sont les filles aînées de la congrégation et, à ce titre, chéries d'une affection spéciale. N'ont-elles pas été le premier objet du zèle et des sacrifices du vénéré fondateur ? Les premières *Servantes de Marie* n'ont-elles pas été instituées pour elles ? L'établissement de l'*Orphelinat* n'a-t-il pas été comme une initiation par laquelle l'homme de Marie s'est essayé dans l'art de réaliser les desseins d'en haut ? N'y a-t-il pas appris à discerner la voix de

*(marginalia : La Mère Vénérée.)*

*Le Grenier du Grand-Paradis.*

Dieu ? L'esprit de l'œuvre ne s'y est-il pas affirmé, dès le premier jour, dans toute son ampleur ? Et puis, bienfait inestimable ! précieux privilége ! la vie religieuse de la *Mère Vénérée* s'est écoulée à l'*Orphelinat.* C'est là qu'elle a souffert, prié et travaillé. C'est là qu'elle s'est sanctifiée et que sa belle âme a quitté la terre. Aimable *Orphelinat,* modeste berceau de l'œuvre, sanctuaire des doux souvenirs, foyer des grandes vertus, se pourrait-il que tu te montrasses jamais indigne de ton humble et sainte origine ! Ah ! tant qu'il plaira à la Providence de donner force et vie à la Congrégation, les *Servantes de Marie* n'oublieront pas le coin sacré où le grain de sénevé est bientôt devenu un grand arbre. Elles y viendront s'inspirer de l'esprit du serviteur de Marie, honorer les lieux sanctifiés par la *Mère Vénérée,* se renouveler dans les hauts sentiments de la vie religieuse. Et vous, chères *Orphelines de Marie,* vous continuerez à répondre à leur tendresse et à leurs sacrifices par une ferveur égale à la piété des premiers jours !

### III.

**Le Grenier du Grand-Paradis.**

L'*Œuvre des Orphelines* était fondée. Elle marchait comme une petite barque poussée par un vent doux et favorable. Bien loin de penser à une nouvelle entreprise, le serviteur de Marie était absorbé par les soins à donner à son orphelinat, le nombre des enfants recueillies croissant de jour en jour. Les ressources arrivaient péniblement. D'autre part, le bon prêtre, menant une vie déjà très-active à la cathédrale de Bayonne, trouvait à peine le temps nécessaire pour distribuer les secours spirituels à son troupeau du *Grand-Paradis*. Le soir, quand il rentrait au foyer domestique, harassé de fatigue et de soucis, il s'écriait volontiers : « J'espère que bientôt tout sera définitivement assis et que je trouverai le repos ! »

C'était le vœu de la nature. Mais Dieu ne voulait pas que son ministre goûtât un seul jour de repos sur cette terre. Après lui avoir donné à fonder l'*Œuvre des Orphelines,* la Providence le chargea d'établir l'*Œuvre des Pénitentes*. Dès que la volonté d'en haut se fut manifestée, le serviteur de Marie se mit au travail avec une ardeur de néophyte.

Dans son ministère paroissial, ce qui attirait surtout ses regards et sollicitait particulièrement son zèle, c'étaient les extrémités de la misère. D'abord, il alla vers ce qu'il y a de plus attristant au monde, l'innocence des enfants qui souffrent et sont exposés sans défense à tous les périls. Après avoir contribué à remédier à ce mal dans la limite de ses forces, il tourna les yeux vers l'un des plus douloureux spectacles que l'œil de l'homme puisse con-

*Le Grenier du Grand-Paradis.*

*Le Grenier du Grand-Paradis.*

templer : le coupable repentant qui ne peut se relever de sa chute. Le bon prêtre fut amené à s'occuper de l'une des misères les plus grandes des temps anciens et modernes, par une série de circonstances dont le récit ne saurait trouver place ici. Bientôt sa charité fut embrasée et il se laissa aller docilement aux inspirations de son cœur.

Sans s'arrêter encore à l'idée de fonder une nouvelle institution, le salut de ces âmes perdues et qui, dans leur naufrage, n'ont aucun port de refuge où elles puissent trouver une espérance, le préoccupait vivement. Il ne se dérobait pas au souci de pourvoir aux intérêts matériels et spirituels des âmes pénitentes qui lui étaient envoyées par la Providence. Elles venaient, comme poussées par une impulsion irrésistible, implorer la commisération du prêtre charitable qui avait pour elles une incroyable compassion. Il ne pouvait se résoudre à en rebuter aucune. Pour satisfaire aux nécessités croissantes de sa nouvelle mission, il se mit en rapport avec la *Miséricorde*, fondée à Bordeaux par M$^{lle}$ Lamouroux, de sainte mémoire, qui venait de mourir en laissant une digne héritière de son esprit et de sa charité. Il s'adressa encore aux Refuges de Toulouse, de Montauban, etc., etc. Il donnait à ces pauvres filles un petit trousseau bien modeste et une somme de 50 francs, qu'il renouvelait chaque année, puis il les expédiait dans l'une de ces utiles maisons, où elles furent d'abord accueillies avec empressement. Le bon prêtre ne pensait pas que cet état de choses pût se modifier.

Tout à coup, les portes se fermèrent. Simultanément, il reçut, des divers établissements avec lesquels il était en rapport, des lettres catégoriques où on lui annonçait que les maisons étaient encombrées, qu'il y avait à peine la place nécessaire pour les pénitentes qui se trouvaient sur les lieux ; que désormais il voulût bien s'abstenir d'expédier de nouveaux sujets.

Le bon prêtre se trouva embarrassé. Qu'allait-il faire, dans le cas où il se présenterait encore des repenties ?

Or, il s'en présenta bientôt deux à la fois.

Il était un jour dans sa chambre avec un prêtre de ses amis, lorsqu'on lui annonça deux jeunes personnes. L'une, la plus âgée, s'avança avec vivacité et dit : « Mon Père, je suis une malheureuse. Je sors d'une maison de perdition, mais pour ne plus y rentrer. Je viens vous demander d'avoir pitié de moi et de vous charger de mon âme. » — « Et vous, dit le serviteur de Marie, en s'adressant à la moins âgée, demeurée sur le pas de la porte, et vous, ne voulez-vous pas revenir à Dieu ? » — « Pour moi, répondit-elle, je suis venue accompagner l'*autre* ; mais je n'ai pas les mêmes intentions. » — « Mon enfant, reprit le saint prêtre, on ne sort pas

*Le Grenier du Grand-Paradis.*

Le Grenier du Grand-Paradis.

de la maison d'un ministre de Dieu pour retourner dans la maison d'où vous venez, on n'en sort que pour se convertir et faire pénitence. Ainsi, ajouta-t-il avec autorité, vous suivrez votre compagne. »
Elle ne répondit pas ; son silence était un acquiescement. Le zélé ministre de Dieu avait donc deux pénitentes à recueillir et à sauver.

Mais où et comment ?

Il venait de prendre un engagement et il n'avait pas arrêté sa pensée sur la manière de le tenir. Il n'avait pas de vues, pas de lumières, ni sur le lieu où il pourrait recueillir les pauvres égarées, ni sur les personnes propres à les diriger. Dans son embarras, le visage dans ses mains, il éleva son cœur vers Marie. Aussitôt, la clarté se fit et l'avenir se dessina à ses yeux.

Dans la maison du *Grand-Paradis,* où se trouvaient les orphelines, il avait aperçu, en passant, une trappe qui s'ouvrait dans le grenier. Le souvenir de la trappe et du grenier s'offrit vivement à sa pensée et lui apparut comme le remède aux difficultés présentes. Presque par la même vue, il reconnut qu'une jeune personne, dont il dirigeait la conscience, était propre à l'accomplissement des nouvelles volontés de Dieu. En un clin d'œil, le bon prêtre fixa ses projets et se détermina à les exécuter.

Ressentant une joie qui ne se peut exprimer et

s'adressant aux deux pauvres repenties, témoins respectueux de cette délibération intérieure : « Mes enfants, dit-il, je n'ai qu'un très-pauvre grenier à vous donner. Voulez-vous l'accepter ? » — « De grand cœur, répondit la première ; nous irons partout où vous voudrez, pourvu que nous puissions nous sauver et faire pénitence. » — « Eh bien ! demeurez ici avec ma mère ; je vais m'occuper de votre installation. »

*Le Grenier du Grand-Paradis.*

Il se reprit à parcourir, comme quelques mois auparavant, les boutiques des brocanteurs pour recueillir les objets nécessaires. Il se pourvut d'abord d'une échelle, pour arriver à la trappe et au grenier ; c'était l'essentiel. Puis, ce fut le tour des grabats, des tables, des chaises, des couvertures, etc., etc., du strict nécessaire, car les moyens étaient courts. En procédant à son aménagement, il ne pouvait s'empêcher de bénir Dieu d'avoir été préservé du conseil d'administration qui ne lui aurait accordé, dans le cas présent, ni l'indépendance de ses mouvements, ni le libre emploi de ses petites finances. Et il s'abandonnait, avec l'héroïque insouciance des saints, à l'inspiration de sa naïve charité !

## IV.

### La Mère Noire.

Lorsque le bon prêtre eut pourvu aux premières nécessités matérielles de l'installation, il alla trouver la jeune demoiselle sur qui sa pensée s'était portée du premier coup, pour lui faire part de la manière dont il avait disposé d'elle. Hardiesse surprenante ! La personne sur laquelle il comptait pour la garde de son dangereux dépôt, était presque une enfant ; elle n'avait pas encore vingt ans. Mais ses dispositions intérieures et son ardent amour pour la pénitence, la rendaient propre, malgré son extrême jeunesse, au plus délicat de tous les ministères. Le serviteur de Marie avait reconnu en elle la fermeté du caractère et le don de l'autorité. Il savait quel était son esprit d'obéissance. Aussi n'eut-il aucune hésitation dans sa démarche. Il parla, il proposa à cette pieuse et innocente enfant de vivre au milieu des repenties, de se mêler à leur existence de pauvreté et de pénitence, de ne les jamais quitter ni de jour ni de nuit, de leur donner l'exemple de la patience et de la mortification dans un grenier délabré. Ses discours furent agréés comme autant d'oracles de l'Esprit-Saint. Sans balancer, la jeune fille dit à son directeur le mot qui sera l'éternelle force et l'incomparable honneur de la sainteté chrétienne : « Qu'il soit fait selon la parole de Dieu ! »

C'est ainsi que M^lle Gracieuse Bodin est entrée, il y a quarante ans, dans la voie qu'elle n'a cessé de parcourir avec un si grand fruit, pour la gloire de Dieu et l'honneur de sa Congrégation. Elle est devenue la Mère Marie-François-de-Paule, qui préside aujourd'hui au gouvernement de l'œuvre, selon l'esprit du vénéré fondateur. Elle nous permettra de lui conserver dans cette histoire le nom pittoresque et significatif de *Mère Noire*, que le peuple lui donnait, dès son entrée dans la vie religieuse.

*La Mère Noire.*

*Mère Noire*, âme blanche ! aimait à dire le serviteur de Marie. *Mère Noire*, cœur attristé ! dirons-nous à notre tour. Car elle a vu disparaître, les uns après les autres et son Père en Dieu, et la Mère Vénérée, et la plupart de celles qui ont travaillé avec elle à la fondation de l'œuvre. Sa vie s'écoule dans les douleurs : douleurs du corps, douleurs de l'âme. Quand, pour tant d'autres, aux jours de lutte ont succédé les jours de bonheur, pour elle, l'exil se prolonge, et elle n'est point appelée encore à partager la récompense de ceux dont elle a aidé les travaux. Il ne lui sera pas même épargné cette suprême épreuve d'entendre raconter et louer sa vie. Mais comment remplir convenablement notre tâche, si nous devions nous taire sur la seconde fille spirituelle du serviteur de Marie (Elise était la première) ; sur la première Servante de Marie (Elise n'est entrée au *Grand-Paradis* que quel-

*La Mère Noire.* ques mois après Gracieuse Bodin); sur la première supérieure des Pénitentes, la première supérieure des Solitaires de Saint-Bérnard, la première supérieure générale de l'œuvre? Il vous faudra donc supporter, très-honorée Mère, d'être enlevée à votre obscurité volontaire ; et nous pardonner de faire violence à votre chère humilité, avec le regret d'ajouter cette nouvelle épreuve à tant d'autres !

Le soir même, les deux pénitentes et leur jeune directrice étaient installées au *Grand-Paradis*. D'autres pénitentes, poussées par l'esprit de Dieu et le désir du salut, vinrent les y rejoindre. Pas une ne recula devant l'extrême pauvreté de l'installation et l'austérité de la vie. Le toit n'était même pas lambrissé. Pendant l'hiver, non-seulement le vent glacé pénétrait dans la misérable demeure, mais la neige fouettait ces pauvres filles en pleine figure. Elles ne sortaient pas de leur réduit, sinon pour descendre à la chapelle. Leur nourriture était des plus frugales, quelquefois insuffisante. La prière et le travail occupaient tous leurs instants. Néanmoins, on ne vit pas une seule défection, on n'entendit pas une seule plainte. Elles semblaient d'autant plus heureuses qu'elles avaient plus à souffrir. Elles jouissaient d'une paix toute divine, et l'union des cœurs ne laissait rien à désirer.

Admirable époque de l'histoire de la Congrégation ! Souvenir pathétique de l'esprit vraiment pénitent de ces enfants, dignes d'être comparées aux anachorètes des premiers siècles de l'Eglise ! Tout ce qui est consolation humaine leur faisait défaut. Mais Dieu y suppléait abondamment. Elles faisaient consister leur bonheur à tout se refuser par esprit de mortification. C'était leur Père spirituel qui entretenait en elles les sentiments de l'abnégation la plus absolue et qui, par la grâce de Dieu, maintenait leurs âmes en cet état surnaturel que sainte Thérèse a défini d'un mot sublime : *Ou souffrir ou mourir !*

C'était trop de bonheur. Le démon ne pouvant rien troubler au dedans, suscita des tempêtes au dehors.

Un sentiment de mécontentement, disons mieux, de véritable irritation, avait gagné toute la ville de Bayonne, lorsqu'on sut en quelles conditions le serviteur de Marie avait établi son œuvre nouvelle. On dit et on répéta partout que le vénérable prêtre avait commis une vraie folie et une action immorale, en réunissant sous le même toit de petites innocentes et des femmes perdues. Que pouvait-il résulter, ajoutait-on, de cette promiscuité des orphelines et des pénitentes, sinon le malheur et la perte d'une œuvre et d'un homme jusqu'alors entouré de la sympathie publique ?

La réprobation universelle fut si violente, que l'administration ecclésiastique s'en émut. M<sup>gr</sup> d'Arbou manda le zélé vicaire à l'évêché. L'accueil fut

*La Mère Noire.* bienveillant. Néanmoins, le prélat ne tarda pas à laisser paraître à quel point on l'avait prévenu contre son subordonné ; il pensait que ce dernier s'était entièrement fourvoyé. Le bon prêtre s'exprima avec la sainte liberté des enfants de Dieu, et renouvelant la fière et toujours efficace argumentation de saint Vincent-de-Paul : « Monseigneur, dit-il, on crie beaucoup, mais je vais crier plus fort que tout le monde. Que dois-je faire ? Il n'y a que trois partis à prendre. Votre Grandeur voudra bien décider. Ou bien renvoyer ces pauvres enfants là où elles étaient.... » — « Oh ! pour ça non, interrompit l'Evêque. » — « Ou bien me donner une somme considérable pour fonder un Refuge ; ou bien les laisser où elles sont jusqu'à nouvel ordre. — Du reste, ajouta-t-il, les choses ne sont pas comme on les dépeint. Ces pauvres filles habitent un grenier entièrement séparé de l'habitation des enfants. Il n'y a pas même d'escalier pour y monter. A la chapelle, elles sont cachées par un rideau. Au surplus, la vie de prière, de larmes, de silence, d'épreuves, que mènent les pénitentes dans leur grenier ouvert à toutes les intempéries des saisons, n'est pas un scandale, mais un bon exemple et une leçon efficace. » Ces paroles rassurèrent M$^{gr}$ d'Arbou. Sa Grandeur consentit à ne pas intervenir, à condition qu'on ferait cesser le plus tôt possible un état de choses qui inquiétait les consciences. Le bon prêtre se mit immédiatement en mesure de donner satisfaction à son Evêque.

Le charitable M. A. Dubrocq n'avait pas suivi l'essai du nouvel établissement avec un moindre intérêt que celui des Orphelines. Par affection personnelle pour le serviteur de Marie, par compassion pour les pénitentes qui déjà pouvaient à peine contenir dans le grenier du *Grand-Paradis,* il mit à la disposition de l'œuvre nouvelle une maison qui venait d'être rebâtie dans la banlieue. La maison fut visitée ; elle parut convenir à la destination proposée. Le serviteur de Marie se confondit en remerciements auprès du généreux bienfaiteur qui, par sa libéralité, lui permettait de satisfaire sans retard aux désirs de l'autorité ecclésiastique. Il fut entendu que M. Dubrocq remettrait, dès le lendemain matin, les clefs du nouveau local.

*La Mère Noire.*

Rentré chez lui, le bon prêtre ne manqua pas de s'entretenir, dans la prière, avec la Très-Sainte Vierge, sur la conjoncture présente. Presque toute la nuit s'écoula en oraison : « O ma tendre et bonne Mère, s'écrie le serviteur de Marie en parlant de cet incident, vous aviez d'autres desseins et, pendant la nuit, dans votre grande bonté, vous me fîtes connaître que votre intention n'était pas que vos pauvres pénitentes habitassent cette maison ; que M. Dubrocq aurait la récompense de sa charité, mais que vous aviez d'autres vues pour votre œuvre et qu'il fallait le dire à cet homme de bien. »

Et en effet, dès le lendemain matin, lorsque

*La Mère Noire.* M. Dubrocq vint porter les clefs de la maison, le bon prêtre refusa de les accepter en faisant connaître au pieux bienfaiteur les ordres de la Très-Sainte Vierge : « Et de suite, raconte le serviteur de Marie, il me répondit ces paroles qui me consolèrent beaucoup : « N'ayez pas de peine : j'ai les mêmes senti-« ments que vous. » Je dus, ô ma divine Maîtresse, vous remercier doublement, et d'avoir daigné me communiquer vos intentions, et d'avoir adouci ce que ma mission avait de pénible auprès de M. Dubrocq, en lui donnant à lui-même les mêmes impressions. »

Cependant, il restait toujours à trouver une installation convenable. Le saint prêtre s'était engagé auprès de son vénérable Evêque à débarrasser promptement l'Orphelinat de son compromettant voisinage. D'ailleurs, l'opinion publique murmurait davantage chaque jour. Le saint prêtre continuait à prier avec ferveur et confiance sans se laisser troubler par la rumeur publique : « Puisque la Très-Sainte Vierge, disait-il, ne m'a pas permis d'accepter l'offre généreuse de M. Dubrocq, elle ne tardera pas à faire connaître ses volontés. »

Vers cette même époque, vint à Bayonne un saint personnage, de grande réputation dans l'Eglise, M$^{gr}$ Flaget, évêque de Barstown, en Amérique, qui parcourait la France pour recommander l'œuvre de la Propagation de la Foi.

Le saint prélat avait à passer devant l'orphelinat du *Grand-Paradis* pour se rendre au grand séminaire, où était sa demeure. L'œuvre naissante l'intéressa vivement. Il la visita avec sympathie et le serviteur de Marie lui en fit les honneurs avec un profond respect. Dans la longue conversation qu'eurent entr'eux les deux hommes de Dieu, il fut surtout question des pénitentes et de leur grenier. L'Evêque exhorta le prêtre zélé à demander à la Congrégation du Bon Pasteur d'Angers, d'accepter la charge de l'œuvre nouvelle. Le serviteur de Marie s'empressa de déférer aux désirs du saint prélat. La réponse de la supérieure du Bon Pasteur équivalait à un refus formel. Le saint prêtre comprit de nouveau que ce n'était pas de ce côté que la Providence voulait diriger l'œuvre. Il n'insista pas.

C'est ainsi qu'on arriva à l'année 1838 sans avoir établi l'œuvre des pénitentes en d'autres conditions que celles dont nous venons de parler. Et cependant, le grenier allait toujours s'emplissant d'une manière invraisemblable, tandis que les inquiétudes publiques s'exaltaient de jour en jour. D'autre part, l'esprit des pénitentes, plus intérieur et plus mortifié, était un sujet d'édification et d'admiration pour leur vénéré Père et leur zélée directrice.

Un fait donnera la mesure de la ferveur de la nouvelle communauté.

Au nombre des pénitentes, se trouvait une jeune

*La Mère Noire.*

personne de 18 à 19 ans. Une de ses tantes ayant appris qu'elle vivait dans un grenier, accourut de Bordeaux à Bayonne et réclama, comme une furie, sa nièce au vénérable prêtre, qui lui répondit avec fermeté. Repoussée de ce côté, cette femme égarée porta plainte au Maire de Bayonne, alors mal disposé contre le serviteur de Dieu et son œuvre nouvelle. Le Maire fit signifier au bon prêtre d'avoir à rendre la jeune fille à sa tante et il chargea un employé de la Mairie de faire exécuter la décision. Quand l'envoyé du magistrat se présenta au bas de l'échelle et ordonna à la pauvre enfant de descendre au nom de la loi, ce fut une explosion de cris, de gémissements, de sanglots, de la part de la jeune repentie et de ses compagnes. Le mandataire de l'autorité publique, quoique peu disposé à se laisser toucher, ne put s'empêcher de mêler ses larmes à celles qui étaient répandues dans ces tristes adieux. Il put donner au Maire de Bayonne l'assurance que les nouvelles converties préféraient vivre dans le dénuement de leur grenier plutôt qu'au milieu des plaisirs du monde, dont elles avaient fait déjà la triste expérience.

# NOTE DU CHAPITRE PREMIER

### Règlements de l'Orphelinat.

Nous empruntons à la correspondance du serviteur de Marie l'extrait d'une lettre adressée au Maire de Bayonne, dans laquelle sont exposés les règlements en vigueur à l'*Orphelinat*. On ne saurait mieux faire connaître le caractère de l'œuvre :

4 avril 1862.

L'*Orphelinat de Marie*, fondé par la Congrégation des *Servantes de Marie*, n'a d'administration que celle de la Congrégation elle-même.

La Congrégation retire ces enfants de leur état de misère extrême pour devenir leur mère et leur préparer un avenir normal dans la société où elles doivent rentrer plus tard. Je n'ai donc à vous envoyer ni compte-rendu, ni notions sur les employés, sur rien enfin de ce qui constitue une administration officielle ; mais je vous ferai connaître, dans tous ses détails, le règlement intérieur consacré par une expérience de plus de vingt ans. Je traiterai par ordre les divers points indiqués dans la lettre que vous m'avez fait l'honneur de m'adresser.

Admission. — Les petites filles admises dans l'*Orphelinat* sont considérées comme orphelines, dès qu'elles se trouvent, pour des causes diverses, dans un dénûment absolu; et, à ce titre, on les reçoit, toutefois avec le consentement préalable de qui de droit.

**Règlements de l'Orphelinat.**

Elles doivent être âgées de 7 ans au moins, natives de Bayonne ou y ayant un domicile continu de cinq ans. Dans des cas extrêmes, le directeur pourrait dispenser de cette dernière condition.

On les reçoit à titre gratuit. Une enfant pour laquelle on offrirait une pension quelconque, serait refusée ; la place serait réservée pour une autre enfant qui n'aurait aucune ressource. L'*Orphelinat* a toujours voulu et veut encore conserver son caractère de pure charité.

L'ÉDUCATION. — Ces enfants sont destinées à devenir des filles de service. On s'attache à former dans leur cœur l'esprit chrétien, qui renferme toutes les vertus sociales, celles surtout qui sont les plus nécessaires dans les conditions inférieures de la société : l'obéissance, la modestie, le respect, l'esprit d'ordre et de bonne tenue. On leur inspire une tendre confiance en leur divine Mère du Ciel et une vive reconnaissance pour la maison où elles trouvent un si précieux asile. Nous avons la consolation de voir ces divers sentiments se graver dans ces chères petites qui nous donnent les plus douces satisfactions.

ATTRIBUTIONS ET DEVOIRS DES EMPLOYÉES. — Les *Servantes de Marie* sont seules chargées de la direction des jeunes orphelines.

La Supérieure, à qui est confiée la direction générale de l'établissement ; deux sœurs d'atelier ; une sœur lingère ; une sœur cuisinière et une sœur d'instruction, forment le personnel des sœurs.

EMPLOI DE LA JOURNÉE. — Les orphelines se lèvent de 5 heures à 5 heures 1/2. Elles se rendent à la chapelle pour faire leur prière.

A 5 heures 3/4, elles achèvent leur toilette.

A 6 heures, elles vont en classe, où elles reçoivent une heure et demie d'instruction.

A 7 heures 1/2, elles prennent le travail.

A 8 heures, le déjeuner (de la soupe, et si elles sont faibles, du chocolat).

A 8 heures 1/2, le travail de couture jusqu'à 11 heures 3/4.

A midi, le dîner suivi de la récréation.

A 1 heure 1/4, la classe d'instruction jusqu'à 2 heures 1/2. Puis, vient le travail.

Le matin à 10 heures et le soir à 4 heures, on leur fait une instruction religieuse ou explication du catéchisme.

A 6 heures 1/2, souper.

A 7 heures, les plus grandes reprennent un travail léger; les plus jeunes sont laissées en récréation, jusqu'à 8 heures 1/2.

A 8 heures 1/2, la prière.

A 8 heures 3/4, le coucher.

Elles assistent à la Sainte Messe deux fois par semaine, le mercredi et le samedi.

C'est à Notre-Dame-du-Refuge, maison-mère de la Congrégation, que se fait le pain pour toute la communauté, dont le personnel, y compris l'établissement des orphelines, s'élève à 500 personnes. On le mange posé de deux jours.

Toutes les semaines, on abat à Notre-Dame une ou deux têtes de boucherie; et la viande, comme le pain, se partage entre les deux établissements, de sorte que, tous les jours gras, les orphelines ont, à midi, un plat de viande, de bœuf ou de porc, car la communauté tue chaque année, dans

Règlements de l'Orphelinat.

Règlements de l'Orphelinat.

la saison, 40 porcs gras élevés et nourris dans la porcherie de la maison-mère.

La soupe est très-fournie de légumes, haricots, choux, pommes de terre, navets, etc., qui se récoltent avec abondance à Notre-Dame-du-Refuge.

Le soir, à souper, les orphelines ont des légumes, des fruits, du laitage, etc.

Cette nourriture simple, mais saine et abondante, car le pain est toujours à discrétion, fait que les orphelines jouissent, en général, d'une santé prospère, bien qu'elles aient beaucoup souffert avant leur entrée dans l'établissement.

L'ORDRE ET LA POLICE DE L'ÉTABLISSEMENT. — L'ordre résulte de la fidèle observation de la règle. La prière, le silence, le respect et le travail sont les éléments de la paix dans la maison et du bien-être qui s'y trouvent.

Les orphelines y sont dirigées avec douceur et bonté ; c'est l'esprit de famille, mais de la famille bien réglée, maintenue dans l'ordre par l'obéissance et rendue aimable par la reconnaissance et l'affection. S'il se trouve quelques natures rebelles, exceptionnelles, après avoir épuisé toutes les ressources de la patience et de la douceur, la communauté, n'usant jamais de voie de rigueur, serait forcée de l'expulser pour éviter le scandale et l'influence du mauvais exemple. Ces cas sont excessivement rares, car la charité est longtemps endurante, surtout à l'égard de pauvres petites qui n'ont d'autre asile qu'une profonde misère ou la maison de correction. A peine, dans plusieurs années, y a-t-il un seul exemple d'une pareille extrémité.

LES CONDITIONS DE SALUBRITÉ. — La maison habitée par

les orphelines appartenait à la commune. Elle est très-vieille ; mais l'extrême propreté qui y règne la tient dans un bon état de salubrité. Les planchers sont cirés chaque jour ; les enfants, très-proprement tenues, portent en elles-mêmes les éléments d'une bonne hygiène.

J'ajoute avec reconnaissance que toutes les fois que l'établissement a eu besoin de quelques travaux d'appropriation, nous avons trouvé en vous, Monsieur le Maire, les dispositions les plus bienveillantes. Grâce à vos soins et aux sacrifices de la ville, la maison, quoique deux ou trois fois séculaire, est très-convenable et répond, autant qu'il est possible, à sa destination.

Les 60 orphelines et les sœurs qui les dirigent y sont sainement logées.

LE PROGRAMME D'INSTRUCTION. — Il est fort simple. La religion dans son histoire, ses dogmes, ses prescriptions ; la lecture, l'écriture, les comptes ordinaires de ménage, c'est tout ce que doivent savoir ces pauvres enfants, qui sont heureuses de demeurer simples et contentes dans leur modeste condition de filles de service.

LES CONDITIONS DE TRAVAIL. — Le travail des orphelines ne peut pas beaucoup produire. Presque toutes sont très-jeunes, de 7 à 14 ans.

En général, elles sont demandées de bonne heure. On les place, alors qu'elles pourraient produire quelque chose.

La Congrégation, dans ses sentiments maternels, sacrifie ses intérêts aux intérêts de ces pauvres enfants. Elle fait plus : sur leur travail, elle leur accorde un cinquième, qui leur est réservé. C'est pour elles une précieuse ressource quand elles sortent pour se placer et un com-

*Règlements de l'Orphelinat.*

**Règlements
de
l'Orphelinat.**

mencement de pécule qui, augmenté de leurs gages annuels, grossit dans la caisse d'épargne et contribue à les maintenir dans des habitudes de travail, d'ordre et d'économie.

LA SUBVENTION DE L'ÉTAT, DU DÉPARTEMENT ET DE LA COMMUNE. — Ni l'Etat, ni le Département, ni la Commune, ne donnent à l'établissement aucune subvention. La Congrégation des *Servantes de Marie*, comptant sur sa divine Maîtresse, a pu toujours, sans importuner personne, nourrir et entretenir ses pauvres enfants. Quelques legs, celui de M. Lormand surtout, lui sont venus en aide. Elle les a reçus avec reconnaissance, mais elle a commencé son œuvre sans les avoir et la continuerait de même, quand elle ne les aurait pas reçus.

## CHAPITRE DEUXIÈME

## NOTRE-DAME-DU-REFUGE

(1838)

1.

**Notre-Dame-de-Buglose.**

« En toutes circonstances où j'ai dû établir quelque œuvre nouvelle, disait le serviteur de Marie, je n'ai jamais agi de ma propre initiative. La Providence m'a ouvert les voies et m'a forcé de réaliser ses desseins. » Il prononçait cette parole à l'occasion de l'œuvre des Pénitentes. Si on avait continué à recevoir les Repenties à Toulouse, à Montauban et à Bordeaux, il n'aurait pas eu à établir un Refuge à Bayonne. Ne pouvant faire agréer ses pensionnaires par les communautés déjà établies, le bon prêtre fut conduit à étudier le plan d'une œuvre nouvelle. Nous dirions qu'il montra dans sa conception une originalité puissante, s'il nous était permis de considérer, dans l'action du saint prêtre, le génie humain, indépendamment de l'inspiration divine.

*Notre-Dame de Buglose.*

Ses vues furent arrêtées en 1838. M$^{gr}$ d'Arbou, ayant à faire une tournée pastorale dans le pays basque, daigna prendre pour l'accompagner le serviteur de Marie, dont il avait fini par apprécier pleinement les vertus et le talent. Pendant cette visite épiscopale, les lignes principales de l'œuvre se dessinèrent dans l'esprit du fondateur. Ce fut à la chapelle des Missionnaires de Hasparren, au milieu de longues prières, que la Très-Sainte Vierge fit connaître sa volonté, dissipa les dernières obscurités et que le serviteur fidèle donna à son auguste Maîtresse et Reine l'assurance d'une soumission et d'un dévouement que rien ne pourrait décourager.

En quoi consistait l'idée essentielle du nouvel établissement? Dans la servitude volontaire à une vie austère. Les pénitentes ne devaient pas être cloîtrées. Elles devaient vivre en communauté avec leurs directrices, dans une maison que ses portes toujours ouvertes rendraient accessibles à tout visiteur sérieux. L'établissement ne pouvait pas, par conséquent, être situé à la ville, mais à la campagne. Pour maintenir les pénitentes dans une maison de prière, de travail et de repentir, sans avoir recours aux verroux, le saint prêtre comptait sur l'esprit de religion et sur les labeurs moralisateurs de la campagne.

Les divers retards que l'œuvre eut à subir, à son origine, n'ont pas laissé d'avoir des conséquences avantageuses pour la nouvelle institution. A la différence des règlements improvisés, créés dans un esprit théorique et qui sont rarement durables, les usages établis par l'expérience et consacrés par la pratique ont force et stabilité. Le serviteur de Marie n'aimait pas à créer de toutes pièces une organisation ou une discipline. Son esprit, qui se plaisait à se jouer au milieu des systèmes, dans le domaine idéal, se tenait, dans la pratique, au plus près des faits et des habitudes. A ses yeux, une Constitution, qu'il s'agît d'un Etat ou d'une communauté, ne devait être rien autre chose qu'une codification d'usages éprouvés. Dans l'apprentissage du gouvernement des pénitentes, au milieu même des incertitudes premières de la fondation, s'introduisirent les pratiques qui servent encore aujourd'hui de règles à l'institution et sont comme les corollaires de l'idée mère.

En principe, la maison est ouverte à toutes les pauvres âmes qui se trouvent dans le dénûment et le danger. Les seules conditions d'admission sont la profonde misère, la volonté de faire le bien et d'opérer son salut. Qu'elles se présentent avec l'intention de se sauver et les portes leur seront ouvertes ! Si elles entrent dans cette sainte disposition, elles acceptent avec joie le travail et l'obéissance ; elles bénissent Dieu de la vie de famille qu'on leur assure dans la communauté. Point d'ouvrage au-

*Notre-Dame de Buglose.*

dessus de leur force, point de mortifications extraordinaires, point d'atteinte à leur liberté. Elles peuvent entrer ou sortir à leur gré de l'institution, sans qu'on prenne aucune mesure pour entraver leur indépendance.

Or, les soins et l'affection des directrices ne doivent jamais se compliquer de questions d'argent. La gratuité absolue doit être un principe respecté dans le Refuge comme dans l'Orphelinat. Ecoutons à cet égard les suprêmes recommandations du vénéré fondateur : « Vous connaissez, mes bien chères enfants, cette règle rigoureuse et de laquelle, grâce aux maternelles bontés de la Mère admirable, nous ne nous sommes jamais écartés. C'est, pour les orphelines comme pour les pénitentes, de ne jamais, non-seulement rien demander, mais même rien accepter comme pension. Le jour où vous auriez le malheur de déroger à cette règle, je regarderais l'œuvre comme perdue et abandonnée de notre divine Mère. » *(Testament spirituel.)*

Signalons avec soin l'origine de cette règle qui constitue la base même de l'œuvre.

Ce fut dans le grenier ouvert à tous les vents, sans lambris et sans feu, où les pénitentes, exposées à toutes les rigueurs de l'hiver, supportaient les plus dures privations avec un courage héroïque, que la Très-Sainte Vierge daigna pour la première fois révéler ses intentions d'une manière positive au digne fondateur.

*Notre-Dame de Buglose.*

Elle écarta tous les moyens de prudence humaine pour se déclarer l'unique fondatrice et maîtresse de l'œuvre.

Elle défendit de jamais rien demander à personne, ajoutant que, si elle voulait des charités, elle se réservait l'initiative des inspirations.

Défense fut faite aussi non-seulement d'exiger, mais même de recevoir, quoi que ce fût à titre de pension, soit pour les orphelines, soit pour les pénitentes.

Pour les orphelines, on les placerait en qualité de domestiques ; mais pour les pénitentes, il faudrait les garder dans la maison jusqu'à la mort, si elles voulaient y rester.

« Mais, ma bonne Mère, disait le vénéré fondateur avec sa naïveté charmante, s'il en vient un grand nombre, que faudra-t-il faire ? » — « Il y aura de l'espace : il faudra bâtir. » — « Mais pour les nourrir et les entretenir, si le nombre s'accroît toujours ? » — La Très-Sainte Vierge répondait : « J'en nourrirai mille comme une. »

En rappelant ces souvenirs quelques années avant sa mort, le saint prêtre s'écriait avec un vif accent de foi, de reconnaissance et d'amour :

« Nous sommes maintenant dans l'intérieur de la communauté environ 500 ; et, grâce aux bontés de notre divine Maîtresse, nous avons le nécessaire avec une certaine abondance. Nous faisons bâtir

*Notre-Dame de Buglose.*

Notre-Dame de Buglose.

toujours et cependant nous ne demandons rien à personne, et personne à peu près ne nous donne rien. La divine Maîtresse pourvoit à tout. Nous vivons dans l'ordre surnaturel. Notre appui n'est nullement sur la terre ; il est dans le ciel, dans le cœur de notre souveraine Maîtresse. Nous avons fidèlement suivi les voies qu'Elle nous a tracées ; et sa main puissante et maternelle n'a cessé de nous diriger par des soins continuels, toujours providentiels, souvent miraculeux. » (Lettre du 27 décembre 1864.)

Mais les dispositions larges et si bienveillantes de la charité ne doivent pas porter atteinte aux droits de l'ordre et de la régularité. C'est pourquoi le serviteur de Marie établit dès le premier jour, dans son œuvre, une discipline exacte. A la veille même de sa mort, il faisait les sages recommandations qui suivent :

« Que vous dirai-je des pénitentes, qui sont les enfants bien-aimées de la divine Mère des miséricordes ? Elles doivent être l'objet constant d'une bienveillance qui ne devra jamais se ralentir.... Oh ! que la bonté est puissante pour gagner et retenir ces pauvres âmes ! Cependant, notre divine Mère veut l'ordre et la paix dans sa maison. C'est ce que cette Mère admirable daigna me dire aux pieds de Notre-Dame-de-Consolation, au sujet d'une pauvre enfant de 15 ans qui avait toutes les inclinations du mal et dont la présence devenait dangereuse. Pénétré d'une vive et profonde douleur, j'allai me jeter aux pieds de la divine Maîtresse pour lui demander ce que je devais faire. Renvoyer cette pauvre enfant, c'était évidemment la plonger dans le gouffre ; la garder, c'était compromettre la maison. Cette Mère admirable, qui partageait ma peine, me dit une parole simple, mais qui renfermait tout : *Il faut la paix dans la maison.* Cette parole, je ne l'ai jamais oubliée ; et vous-mêmes, mes bien chères enfants, ne l'oubliez jamais. Il faut donc à la bonté qui gagne les cœurs joindre la fermeté nécessaire au maintien de l'ordre, mais toujours dans le cœur et l'amour de notre divine Mère, dont nous ne devons jamais nous séparer. » *(Testament spirituel.)*

Ainsi, servitude volontaire, esprit de religion et de sacrifice, gratuité, vie de famille, travaux des champs, discipline exacte, telles étaient les conditions que rêvait pour son *Refuge* le serviteur de Marie.

Lorsqu'il exposait ses idées, on les taxait d'*utopie*. Ce plan de Refuge s'écartait si absolument de l'organisation adoptée ailleurs, il tenait si peu compte de ces précautions si rigoureuses et souvent si inefficaces, mises en pratique dans tous les autres établissements pénitentiaires pour maintenir dans l'ordre des créatures essentiellement indisciplinées, que la plupart des interlocuteurs du vénérable prê-

<small>Notre-Dame de Buglose.</small>

tre ne pouvaient s'empêcher de sourire en écoutant ses projets. L'un des ecclésiastiques les plus autorisés de son temps en tout ce qui se rapportait aux œuvres de charité, M. l'abbé Dufêtre, mort évêque de Nevers, étant venu à Bayonne prêcher l'Avent de 1837, le serviteur de Marie lui fit, avec modestie, part de ses idées. M. Dufêtre le prit de haut avec le zélé fondateur et n'hésita pas à traiter son projet de *rêve creux*.

Ces oppositions chagrinaient mais n'ébranlaient pas le vénérable prêtre. Il guettait avec impatience le moment et l'occasion que la Providence ne pouvait manquer de susciter pour l'accomplissement de ses desseins. Il dirigeait son attention vers les diverses propriétés rurales mises en vente aux environs de Bayonne. Il fit même quelques visites à des biens situés à Ustaritz, à Hasparren et à Saint-Pée. Pour une raison ou pour une autre, aucun projet d'achat n'avait abouti. On était ainsi arrivé au milieu de l'année 1838.

Mais le moment était proche qui allait mettre un terme à toutes les hésitations. Un mouvement intérieur détermina le saint prêtre à aller prendre conseil auprès de la Très-Sainte Vierge, dans son vénérable sanctuaire de Buglose. Obéissant à cette inspiration, il se mit en route à travers les Landes; et, à partir de Dax, en vrai pèlerin, le bréviaire sous le bras, le chapelet à la main, il marchait avec confiance, pressentant une solution à ses incertitudes. En arrivant au hameau de Ranquines, auprès du chêne séculaire qui abrita l'enfance de saint Vincent-de-Paul, il se jeta à genoux, baisa pieusement le sol qu'avait foulé le grand saint et demanda au nom de la charité, à ce dévot serviteur de Marie, de lui servir de patron et de conducteur auprès de la Reine du ciel. En se relevant, il lui sembla que sa prière était exaucée ; et priant, et chantant, à travers une route sablonneuse et déserte, il se mit à cheminer allégrement, comme en compagnie du grand saint, qui paraissait recommencer avec le prêtre-pèlerin cette route tant de fois parcourue par le charitable enfant de Ranquines à la fin du seizième siècle.

Notre-Dame de Buglose.

La chapelle de Buglose n'était pas alors cette riche et harmonieuse basilique que nous devons à la piété et au dévouement des saints missionnaires chargés de la desservir. C'était un humble édifice se perdant au milieu des sables et des forêts de pins, délabré de vétusté, pauvre et négligé. Il renfermait, du moins, un incomparable trésor, la statue miraculeuse aux pieds de laquelle tant de générations avaient trouvé protection et consolation. Elle se montrait au pèlerin dans sa grâce touchante et, de la regarder seulement, mettait au cœur l'amour et l'espérance.

Avant de se prosterner à ses pieds, le vénérable

prêtre visita les saints honorés dans les chapelles latérales, pour leur demander de se présenter avec lui auprès de leur grande Reine. C'était d'abord, à la chapelle de droite, saint Vincent-de-Paul. Son concours était déjà acquis. A la chapelle de gauche, qui aperçut-il ? Marie-Madeleine, la pénitente. Ce fut un saisissement de surprise et de joie pour le bon prêtre de se trouver en présence de cette protectrice naturelle de ses intérêts. Et comment le modèle des pénitentes aurait-elle pu lui refuser son concours ? Ne devait-elle pas avoir déjà plaidé souvent la cause des repenties de Bayonne ? Et se trouvant là, si à point, n'était-ce pas un signe assuré de son bon vouloir ?

Le serviteur de Marie pria longtemps devant la statue miraculeuse, en proie à une indicible émotion. Les bras en croix, il renouvela à sa Mère du ciel ses promesses d'offrande, de dévouement et de sacrifice. Il s'entretint avec elle de ses desseins, longuement, affectueusement, pathétiquement. Marie souriait à son serviteur. Elle approuvait ses projets avec une maternelle condescendance : « Enfin, racontait le vénérable prêtre, j'allais lui demander la somme nécessaire pour mener à bonne fin mon entreprise, lorsqu'elle me ferma la bouche et fit entendre cette parole si digne de sa sagesse et de sa grandeur : *Ne me demande que mon esprit.* Oh ! oui, la plus tendre des Mères, donnez-moi votre esprit ; je vous le demande uniquement, car je sais, et vous me l'avez bien prouvé, que tout le reste nous sera donné par surcroît ! »

Mille et mille fois plus heureux et plus riche que s'il avait recueilli un précieux trésor, le bon prêtre renouvela à Marie l'expression de sa reconnaissance et de son amour ; puis, comblé de joie, il reprit la route de Bayonne, revint à ses travaux ordinaires et attendit en paix l'heure de Marie.

## II.

### Notre-Dame-du-Refuge.

Cette heure ne tarda pas à sonner.

Ecoutons le récit du vénéré fondateur :

« Je dirigeais depuis assez longtemps une demoiselle appartenant à la famille Moulia. Elle se trouvait à Anglet, dans la maison *Laxague*, avec son père et sa mère. Elle me fit prier d'aller la voir, car elle était malade et elle désirait me communiquer quelques choses qui touchaient à sa direction. Je me rendis à son invitation après les occupations de la matinée. J'étais chez elle vers midi. Son père m'invita à dîner et, malgré mes résistances, je dus céder et je restai. Comme les moindres détails ont quelquefois une portée providentielle !

« Je promenai après le repas dans le bosquet qui

*Notre-Dame du Refuge.*

avoisine la maison et, naturellement, dans cette demeure solitaire, ombragée, silencieuse, mon esprit se portait vers le pauvre grenier de Bayonne, et je pensais à tout notre bonheur si nous avions à notre disposition une retraite aussi belle, aussi convenable. Or, sans m'en douter, je touchais presque de la main le lieu saint et béni où Marie voulait établir sa demeure et la Maison-Mère de son œuvre.

« Les pensées qui roulaient dans ma tête répandaient sur ma figure et sur tout mon être je ne sais quel reflet de tristesse et de préoccupation. Le bon vieillard, père de la demoiselle, s'en aperçut et me demanda ce que j'avais et pourquoi j'étais triste. — Eh! que voulez-vous, lui dis-je? je pense toujours à ces pauvres pénitentes qui sont dans un grenier; et voyant cette maison si bien située, si apte à une œuvre de solitude, de pénitence et de travail, je me dis combien nous serions heureux, si une demeure de ce genre nous était donnée. Mais, hélas! que nous sommes loin de pareilles espérances! et tout cela me rend pensif et préoccupé. — Si ce n'est que cela, me dit-il, je puis vous offrir tout de suite quelque chose qui serait mieux encore. Ici, à trois minutes, la maison appelée *Châteauneuf* est à vendre et vous seriez là bien mieux encore qu'ici. L'édifice est plus grand, le domaine plus étendu et ramassé autour de la maison. Impossible de trouver mieux.

« Pour le riche qui veut acquérir, la première préoccupation c'est la beauté, la grandeur, les convenances de l'acquisition. Pour le pauvre, la première pensée, c'est le prix. Moi, j'étais pauvre, car je n'avais rien et je demandai tout de suite ce que valait ce domaine. Ce domaine valait de 40 à 45 mille francs. A ce chiffre, je reculai et je dis qu'il était inutile d'en parler davantage. M. Moulia prit un ton ferme et décidé, me déclara que je devais aller voir cette maison, que je ne partirais pas sans l'avoir visitée. Comment aurais-je résisté ? Je me mis à suivre mon hôte, mais comme un condamné à la chaîne.

Notre-Dame du Refuge.

« Nous nous dirigeâmes vers la maison. Nous entrons : je fus frappé de la solidité de l'édifice et aussi de sa grandeur. Nous allions de chambre en chambre, moi toujours marchant à contre-cœur et avec une visible répugnance. Tout à coup, dans une des chambres, m'apparaît, appendu à la muraille, le portrait de sainte Marie-Madeleine, la pénitente. Dans la maison, nue, dépouillée, abandonnée, c'était le seul objet mobilier qui fût resté en place. Ce qui se passa en moi, je ne saurais le dire, mais il s'opéra une transformation complète. Les 45,000 fr. ne furent plus une difficulté. J'eus dans ce moment solennel la certitude que la Très-Sainte Vierge avait choisi cette demeure pour y établir son œuvre et que sainte Marie-Madeleine l'avait gardée pour cette grande et sainte destination. Ceci avait lieu dans les premiers jours du mois de novembre 1838, quatre mois après mon pèlerinage à Notre-Dame-de-Buglose. »

A partir de ce jour, le serviteur de Marie n'eut qu'un souci : en finir au plus tôt avec l'acquisition du domaine *Châteauneuf*. Il entra en pourparlers avec le digne M. Magnelli, chargé de la vente. Le prix en fut arrêté à 44,000 fr. On fixa le jour du contrat. Ce fut le samedi 25 novembre 1838 que furent signées les conventions. C'était la Très-Sainte Vierge qui achetait : il était juste qu'on dressât l'acte le jour qui lui est consacré. Dans son empressement à obéir aux inspirations d'en haut, le bon prêtre n'hésita pas à violer les consignes qui empêchaient les visiteurs de pénétrer jusqu'au respectable M. Saubot-Damborgez, notaire aussi habile que consciencieux, alors retenu dans son lit par une grave maladie. Le jeudi, le vénérable prêtre arriva presque de force au chevet du malade, l'entretint de ses affaires, lui annonça que le samedi suivant il aurait à libeller l'acte de vente. En effet, le samedi suivant, 25 novembre, jour de sainte Cathérine, M. Saubot-Damborgez, qui apporta dans tous ses rapports avec le bon prêtre un concours aussi dévoué que désintéressé, était sur pieds et terminait la grosse affaire.

Quant au paiement, le vénérable fondateur,

assuré que l'acquisition devait être soldée par le travail et les sacrifices, ne s'en préoccupa pas outre-mesure. D'ailleurs, les esprits étaient bien disposés à cet égard. Quelques personnes de bonne volonté prêtèrent les petites sommes immédiatement nécessaires. Les propriétaires du domaine consentirent à laisser leurs fonds sur le bien même, moyennant les intérêts du capital.

Désormais, le domaine s'appela : NOTRE-DAME-DU-REFUGE (1).

*Châteauneuf* était une maison de campagne à 4 kilomètres de Bayonne, à peu près à la même distance de Biarritz, à 2 kilomètres de la mer. Autour de la maison, se groupaient quelques champs, de 15 hectares environ de superficie, donnant de maigres récoltes.

La maison d'habitation était une vieille gentilhommière à tourelles, siège d'une ancienne baronnie remontant aux premières années du quinzième siècle. Une petite chapelle attenait à la demeure seigneuriale qui ne laissait pas d'avoir bonne mine au sommet du plateau, avec sa longue façade aux

Notre-Dame du Refuge.

(1) « L'établissement que je dirige porte le nom de *Notre-Dame-du-Refuge* et il justifie parfaitement son nom. Y a-t-il quelque part autour de nous une jeune enfant délaissée, abandonnée, sans asile ? C'est dire qu'elle vient avec sa profonde misère et sa bonne volonté, et si elle veut être obéissante, fidèle et dévouée, elle est assurée d'avoir trouvé, même pour toute sa vie, un père, une mère, une famille » (Lettre du 12 avril 1866.)

*Notre-Dame du Refuge.*

grandes croisées, sa tour au toit pointu, sa porte principale décorée de sculptures. Au Midi, la chaîne des Pyrénées, se déroulant de l'Est à l'Ouest en lignes harmonieuses, va plonger dans l'Océan, qui emplit l'Occident de son bruit rauque et constant ; au Nord, le regard se perdait alors dans les sables des dunes, tandis qu'à l'Est, les yeux charmés courent, de coteaux en coteaux, par dessus la ville de Bayonne, dont les clochers pointus dentellent de noir l'horizon, jusqu'aux vertes hauteurs qui dominent la vallée de l'Adour.

*Châteauneuf* était situé sur les confins de la région de terre et de la région de sable. A l'Ouest de Bayonne, l'Adour longeait de sa rive gauche les dernières rampes des Pyrénées ; ainsi le pays de terre ferme se perdait dans les eaux du fleuve. La rive droite du fleuve arrêtait les marées de sable qui descendent incessamment du Nord. Mais il y a quelques siècles, le fleuve capricieux déplaça son embouchure et, marchant parallèlement à la mer, se porta à plusieurs lieues au Nord du Boucau-Neuf. Le flot de sable ne rencontrant plus sa digue infranchissable, continua son invasion vers le Midi et, lentement mais irrésistiblement, se mit à recouvrir de dunes les premières hauteurs pyrénéennes. Et qui sait jusqu'où se seraient étendues ses conquêtes, si l'Adour, fixé dans son cours actuel par la main de Louis de Foix, n'avait sauvé les charmants rivages d'Anglet, de Biarritz et de Guéthary? *Châteauneuf* fut bâti à la limite des sables et marque avec précision les bornes du pays des dunes.

Notre-Dame du Refuge.

Qu'elle fut salutaire l'inspiration qui porta le serviteur de Dieu à établir à *Châteauneuf* le siége de son œuvre! A l'origine, on ne voyait que les inconvénients de l'acquisition, la difficulté des communications dans une contrée absolument dépourvue de routes, la solitude qui régnait dans ce pays abandonné, l'infertilité des terres à travailler. Mais la Providence a bien montré sa sagesse dans la manière dont elle a conduit son serviteur. Que serait-il arrivé si l'œuvre se fût établie à Ustaritz, à Saint-Pée, dans l'un des domaines visités d'abord par le serviteur de Marie? Il est probable qu'elle n'aurait pu se développer librement et qu'elle aurait péri par manque d'air et d'espace. A *Châteauneuf*, il fut facile de s'étendre au milieu des sables, sans qu'on eût à faire de grands sacrifices d'argent : les terres de Notre-Dame ont pu acquérir une étendue de cent hectares, qui à tout jamais suffiront sans doute au développement de l'œuvre.—Il eût été bien difficile de trouver ailleurs un débouché suffisant aux produits du monastère. Le couvent vit de son travail ; ce travail est considérable et a besoin d'être alimenté par de grands centres de population. Situé à égale distance de Bayonne et de Biarritz, devenu d'un accès facile par suite de l'établissement de nombreuses routes et d'un chemin de fer, le couvent de Notre-Dame se trouve aujourd'hui dans la plus heureuse position topographique. Mais ces avantages ne pouvaient pas être prévus en 1838. Aussi, plus tard, lorsque le serviteur de Marie assista au développement de toutes les circonstances qui ont favorisé Notre-Dame avec une si extraordinaire intelligence, il ne cessait de bénir Dieu et sa Très-Sainte Mère de l'avoir dirigé si admirablement dans le choix de Notre-Dame-du-Refuge.

### III.

#### La crise des dettes.

La maison était acquise, mais il fallait y faire des travaux d'appropriation et agrandir la chapelle qui existait déjà.

Dans l'état de pauvreté extrême où se trouvait l'acquéreur, il devait viser à une grande économie. Il demanda des conseils et il s'adressa à un entrepreneur de constructions à qui il confia avec simplicité sa pénurie et ses besoins. Il lui fut répondu avec bienveillance. Un devis des travaux, s'élevant à trois mille et quelques cents francs, fut établi de concert.

Les appropriations convenues furent promptement terminées et, comme les orphelines, ce fut dans la semaine du Très-Saint Sacrement, le samedi soir, que quatorze pénitentes, sous la direction de la Mère Noire, vinrent s'installer dans leur asile. Elles commencèrent à vivre selon l'esprit de l'œuvre notifié au fondateur dans la chapelle des Missionnaires de Hasparren. Elles constituèrent avec leurs directrices une sorte de famille, mais de famille austère et sainte. Les portes étaient ouvertes. Les membres de la nouvelle communauté se voyaient et se sentaient libres. Mais la ferveur régnait dans leur cœur et elles étaient heureuses d'appartenir à la pieuse institution, heureuses de servir Dieu et Marie dans la spontanéité de leur cœur et le dévouement de tout leur être.

Cependant la vie matérielle y était difficile. Presque personne ne savait travailler : aussi, le travail ne rendait rien ou à peu près rien, et on sentait les étreintes de la pauvreté et les vraies angoisses de l'indigence. Il fallait donc que le serviteur de Marie continuât à être le père nourricier de la communauté. Il ne recula pas devant cette difficile mission. Alors s'introduisit l'habitude, qui se conserve encore dans le pays de Bayonne et dans la communauté, d'appeler le serviteur de Marie : le *Bon Père.* Oui vraiment, un *Bon Père*, aimant ses enfants d'une indicible tendresse, se dépensant pour elles sans mesure, se dévouant avec passion à leurs intérêts spirituels et temporels.

Néanmoins, il fallait chaque jour pourvoir à l'en-

*La Crise des Dettes.*

La Crise des Dettes

tretien de l'Orphelinat de Bayonne et à l'entretien du Refuge d'Anglet : c'était plus qu'il n'en fallait pour absorber toutes les ressources du saint prêtre.

Mais ce n'était pas assez pour épuiser les bontés de la Providence. Elles s'exerçaient sur l'œuvre nouvelle avec une admirable opportunité. Quand l'heure de la tribulation arrivait, Marie ne manquait jamais de parler à quelques bonnes âmes et de leur inspirer de venir au secours de ses enfants.

Une fois, le *Bon Père* fut sommé par un de ses créanciers d'avoir à compter dans le délai de trois jours une somme de 300 fr. ; le charitable prêtre était, à ce moment, absolument dénué de ressources. Il s'adressa à la Très-Sainte Vierge, se prosterna à la cathédrale de Bayonne devant la statue de sa protectrice et, tenant à la main le billet contenant la réclamation du créancier, il parla ainsi : « Ma bonne Mère, vous voyez ce billet et vous savez ce qu'il dit. Vous savez aussi que je n'ai rien et qu'il m'est impossible de payer la somme qui m'est demandée. Maintenant donc, faites de moi ce que vous voudrez ; j'accepte de votre main tout ce que vous permettrez. Je vous abandonne tout, je vous confie tout, et je vais confesser. »

Aussitôt il se dirigea vers le confessionnal et se mit à l'œuvre.

Il y était à peine depuis un quart d'heure, lorsqu'il entendit quelqu'un s'approcher à pas précipités, frapper vivement à la porte. Il ouvre et il entend une dame lui dire avec bonté : « Monsieur l'abbé, mon mari et moi nous avons promis à la Très-Sainte Vierge de vous faire une aumône de cinq cents francs si nous réussissions en une affaire ; nous venons d'obtenir ce que nous désirions. J'accours pour vous dire que cette somme est à votre disposition. » — Le bon prêtre, tout saisi et comme hors de lui-même, regardait sa bienfaitrice avec des yeux pleins de larmes et lui disait d'une voix entrecoupée de sanglots : « Oh ! Madame, si vous saviez quelle mission vous accomplissez en ce moment ! Je reçois votre don généreux, d'abord des mains de la Très-Sainte Vierge, qui vous envoie, et aussi des vôtres, qui sont l'instrument de ses admirables bontés. » Et la brave dame, émue elle-même par cette explosion de foi et de reconnaissance, et devinant peut-être que les besoins du saint prêtre étaient urgents, courait aussitôt chez elle et, sans perdre une minute, revenait avec la somme libératrice.

Il fallait entendre le serviteur de Marie raconter ce trait, pour savoir quelle était la vivacité de sa confiance et de son amour envers la Très-Sainte Vierge. Il en détaillait complaisamment les moindres circonstances, en faisait valoir les coïncidences et les singularités. Les années et les épreuves avaient en vain passé sur sa tête : elles n'avaient pas amoindri la vivacité de sa première impression.

*La Crise des Dettes.*

**La Crise des Dettes.**

Chaque jour, dans cette navrante crise de la pauvreté, chaque jour apportait sa douleur et son remède.

Une personne avait consenti à s'engager personnellement au bénéfice du zélé fondateur, pour une somme de 6,000 fr., auprès d'un capitaliste. Détournée de ses pensées de bienveillance, elle retira sa responsabilité; alors, le capitaliste réclama les fonds prêtés sur cette garantie et les voulut immédiatement. Le bon prêtre, dans ce pressant besoin, s'adressa au pieux et excellent M. Chapel-Despinassoux, négociant notable de Bayonne, qu'il pria humblement de lui prêter la somme nécessaire et à qui il offrit un billet en son nom, quelque modeste que fût la valeur de sa signature. M. Chapel-Despinassoux, dont le cœur large et généreux était capable des plus nobles inspirations, prit le billet en souriant : « Je vous remercie, Monsieur l'abbé, dit-il, d'avoir pensé à moi. Les six mille francs seront chez vous dans un quart d'heure. Quant au billet, qu'il n'en soit plus question ! » Et il le déchira.

« Et certes, racontait le *Bon Père,* ce ne fut pas là sa seule libéralité. Il en fit beaucoup d'autres, sans que jamais je lui eusse fait part de mes embarras, et chacune de ses aumônes vint juste à l'heure où j'en avais besoin. Sa mort a été précieuse devant Dieu. S'il avait encore besoin de nos prières, ô Marie, souvenez-vous de lui. Il a été si bon, si généreux pour votre œuvre : obtenez-lui au plus tôt sa délivrance ! »

*La Crise des Dettes.*

Et c'étaient là des incidents qui revenaient souvent, apportant sans cesse les mêmes épreuves poignantes, les épreuves du débiteur impitoyablement poursuivi par ses créanciers, épreuves suivies des mêmes bienfaits de Marie et de la même gratitude de son serviteur. La communauté croissait, les dépenses aussi, et le travail n'était pas encore suffisamment perfectionné pour devenir rémunérateur. Et cependant les comptes étaient présentés et il fallait payer, et bien souvent la bourse du charitable prêtre ne renfermait pas un centime. Qui saurait dire les angoisses qui serraient parfois le cœur du pauvre prêtre !

Il en est une surtout qu'il supporta avec une patience admirable.

Les travaux d'appropriation de Notre-Dame-du-Refuge ne devaient monter qu'à trois mille francs. Lorsque, plusieurs mois après, les comptes furent arrêtés, le serviteur de Marie s'aperçut que les sommes à payer à l'entrepreneur s'élevaient à douze mille francs.

Douze mille francs ! Cette somme considérable, s'ajoutant au capital non encore payé, créait au saint prêtre une douloureuse situation. « Oh ! mon auguste et tendre Mère, s'écriait-il dans les dernières années de sa vie ; aujourd'hui la grandeur de la souffrance

*La Crise des Dettes.*

ne sert qu'à me faire apprécier la grandeur de la reconnaissance dont mon cœur et l'œuvre entière doivent être pénétrés pour vos inexprimables bontés. Que n'ai-je pas souffert sous la pression d'un créancier persécuteur ! et cependant je reconnais qu'il était dans son droit : il faisait ce qu'il devait faire. Père de famille, il devait rentrer dans ses fonds pour pourvoir aux besoins de ses enfants ; mais moi, sans argent, sans crédit, qu'avais-je à faire sinon fuir quand je le pouvais ou bien subir la torture quand je devais affronter le regard et la parole du créancier ? O bonne et tendre Mère, ayez pitié des pauvres qui ont à porter cette épreuve !.... Ai-je eu alors assez de confiance et d'abandon en votre cœur ? Je n'oserais le dire. Si j'ai failli dans ces temps difficiles et douloureux, je m'en humilie profondément à vos pieds et vous en demande bien pardon ! »

Toutefois, au milieu de ces embarras pécuniaires, le serviteur de Marie resta toujours fidèle à la défense qui lui avait été intimée par la Très-Sainte Vierge de rien demander à personne. A ses yeux, on ne saurait trop le redire, cette défense était le fondement même de l'œuvre. D'après lui, le bon ou le mauvais esprit de l'institution dépendait de l'observation plus ou moins exacte de ce point essentiel. Cette défense, en apparence si étrange, n'était-elle pas la preuve que Marie voulait être l'unique fondatrice et maîtresse de l'œuvre et qu'elle se réservait de pourvoir aux besoins de ses enfants avec une maternelle sollicitude?

Il aimait à raconter comment il avait été, en quelques circonstances, puni d'avoir enfreint les ordres de la Très-Sainte Vierge et récompensé d'avoir suivi docilement ses inspirations.

Vers l'année 1839, le serviteur de Dieu étant de passage à Paris, quelques-uns de ses amis l'engagèrent à rendre visite à son compatriote, M. Lafitte, célèbre banquier, dont la fortune avait subi des pertes sensibles, mais dont l'influence était encore considérable. Le bon prêtre comptait lui faire part de ses espérances et le rendre favorable à son œuvre.

Il se présenta à son hôtel, timidement. On n'était guère habitué à y recevoir des hommes d'Eglise. Il fut accueilli au vestibule par un valet de chambre qui lui demanda sèchement ce qu'il désirait. — Parler à M. Lafitte. — Vous serez très-court, fit observer le valet : M. Lafitte comprend très-vite. Et il introduisit le prêtre dans le cabinet du banquier. M. Lafitte était à son bureau. — Que demandez-vous? dit-il brusquement. — Monsieur, je venais, comme Bayonnais, vous faire connaître une petite œuvre de charité que je viens de fonder dans votre ville natale. — Qu'avez-vous pour la soutenir? — La Providence et les gens charitables. — Donnez cent francs à M. l'abbé. — Puis, M. Lafitte se leva,

*La Crise des Dettes.*

fit une inclination de tête et l'abbé se trouva congédié.

Le serviteur de Dieu remarquait que des leçons semblables lui étaient données toutes les fois qu'il s'exposait à violer, plus ou moins directement, la défense de la Très-Sainte Vierge de rien demander aux hommes.

Au contraire, le serviteur de Marie se montrait-il exact observateur des volontés de son auguste Maîtresse ? Il en était récompensé avec une libéralité toute divine.

Dans une des circonstances d'extrême gêne, la pensée vint au bon prêtre, alors acculé à de pressants embarras, de recourir à une personne d'éminente charité, M$^{lle}$ de Laborde-Noguez, bonne, riche, indépendante. Après avoir hésité longtemps, il crut que les difficultés du moment excuseraient son infraction aux ordres de la Très-Sainte Vierge et il se détermina à écrire à la pieuse demoiselle pour solliciter un secours de 3,000 fr. Il prit la plume, mais la lettre se trouva si mal faite qu'il ne fallut pas songer à l'envoyer. Le bon prêtre recommença : il fut encore moins heureux que la première fois. Il se mit à l'œuvre une troisième fois : il ne réussit pas davantage. Il n'était pas ordinaire au bon prêtre, dont le génie facile se jouait de la parole parlée ou écrite, de rencontrer de telles difficultés de rédaction. Il fut étonné, rentra en lui-même, reconnut sa faute, s'humilia devant la divine Mère, lui demanda pardon de sa désobéissance et, déchirant ses trois lettres, il ne voulut rien attendre désormais que de la Providence. Une quinzaine de jours s'écoulèrent ; il ne pensait plus à ce petit incident, lorsqu'il apprit que M<sup>lle</sup> de Laborde-Noguez venait de tomber malade. Sa maladie s'aggrava promptement. Se voyant près de mourir, elle appela sa famille auprès de son lit, recommanda à l'un des siens de prendre trois mille francs dans son secrétaire, dès qu'elle serait morte, et de les porter en très-grand secret au fondateur du Refuge. Elle mourut le lendemain, et bientôt après, son neveu, M. Amédée de Laborde-Noguez, remettait au saint prêtre le dernier don de la noble défunte.

Cette fois encore, c'était une leçon, mais donnée de la manière la plus maternelle, et dès lors, le bon prêtre ne s'exposa plus à mécontenter son auguste protectrice.

D'autre part, il aurait cru pécher contre l'humilité et la Providence, en refusant les secours qu'on lui offrait de plein gré, quelque minimes que pussent être d'ailleurs ces secours.

Dans le voyage de Paris dont nous venons de faire mention, il se rendit de Nantes à Orléans par bateau à vapeur. La compagnie était nombreuse. La traversée dura trois jours. On avait établi dans le bateau un restaurant, dont le pauvre prêtre

*La Crise des Dettes.*

La Crise des Dettes.

n'eut garde de s'approcher, car les prix étaient peu en rapport avec l'état de sa bourse. Il avait prévu le cas et s'était muni de ses provisions ordinaires de voyage, c'est-à-dire d'œufs durs, nourriture toujours prête, facile à conserver, également propre aux jours maigres et aux jours gras, qui, assaisonnée d'un peu de sel et de beaucoup d'appétit, suffit à la rigueur aux estomacs complaisants. Pendant que les autres voyageurs descendaient au restaurant pour prendre leurs repas, lui, profitait de la solitude et du silence pour réciter son office. Quand ils rentraient dans les cabines pour se reposer ou se distraire, il se glissait dans la soute au charbon et faisait son modeste repas dans l'ombre et la solitude.

Au deuxième jour, à l'heure du principal repas, un monsieur et une dame, appartenant à la classe ouvrière, d'un extérieur modeste, mais aisé, attirèrent l'attention du serviteur de Marie. Ils paraissaient préoccupés en le regardant, et désireux de lui faire quelque communication. L'homme se décida enfin à s'avancer vers lui et à dire avec embarras : « Monsieur, ma femme et moi nous aurions un service à vous demander : mais il ne faut pas nous le refuser. » — « Certes, répondit le prêtre, je suis disposé à vous rendre tous les services qui dépendront de moi. Mais, en vérité, je ne vois pas en quoi je puis vous être utile. » — « Pardon, reprit l'homme, voilà deux jours bientôt que ma femme et moi avons les yeux fixés sur vous et nous sommes assurés que vous n'avez encore rien pris ; nous en sommes navrés. Je viens donc vous prier, monsieur l'abbé, de venir prendre place à notre petite table, où un couvert est mis pour vous. » Le serviteur de Marie remercia chaleureusement son interlocuteur de son obligeance, le pria de se tranquilliser, mais, suivant l'usage dont il ne se départait qu'en de rares circonstances, il n'accepta pas son invitation à dîner. Ce refus ne découragea pas les braves gens. Quelques heures après, il était occupé à laver son mouchoir dans la Loire ; la femme s'approcha doucement et lui dit à voix basse, d'un ton d'affectueux reproche : « Vous n'avez pas voulu accepter notre offre, monsieur l'abbé, et vous nous avez fait de la peine. Mais j'ai ici une pièce de deux francs ; je vous en conjure, ne nous refusez pas encore. » — « Merci, madame, je ne refuse jamais ce qu'on m'offre pour mes pauvres enfants. » Ces braves gens parurent heureux et le bon prêtre fut ravi de cette simplicité et de cette bienveillance.

## IV.

### La Pauvreté.

A l'époque dont nous parlons, la grande douleur du *Bon Père* était de ne pouvoir donner à ses enfants qu'une nourriture grossière et quelquefois insuffi-

La Pauvreté. sante. C'était la mode pour quelques esprits légers de jeter au serviteur de Marie le dédain et la raillerie relativement à la pénurie de ses filles spirituelles. On était sûr de l'atteindre ainsi au plus sensible du cœur. De telles paroles lui auraient inspiré de l'aversion, s'il en eût été capable. Que ne faisait-il pas afin de procurer à son troupeau une alimentation convenable? Mais souvent la pauvreté, pendant les dix premières années, paralysait ses efforts, et la table commune fut parfois d'une frugalité excessive. Le bon esprit des enfants soutenait le courage du Père. On supportait avec une héroïque patience les plus dures privations. On laissait passer les périodes de disette avec une joyeuse insouciance.

Au milieu d'une épreuve de dénûment presque absolu, le Bon Père ayant réussi à se procurer quelques ressources, accourut au milieu de ses enfants, et, réunissant la communauté, lui demanda en riant quel gala elle désirait qu'on préparât pour le dimanche suivant : « Bon Père, répondit-on après s'être concerté, donnez-nous à chacune une sardine entière et de la méture à discrétion. » Mais on n'avait pas souvent les moyens de renouveler ces largesses. La méture elle-même ne pouvait être accordée à volonté. Dans ces moments de privation, les jeunes estomacs, surexcités par le travail des champs et la sève de l'adolescence, criaient avec force ; la foi, la mortification et la charité leur imposaient silence. C'est ainsi que, lorsque la faim se faisait sentir trop douloureusement, la Mère Noire montait sur la haute dune de Saint-Bernard et, s'agenouillant au pied de la grande croix de bois qui domine la région, elle priait pour les pauvres ; puis, se levant et se tournant vers le Nord, les bras étendus, elle s'écriait : « Seigneur qui aimez ceux qui souffrent, en votre nom, j'envoie cent charrettes de pain à mes frères du Nord, qui n'ont pas de pain ! » Et se tournant successivement vers le Midi, l'Orient et l'Occident, elle répartissait les aliments les plus succulents entre les affamés de tous les points cardinaux. Rassasiée par ces libéralités sans mesure, la Mère Noire revenait au travail avec courage et attendait patiemment l'heure de la réfection.

*La Pauvreté.*

Elle a été fondée sur ces souffrances et ces mortifications, l'œuvre sainte de Notre-Dame ! Aussi, la miséricorde envers les pauvres y est-elle, y sera-t-elle toujours en honneur. On y donne et on y donnera jusqu'à la fin à ceux qui ont besoin, en souvenir de Notre-Seigneur Jésus-Christ, souffrant en la personne des pauvres ; en mémoire des fondateurs de l'œuvre, qui ont supporté pour Dieu toutes les angoisses de la pauvreté (1).

(1) Nous avons dit que l'épreuve de la grande pauvreté dura environ dix ans. Elle n'était pas encore terminée en 1848, ainsi

*La Pauvreté.*

Nous n'exagérons rien : il suffit de consulter la correspondance des dix premières années pour y trouver, à chaque page, l'exemple de la plus admirable patience au milieu de la plus extrême misère. La Mère Vénérée écrivait le 24 octobre 1843 : « Vraiment, mon Bon Père, je suis effrayée de voir comme l'argent s'en va. Depuis quelque temps, nous vivons pauvrement afin d'économiser. Malgré tout, l'argent se fond. Cependant, je suis et nous sommes pleines de confiance en notre bonne Mère, car chaque jour nous avons de nouvelles preuves de sa protection. Il faudra penser à nos bonnes Sœurs qui sont parties hier au soir bien pauvres. Leurs souliers sont percés. Elles auraient besoin de sabots. Pour le linge, elles sont également dénuées. Mais pas une seule plainte de leur bouche. Oh ! c'est beau, quand une religieuse aime à ce point la pauvreté ! »

La Mère Vénérée avait du mérite à aimer la pauvreté, car elle se faisait sentir autour d'elle dans toutes ses rigueurs. Une fois, il était deux heures de l'après-midi, et la communauté n'avait pas encore fait le repas de midi. Les orphelines commencè-

---

qu'on peut le voir par le passage suivant d'une lettre de la Mère Vénérée :

« Quant aux finances, nous sommes très-pauvres. La Bonne Sœur dit que l'épreuve est longue. Mais elle est toujours pleine d'abandon à notre bonne Maîtresse. Au reste, sans épreuve et sans peine, où serait le mérite ! » **(24 octobre 1848.)**

rent à pleurer de faim. Elle dit : « Allons réciter un *Souvenez-vous* à la chapelle. » Presque au même instant, de pieuses dames arrivaient de Bayonne, envoyaient chercher du pain chez le boulanger et la voiture de Notre-Dame entrait dans la cour portant des provisions.

La Pauvreté.

Prenons sur le fait la liberté d'esprit de la Mère Vénérée en ces circonstances pénibles : « Hier, vers six heures du soir, on vient me dire qu'il n'y a dans la maison ni pain, ni farine, ni bois. Moi, j'avais deux ou trois sous dans ma bourse. Faut-il appeler ces situations des croix ? Non, mon Bon Père. Tout cela n'est rien, car jamais dans de pareilles circonstances la Très-Sainte Vierge n'a manqué de nous secourir. La Sœur Marie-Stanislas a trouvé quelques sous dans ses poches. Nous avons acheté dix-huit sous de farine ; grâce à quelque peu de charbon blanc (épis de maïs), oublié dans un coin, nous avons fait de la tourniole, et tout le monde a été ravi. Puisque je suis à vous parler de la Providence, voici un trait. Il y a quelques jours, nous n'avions dans la marmite que de l'eau claire pour faire la soupe. Il était neuf heures, lorsqu'on vint m'apporter cette nouvelle. Comme ces choses ne me font pas ordinairement beaucoup de peine : « C'est bien, dis-je, » et quelqu'autre préoccupation me fait oublier la marmite à l'eau claire. Mais notre bonne Mère ne l'oublia pas. J'entends sonner un

La Pauvreté.

instant après et je vois entrer, de la part de M$^{me}$ de Quevedo, une belle citrouille. Nous en fîmes une soupe qui était excellente. »

Cependant, ni les besoins les plus pressants, ni les considérations de l'intérêt humain n'étaient jamais capables d'arrêter le vénéré fondateur, quand il s'agissait de l'indépendance de son ministère et de son œuvre.

Une demoiselle X.... était venue s'installer à Notre-Dame. Elle y trouva d'abord une existence paisible et douce. Croyant y demeurer toute sa vie, elle fit don à l'œuvre d'une somme qui fut d'un grand secours à l'homme de Marie au milieu de ses tribulations d'argent. Mais bientôt la tête de la demoiselle s'exalta, son cœur s'aigrit. Elle souffrait beaucoup et fit souffrir davantage. Les contre-coups de cette situation se faisaient sentir au bon prêtre, qui ne fut plus occupé qu'à adoucir, calmer, encourager, soutenir, tantôt les uns, tantôt les autres. Peu à peu la tension devint extrême et M$^{lle}$ X.... en vint à se persuader qu'elle seule devait diriger la communauté. Elle profita d'une circonstance critique pour poser ouvertement ses conditions. Le moment, en effet, eût été bien choisi auprès d'un homme guidé par des vues humaines. M$^{lle}$ X.... avait commencé à faire élever à ses frais une construction nouvelle; elle menaçait de tout abandonner, de laisser même au compte de l'œuvre les dépenses déjà faites et de quitter Notre-Dame sur-le-champ, si on n'adhérait à ses vues.—« Mademoiselle, répondit le bon prêtre, la Très-Sainte Vierge est la maîtresse ici. Seule elle doit commander. Quant à vous, vous êtes libre de rester ou de sortir. Pour ce qui est de la bâtisse, la divine Maîtresse ne sera nullement embarrassée de la construire et de la payer, si elle la veut. »

Là-dessus, Mlle X..... sortit de Notre-Dame. Mais elle ne put en détacher son cœur. Plus tard, ayant perdu sa fortune et se trouvant sans ressources, le Bon Père eut la joie de pouvoir venir à son aide. Enfin, elle fit demander avec de vives instances de rentrer dans l'œuvre. Il lui fut répondu que si elle eût été riche, elle n'aurait pas été reçue ; mais que, puisqu'elle était pauvre, elle pouvait venir partager le pain de la famille de Marie. Mlle X.... mourut subitement avant d'arriver à Notre-Dame et sa mort fut calme, résignée et chrétienne.

## V.

### La Mort d'un Patriarche.

Cependant, le soin de ses chères communautés n'occupait pas exclusivement le serviteur de Marie. Vicaire à la cathédrale de Bayonne, il continuait à remplir les fonctions laborieuses du ministère paroissial. Il trouvait dans son vénérable curé et dans

*La Mort d'un Patriarche.*

ses jeunes et nouveaux collègues, des condescendances qui le pénétraient de reconnaissance. Il n'en était que plus empressé à accomplir ses devoirs. Son confessionnal, toujours assiégé, absorbait une très-grande partie de ses journées. La visite des malades et des affligés, les catéchismes et les prédications ne laissaient pas de lui prendre beaucoup de temps. Enfin, il ne se croyait pas dégagé, par les obligations personnelles qui pesaient sur lui, du devoir d'assister comme auparavant les pauvres de la paroisse. L'escalier de la maison paternelle était toujours envahi par les nécessiteux, et le serviteur de Marie ne manquait jamais de venir à leur aide, selon ses moyens, sans rebuter aucune misère.

Il est vrai que le saint prêtre trouvait auprès de ses parents un encouragement et un exemple bien propres à exciter son zèle.

Ainsi que nous l'avons dit, il demeurait avec son père et sa mère. Sa sœur Elise était déjà directrice de l'Orphelinat. Un matin, le vieux père fit appeler le bon prêtre et lui dit avec une douce simplicité : « Mon ami, je t'annonce que je suis aveugle : c'est un avertissement que Dieu me donne de ne plus penser qu'à lui seul. » Ce fut son unique parole et, depuis, il ne parla plus de son infirmité. Bientôt, il fut privé de l'ouïe, et ce lui fut un nouveau stimulant pour sa piété. En quelque sorte séparé de la terre, il se perdait en Dieu et sa vie s'absorbait dans une prière continuelle. Mais en perdant la vue et l'ouïe, il reçut de grandes lumières et entendit des communications de l'ordre supérieur. Le saint prêtre en citait un exemple qui lui fut un motif de vénérer davantage un père si digne de respect, en même temps qu'il lui servit de grande et solennelle leçon.

La Mort d'un Patriarche.

Le malade était couché dans une alcôve profonde, séparée de la salle à manger par une porte vitrée. Pour se faire entendre de l'infirme, il fallait s'approcher du lit et crier à son oreille ce qu'on voulait lui communiquer. Le bon prêtre dînait un jour en tête-à-tête avec sa mère. Ils causaient tranquillement de choses et autres et la conversation étant tombée sur les pauvres qui, chaque jour, ne cessaient d'envahir l'escalier : « Mon ami, disait doucement la mère prudente, maintenant que tu as à ta charge ces pauvres enfants de Bayonne et d'Anglet, tu devrais réserver tes aumônes pour elles qui n'ont pas d'autre appui, et ne pas laisser absorber tes ressources par ces pauvres qui peuvent aller autre part. » A peine avait-elle proféré ces mots, que la voix du vieux père retentit du fond de l'alcôve ; il s'écriait avec l'accent d'un prophète : « Femme insensée, que dis-tu ? Quels conseils donnes-tu à ton fils ? » Et puis, élevant encore davantage la voix, il ajouta : « Ecoute, Edouard ! ne mets jamais de bornes à tes aumônes et rappelle-toi que

*La Mort d'un Patriarche.*

c'est par l'abondance de la charité que tu feras descendre sur tes œuvres l'abondance des bénédictions divines. » La mère demeura interdite et ne dit que ces paroles dignes de sa belle simplicité : « Oh ! pauvre de moi ! je disais cela naturellement. » En effet, ses conseils étaient bien selon la prudence humaine ; mais le patriarche, éclairé par une lumière surnaturelle, réprouvait la sagesse humaine et encourageait son fils à n'agir que selon la sainte folie de la croix.

Ce père vénérable déclinait de jour en jour. Ses exercices de piété ne discontinuaient pas : il se livrait à la préparation constante de sa mort prochaine. Bientôt, il n'y eut plus d'espérances à nourrir et le serviteur de Marie annonça à son père que l'heure était venue de quitter la terre. Le vieillard reçut la nouvelle avec joie, se confessa et communia en viatique le 8 septembre, avec une foi vive et un ardent amour. Il souffrit quelques semaines encore, sans que sa ferveur diminuât. Enfin, la veille de la Toussaint, il se leva tout à coup, se mit à genoux, essaya de chanter les litanies de la Très-Sainte Vierge, récita le chapelet avec d'incroyables élans de piété. Dès qu'il se fut recouché, il ferma les yeux et rendit son âme à Dieu ; c'était le 31 octobre 1839 : il avait 77 ans.

Le serviteur de Marie était à la cathédrale occupé à entendre les confessions, nombreuses à cause de la solennité du lendemain, lorsqu'on vint lui annoncer la mort de son père. Comme le prophète, il pleura trois jours et trois nuits, mais ses larmes étaient à la fois de douleur, d'amour et de reconnaissance ; de reconnaissance surtout pour Dieu qui lui avait donné un tel père, et pour son père qui lui avait appris à mourir saintement dans les bras de Dieu.

La Mort d'un Patriarche.

La mort du père de famille laissa un grand vide au foyer domestique. La pauvre vieille mère se débattait dans un pénible isolement, sans son époux monté au ciel, sans sa fille devenue *Servante de Marie*. L'enthousiasme du serviteur de Dieu continuait à dévorer autour d'elle les âmes généreuses. La nouvelle et fidèle domestique de la maison, amie plutôt que servante, demandait, elle aussi, à partir pour Anglet et à devenir Servante de Marie. La respectable dame se sentit gagner à son tour par la contagion. Elle exprima à son fils le désir de se retirer à la communauté. Elle y mourut quelques années après, en vraie sainte, comme tous les siens. Elle avait pu voir autour d'elle son fils devenu son *Bon Père ;* sa fille, qu'elle appelait *Ma Mère ;* sa servante, à qui elle disait *Ma Sœur*.

# NOTE DU CHAPITRE DEUXIÈME.

### Lettre à un Journaliste.

Au moment où le serviteur de Marie se débattait au milieu des difficultés matérielles d'une installation nouvelle, un publiciste peu généreux inséra dans un journal de la localité un article violent par le fond, bien que doucereux par la forme. Dans un langage modéré et avec une logique insidieuse, il s'efforçait de prouver que l'œuvre des Pénitentes était blâmable et que, dans les conditions où elle se trouvait placée, elle ne pouvait réussir.

Cet article fit à Bayonne une grande sensation. Les ennemis du bien en triomphèrent. Parmi les bons, les uns, indifférents ou prévenus, regrettaient que tant de bonnes intentions et d'efforts constants fussent perdus ; les autres, rares partisans de l'œuvre, étaient abattus et consternés.

Le bon prêtre alla demander conseil à Marie. Il lui fut inspiré de faire une réponse à ces perfides attaques. La réponse parut dans le même journal. Elle fut victorieuse. Nous reproduisons intégralement ce morceau de polémique, si remarquable par sa fermeté de style et d'idées ; on y verra comment le bon prêtre entendait son œuvre et excellait à la défendre :

« Bayonne, le 28 octobre 1839.

« Monsieur le Rédacteur,

« Je regarde comme un devoir de répondre à l'attaque dirigée dans votre numéro du 26 de ce mois contre la

*Lettre à un Journaliste.*

maison de Notre-Dame-du-Refuge. Je le ferai avec calme et modération, essayant de discuter une à une les assertions qu'elle renferme.

« Permettez-moi d'abord, Monsieur, de m'étonner que vous ayez eu le courage de provoquer la dissolution d'une œuvre destinée à rendre à Dieu, à la société, à elles-mêmes, de pauvres filles infortunées, presque toutes jeunes encore, que l'âge, l'inexpérience et tant de diverses séductions, avaient précipitées dans les derniers malheurs. Eh quoi ! vous applaudiriez donc si, obéissant à vos invitations, l'autorité exposait de nouveau et refoulait dans de hideux repaires ces créatures infortunées qui ne demandent plus qu'à être vertueuses, à travailler, prier et souffrir ?

« Mais venons à la première question que vous nous posez :

« *Les maisons de refuge ouvertes aux filles repenties*
« *sont-elles utiles ?* »

« Et après quelques observations qui sembleraient indiquer des doutes, vous répondez cependant : « Oui, les « maisons de refuge peuvent être utiles. »

Cette réponse me paraît bien modeste.

Ce n'est pas ainsi que pensait le savant et vertueux Parent-Duchâtelet, que vous citez plus bas ; il y avait à cet égard dans ses opinions une fermeté de conviction qui est bien éloignée de la vôtre. Voici comment s'exprime cet homme consciencieux, qui avait si profondément étudié le sujet qu'il avait entrepris de traiter :

« Considérons, dit-il, quelle est dans le monde la posi-
« tion malheureuse d'une fille qui, renonçant à la pros-
« titution, n'a personne pour l'appuyer d'une simple

« recommandation, et qui, par conséquent, ne peut se
« présenter nulle part. L'esprit ne peut s'accoutumer à
« une telle pensée, et nous en sommes, pour ainsi dire,
« accablés. Eh bien ! c'est à cette classe que l'institution
« du Bon Pasteur présente un moyen de réhabilitation,
« et, par suite, l'inappréciable avantage de se réconcilier
« avec leur famille et de se placer avantageusement. »
Puis, après quelques autres considérations, il ajoute :
« De tout ce que j'ai dit précédemment se tire cette con-
« clusion : Que non-seulement la maison du Bon Pasteur
« est utile, mais qu'elle est nécessaire, et que si elle
« n'existait pas, il faudrait la créer. Je me trouve en cela
« d'accord avec tous les préfets de police qui, s'étant
« occupés d'une manière particulière de la répression de
« la prostitution, ont bien senti les services que leur
« rendait cet établissement et l'ont considéré comme le
« complément du bien qu'ils cherchaient à opérer, et
« c'est pour cela qu'ils se sont empressés, chaque fois
« qu'ils l'ont pu, de venir à son secours. »

« Voilà, Monsieur, une opinion qui a quelque poids :
elle fournirait matière à bien des réflexions ; je vous en
laisse le juge.

« Vous ajoutez : « *Ces maisons* PEUVENT *être utiles,
« mais dans des conditions que l'établissement d'Anglet ne
« nous paraît pas réunir.* »

« A cet égard, je ne sais pas quel est le fond de votre
pensée ; si vous êtes prêt à le faire connaître, de mon
côté, je suis également disposé à le discuter, dans l'intérêt de Dieu et de la vérité.

« Mais, dites-vous : « *Ces maisons peuvent-elles exister
« sans autorisation ?* »

*Lettre à un Journaliste.*

« Non, Monsieur, mais elles peuvent et doivent souvent *commencer* sans l'égide de cette haute protection que le gouvernement, que la société, ne refusent jamais à celui qui veut faire le bien. La France est couverte d'établissements qui ont ainsi commencé ; et je suis étonné que vous ayez pu ne pas entrevoir cette vérité, lorsque non loin de vous, lorsque sous vos yeux, il existe des exemples.

« Non, Monsieur, je n'ai jamais pensé à agir contre les lois ; mais, avant de demander une autorisation, il était nécessaire de réunir les éléments qui pouvaient la motiver ; il fallait essayer, fonder en un mot, surtout pour un établissement basé sur une idée neuve et qui n'avait pas encore été réalisée : l'application de ces filles aux travaux agricoles.

« Au reste, je n'ai point marché dans l'ombre. J'ai fait part à l'autorité administrative de mes intentions et je l'ai trouvée toujours pleine de bienveillance et d'amour du bien. J'ai adressé plus tard une réclamation à M. le Préfet, pour demander un dégrèvement de contribution mobilière, fondé sur la nouvelle destination de la maison que j'avais acquise. Il m'a été accordé. Plus tard encore, j'ai déposé au bureau du ministère de l'intérieur une pièce qui donne au ministre une connaissance assez détaillée de l'œuvre et des caractères qui la distinguent. Je n'ai donc point prétendu faire une œuvre furtive et clandestine ; c'est au grand jour que j'ai agi, que j'ai marché ! Que pouvais-je faire de plus ? Songez, Monsieur, que l'œuvre n'est que d'hier : laissez-moi donc le temps nécessaire à sa fondation, et puis, vous la jugerez. Donc, quant à mes rapports avec l'administration, ils ont toujours été, je le crois du moins, justes et convenables.

« Vous demandez : « *S'il est tenu des registres contenant « les noms et prénoms ?* etc. »

« Oui, Monsieur, et ces registres seront représentés lorsque l'autorité compétente les réclamera.

« *Si l'autorité intervient dans l'administration intérieure « de l'établissement ?* »

« Si l'autorité croyait devoir intervenir, dans les limites de ses attributions, pour s'assurer que la liberté individuelle est respectée, qu'il n'y a pas abus d'autorité de la part des directrices, je me ferais un devoir de lui donner toutes les satisfactions qu'elle pourrait désirer.

« *Si les magistrats sont instruits de tout ce qui regarde « les filles qui sortent de la maison ?* »

« Oui, Monsieur, toutes les fois que, dans l'intérêt de l'ordre, l'autorité doit être informée, elle l'est scrupuleusement, le bureau de police peut l'attester ; et si elle désirait qu'on généralisât ces communications, je m'y prêterais volontiers, persuadé qu'elle ne pourrait agir que dans l'intérêt du bien public, dont elle est chargée.

« Vous parlez de quêtes et de collectes. Je n'ai point refusé, sans doute, les dons volontaires de la charité ; mais des quêtes, des collectes, je n'en ai point fait pour Notre-Dame-du-Refuge. La maison aura des ressources qui, je l'espère, la rendront plus tard indépendante de la charité publique. J'ai plus d'ambition encore ; et je ne désespère pas qu'elle ne puisse un jour venir en aide aux malheureux : c'est tout le désir, toute la passion de mon cœur.

« Venons maintenant au point le plus délicat de la discussion. « *Il faut*, dites-vous, *pour diriger une agglomé-« ration d'individus, il faut connaître le caractère, le goût,*

Lettre à un Journaliste.

*Lettre à un Journaliste.*

« les mœurs de ces individus ; il faut s'être livré à des étu-
« des spéciales ; il faut, surtout lorsqu'il s'agit de la direc-
« tion d'une maison de refuge, il faut, comme Parent-
« Duchâtelet, savoir et pouvoir sonder cette hideuse plaie
« sociale. »

« Je ne le conteste pas, Monsieur ; je sais ce qu'il faut de prudence et de fermeté, de douceur et d'énergie, pour bien diriger une œuvre de ce genre. Mais sur quoi vous fondez-vous pour refuser au fondateur de l'œuvre les connaissances qui lui seraient nécessaires ? Ne sont-ce pas des prêtres qui, presque partout, ont fondé ces maisons et leur ont donné des règles ? N'a-t-il pas pu s'aider des lumières et de l'expérience des autres ? Et d'ailleurs, qui mieux que le prêtre peut connaître et analyser le cœur humain ? Qui, comme lui, descend dans ses profondeurs ? Qui, comme lui, peut sonder ses plaies, ses misères pour les guérir ? Et si vous pensiez qu'il soit nécessaire *de se jeter tête baissée dans cet égout fangeux*, vous vous tromperiez beaucoup ; car voyez en France les établissements de même genre que TOUS LES PRÉFETS DE POLICE *se sont empressés de protéger et de secourir*, tous sont dirigés par des vierges chastes et pures ; c'est que la vertu exerce un grand empire sur les cœurs même flétris.

« Soyez tranquille, Monsieur ; le prêtre qui a l'honneur de vous écrire tâchera toujours, avec l'aide du Seigneur, de maintenir la sainteté de son ministère. Nul ne le vit jamais dans ces affreuses demeures.... jamais ?.... je me trompe, une fois, une seule fois dans ma vie, je fus appelé pour une de ces malheureuses qui se mourait. Je me hâte, je cours, je franchis en frémissant le seuil de la porte.... Un cri perçant se fait entendre, je me précipite....

Hélas ! il n'était plus temps : elle était morte !.... Mon âme fut terrassée, brisée, et, devant ce cadavre d'une prostituée de 20 ans, au milieu des cris et des sanglots de ses compagnes épouvantées, je promis au Seigneur de travailler tous les jours de ma vie à préserver les jeunes innocentes et à retirer celles qui seraient perdues.... C'est le vœu de mon âme ; j'y ai dévoué mon temps, mes biens et ma vie.

« Vous continuez : « *Que le prêtre apparaisse aux pros-« tituées dans la chaire de vérité.* »

« Eh ! Monsieur, les voyez-vous, les vîtes-vous jamais autour de cette chaire ?

« *Qu'il se montre au chevet du lit d'une fille mourante.* »

« Oui, sans doute, le prêtre ira ; mais sera-t-il temps, à la mort ? Et pourquoi attendre la mort ? Et pourquoi ne pas les sauver, si on le peut, avant ce moment fatal ?

« Vous rappelez ce trait si touchant de la bonté de Notre-Seigneur, lorsqu'il accueillit Madeleine, la pécheresse. Et que faisons-nous autre chose ? nous accueillons aussi le repentir qui vient, en pleurant, nous demander un asile. « Mais *Jésus-Christ était Dieu......* » Oui, Monsieur, je le répète avec amour et bonheur, il était Dieu, il est encore Dieu ! Du haut du Ciel, il appelle encore ces pauvres infortunées, et nous les recevons en son nom, car nous sommes ses ministres, les ministres surtout de sa charité.

« Mais ici vous faites entendre des accusations plus graves ; vous montrez ces malheureuses « *qu'on veut* « *moraliser, soumises à des pratiques que vous ne voulez* « *pas qualifier ;* » et là-dessus vous vous récriez sur les *pointes de fer, les disciplines*, etc., etc.

Lettre à un Journaliste.

*Lettre à un Journaliste.*

« Vous êtes dans l'erreur, Monsieur ; on ne *soumet* point ces malheureuses à de semblables pratiques ; et d'ailleurs elles seraient toujours libres de s'y soustraire, puisqu'elles ne sont point retenues par force dans la maison. Si par hasard, ce que j'ignore, quelque fille sortie de l'œuvre vous avait fait de ces rapports, vous seriez trop juste et trop éclairé, sans doute, pour faire, de pareils témoignages, la base d'une aussi grave accusation.

« Non, Monsieur, je le répète, on *n'exige* d'elles rien de semblable. C'est le travail, le silence et la prière qui sont les moyens de régénération ; c'est la douceur, la persuasion, la bonté, qui président à la direction de la maison, car on ignore ce qu'il y a généralement de sensibilité dans un cœur dégradé. Le monde pourrait-il même le soupçonner ? A la vérité, il est quelquefois de ces pauvres filles qui, au souvenir de si grands désordres, pleurent avec abondance leurs anciennes fautes et les fautes dont elles ont été la cause. Certes, ce n'est pas un spectacle indifférent pour toute âme qui a le sentiment du beau, que de voir une de ces filles qui, naguère peut-être, au milieu des plus dégoûtantes orgies, faisait entendre des abominations et des blasphèmes, maintenant régénérée par la grâce, agenouillée, *avec sa robe de bure*, arrosant le pavé de ses larmes et se livrant à quelques mortifications particulières. C'est qu'elles connaissent la justice de Dieu ! Souvenez-vous, Monsieur, que Notre-Seigneur Jésus-Christ, notre Dieu, a été flagellé pour nous et que le grand apôtre châtiait son corps et le réduisait en servitude. Or, aujourd'hui comme alors, la justice de Dieu est la même, car le ciel et la terre passeront, mais la parole de Dieu ne passera jamais.

« Au reste, ce ne sont, et ne peuvent être, que de courtes et rares exceptions, car les règles qui s'opposent à toutes sortes d'excès sont d'une rigueur absolue. Et quelle preuve plus sensible de ce que j'avance que l'état même de ces pauvres filles dans la maison que vous essayez de renverser ? A ce teint hâve, à ces joues creusées par le vice et la misère, succèdent bientôt cet air de bien-être et de santé, surtout cette douce sérénité qui naît de la paix du cœur. Elles sont libres, l'établissement n'est pas même encore enceint de murailles ; et cependant elles y demeurent avec bonheur, elles s'y trouvent heureuses, leur nombre s'accroît ; et si quelquefois, obéissant à des tentations, faciles, hélas ! à comprendre, il en est, quoique rarement, quelqu'une qui ait demandé à sortir, plusieurs ont fait les plus vives instances, les prières les plus fortes, les plus persévérantes pour y rentrer.

« Une chose m'a surtout affligé dans votre article, Monsieur : ce sont les réticences qu'il renferme. Vous ne dites pas tout, dites-vous, et par là vous suspendez sur notre tête l'épée de Damoclès. Pourquoi ces tournures si peu bienveillantes ? Eh bien ! Monsieur, parlez tout haut; dites tout ce que vous avez à dire. Si vous vous trompez, je tâcherai de vous éclairer ; s'il y a de vrais abus, je demande à les connaître pour y remédier ; car, grâce à Dieu, je veux le bien, rien que le bien.

« Quant à moi, Monsieur, j'espère et je crois avoir travaillé à l'œuvre de Dieu. Cette œuvre, Dieu l'a bénie, malgré mon indignité ; il la bénit tous les jours.... Je tâcherai de la consolider par tous les moyens qui sont en mon pouvoir, bien qu'une vie d'homme soit fort peu de chose. Heureux si pendant les courts instants de mon passage

Lettre à un Journaliste.

Lettre à un Journaliste.

sur la terre, j'ai pu être à quelques égards agréable à Dieu et utile à mes frères ! C'est le but unique de tous nos efforts ; et quant au résultat, quel qu'il puisse être, je l'accepte par avance avec soumission et amour de la main de Dieu, toujours disposé à aimer ceux qui me haïssent et à prier pour ceux qui me persécutent.

« J'ai l'honneur d'être, Monsieur, votre très-humble serviteur.

« Cestac. »

# CHAPITRE TROISIÈME

## LES SERVANTES DE MARIE
(1842)

### I.

**Les douze premières Servantes de Marie.**

Dans ses recommandations suprêmes, le serviteur de Marie disait à ses filles spirituelles :
« Vous n'emploierez, pour attirer des vocations dans l'œuvre, que la prière adressée à la divine Maîtresse de se choisir elle-même ses servantes. A cet égard, je vous dirai, mes bien chères enfants, que sans doute dans des vues de zèle et d'un pieux intérêt pour leur œuvre, certaines congrégations croient devoir appeler et attirer des sujets. Elles prennent même divers moyens pour atteindre ce but. C'est leur voie et je suis loin de les blâmer. Mais cette voie n'est pas celle que nous a donnée notre bonne et souveraine Maîtresse; elle veut elle-même se choisir ses servantes, et, en ce point,

**Les douze premières Servantes de Marie.**

comme dans tous les autres, elle veut de nous la fidélité, la prière et l'abandon. » *(Testament spirituel.)*

Ce fut là, en effet, la voie qui fut indiquée dès l'origine au vénéré fondateur et dont il ne s'écarta pas un seul instant. Ne rien solliciter, ni pour le matériel, ni pour le personnel : tout attendre de la libéralité divine, ne s'attacher qu'à l'acquisition de l'esprit religieux, il s'en tint là strictement. Sans doute, l'Orphelinat et le Refuge ne pouvaient subsister qu'à la condition d'être gouvernés par un personnel spécial. Néanmoins, le serviteur de Marie ne s'inquiéta pas, ne s'agita pas pour se procurer les vocations nécessaires. La Très-Sainte Vierge y pourvut comme pour le reste.

En effet, à mesure que les pénitentes arrivaient dans la communauté, la Providence y appelait des personnes parfaitement honorables, pieuses, intelligentes, dévouées, auxquelles on ne demandait ni fortune, ni dot. Cependant, comme offrande et preuve de dévouement, chacune d'elles devait apporter religieusement ce qu'elle pouvait posséder. Cet usage s'est constamment maintenu dans l'œuvre, car les Servantes de Marie forment l'une des rares congrégations de femmes, peut-être l'unique, où il ne soit pas nécessaire d'apporter de dot. C'est là un des points qui constituent son originalité. Le vénéré fondateur s'expliquait ouvertement à ce sujet : « Les excellents témoignages que vous nous rendez sur le compte de la jeune personne que vous nous proposez, écrivait-il à un ecclésiastique, nous autorisent à l'accepter. Elle est pauvre, dites-vous. Mais la pauvreté, aux yeux de notre divine Mère, est un titre d'admission. Car elle-même a été très-pauvre et elle aime les pauvres. » (4 octobre 1866.)

*Les douze premières Servantes de Marie.*

Si la pauvreté ne fut jamais un obstacle à l'entrée d'une âme dévouée dans l'œuvre du serviteur de Marie, la moindre atteinte à la réputation a toujours été un obstacle infranchissable. La sagesse de cette détermination se comprend aisément. L'admission d'une personne dans une communauté est chose extrêmement délicate qui emporte partout avec elle la plus grave responsabilité. Mais les Ordres destinés à recevoir des pénitentes pour les conduire dans la voie du repentir, doivent plus particulièrement être d'une excessive sévérité à l'égard de l'honorabilité de leurs sujets.

Dès l'origine, le vénéré fondateur donna au petit groupe de personnes pieuses préposées à la direction des orphelines et des pénitentes le nom que portent aujourd'hui les membres de la congrégation.

Voici en quels termes le Bon Père raconte comment il fut conduit à donner à ses filles spirituelles le nom de *Servantes de Marie :*

« C'est vous, ô Vierge très-sainte, qui avez donné

*Les douze premières Servantes de Marie.*

à votre œuvre un nom mille fois heureux, sorti du milieu de votre cœur et tombé dans mon esprit comme un jet de lumière, un éclat de rayon divin. Je descendais, à Bayonne, la rue de la Monnaie, pour faire graver un petit cachet qui serait le cachet de l'œuvre. Je cherchais un nom, et comme autrefois les enfants d'Isaï devant Samuël, des noms différents se présentaient et votre voix me disait : ce n'est pas celui-là! ce n'est pas celui-là! Enfin, vint le nom de Servantes de Marie, et, de suite, avec une pleine certitude et une indicible joie, votre voix me dit : *C'est celui-là !*..... SERVANTE DE MARIE! SERVA MARIÆ! Le mot latin dit plus et mieux que l'expression française. Il fut arrêté comme l'expression certaine de votre volonté. Vous choisissez parmi vos enfants des servantes fidèles pour la direction de votre œuvre. Et, de même qu'il est dit : « Bien-« heureux le serviteur à qui le père de famille a « confié le soin et la direction de ses enfants, » ainsi on pourrait dire : « Bienheureuse la servante pru-« dente, fidèle et dévouée, à qui la divine Maîtresse « a remis la direction de ses filles chères à son « cœur par leur dénûment et leur indigence, plus « chères encore par les malheurs où elles étaient « plongées et d'où sa charité voulait les retirer « pour les recueillir et les conduire au ciel. » *(Autobiographie.)*

Quelles ont été les premières Servantes de Marie?

La Mère Vénérée était entrée au service des orphelines, mais sans prendre d'engagements relativement à la vie religieuse. Le serviteur de Marie croyait que la sainte âme ne devait pas hésiter à aller jusqu'au terme de la vie parfaite.

*Les douze premières Servantes de Marie.*

« Quant à votre vocation à la vie religieuse, disait-il, elle me paraît certainement divine et je ne puis avoir aucun doute à cet égard. Mais comme elle est pour vous une grâce, gratuite, miséricordieuse et extraordinaire, elle doit être accompagnée de difficultés, de tentations et de tribulations. A la vérité, on peut succomber dans la lutte : cela n'est pas impossible. Mais si j'en crois une voix intérieure que j'espère être divine, la grâce aura le dessus et la tentation sera vaincue à la fin. »

Il faudrait ne pas connaître l'empire que le saint prêtre exerçait sur sa sœur, pour croire qu'une telle décision n'ait pas été acceptée avec docilité. La Mère Vénérée reçut la parole de son directeur comme venant du ciel.

« Oh ! croyez-le. J'ai passé par des peines très-fortes. Je ne pouvais pas être du monde sans remords. Dieu me voulait : moi, je voulais du monde. C'était une lutte continuelle qui ne me laissait pas un moment de trêve. Malheureux remords, m'écriais-je quelquefois, laissez-moi, laissez-moi ; vous empoisonnez ma vie ! Je dis maintenant : Heureux remords ! où en serais-je sans vous ? Ils m'ont conduite ici et je les en bénis. » (Avril 1840.)

Les douze premières Servantes de Marie.

Après s'être déterminée à accepter la vie religieuse, la Mère Vénérée n'eut pas un seul instant de regret. Sa correspondance est des plus explicites sur ce point. A chaque page elle parle de son bonheur d'avoir suivi sa vocation. Elle remercie son frère avec une effusion débordante de l'avoir conduite dans la voie étroite mais salutaire de la religion. On ne peut avoir l'ombre d'un doute à ce sujet. La Mère Vénérée aurait repoussé avec horreur celui qui aurait osé l'entretenir d'une vocation différente de celle où la Providence l'avait engagée.

Elle avait été précédée dans l'œuvre, ainsi que nous l'avons dit, par la *Mère Noire*. Laissons parler le *Bon Père* de la première-née de ses filles spirituelles : « Sa vie dans l'œuvre a été des plus remarquables. Ce fut elle qui accepta, mais avec un grand bonheur, d'aller partager à l'âge de 19 ans, dans le grenier du *Grand-Paradis,* la vie des premières pénitentes, c'est-à-dire leur vie de sacrifice, de pénitence, de prière et de privations de toute sorte. C'était la nature de sa vocation et l'attrait spécial de sa grâce. Elle y correspondait avec une grande fidélité : elle forma ce premier moule de la vie mortifiée qui doit se retrouver dans toutes nos pénitentes. »

Ainsi la Mère Vénérée et la Mère Noire furent dans l'œuvre les premières enfants spirituelles du saint fondateur.

Peu à peu, plusieurs âmes, touchées de la grâce divine, vinrent se ranger autour d'elles. Jusqu'en 1841, il y eut dix autres personnes dévouées qui, soit à Bayonne, soit à Anglet, se consacrèrent, sous la direction du saint prêtre, au soin des orphelines ou des pénitentes (1). Les douze premières Servantes de Marie portaient un vêtement bleu uniforme : elles vivaient en communauté, formaient une association pieuse, obéissaient aux mêmes supérieures et suivaient la même règle. Elles s'appelaient et se montraient *Servantes de Marie*. Dans leurs pensées et dans leurs œuvres, elles se regardaient comme particulièrement engagées à l'égard de la Très-Sainte Vierge ; et elles étaient vraiment pour elle ce qu'est une servante fidèle,

*Les douze premières Servantes de Marie.*

---

(1) Voici les noms de ces dix premières compagnes de la Mère Vénérée et de la Mère Noire, d'après leur ordre d'entrée au sein de l'œuvre :

1º Sœur Marie Louis-de-Gonzague, décédée à Notre-Dame, le 13 décembre 1855 ;

2º Sœur Marie-Joseph, décédée à Notre-Dame, le 17 novembre 1872 ;

3º Sœur Marie-Thérèse ;

4º Sœur Marie-Stanislas, décédée à Notre-Dame, le 30 août 1871 ;

5º Sœur Marie-Bernard ;

6º Sœur Marie-Michel ;

7º Sœur Marie-Philomène ;

8º Sœur Marie-Xavier, décédée à Notre-Dame, le 8 août 1846 ;

9º Sœur Marie François-de-Sales ;

10º Sœur Marie Saint-Léon.

*Les douze premières Servantes de Marie.*

dévouée et tendrement affectionnée pour la meilleure des maîtresses.

Toutefois, la communauté des *Servantes de Marie* n'était pas une congrégation ayant existence dans l'Eglise. L'autorité ecclésiastique ne l'avait pas reconnue et elle n'avait pas reçu les vœux qui sont de l'essence même de la vie religieuse.

Le vénéré fondateur fut longtemps indécis sur le parti à prendre. Devait-il former une congrégation nouvelle? N'était-il pas plus sage de confier à un ordre déjà existant le soin de développer les œuvres d'Anglet et de Bayonne? Longtemps il consulta Marie et longtemps Marie le laissa sans réponse.

En 1839, il se détermina à faire un voyage à la Trappe de la Meilleraye, pour étudier les procédés agricoles du célèbre monastère et pour obtenir, dans les prières d'une profonde retraite, la solution de ses doutes. Il ne fut pas éclairé par sa protectrice du ciel.

Dans une admirable lettre adressée aux Servantes de Marie et qui contient un résumé de haute spiritualité, le vénérable prêtre reconnaissait l'état d'incertitude où il se trouvait sur ce point capital :

« Avant toute chose, disait-il à ses filles en Notre-Seigneur, je dois vous ouvrir mon cœur et vous dire que je ne connais pas encore les desseins de Dieu sur les petites œuvres auxquelles vous êtes appliquées. Dieu veut-il que vous les continuiez de la même manière que vous les avez commencées ? Est-il dans les vues du Seigneur de confier ces œuvres à d'autres religieuses ? Dans ce cas, que deviendrez-vous ? Je ne le sais pas, mes chères filles. Mais de même que jusqu'aujourd'hui nous avons toujours tâché de connaître et de suivre la sainte et adorable volonté de Dieu, nous nous tiendrons toujours dans les mêmes dispositions, faisant à Dieu le sacrifice complet de tout notre être, afin qu'il dispose en maître souverain de nous et de l'œuvre ; et nous confiant en son infinie bonté, bien assurés qu'étant sous la protection du cœur de Marie, il n'arrivera jamais rien que selon la plus grande gloire de Dieu et le salut de nos âmes, ce qui est l'unique chose qui doive nous occuper. Tant que vous serez donc chargées de ces œuvres, vous devez vous y appliquer avec tout le zèle dont vous êtes capables pour les faire prospérer, c'est-à-dire, afin que Dieu y soit aimé, glorifié et ardemment servi. »

Jamais prescriptions n'ont été plus fidèlement remplies.

A l'origine des œuvres saintes, par l'influence du fondateur, l'esprit de Dieu anime les communautés naissantes d'une ferveur extraordinaire. A cette première heure, les difficultés disparaissent devant l'amour et la confiance. Les sacrifices ne sont rien. L'obéissance est une joie. L'enthousiasme de la sainteté emporte toutes les âmes. Age d'or des congré-

*Les douze premières Servantes de Marie.*

*Les douze premières Servantes de Marie.*

gations, temps héroïque des ordres religieux, époque des légendes, du merveilleux et du surnaturel, aurore charmante qui disparaît trop promptement pour faire place à la sage régularité ! Elle laisse du moins après elle des souvenirs que rien ne peut effacer et un parfum exquis qui embaume l'histoire de l'œuvre pendant tout le cours de son existence.

Les douze premières *Servantes de Marie* offraient un exemple admirable de toutes les vertus religieuses. Leur avancement intérieur était rapide ; elles vaquaient avec un zèle infatigable à la direction des œuvres qui leur étaient confiées. Instruites par leurs leçons et fortifiées par leurs exemples, les *Orphelines* et les *Pénitentes* s'abandonnaient à l'émulation de la vertu. Le Bon Père citait volontiers en exemple la piété de ses premières-nées : « Les âmes, disait-il, se formaient et croissaient dans la pénitence et la prière. La pauvreté extrême qui était dans la maison aidait à entretenir l'esprit de mortification. C'était sans doute une nécessité rigoureuse, mais les âmes s'y prêtaient et acceptaient tout avec bonheur et joie. C'était un excellent fondement que Marie donnait à son œuvre. » L'œuvre entière ne lui présentait donc que des sujets de satisfaction dans ses résultats spirituels. Soutenu par ce spectacle édifiant, le vénérable prêtre luttait avec un invincible courage contre les difficultés extérieures, se dépensait avec un saint héroïsme pour procurer à tous et à toutes leur pain de chaque jour, et brisé par le travail et les soucis, il venait se retremper au milieu de son petit troupeau, étudiant avec une joie paternelle le progrès de la grâce dans les âmes de ses enfants, embrasant tous les cœurs de la flamme qui dévorait le sien, communiquant autour de lui, comme le cœur à tous les membres, la vie, la force et le mouvement.

## II.

### Les premiers Vœux.

Il y avait à Notre-Dame une pénitente de famille aisée qui témoigna, pendant une maladie, le désir d'aller à Toulouse consulter un médecin distingué. Le vénéré fondateur confia le soin d'accompagner la malade à la Mère Noire, qui se rendait à Valence pour visiter son père gravement indisposé.

Arrivées à Toulouse, les voyageuses s'empressèrent de se rendre auprès de l'un des praticiens les plus distingués de la ville, le docteur Massabiau.

M. Massabiau, bon, accessible à tous, surtout aux pauvres, consentit à donner ses conseils à la malade. Dans le cours de la consultation, il s'adressa à la Mère Noire, lui demanda d'où elle était, et ce qu'elle faisait. La Mère répondit avec une grande

*Les premiers Vœux.*

douceur et une humble modestie qu'elle faisait partie d'une communauté occupée à servir des orphelines et des pénitentes. — A quoi travaillent-elles ? s'enquit le docteur. — A cultiver la terre, à laver, repasser, raccommoder le linge.... — Puisqu'il s'agit de linge, interrompit le médecin, je crois que nous avons notre affaire. Et M. Massabiau raconta à la Mère que, chargé du service médical au lycée de Toulouse, il n'ignorait pas que l'administration de cet établissement était en peine au sujet de la lingerie et de l'infirmerie. — Consentez à voir M. le proviseur, disait le médecin, et il vous confiera sans doute le soin de ces deux services. — La Mère Noire se refusait à cette démarche. Ses supérieurs ne l'avaient pas autorisée à écouter de semblables propositions : elle craignait, en se prêtant aux désirs de M. Massabiau, de manquer à la soumission religieuse et à l'esprit d'abandon en la Providence. Néanmoins, le bon médecin persistant dans sa demande, pour ne pas contrarier un homme vénérable qui venait d'accueillir sa compagne avec une grande bienveillance, la Mère Noire consentit à voir le proviseur du lycée.

Dans cette entrevue, qu'avait-elle à dire, sinon qu'elle ne pouvait rien, qu'elle ne devait s'engager à rien et qu'il fallait en référer à son supérieur qui se trouvait à Bayonne ? Ces réponses étaient propres à décourager la bonne volonté la mieux prévenue. Néanmoins, le proviseur, touché sans doute du sentiment éminemment religieux qui se manifestait à lui en toute simplicité, s'obstina dans sa résolution. Il écrivit au serviteur de Marie. L'impression qu'il avait ressentie dans la conversation avec la Mère Noire fut même si prononcée, qu'il n'hésita pas à prier M{{gr}} d'Astros, archevêque de Toulouse, de l'aider de son influence. Le respectable archevêque voulut bien intervenir : il daigna adresser des lettres à son second successeur sur le siége de Bayonne, et à son ancien subordonné, dont il avait, le premier, apprécié la valeur, pour solliciter le concours de la nouvelle communauté en faveur du lycée de Toulouse.

*Les premiers Vœux.*

Le serviteur de Marie reçut sa lettre le 28 novembre 1841. Comme toujours, il recourut à la prière et voulut offrir le sacrifice de la messe pour demander les lumières du ciel. En ouvrant le missel, il remarqua une coïncidence frappante : la messe était de saint Saturnin, patron de Toulouse. L'affaire ne pouvait manquer de l'intéresser. Elle lui fut immédiatement recommandée. Puis, le jour même, le serviteur de Marie se rendait chez l'Evêque de Bayonne et lui faisait part des propositions venues de Toulouse. Le prélat répondit qu'on lui avait écrit et qu'il n'y aurait pas d'obstacles de sa part. « Mais, ajouta-t-il, avez-vous des sujets ? avez-vous des règles ? et puis, vous ne pouvez pas détacher

Les premiers Vœux.

ainsi des personnes du noyau de votre communauté, sans qu'elles soient retenues par des vœux et des liens solennels. »

C'étaient là de graves paroles qui exprimaient nettement l'état des choses. Aussi, le serviteur de Marie, reconnaissant l'action divine en tout ce qui venait de se produire, répondit à son Evêque : « Monseigneur, nous aurons des sujets. Les règles pourront se faire. Mais la consécration religieuse n'appartient qu'à Votre Grandeur. Je dois dire toutefois que c'est le grand vœu, le vœu unique de toutes les âmes qui sont dans l'œuvre, d'être bénies par l'Eglise. J'ajouterai même qu'il y a quelques jours, Votre Grandeur passant près du Refuge, certaines d'entr'elles se sentirent vivement pressées de recommander cette même affaire à votre bon ange gardien. Il paraît qu'il s'est bien acquitté de la commission. »

Monseigneur sourit : « Et les règles, allez-vous bientôt vous en occuper ? » — « Oui, Monseigneur, mais j'aurais grand besoin d'aller me recueillir quelque part pour y travailler et si Votre Grandeur le veut bien, ce sera au sanctuaire de Bétharram que je me rendrai. » — « Allez, répondit l'Evêque, et que Dieu bénisse votre travail. »

Le bon prêtre mit toute la communauté en prière et se rendit à Bétharram où il attendit l'inspiration de Marie.

« Je me mis à l'œuvre, a-t-il raconté lui-même, mais je me trouvai lié et dans une entière impuissance d'écrire, le premier, le second et le troisième jour. J'arrivai au mercredi : mon âme était triste. Mais vous, ô divine Mère, qui me suiviez de votre regard maternel et qui permettiez cette défaillance de mes facultés dans un but plein de sagesse et de bonté, vous me suggérâtes une idée dont j'ai plus tard compris la grande valeur. Ce fut de m'adresser à votre saint et très-digne époux, saint Joseph. Ce fut comme une douce et puissante lumière ; et ce jour-là, je demandai qu'il me fût permis de dire la sainte messe à l'autel très-vénéré de ce grand saint. J'eus la consolation de la dire avec une grande confiance et cette confiance ne fut point trompée. Revenu à ma chambre, je me mis à genoux, je pris la plume et, du commencement à la fin, je pus écrire les saintes constitutions sans m'interrompre. Je reconnus facilement et d'une manière évidente la puissante et miséricordieuse intervention de ce grand saint et je compris ainsi, ô bonne et divine Mère, que vous vouliez que dans votre œuvre on sût bien que vous avez associé votre saint époux de la terre à toutes vos bontés, et que dans des cas spéciaux où il s'agirait de quelque intérêt d'importance, c'est à lui que nous devrions recourir et que nous trouverions auprès de lui la lumière, la direction et la grâce qui nous seraient nécessaires. Cette

*Les premiers Vœux.*

**Les premiers Vœux.**

leçon, ô ma très-douce Mère, n'a pas été et ne sera pas, je l'espère, perdue pour nous. Souvent nous avons eu lieu de reconnaître, et cette espérance n'a pas été trompée, que ce grand saint porte un grand et paternel intérêt à votre œuvre et que jamais on ne l'invoquera sans ressentir les effets de sa puissante protection. »

Disons un mot de la Règle, telle que la conçut le serviteur de Marie :

Quant aux conditions d'admission 1º elle exigeait une honorabilité parfaite de toute la vie ; 2º qu'il n'y eût dans la personne ni difformité, ni infirmités ; 3º qu'elle sût très-bien lire ; 4º qu'elle eût une aptitude quelconque pour les études, les travaux d'aiguille ou la culture des champs. De dot, on n'avait pas à en réclamer : chacune cependant devait apporter religieusement ce qu'elle pouvait avoir.

Quel devait être le caractère général de la congrégation des Servantes de Marie ?

L'esprit de l'œuvre est, en général, un esprit de pénitence. C'est une nécessité. Il faut conduire les pénitentes par l'exemple comme par les conseils. Aussi la vie des Servantes de Marie est parfaitement semblable, sans aucune différence, à celle des pénitentes. Une simple paillasse pour lit, une nourriture saine mais frugale et sans apprêt. En tout, un grand esprit de pauvreté : la vie de Nazareth.

Comme dans toutes les communautés religieuses,

les Servantes de Marie font les trois vœux. Mais elles y ajoutaient un don spécial de tous leurs mérites, sans exception, à leur bonne Mère et très-sainte Maîtresse.

Les premiers Vœux.

Avant de prononcer les premiers vœux, on devait traverser quelques mois de postulat et deux années de noviciat. Les vœux étaient simplement annuels pendant cinq ans. Les vœux de cinq ans venaient ensuite. Enfin, après ces douze années de communauté, on pouvait être appelée à faire les vœux perpétuels.

Ces dispositions ont été modifiées, pendant ces derniers temps, en quelques parties, par la congrégation des Évêques et Réguliers. Mais le fond du travail est demeuré le même.

Les Constitutions, terminées le 9 décembre 1841, furent remises à l'Évêque de Bayonne, qui promit de les examiner sans retard. Huit jours après, le bon prêtre les recevait de la main de Sa Grandeur approuvées intégralement, sauf quelques points de peu d'importance. « Maintenant, ajouta le prélat, choisissons le jour où se feront les vœux des nouvelles religieuses. » Après avoir recherché l'époque la plus convenable, il fut arrêté que la cérémonie aurait lieu à la prochaine fête de l'Epiphanie, c'est-à-dire, au 6 janvier 1842, jour plus spécialement désigné par l'Église pour de semblables solennités, jour anniversaire de la naissance et

**Les premiers Vœux.**

du baptême du bon prêtre, ce qui lui donna une sainte joie.

Notons que ce n'était plus M^gr d'Arbou qui était évêque de Bayonne. Le vénérable prélat avait transmis la charge pastorale à M^gr Lacroix, entré dans le diocèse le 10 mai 1838.

Et voilà quarante ans que M^gr Lacroix est à la tête de notre diocèse. Aucune des qualités qui font l'habile administrateur ne lui a manqué. Mais comme Fabius Cunctator, il a surtout compté sur le concours du temps, le créateur et le guérisseur par excellence. Or, le temps, qui n'appartient qu'à Dieu, et que Dieu n'accorde qu'avec jalousie, le temps a été largement dispensé au vénérable pontife. Son administration s'est développée librement, dans ses conditions normales ; les résultats obtenus sont dignes d'admiration. La cathédrale de Bayonne magnifiquement restaurée, les édifices diocésains reconstruits et agrandis, l'éducation secondaire remise en grande partie aux mains du clergé, l'éducation primaire aux mains des congrégations religieuses, les institutions de Bétharram et d'Anglet en pleine prospérité, le sacerdoce multiplié et vénéré, les ordres religieux nombreux et florissants ; ce sont les effets qui se sont produits pendant l'épiscopat de M^gr Lacroix, et l'honneur lui en appartient. Car, si un gouvernement est responsable de ses insuccès, l'honneur de la prospérité ne peut lui être refusé sans injustice. Le vénérable Evêque de Bayonne a donc eu l'heureuse fortune de pouvoir exécuter avec lenteur les plans arrêtés par sa sagesse et d'assister au couronnement de ses entreprises. Le rare privilége lui a été accordé d'assister en quelque manière au jugement de la postérité sur ses œuvres, tandis qu'il nous est donné à nous-mêmes de louer, sans soupçon de flatterie, un épiscopat que nul autre, jusqu'ici, n'a dépassé, à Bayonne, en longueur et en fécondité.

*Les premiers Vœux.*

M$^{gr}$ Lacroix, dès son arrivée dans le diocèse de Bayonne, suivait d'un œil attentif les œuvres établies par le serviteur de Marie. On avait cherché à prévenir son esprit contre le vénérable prêtre. En cette circonstance surtout, il se plut à user de son système de temporisation et à redire comme Gamabiel : « Si cette œuvre est des hommes, elle sera « bientôt ruinée ; si elle est de Dieu, vous ne pou- « vez la détruire sans vous exposer à combattre « contre Dieu. » Après trois ans et demi de patientes observations, sa conviction était faite ; il jugeait que l'œuvre venait de Dieu, et le 6 janvier 1842 le prélat se disposa à lui porter les bénédictions de l'Eglise.

Le temps était beau, mais le froid était extrême. La glace couvrait les chemins et les chevaux ne pouvaient s'y engager. L'Evêque franchit à pied la longue distance qui sépare Bayonne d'Anglet, et nous tous qui avons vu l'état dans lequel se trou-

**Les premiers Vœux.**

vait, il y a quelques années, la viabilité du pays, nous comprenons seuls combien le trajet dut être laborieux.

La cérémonie des vœux se fit au milieu d'une joie inexprimable, et ces chères âmes qui, depuis plusieurs années, consacraient à Dieu avec une générosité sans pareille leurs pensées et leurs travaux, renouvelèrent en des vœux publics le libre don de leur complet dévouement et de leur renoncement héroïque.

Et quel admirable commentaire de leurs sentiments que la pauvreté dont l'Evêque de Bayonne lut être le témoin ! Le dénûment de la communauté était si grand, qu'elle put offrir à peine un peu de lait cru pour le déjeuner de l'Evêque. Il n'y avait pas même de bois pour allumer du feu. Pour réchauffer le prélat transi de froid, on recueillit quelques broussailles. Mais on manquait de soufflet pour exciter la flamme, et le vénérable Evêque dut bientôt reprendre le chemin de Bayonne afin de trouver une nourriture réconfortante aussi bien qu'une protection efficace contre les rigueurs de la température. Néanmoins, cette pauvreté elle-même était un sujet de joie et de consolation pour le pieux prélat, ravi de s'être rencontré au milieu d'une communauté si éprise d'amour pour l'évangélique dénûment.

« Ce jour a été grand pour l'œuvre, écrivait plus

tard le serviteur de Marie, grand pour toutes les âmes qui eurent le bonheur de se donner à Marie, grand pour moi qui, abîmé sous le poids de mes indignités, pénétré de la plus grande confusion, ne pouvais que crier vers Dieu et lui demander d'avoir toujours pitié de moi et de nous tous. »

*Les premiers Vœux.*

La fête de l'Epiphanie est devenue la fête la plus solennelle de Notre-Dame-du-Refuge. Au maître-autel de la chapelle, un médaillon représentant l'adoration des Rois Mages rappelle à la piété de la communauté les souvenirs de la grande journée. Chaque année, elle ramène la clôture de la retraite principale. M$^{gr}$ Lacroix n'a jamais manqué, depuis l'origine, de se rendre à cette solennité de famille. C'est pour l'œuvre le jour qu'a fait le Seigneur, le jour de la sainte joie et de l'édifiante allégresse.

Cependant, la congrégation des Servantes de Marie était constituée et rien ne s'opposait à l'envoi à Toulouse de quelques sœurs. Une colonie se détacha bientôt pour la nouvelle destination, ayant à sa tête la sœur Marie-Joseph (1), afin de remplir au lycée les emplois qui devaient lui être confiés.

(1) La Sœur Marie-Joseph mourut à Notre-Dame le 17 novembre 1872. Elle était Assistante. Une circulaire de la Mère Noire donne de précieux détails sur la vie et la mort de cette fervente religieuse. Nous reproduisons ici les principaux passages :

« Entrée dans l'œuvre, on pourrait dire, avant l'œuvre, en rapport avec notre Vénéré Bon Père dès l'époque où notre Bon Père en élaborait encore les desseins et les plans, la Bonne Sœur

Les premiers Vœux.

A partir de cette nouvelle fondation, la communauté des Servantes de Marie put projeter de vivaces rameaux dans toutes les directions. Les séminaires et les collèges de Larressore, d'Oloron, d'Aire, etc., demandèrent et obtinrent à leur tour des membres du nouvel Institut. Ainsi, l'œuvre se développait progressivement et le vénéré fondateur ne cessait d'admirer la divine Providence dans la manière dont il lui plaisait de départir ses bienfaits. Il profitait de ces occasions sans cesse renaissantes pour exciter la piété des Servantes de Marie. Ces

Marie-Joseph avait parfaitement compris toute la pensée de notre vénérable Fondateur, et son mérite, nous dirons même sa gloire, sera d'avoir dévoué toute sa vie à la réaliser de son mieux.

« Qu'il serait beau de suivre la Bonne Sœur et de l'étudier dans les divers emplois que la Très-Sainte Vierge confia successivement à son dévouement sans limites et à son zèle de feu ! Vous, mes chères Sœurs, qui, en janvier 1842, prîtes part avec elle à la cérémonie modeste de nos premiers vœux; vous toutes, plus nombreuses, qui l'avez connue au lycée de Toulouse, à Frousins, à l'Immaculée-Conception et à Notre-Dame, vous pourriez parler de son caractère franc et ouvert, de sa conscience droite, de sa piété solide mais toujours aimable et enjouée. Vous pourriez dire son dévouement au travail et aux travaux les plus humiliants et les plus durs, sa rare ponctualité, son immolation constante au devoir, son amour de l'ordre, de la discipline, des saintes Règles, son humilité profonde qui la porta à réclamer instamment du Bon Père la faveur d'être rangée parmi les Ouvrières de Marie, enfin, cet admirable esprit d'obéissance qui l'inclinait à solliciter respectueusement de ses inférieures des permissions dont elle n'avait pas besoin. Cette soif d'obéissance montre à elle seule combien elle était digne de commander.

« Telle vie, telle mort. Au moment suprême, la Très-Sainte

chères âmes suivaient docilement les inspirations de la grâce et donnaient partout et toujours les plus admirables exemples de vie religieuse. La Mère Vénérée était à leur tête et leur servait de modèle. Arrêtons-nous à considérer les merveilles de cette existence. Nous représenterons ainsi au lecteur l'image de la ferveur de ces premiers jours par l'histoire de la personnalité qui reproduit le type le plus complet de ce moment héroïque.

*Les premiers Vœux.*

---

Vierge semble avoir voulu favoriser sa fidèle Servante de tous les priviléges réunis. La Bonne Sœur a pu recevoir en parfaite connaissance tous les Sacrements. Monseigneur, prévenu à temps, s'est empressé de lui envoyer, et puis, de lui apporter ses encouragements et ses bénédictions. L'humble et pieux prélat a même daigné venir prier longtemps près de la couche où reposaient les restes mortels de notre Sœur chérie, poussant la bonté jusqu'à vouloir faire toucher son scapulaire aux mains glacées de la défunte.

« La Bonne Sœur Assistante a rendu sa belle âme à Dieu le dimanche 17 novembre, à une heure du matin. Ses obsèques, que Sa Grandeur a voulues très-solennelles, ont eu lieu hier. Monseigneur a voulu aussi que le corps fût inhumé à Saint-Bernard, près de la tombe de notre Mère Vénérée, avec laquelle la Bonne Sœur Marie-Joseph avait toujours vécu si étroitement unie. C'est là, nos bien chères Sœurs, que nous irons toutes prier souvent, pour demander la grâce de l'imiter. De loin, vous aimerez vous-mêmes à vous joindre à nous et à lui accorder au plus tôt les pieux suffrages auxquels nous obligent nos Constitutions. »

## III.

### Le Modèle des Servantes de Marie.

*Une vie d'épreuves.* — « Ah ! mon Père, mon Père ! que cette œuvre donne de peines ! Encore si nous avions la prudence, la douceur, si nécessaires pour faire le bien ! mais porter le poids de l'œuvre et ne pouvoir se porter soi-même ! »

C'est ainsi que la Mère Vénérée exprimait l'état de son âme. Au dehors, l'Orphelinat à fonder et à soutenir. En elle-même, le corps et l'âme ligués pour la tourmenter ! Le Bon Père ne lui avait pas caché qu'il la croyait destinée à une vie d'épreuves : « S'il plaît à Dieu, disait-il à sa sœur au début même de l'œuvre, s'il plaît à Dieu de t'éprouver *toujours* dans cette vie, c'est la plus belle, la meilleure part de son cœur, celle qu'il a prise pour lui-même et qu'il n'a donnée qu'à ses chers amis. » L'avenir réalisa cette parole, que le bon prêtre faisait entendre, comme le vieillard Siméon à la Très-Sainte Vierge, à l'entrée de la carrière.

La souffrance fut donc la part réservée à la Mère Vénérée, selon la conduite ordinaire de Dieu, qui envoie d'autant plus de souffrances à ses élus qu'il leur prépare plus de grâces.

Son corps usé par les mortifications et les angoisses lui refusait souvent presque tout service. Subitement, elle devenait tantôt aveugle, tantôt muette, tantôt muette et aveugle à la fois. Ses douleurs étaient presque continuelles. Elle ne se plaignait pas. On ne trouve pas dans la correspondance, où elle entre pourtant dans les plus minutieux détails, une seule plainte sur ses souffrances corporelles. Elle continuait vaillamment son travail, sans écouter les réclamations de son pauvre corps surmené. Rien n'est plus touchant à contempler que les lettres écrites par la Mère Vénérée pendant les périodes de crise. La main a tremblé, l'écriture est tourmentée, mais les sentiments viennent d'une âme qui plane au-dessus des misères humaines.

Chose singulière ! les épreuves du corps étaient pour elle le signal de la tranquillité de l'âme. Ecoutons un grave langage :

« Mon Bon Père, s'il vous est possible, venez, je vous prie, dans la journée, pour les enfants et puis pour donner un peu de courage à nos bonnes sœurs, qui sont désolées de me voir encore presque aveugle et muette. Pour moi, je suis loin d'avoir de la peine, parce que dans cet état j'ai ordinairement plus de paix intérieure et j'aime plus le bon Dieu et notre sainte Maîtresse. »

Bien mieux : jamais la Mère Vénérée ne ressentait la consolation qu'au milieu des angoisses corporelles : « Dans l'aveuglement corporel, je me trouve heureuse, parce que les ténèbres si épaisses de mon

<sub>Le Modèle des Servantes de Marie.</sub>

esprit se dissipent un peu, et alors, comme une personne qu'on sortirait d'un cachot bien noir, et qui, à la faveur de la lumière, distingue les objets qui se présentent à ses regards, je comprends un peu Dieu, la Très-Sainte Vierge, la prière. Tout cela me paraît vrai et clair. O heureux aveuglement du corps qui me procure un peu de lumière à l'âme, lumière mille fois préférable ! » (8 décembre 1842.)

Hélas ! l'état de satisfaction et de calme intérieur fut rare pour la Mère Vénérée. Habituellement, sa vie s'écoula au milieu des agitations et des tourments spirituels. Ce fut son état ordinaire. « Je fais passer par de rudes épreuves les âmes dévotes », dit Notre-Seigneur dans l'*Imitation*. Quand on lit la vie des saints, on voit comme cette parole se vérifie presque sans exception. Sainte Gertrude écrit qu'elle a enduré les plus grandes peines. La bienheureuse Angèle en supporta de terribles. La Mère Vénérée entra dans la voie que le divin Maître a indiquée à ses disciples. « Mon âme tombe de langueur, disait-elle. Parfois elle paraît se ranimer, mais c'est pour retomber de nouveau. Que sont devenus ces beaux jours où, pleine d'ardeur et de courage, rien ne me paraissait pénible, où les souffrances mêmes se changeaient en consolations ? Maintenant, dans l'obscurité, je ne sais plus où je marche. »

Comment pourrait-on lire sans émotion cette

navrante, cette morne peinture d'une âme qui vit dans l'inquiétude et les ténèbres ? « Grâce à Dieu, je suis assez calme, mais fatiguée, étourdie de l'orage qui a passé par l'intérieur de mon âme. Dieu soit béni des moments de répit qu'il me donne ! Dieu soit béni dans la tempête ! mais cette bénédiction n'est sincère que dans une âme forte et bien trempée. Ces secousses me font reconnaître où j'en suis et je ne le connais que lorsque la bourrasque est passée. La voie du ciel est étroite ! et plus étroite pour l'âme malheureuse qui a vécu sans frein. Dieu lui fait sentir que sa place est la dernière. Pour elle, les combats rudes et pénibles ! Pour elle, la guerre vive et fatigante ! Enfin pour elle, la misère sans cesse renaissante, suite de sa vie criminelle ! Pour elle, les ténèbres, l'aveuglement, les sécheresses ! Dieu lui donne sans doute assez de grâces pour faire le bien ; mais ces grâces n'étant pas sensibles, elle ne voit, elle ne sent que son travail et sa peine. Aussi avec quel empressement recueille-t-elle le peu de rosée qui tombe quelquefois pour la rafraîchir ! » (25 juillet 1843.)

Entre toutes les épreuves, la plus sensible était l'abandon de la Très-Sainte Vierge. Alors la Mère Vénérée jetait des cris d'angoisse et de désolation : « Ici tout est dans la jubilation. Les enfants paraissent heureuses et je crois qu'elles le sont. Mais moi, mon Bon Père, je suis loin de l'être. J'ai

*Le Modèle des Servantes de Marie.*

perdu ma Mère du ciel ! et je l'ai perdue par ma faute. C'est moi qui lui ai dit de me laisser et de ne plus me parler. Qu'ai-je pensé !.... elle qui est si bonne pour moi ! elle à qui je dois tout après Dieu ! Oh ! je sens combien je suis coupable. Aussi, depuis, mon cœur est sans vie. Je souffre d'un poids qui pèse sur ma conscience comme si j'avais caché ou fait quelque crime ! Que ferai-je ? Supporter cet état en esprit de pénitence et tourner toujours vers elle mes regards jusqu'à ce qu'elle m'ait accordé mon pardon. » (10 novembre 1844.)

La fervente religieuse n'oubliait pas en ces pénibles circonstances les sages conseils du livre qui a le plus profondément pénétré les secrets de la spiritualité chrétienne : « Ne pensez pas que je vous aie tout à fait délaissée (c'est le langage que l'*Imitation* prête au divin Maître) lorsque je vous afflige pour un temps, ou que je vous retire mes consolations, car c'est ainsi qu'on parvient au royaume des cieux. Et certes, il vaut mieux pour vous et pour tous mes serviteurs, être exercé par des traverses, que de n'éprouver jamais aucune contrariété. » (L. III, c. 30, n. 4.)

Néanmoins, l'abandon de la Très-Sainte Vierge était l'épreuve que la Mère Vénérée ne supportait pas avec une résignation absolue. La douleur, l'humiliation, la pauvreté, la contradiction, elle aimait tout et se réjouissait de tout. Mais quelqu'effort dont son âme fût capable, elle ne savait pas ou ne voulait pas souffrir l'abandon de l'auguste Reine du ciel et de la terre. Si elle préférait, comme sainte Catherine de Sienne, la couronne d'épines à la couronne d'or, c'était à une condition : de souffrir pour Marie et avec Marie. Ici, qu'on ne perde pas de vue les distinctions et les nuances si clairement établies par les maîtres de la vie spirituelle. « Si vous avez à demander la grâce de la dévotion, dit Lansperge, priez Dieu qu'il vous donne la véritable, c'est-à-dire celle qui dure toujours et qui subsiste même au milieu des plus grandes peines. Ceux qui la peuvent obtenir ne peuvent qu'être les amis de Dieu. C'est pourquoi on peut la désirer et la demander en toute assurance. » Cette dévotion fondamentale n'est autre que la fidélité au devoir : elle était le principal objet des prières et des demandes de la Mère Vénérée. Toutefois, elle n'hésitait pas, dans l'intérêt de son âme, à solliciter le sentiment consolateur de la présence de la Très-Sainte Vierge. Etait-ce une imperfection? Non, répond le sage Lansperge. « Il faut laisser la dévotion sensible à la disposition de Dieu. Il n'est pas défendu néanmoins de la désirer, non à cause du plaisir qu'il y a, mais afin que celui qui la reçoit puisse plus facilement vaincre ses passions et qu'il ait plus de force pour aimer Dieu, pour mépriser le monde et pour se soumettre plus parfaitement aux dispositions de la divine Providence, car cette dévotion sensible est un instrument propre pour faire et pour opérer toutes ces choses. » *(La Milice Chrétienne,* chap. VII.)

C'étaient les sentiments de la Mère Vénérée.

« O ma Maîtresse, s'écriait-elle, c'est à peine si j'ose vous parler. Il me semble que vous êtes irritée contre moi. Je mérite que vous agissiez avec sévérité contre une servante ingrate et infidèle. Mais on dit tant de choses sur votre bonté ! Moi-même n'en ai-je pas souvent ressenti les effets ? O ma Mère, montrez-vous à moi ! Faites-moi entendre au fond du cœur des paroles de paix, que je sente votre douce présence. Oh ! venez ma toute miséricordieuse Vierge, venez ! je vous promets, en présence de mon Dieu, de mon bon ange, de tous mes saints protecteurs et protectrices, de tous les saints du ciel, de ne rien faire à l'avenir qui vous oblige de vous séparer de moi ! Je n'ai que vous pour appui et ne veux attendre de secours que de vous seule. O Mère compatissante, ô la meilleure des Mères, serez-vous sourde à mes cris et à mes gémissements ? Non, vous êtes trop bonne et ma confiance en vous ne sera pas sans effet. Ma pauvreté même et ma profonde misère parleront à votre cœur de Mère. »

Qu'on examine de près cette touchante supplication, on n'y trouvera rien d'autre que les sentiments exprimés dans le manuel le plus autorisé de la perfection chrétienne :

« Il faut que vous soyez si ferme, si constant dans l'espérance, que, privé intérieurement de toute consolation, vous prépariez votre cœur à de plus dures épreuves, sans jamais vous justifier vous-même, comme si vous ne méritiez pas de tant souffrir, mais reconnaissant, au contraire, ma justice et louant ma sainteté dans tout ce que j'ordonne. » (*Imitation*, L. III, c. 25, n. 5.)

D'ailleurs, on comprend les élans et les demandes de la Mère Vénérée, quand on sait combien étaient terribles pour elle les moments de désolation. Alors, son âme ne cessait de frissonner d'angoisse. Saint Grégoire dit que plus Dieu éprouve en ce monde la vertu des justes, plus il les rend dignes d'être élevés en mérites et en gloire devant lui. D'après cette règle, la sainte religieuse a mérité par ses épreuves la plus belle des récompenses.

« Oui, je tremble, mais c'est tout de bon, car hier j'étais remplie de misères. A présent, c'est autre chose. Je me trouve dans un autre monde intérieur. Mon Dieu ! que d'états différents ! c'est un combat continuel et une fatigue presque décourageante. Aussi, depuis quelques jours, je commence à envisager la mort comme une bonne chose. En effet, si, ici-bas, je ne dois jamais espérer du repos, pourquoi ne désirerais-je pas cette mort qui peut seule me le donner ? Il y a là encore beaucoup d'imperfection, mais je ne suis que là ! »

Ah ! elle désirait la mort, mais elle redoutait le jugement de Dieu ! Voilà le sentiment général qui domina cette existence pure et pénitente. Elle craignait l'enquête finale, tout en trouvant quelquefois dans cette crainte une âpre consolation : « Une âme qui a péché, s'écriait-elle, ne doit plus comprendre ces mots : plaisirs, jouissance, bonheur. Il ne lui reste qu'à gémir, pleurer et souffrir. O que le pécheur est malheureux ! mais qu'il est heureux encore dans son malheur de pouvoir espérer grâce, pardon, miséricorde et le ciel !.... » La Mère Vénérée se trouvait donc en quelque sorte heureuse d'être comme forcée de ne s'attacher qu'à Dieu et de n'attendre de consolation que de lui. Mais la frayeur revenait bientôt la secouer violemment et elle s'écriait avec un accent de détresse : « Le ciel ! irai-je au ciel ? Mon âme, irons-nous au ciel ?.... Tu ne réponds pas. Hélas ! que me dirais-tu ? Les plus grands saints craignaient ! »

Cependant, après de longues luttes, Dieu accorda à la Mère Vénérée de pratiquer en paix la haute philosophie du christianisme : désirer la mort et supporter la vie !

Qu'on se tromperait si, en présence de cette vie d'inquiétude et d'angoisse, on se prenait à penser que la Mère Vénérée a eu quelques retours sur sa vocation! Qu'on nous permette de revenir encore sur ce point que nous avons effleuré plus haut. Il est essentiel d'en écarter toute incertitude, afin de montrer combien les âmes parfaites, en se rendant compte de leurs souffrances, arrivent à les accepter, à les rechercher, à les aimer. L'agitation était violente, mais les profondeurs de l'âme plongeaient dans la sécurité, la paix et la joie. Ainsi qu'elle le disait quelquefois, en empruntant une expression énergique des auteurs spirituels, la *cime* de son âme s'épanouissait dans la sérénité. D'ailleurs, écoutons les discours de la Mère Vénérée ; elle nous saura dire excellemment combien elle se félicitait d'avoir suivi sa vocation. « C'est à vous, mon Bon Père, à qui je dois tout après Dieu. Je ne puis en douter, c'est à vos prières que je dois ma conversion, ma vocation, mon salut si j'arrive au port. Continuez et vos soins et vos prières afin d'achever votre œuvre. » (Octobre 1844.)

En une autre circonstance, le cœur de la sainte femme ne sait pas résister à son impulsion. Elle abandonne pour un instant les formules de respect dont sa piété aime à s'envelopper quand il s'agit du Bon Père, et, s'adressant à lui avec la tendresse et l'élan des jours d'enfance, elle s'écrie : « Mon bon frère, c'est à toi, c'est à tes prières que je dois ma conversion et ma vocation à la vie religieuse. Car, sans l'affection si vive que j'avais pour toi, sans tes conseils et plus encore les larmes que tu devais verser au pied des autels pour mon âme qui t'était si chère, que serais-je devenue ? Que Dieu s'est montré riche en miséricordes, de m'avoir non-seulement ramenée à de meilleurs sentiments, mais de plus, de m'avoir donné cette vocation qui fait aujourd'hui mon bonheur et ma plus douce consolation ! » (24 août 1845.)

Si vive était sa reconnaissance pour le frère plein de sagesse qui l'avait engagée dans la vie religieuse, que parfois elle redoutait quelque diminution dans l'intérêt spirituel dont il se plaisait à l'entourer : « Il me vient dans la pensée que vous ne priez peut-être pas en particulier pour mon âme. Rappelez-vous, mon Bon Père, et les circonstances ont dû vous le prouver, que vous *deviez* me sauver, me sanctifier, et probablement me conduire au ciel. Quant à votre âme, Dieu sait combien je désire qu'elle soit sainte ! » (29 juillet 1846.)

Ainsi, la Mère Vénérée eut une vie continuellement traversée d'épreuves corporelles et spirituelles. C'était sa voie particulière. Elle était destinée aux souffrances, elle le savait, elle s'y résignait et désirait que ses douleurs ne fussent pas inutiles à l'œuvre. Une des compagnes de la Mère Vénérée a écrit les lignes suivantes dont nous nous reprocherions de ne pas respecter la touchante simplicité : « Je puis vous dire par la grâce de Dieu que j'aimais bien notre Mère Vénérée. De la savoir dans les peines, cela me préoccupait bien souvent. J'avais ordinairement la pensée de voir où elle était et ce qu'elle faisait. Je la trouvais fréquemment à la chapelle où elle faisait part à Dieu de ses peines. Quelquefois je l'écoutais et, ne me sachant pas si près d'elle, elle parlait à demi-voix. Je comprenais qu'elle éprouvait des peines intérieures des plus terribles. Elle pleurait et était dans la plus grande désolation. Je n'osais pas la laisser seule, par crainte qu'il lui arrivât quelque chose, et, en effet, j'eus à lui porter plusieurs fois secours, car elle tombait évanouie. Une fois, je me souviens qu'en parlant à Dieu, elle dit ceci : « Mon Dieu, regardez-moi comme une victime d'immolation pour le bien de l'œuvre. A moi les peines, les humiliations, les désolations, et aux sœurs qui viendront après moi les plus douces consolations ! » Pendant six ans, je ne l'ai pas vue passer une semaine sans qu'elle versât bien des larmes. Les peines et les croix ont abrégé ses jours. »

Non, vraiment, de telles souffrances ne sont pas perdues : Dieu exauce les prières de ses serviteurs. La Mère Vénérée s'est regardée et a été traitée comme victime pour le bien de l'œuvre. L'œuvre bénéficie de ses larmes et de ses douleurs. Plaise à Dieu que les enfants des saints ne s'arrêtent pas à une stérile admiration des travaux de leurs illustres

*Le Modèle des Servantes de Marie.*

aïeux, travaux admirables dont la vie de la Mère Vénérée nous permet de signaler le type et la valeur ; qu'ils ne bornent pas leur ambition à récolter les fruits de tant de mérites accumulés pendant ces premières et rudes années ; mais que, toujours fidèles aux traditions originaires, les membres de l'œuvre reproduisent eux-mêmes les grandes vertus qui se sont manifestées à cette époque bénie, avec une héroïque fécondité !

*Sentiments.* — Ne nous contentons pas de parler en général des épreuves de la Mère Vénérée ; entrons dans les détails et montrons quels furent les sentiments et les actions d'une vie si douloureuse.

La doctrine de la croix ne cesse pas de paraître un scandale et une folie aux yeux du monde. Que l'homme de la nature se trouve seul en face du sacrifice du calvaire, et ce sacrifice d'amour lui apparaîtra sous des dehors étranges et monstrueux. Que sera-ce donc lorsqu'il contemplera les hommes de la grâce associés à l'expiation divine, et mourant à eux-mêmes en persécutant en eux les inclinations terrestres ? Quand on ne veut envisager la vie que comme une partie de plaisir, ces sentiments et ces mœurs du christianisme qui contredisent si complétement les instincts du siècle, ressemblent à des contractions artificielles et violentes comprimant d'une manière regrettable le développement normal de l'humanité. Aussi les mondains, ou pour les appeler par leur vrai nom, les païens, en arrivent-ils à se prendre de pitié pour les âmes qui croient que nous n'avons qu'un seul intérêt, plaire à Dieu ; que la perspective d'une éternité heureuse ou malheureuse doit absorber notre destinée présente ; que le moyen d'atteindre à la félicité, consiste à mépriser la vie terrestre, à développer les habitudes d'abnégation et de dévouement, à se former au culte de la douleur, à vivre en perpétuelle communion avec la divinité. La résignation douloureuse et les sublimes espérances du chrétien paraissent une folie à l'homme naturel, et il ne manque aucune occasion d'accorder sa compassion aux disciples de celui qui a dit : Heureux ceux qui pleurent ! Tant il les croit dominés par une surexcitation de l'imagination et de la sensibilité ! Quelquefois même, en les plaignant, le siècle jette sur eux un regard de mépris !

Ce sera peut-être le sentiment qu'éprouveront quelques-uns de nos lecteurs en apprenant ce que la Mère Vénérée a souffert volontairement. Mais comme cette âme chrétienne et vraiment détachée du monde et de tout ce qui est du monde, plaignait de son côté les infortunés qui ne veulent pas porter leurs regards sur l'existence d'au delà le tombeau ! Comme leur sécurité l'effrayait ! Comme leurs désirs lui faisaient horreur ! Comme elle s'étonnait de cette chétive ambition qui veut arrêter la desti-

*Le Modèle des Servantes de Marie.*

Le Modèle des Servantes de Marie.

née humaine entre un berceau et un cercueil ! Pour elle, espérant un paradis, elle faisait avec enthousiasme abnégation de toute joie terrestre. A cet égard, elle trouvait, dans son renoncement même, la lumière et la certitude. Car « ceux qui, méprisant le monde parfaitement, s'efforcent de vivre pour Dieu sous une sainte discipline, n'ignorent point les divines douceurs promises au vrai renoncement et voient avec clarté combien le monde, abusé par des illusions diverses, s'égare dangereusement. » (*Imitation*, L. III, c. 20, n. 5.) Toutefois son étonnement et sa pitié étaient accompagnés d'une humiliation profonde aux pieds du Seigneur qui daignait éclairer sa servante et la soutenir dans ses efforts ; d'une prière fervente pour ceux qui ne comprennent pas cette vérité initiale, que tout ce qui n'est pas Dieu n'est rien et ne doit être compté pour rien.

Cependant, la Mère Vénérée ne se faisait aucune illusion sur l'étendue de ses engagements. Elle en saisissait toute la portée.

« *Mourir à soi-même !* Je commence à comprendre l'étendue de ces quelques mots qui ne me paraissaient auparavant que des mots vagues. *Mourir !* et mourir à chaque minute, pour ainsi dire, ah ! mon Bon Père ! à cette pensée, la nature se soulève. Et si je songe encore que c'est pendant toute la vie, et de plus en plus, car à mesure qu'on marche, Dieu découvre à l'âme de nouveaux sacrifices à faire, ce souvenir m'écrase. Mais, loin de me décourager, je reposerai ma confiance en Dieu, sachant qu'il n'exige jamais rien au-dessus de nos forces. » (9 mars 1840.)

Les écrits de la Mère Vénérée ont été brûlés en grande partie. « Je le regrette, dit une sœur qui l'a beaucoup connue. Ils parlaient surtout de la nécessité de porter la croix, toujours la croix, de l'humilité, de la pénitence intérieure et extérieure. En derniers temps, *le ciel, le ciel ;* ces mots se répétaient souvent dans ses moindres écrits. »

Toutefois, nous en savons assez sur la spiritualité de la Mère Vénérée pour reconnaître le caractère de sa doctrine. Elle ne donnait rien à la spéculation et ne se hasardait pas dans les théories et les considérations transcendantes. Son esprit et son cœur la maintenaient dans les systèmes pratiques, et nous pouvons dire qu'elle était en toutes choses la religieuse selon le livre si sage, si solide, si simple, si pur, de l'*Imitation de Jésus-Christ.*

*Humilité.* — Ses œuvres répondaient à ses sentiments. Elle vécut en juste et se traita en pécheresse. Elle subit le martyre moderne, qui consiste, non à répandre son sang, mais à vivre selon la croix.

« Je ne puis vous dire toutes les vertus qu'a pratiquées notre Mère Vénérée, écrivait une sœur, parce qu'elle possédait celle de l'humilité à un degré si parfait qu'elle cachait tous ses mérites et le degré de perfection auquel elle était parvenue. Néanmoins, sa sainteté ne laissait pas d'éclater quelquefois à tous les regards. »

L'humilité était la vertu contraire à la passion dominante de la Mère Vénérée. Elle parvint à l'acquérir à un degré éminent.

En aucune circonstance, elle ne redoutait de s'humilier devant les sœurs. A Notre-Dame, où elle se trouvait en passant, sa faiblesse l'obligea un jour à demander à la sœur de la cuisine un peu de méture, en dehors du repas. De crainte de l'avoir mal édifiée, elle alla bientôt se jeter aux pieds de la sœur et lui demanda pardon.

« En récréation (c'est une sœur qui parle), moi qui tirais du mal d'où il n'y en avait pas, j'avais dit sans réflexion, au sujet d'une parole de notre Mère dite en plaisantant, qu'il y avait une faute en cela. D'abord, elle ne sembla pas m'écouter. Le second jour, elle m'appela dans sa chambre, se mit à genoux à mes pieds, me demanda pardon d'avoir parlé comme elle l'avait fait, ajoutant que le Bon Père y avait trouvé quelque chose puisqu'il lui avait conseillé de ne plus s'exprimer ainsi ; qu'elle me remerciait de l'avoir éclairée ; que puisque j'avais plus de lumières, elle me demandait comme une grâce de l'avertir toutes les fois qu'elle se tromperait. »

Son infirmité nerveuse, qui la rendait parfois

muette, parfois aveugle, était pour elle une source d'humiliations. Un saint prêtre, qui la confessait ordinairement avant que le Bon Père l'eût acceptée pour pénitente, répugnait extrêmement à lui administrer le sacrement de pénitence hors du confessionnal et par l'intermédiaire de l'écriture sur une ardoise. Combien souvent la Mère Vénérée dut rentrer à l'Orphelinat sans avoir pu être reçue par son confesseur ! Elle était la première à excuser ces déconvenues. Les sœurs qui s'adressaient au même prêtre n'aimaient guère à aller le trouver en compagnie de la Mère Vénérée, quand elle était infirme. Elles prévoyaient le sort qui l'attendait. Elle souriait de leurs observations et leur disait qu'appelées à vivre avec une supérieure destinée aux humiliations, il fallait prendre part à ses humiliations.

Lorsqu'elle était muette, quelquefois depuis longtemps, elle retrouvait tout à coup sa voix en entonnant un cantique, à la messe. Les sœurs et les orphelines étaient habituées à ces brusques changements. Les personnes du dehors s'en étonnaient et n'épargnaient pas les plus pénibles observations. Elle n'a jamais fait connaître combien elle souffrait de ces jugements injurieux. « Ce n'est pas, a dit une sœur, qu'elle ne ressentît les choses aussi vivement qu'on peut les ressentir. Je la voyais bien souvent à un coin de la chapelle, pleurer et déposer ses peines au pied de la croix et demander à Dieu la force et le courage pour les supporter. »

*Le Modèle des Servantes de Marie.*

Sa faiblesse ne lui permettait pas de faire de longues promenades, et cependant elle désirait ne se séparer jamais de ses chères orphelines. On amenait alors une ânesse que montait la Mère Vénérée quand ses jambes lui refusaient le service. « Toujours cette ânesse, lui dit une sœur. Ne pouvons-nous aller quelque part sans cet embarras ? » Elle répondit : « Attendez, vous y passerez et vous verrez. » La sœur passa, en effet, par la même épreuve. « Au retour des vêpres de la cathédrale, raconte la sœur dont nous venons de parler, très-souvent les jambes de la Mère Vénérée se paralysaient. Elle s'appuyait sur moi. Elle savait combien je l'aimais. Mais comme j'ai dû la faire souffrir ! Je le raconte non sans peine. Je lui disais : « Pourquoi êtes-vous venue ? Voyez tout ce monde « qui nous regarde. » A ces moments, je semblais changer de sentiments à son égard. Très-certainement, je lui faisais de la peine. Mais elle s'excusait, me demandait pardon et ne me faisait aucun reproche. »

« Quelle était son humilité ! s'écrie une autre sœur qui l'a aussi beaucoup connue. Que de fois ne m'a-t-elle pas dit qu'elle désirait être déchargée de tout, parce qu'une autre ferait mieux qu'elle. Je l'ai vue pendant un temps se mettre à faire la cuisine, laver la vaisselle, et, le tablier de cuisine devant, venir au réfectoire nous servir toutes, comme si elle était la dernière de la maison. Elle était ma supérieure, et, quand nous étions ensemble, elle me demandait la permission pour sortir. Quand elle voulait quelque chose des sœurs, elle ne disait jamais : Faites ceci ou cela, mais elle priait humblement. De temps en temps, elle assemblait les sœurs et les novices aussi. Elle faisait sa coulpe et s'humiliait de la manière la plus profonde ; puis, elle baisait les pieds de toutes. Elle était Directrice Générale, mais elle ne s'occupait que de ce que le Bon Père lui confiait, laissant bien souvent ses droits de supériorité à celles que le Bon Père désignait. Elle se tenait toujours du côté de l'humilité, préférant la vie obscure et cachée à tous les honneurs. »

La Mère Vénérée se mettait donc au-dessous de toutes choses par humilité, afin de mettre toutes choses au-dessous de soi, par l'orgueil de la croix.

Le lundi, on distribuait la soupe aux pauvres. Avant la distribution, la Mère Vénérée leur baisait les pieds. Mais il arrive que la charité rencontre souvent l'ingratitude. Les pauvres, nourris par des pauvres, peuvent-ils s'attendre à de succulents festins ? Quelquefois, la soupe de l'Orphelinat n'était guère fournie. Cela valut des insultes à la Mère Vénérée : « Vous êtes des gourmandes, s'écria un jour une pauvresse, vous avez des jambons suspendus au plafond de votre cuisine et notre soupe est si maigre ? Cela n'est pas juste. » Hélas ! la Mère

Vénérée aurait pu répondre qu'il entrait peu de jambons dans la cuisine des orphelines ; elle préféra accepter l'injure et redoubler de charité à l'égard de l'indigente irritée.

C'est ainsi qu'en toutes circonstances la Mère Vénérée sut mettre en pratique la reine des vertus : l'humilité. Aussi Dieu se plut-il à réaliser en elle la parole de l'*Imitation :* « Dieu protége et délivre celui qui est humble ; il l'aime et le console. Il descend vers lui, il le favorise de plus en plus de ses grâces ; et après son abaissement, il l'élève à la gloire. Il lui révèle ses secrets, il l'invite et l'attire doucement à soi. Celui qui est humble conserve la paix parmi la honte et la confusion, parce qu'il est soutenu de Dieu et non du monde. » (Liv. II, ch. 2.)

*Pauvreté*. — La Mère Vénérée donnait l'exemple de la vertu de pauvreté. Elle recueillait avec soin tout ce qui lui semblait avoir quelque utilité. Elle réprimandait les sœurs qui employaient inutilement une allumette lorsqu'elles pouvaient se procurer de la lumière en soufflant sur un tison. On lui demandait : « Quelle quantité de fil faut-il perdre pour pécher contre la pauvreté ? » Elle répondait en souriant : « De quoi faire un petit *i*. » Elle prenait ses mesures pour ne pas se servir de tout ce qui lui paraissait du superflu. Elle se procurait toujours les objets les plus pauvres pour son usage. Une sœur, à l'époque des vœux, avait une guimpe en mauvais état. Elle la lui enleva et lui donna la sienne. Parmi les habits, elle choisissait les plus pauvres. On conserve encore dans l'œuvre, avec une grande vénération, le voile qu'elle portait, même dans les circonstances solennelles. Il est couvert de reprises sur reprises et à la fin on venait difficilement à bout de le raccommoder. Sa cellule était située dans le grenier de la maison. Elle y fut saisie d'une grande maladie. Elle ne descendit dans un local moins pauvre que sur les ordres du Bon Père.

Les âmes charitables n'oubliaient pas les besoins des orphelines ; parfois leur bienveillance n'était pas selon l'esprit de discrétion. On reçut un jour un panier de fraises : c'était en une circonstance où il fallait dîner, mais où il n'y avait rien à mettre sur la table. La Mère Vénérée voulut donner à sa communauté une nourriture plus substantielle qu'un plat de fraises et pria une enfant d'aller le vendre pour en échanger la valeur contre d'autres aliments. Par un caprice singulier, cette enfant, que la Mère Vénérée croyait lui être plus particulièrement attachée, se refusa à remplir cette commission. La Mère Vénérée, sentant vivement cette ingratitude, avec une autre enfant qui porta la corbeille, alla elle-même vendre les fraises au marché de Bayonne. Une femme de la halle prêta sa table pour exposer la marchandise, qui fut aussitôt enlevée. La Mère Vénérée revint fort contente de

*Le Modèle des Servantes de Marie.*

son expédition. Elle rapportait la somme de cinq francs, sans compter un bon exemple donné et un acte de pauvreté pratiqué. Elle ne manquait jamais dans les pressants besoins de la communauté de prendre le panier pour aller acheter à crédit. Les affronts qu'elle recevait, les refus qu'elle essuyait, révoltaient sa fierté, mais elle se plaisait à dompter les mouvements de son âme. Quand la sœur François-de-Sales allait courageusement demander du travail pour ses ouvrières, soit à la citadelle, soit aux ateliers, la Mère Vénérée se faisait une joie de l'accompagner pour prendre sa part des ennuis d'une telle mission.

*Charité.* — Sa charité pour le prochain était héroïque. Elle aimait et respectait les indigents. Elle ne passait jamais devant un pauvre sans adorer en sa personne Notre-Seigneur Jésus-Christ et sans lui venir en aide. Etant en promenade avec la communauté, elle aperçut un malheureux couvert de plaies, dont les jambes étaient enveloppées de bandages dégoûtants. Elle laissa s'éloigner ses compagnes et s'approcha du malade en se dissimulant. Mais on l'épia et on la vit s'agenouiller devant le malheureux, débander ses plaies, les baiser avec amour et puis les panser avec précaution. Lorsqu'un pauvre venait aux Orphelines, après lui avoir donné l'aumône, elle se mettait à genoux devant lui et lui baisait les pieds.

Quand elle allait voir les malades, elle leur adressait avec affection des paroles de consolation et d'encouragement qui leur inspiraient patience et résignation. Il y avait, près d'Anglet, une lépreuse dont elle prenait un soin particulier. Elle allait la voir régulièrement. La malheureuse infirme aimait le chant. La Mère Vénérée chantait pour lui faire plaisir et lui amenait les orphelines qui lui faisaient entendre leurs chœurs ravissants. Elle terminait ses visites par une lecture spirituelle ou par une histoire tirée de la vie des saints. La lépreuse, après que la Mère Vénérée avait passé, se sentait plus de courage pour supporter son horrible maladie.

Une personne qui avait un chancre hideux à la gorge vint la trouver pour lui demander de la soigner. La Mère Vénérée pansa son mal, la fit dîner, et la renvoya après lui avoir exprimé le désir de lui rendre tous les jours le même service.

La Mère Vénérée avait une grande charité pour les sœurs. Quand elle voyait une sœur triste, elle allait à elle, lui demandait le sujet de son chagrin et ne la quittait qu'après l'avoir réconfortée. Un jour, au réfectoire, on s'aperçut qu'elle ne pouvait manger et que des larmes coulaient de ses yeux. On apprit qu'elle pleurait de voir l'une des sœurs dans la peine sans pouvoir la consoler. Pour les malades, sa sollicitude et son dévouement étaient

<small>Le Modèle des Servantes de Marie.</small>

sans mesure. Elle les veillait avec constance et tenait la main à ce qu'aucun soin ne leur manquât.

Sa charité ne s'arrêtait pas aux intérêts purement extérieurs. Elle brûlait de zèle pour le bien des âmes. Son bonheur était de former les sœurs à la vie religieuse. Tous les dimanches étaient consacrés par elle à recevoir la visite des orphelines sorties de la maison et placées en diverses conditions, qui venaient la trouver pour lui parler de leur âme et recevoir des conseils.

Lorsqu'une enfant lui confiait de grandes peines, la Mère Vénérée se levait pendant la nuit et se donnait la discipline en esprit d'immolation.

*Pénitence.* — Que n'aurions-nous pas à dire de son esprit de mortification ? Elle a vraiment donné l'exemple de la vie pénitente.

Le Bon Père se garda bien de décourager jamais les attraits pour la mortification extérieure. Sa pensée sur ce point capital de la spiritualité catholique est renfermée dans la lettre suivante écrite à la Mère Vénérée :

« Je vous accorde, ma chère enfant, ce que vous demandez. Seulement, ne portez la ceinture que deux heures, et si vous trouviez qu'elle vous irrite les nerfs, vous la laisseriez par obéissance. Ce soir, vous pourrez prier jusqu'à dix heures. Oui, ma chère enfant, il faut combattre et briser jusqu'à la fin cette mauvaise nature, cette nature d'orgueil et de péché qui nous fait une guerre continuelle. Oh ! que les fruits de la pénitence sont doux, même sur la terre, et qu'ils seront magnifiques dans le ciel ! O mon Dieu ! pour quelques jours de gêne bien adoucis encore par la grâce, une éternité de bonheur dans le ciel ! et peut-être ces combats ne seront-ils pas bien longs !.... Au reste, laissons faire notre bonne et sainte Mère ; elle aura soin de tout arranger et de tout adoucir. »

Quand la Mère Vénérée allait à Notre-Dame, elle tirait ses souliers et faisait son chemin nu-pieds à travers les sables déserts, en esprit de pénitence. Pendant le temps de carnaval, elle faisait le chemin de la croix nu-pieds sur les dalles de la chapelle.

Deux fois par semaine, dans la nuit, quand elle croyait que tout le monde dormait, elle se levait, mettait sa couverture par terre et reposait couchée sur le plancher. Quand elle souffrait, elle allait passer ses longues heures d'insomnie devant le Saint-Sacrement. Le jeudi soir, elle se levait à onze heures de la nuit pour faire l'heure sainte et prendre la discipline.

« Je ne sais si c'est tous les jours, a écrit une sœur, mais au moins très-souvent, elle faisait des pénitences corporelles : ceintures, bracelets de fer, discipline très-fréquente, le mois des âmes du purgatoire en entier, etc. Je ne sais quelle direction elle avait à ce sujet pour les autres. Mais pour ce qui me regarde, elle aurait voulu me conduire toujours par cette voie. C'est ce qui m'a fait connaître une grande partie des pénitences qu'elle s'est imposées. Les commençant avec elle, je la laissais finir toute seule. Elle portait sur sa poitrine un *Ave Maria* en pointes de fer, semblable aux petits bracelets qui se faisaient dans la communauté. Si elle ne le portait pas toujours, c'était au moins la plus grande partie du temps. »

Elle nourrissait son corps de manière à ce qu'il pût servir et non se révolter. Il n'était pas de repas où elle ne s'imposât quelque mortification. Dans son état nerveux, il n'était pas rare que la nourriture qui lui était servie ne soulevât des répugnances et des dégoûts. Ses moindres désirs auraient été remplis par les sœurs avec bonheur et empressement. Elle n'a jamais voulu exprimer de préférences. Lorsqu'une sœur s'apercevait de ses répulsions, elle lui ordonnait de se taire et mangeait avec courage tout ce qui lui était servi. Une enfant n'ayant pas voulu par caprice manger du dîner de la communauté et ayant fait dans son assiette un mélange dégoûtant, la Mère Vénérée alla se mettre à sa place, et pour corriger cette enfant aussi bien que pour se mortifier, elle fit son repas de ces mets dont l'aspect seul faisait mal à voir.

Nous pourrions multiplier les exemples de haute sainteté donnés par la Mère Vénérée. Les documents ne manquent pas. Ils ont été recueillis par la communauté avec une piété filiale. Ce que nous venons de raconter suffira, nous l'espérons, pour donner une idée juste de la perfection de cette éminente religieuse, et pour faire comprendre, par un seul exemple, la ferveur de l'œuvre entière à son origine. N'abandonnons pas cependant notre sujet sans rappeler ici la réflexion d'une sœur qui a longtemps vécu à côté du modèle des Servantes de Marie : « Ce qu'il y avait de plus parfait en la Mère Vénérée, c'est qu'elle pratiquait la mortification intérieure en souffrant tout en silence et en cachant ses vertus. C'est pourquoi elle n'a pas été appréciée comme elle aurait dû l'être pour ses grands mérites. »

Rien n'est plus vrai. Non, la Mère Vénérée n'a pas été appréciée à sa valeur. Quelques âmes privilégiées ont seules connu sa vertu éminente, son beau caractère, sa rare intelligence. Parmi nous, la plupart ont passé à côté d'une si grande figure, il faut le dire à regret, sans la remarquer ; d'autres, peut-être, ont méconnu cette sainte. Ah ! sans doute, son humilité affectionnait une situation abaissée. Il semble même que la Mère Vénérée ait voulu la prolonger après sa mort. A peine si la mémoire de la sainte religieuse est précieusement conservée comme un souvenir de famille, au sein de l'œuvre. Mais aujourd'hui, il est permis de dévoiler les secrets d'une vie aussi admirable que cachée. Non, l'histoire

*Le Modèle des Servantes de Marie.*

*Le Modèle des Servantes de Marie.*

de la Mère Vénérée ne pâlira pas à côté de celle des plus saintes femmes dont s'honore l'Eglise catholique. Elle a rempli l'obligation que Tertullien rappelle au chrétien, de mener une vie mourante, de crucifier ses sens, de combattre ses passions, de renoncer à ses désirs, de mortifier les inclinations de la nature, de se charger d'une croix, d'avoir en horreur tous les divertissements du siècle et de faire de la vie un martyre continuel. Qu'importe l'humilité des événements extérieurs ? Ce qu'il faut surtout considérer, c'est le dedans de l'homme : là est la source du bien et du beau. Or, sur le champ de bataille de l'âme, la Mère Vénérée a combattu le meilleur combat. Elle est donc digne qu'on lui applique la parole de l'*Imitation :* « Celui-là est vraiment grand qui a une grande charité ; celui-là est vraiment grand qui est petit à ses yeux et qui compte pour rien le comble de l'honneur ! »

# NOTE DU CHAPITRE TROISIÈME

### Règlement particulier et Sentiments d'une Sainte Religieuse

Nous avons inséré plus haut le règlement de vie que la Mère Vénérée suivait dans le monde. Voici maintenant le règlement particulier de sa vie religieuse. Il fut arrêté en 1842, pendant la retraite qui précéda la cérémonie des vœux solennels. Chaque année, la Mère Vénérée renouvelait ses résolutions, se retrempait dans les sentiments qui les avaient dictées et s'examinait avec soin sur les manquements dont elle s'était rendue coupable. Nous publions, après le règlement de vie, quelques réflexions détachées que la Mère Vénérée a écrites sur le cahier même où se trouvent contenues ses résolutions de retraite Cette retraite de 1842, qui tient une si grande place dans la vie de la sainte religieuse, fut pour elle une époque de désolation. Autant la volonté était sereine et inébranlable, autant la partie affective de l'âme était troublée et vacillante. Le règlement de vie montre la force de la résolution. Les réflexions attestent les défaillances du cœur. La pauvre âme se débat dans les abandons et les tristesses. Elle crie vers Dieu et pousse des gémissements à fendre nos cœurs. Quelle sainte mélancolie ! Quels accents poignants ! Et au milieu de ces redites de la douleur qui revient sans cesse sur la blessure toujours cuisante, quels fiers discours !

*Règlement particulier et Sentiments d'une Sainte Religieuse.*

Quelles vives pensées ! Ne tient-il pas un peu de Bossuet, ce mouvement si large et si pathétique :

« Pénitents de tous les siècles, donnez-moi vos larmes et vos gémissements ! »

Ne rappelle-t-elle pas l'allure de certaines pensées de Pascal, cette concise parole, d'une si énergique expression :

« Comment se livrer à la joie, suspendu entre le ciel et l'enfer ? »

Certes, nous sommes les premiers à sentir le défaut de mesure qu'il y aurait à rapprocher ces deux grands noms, les plus grands de la littérature française, de celui de l'humble Servante de Marie, s'il s'agissait d'une comparaison littéraire. Mais la même foi qui inspire les belles âmes, leur donne souvent de se rencontrer dans les mêmes sentiments et les mêmes expressions.

*Résolutions prises pendant les méditations de ma retraite.*

Faites, Seigneur, que j'y sois fidèle !...

A l'égard de Dieu. — Travailler chaque jour avec ardeur à mon avancement spirituel, sachant par expérience que lorsque je m'en détourne un peu je tombe dans de grandes fautes.

Ne résister jamais à la grâce et marcher toujours en la sainte présence de Dieu.

Avant d'entreprendre quoi que ce soit, implorer les lumières du Saint-Esprit et l'assistance de ma bonne Maîtresse.

N'agir jamais avec précipitation, mais attendre patiemment les moments de la divine Providence.

Agir peu de moi-même, mais laisser agir Dieu.

Avant de faire des reproches ou observations, invoquer le Saint-Esprit, réciter le *sub tuum* et prier l'ange gardien de la personne à qui je veux parler.

Observation fidèle et constante de la règle, la regardant comme la voix de Dieu, la faire observer dans toute sa rigueur, surtout la règle du silence.

ENVERS MON SUPÉRIEUR. — Ne lui parler qu'avec grand respect, regardant en lui la personne de Dieu. Obéissance aveugle, prompte jusque dans les plus petites choses, lui découvrir tout ce qui se passe dans mon âme avec grande confiance, afin d'éviter qu'il ne se trompe en me croyant meilleure que je ne suis.

Lorsque je lui demanderai quelque permission, qu'elle me soit refusée ou non, me tenir également tranquille.

ENVERS LE DIRECTEUR QUE LA PROVIDENCE M'A DONNÉ. — Respect, confiance, obéissance comme tenant à mon égard la place de Dieu. Ne m'y attacher qu'en vue de Dieu et pour le bien que reçoit mon âme de sa direction.

Celui qui me dirige maintenant me semble bien celui que la Providence me réservait, mais plus tard, si je devais changer pour quelque raison que ce fût, le faire sans hésiter.

ENVERS MES SŒURS. — Etant opiniâtre par caractère, je céderai dans ces moments surtout où je me sentirais portée à résister, et comme cette sensation se présente sous la forme du bien, je prendrai toujours le parti de l'humilité, à moins que je ne voie évidemment

*Règlement particulier et Sentiments d'une Sainte Religieuse.*

**Règlement particulier et Sentiments d'une Sainte Religieuse.**

un plus grand bien à suivre ma volonté. Charité cordiale, n'oubliant en tout moi-même, et me regardant comme la dernière, ce que je suis en effet aussi par mes infidélités sans nombre et les fautes de ma vie passée. Affection vive, sincère et compatissante à l'égard de toutes.

Pour les observations, remontrances, reproches, donner des conseils, des pénitences avec beaucoup de douceur, d'humilité intérieure et en peu de mots.

M'humilier, lorsque je leur aurai fait de la peine ou que je les aurai scandalisées en quoi que ce soit.

ENVERS LA COMMUNAUTÉ, PÉNITENTES, ETC. — Bonté, douceur, charité, affabilité, les aimant d'une affection toute maternelle comme étant des enfants de notre bonne Maîtresse.

Attendre le calme et la réflexion pour les corriger.

Dans leurs maladies, les soigner par moi-même autant que possible et le faire avec une charité toute affectueuse.

Les recommander souvent à Dieu et à sa Très-Sainte Mère.

DANS MES RAPPORTS AVEC LES PERSONNES SÉCULIÈRES. — Parler peu, le faire avec modestie, affabilité et gravité.

Eviter les conversations et les visites inutiles, ainsi que les nouvelles du monde : intéresser toujours et partout la gloire de Dieu.

A L'ÉGARD DE MOI-MÊME. — Mourir chaque jour à moi-même, renoncer à mes goûts, à mes aises, à ma volonté propre, afin de ne vivre plus selon la nature, mais selon la grâce.

Veiller sur mon cœur, ne former aucune attache sous quelque prétexte que ce soit, rompre, si je m'aperçois de la moindre affection déréglée, voulant, avec la grâce de Dieu, tenir mon cœur dégagé de toute chose.

Donner la préférence aux habits les plus usés. Ne m'attacher à aucun objet, comme image, livre, croix, etc., etc., m'en défaire aussitôt que j'y sentirai une affection trop vive.

*Règlement particulier et Sentiments d'une Sainte Religieuse.*

Dans mes repas, ne manger que ce qu'il me faudra pour soutenir mes forces, choisir de préférence ce qui est moins de mon goût, ne faire aucun repas sans quelque mortification. Dans mes récréations, éviter les nouvelles du monde, les railleries, les paroles inutiles, faire couler la conversation sur des choses utiles au bien de nos âmes sans trop de contention, ni de singularité. Dans mes actions : examen avant et après.

Recueillement habituel, m'humilier devant Dieu aussitôt que j'aurai commis une faute, pour légère qu'elle me paraisse.

Je me tiendrai plus particulièrement en garde contre l'orgueil, ma passion dominante. J'éviterai de parler des choses qui me concernent, comme de ma famille, du temps que j'ai passé dans le monde, etc., etc., à moins que le bien ne m'y oblige, alors je le ferai simplement et en peu de mots.

J'éviterai, de plus, autant que possible, ces mots : *je, moi.*

Dans mes confessions, humilité profonde, n'oubliant jamais que j'ai mérité l'enfer.

Remercier le Seigneur et ma bonne Maîtresse de ne pas y être tombée dans tel temps...... dans telle circonstance..... Prier pour les pécheurs, ayant été moi-même grande pécheresse ; ils m'inspireront grande compassion, ainsi que les âmes du purgatoire.

*Règlement particulier et Sentiments d'une Sainte Religieuse.*

Je veillerai d'une manière particulière sur les yeux et sur la langue, ne doutant pas que mon épreuve ne soit une punition bien juste de l'abus que j'en ai fait. Ainsi donc, modestie dans l'église surtout, dans les rues toujours et partout, ne parler jamais sans avoir réfléchi et prié.

Confiance filiale et sans bornes en Marie, ma Mère et ma Maîtresse, me reposer en tout sur ses soins maternels.

Confiance affectueuse en mon ange gardien, prier saint Joseph et sainte Madeleine, à qui j'ai eu recours pendant cette retraite.

Pour mes communions, pénitences corporelles, etc., etc., l'obéissance les règlera ; ne manquer jamais l'oraison.

Ne considérant que ma grande faiblesse, je n'aurais jamais osé former de telles résolutions, mais puisque c'est vous, ô mon Dieu, qui me les avez inspirées, vous me donnerez la grâce d'y être fidèle.

Amen.

### *Sentiments divers.*

\* O mon âme, pourquoi te troubles-tu ? Espère, le Maître va venir.

\* O mon Père, ô mon Père, soyez béni, même dans vos rigueurs !

\* Seigneur, je veux tout ce que vous voulez, parce que vous le voulez, comme vous le voulez et autant que vous le voulez.

\* J'ai péché, ô mon Père ! contre le ciel et contre vous ; je ne suis plus digne d'être appelée votre enfant.

\* Pénitents de tous les siècles, donnez-moi vos larmes et vos gémissements !

\* O Jésus, ô Marie, mon trésor ! pourquoi m'a-t-il été enlevé?..... Mais pourquoi te plaindre, ô mon âme ? les faveurs célestes ne sont que pour les enfants fidèles. Qu'elles s'approchent de vous ces âmes heureuses, qu'elles se reposent doucement sur votre poitrine sacrée comme le fit l'apôtre bien-aimé ; qu'elles jouissent de vos caresses et de vos ineffables consolations ! Pour moi, misérable pécheresse, trop heureuse que vous ne m'ayez pas précipitée dans les plus profonds abîmes de l'enfer et que vous vouliez encore me souffrir en votre présence divine. Loin donc de me plaindre lors même que vous paraissez détourner vos regards, je vous bénirai, ô mon Dieu.... et si je ne puis m'approcher du sanctuaire, je resterai à la porte du temple comme fit le publicain, et là je vous dirai comme lui : Seigneur, ayez pitié de moi, parce que je suis une grande pécheresse !

*Règlement particulier et Sentiments d'une Sainte Religieuse.*

\* O mon bon Maître ! dans les consolations comme dans les afflictions, je bénirai toujours votre main miséricordieuse.

\* Le temps approche, ô mon Dieu, où je vais revenir à mes occupations. Reviendrai-je à mes fautes?.....

\* Cette retraite sera peut-être le sujet de ma condamnation, si je n'en profite pas.

\* Comment se livrer à la joie, suspendue entre le ciel et l'enfer ?

\* Il est bien peu de personnes qui ne se fassent illusion ! et moi, où en suis-je?.....

\* Ah ! je ne m'étonne plus si les saints se retiraient dans les déserts et les cavernes ! Quels sacrifices n'inspire

*Règlement particulier et Sentiments d'une Sainte Religieuse.*

pas la crainte de perdre Dieu pour jamais ! O folie, tu es la véritable sagesse.

\* Dieu seul ! Qui peut dire ces deux mots est vraiment heureux.

\* Qui n'a pas souffert ne sait rien. Une heure de souffrance en dit plus que plusieurs jours de consolation.

\* O mon Jésus ! où êtes-vous ? je ne vous vois plus ! Dans quel abîme de souffrances suis-je descendue ? Je me fais horreur à moi-même : mes péchés me couvrent de confusion et d'opprobre. O mon Dieu, mon Dieu ! jetez un regard sur cette pauvre âme, afin qu'elle sente que vous ne l'avez pas encore abandonnée !

\* O ma Mère, ma Maîtresse ! venez, consolation des âmes affligées. Venez apporter un peu de calme à la mienne, la ranimer, l'encourager. Dites-lui une seule parole et ses peines se changeront en joie !

\* Me voici, Seigneur, me voici, j'ai entendu votre voix ; elle a pénétré jusqu'au fond de mon cœur et j'ai dit : j'irai où le Seigneur m'appelle. Que voulez-vous donc que je fasse, ô mon Dieu ! que voulez-vous que je fasse, parlez ; votre servante vous écoute !....

\* Que je me trouve heureuse, ô mon Dieu, de penser que ma seule et mon unique affaire en ce monde est de vous connaître, de vous aimer et de vous servir ! Telle est l'obligation que vous m'avez faite en me créant. Je suis à vous, je vis pour vous, je dois retourner à vous. Que mes destinées sont grandes ! Mais pourquoi, Seigneur, nous faire un commandement de vous aimer ? Ne nous suffisait-il pas d'avoir un cœur et un cœur si avide d'affection ? Eh ! mon Dieu, est-ce bien à moi de parler ainsi. Avec ce précepte, vos récompenses et vos menaces, je vous ai toujours jusqu'ici refusé mon cœur. Qu'avaient donc les créatures pour l'emporter sur vous? Ah! Seigneur, vous le savez, jamais je ne fus plus malheureuse que lorsque je leur donnai mes affections; et pouvait-il en être autrement, ô mon Dieu, puisque mon cœur n'était fait que pour vous? Je vous le donne aujourd'hui, ô mon Seigneur et mon Maître, et en vous le donnant, je vous donne bien peu. Mais vous pouvez encore l'enrichir, ô mon Sauveur! Prenez-en possession, agissez en maître, arrachez-en tout ce qui peut vous déplaire, ornez-le de vertus et rendez-le digne de vous.

<small>Règlement particulier et Sentiments d'une Sainte Religieuse.</small>

* Où êtes-vous, Seigneur, pourquoi vous éloignez-vous de moi? Mon âme tombée dans l'abattement dit qu'elle ne vous voit plus....

* O Jésus tout aimable, pourquoi ne vous ai-je pas toujours aimé!....

* O mon Sauveur! ô mon Créateur et mon Maître! mon bien, ma vie et mon tout, faites que désormais je ne vive que pour vous!....

* O mon âme, à la vue d'un Dieu si aimable et qui ne demande que ton cœur, voudrais-tu le lui refuser encore?

* Qu'il est doux de souffrir pour un Dieu qui a tant souffert pour nous!

* O croix de mon Sauveur, soyez à jamais ma gloire et mon bonheur!.....

* Pourquoi faut-il que, tant que nous vivions, nous soyions exposés à vous perdre, ô mon Dieu!.....

* Que la vie est triste pour l'âme qui a péché!

* Pauvre pécheur, que tu es loin de savoir ce que tu fais en péchant!!....

Règlement particulier et Sentiments d'une Sainte Religieuse.

\* O Marie ! ma Princesse et ma Reine, qu'il m'est doux de vous appeler le Refuge des pécheurs !....

\* Vous me combliez de bienfaits lorsque je ne vous aimais pas ; m'abandonnerez-vous maintenant que je vous aime ?....

\* Si le juste est à peine sauvé, que sera-ce de moi ?.... O mon bon Maître, jetez un regard de miséricorde sur votre indigne servante.

\* Que les âmes innocentes s'approchent de vous, ô Mère de Dieu, et vous donnent le doux nom d'épouse ; pour moi, trop heureuse que vous vouliez me permettre d'être du nombre de vos servantes et de vous donner le nom de Maîtresse !

\* O Marie, ma bonne Maîtresse, vous êtes toute mon espérance ; n'oubliez pas que je suis une de vos pauvres servantes ; conduisez-moi, protégez-moi, aidez-moi, assistez-moi dans tous les moments, mais surtout l'heure de ma mort. Amen.

# CHAPITRE QUATRIÈME

## LES SOLITAIRES DE SAINT-BERNARD
(1846)

### I.

**La Ferveur Primitive.**

Le sentiment chrétien n'a rien perdu de son efficacité. Le siècle peut bien s'éloigner de Jésus-Christ et revenir aux mœurs et aux idées du paganisme. La force divine, délaissée mais non affaiblie, n'en subsiste pas moins, toujours féconde et toute-puissante. Qu'on vienne seulement lui demander le salut et la vie! A ceux qui veulent être soumis et dévoués, elle communique une lumière et une ardeur surnaturelles. Alors, la nature et la chair sont dominées, et le monde voit éclore les prodiges de la grâce.

Le serviteur de Marie fut toujours l'enfant soumis de la religion. Il ne comprenait l'homme que selon les vues du christianisme. Venir de Dieu, vivre avec Dieu, mourir en Dieu, c'était, pour lui, toute la des-

354   LIVRE II. — CHAPITRE IV.

La Ferveur Primitive.

tinée humaine. Aussi ne permit-il jamais au doute d'effleurer son esprit. Un jour qu'il lisait un livre de Jean-Jacques Rousseau, pour en réfuter la doctrine, il s'aperçut que l'éloquence du sophiste faisait impression sur son âme. Dans la crainte que la foi ne subît le contre-coup de l'émotion littéraire, il jeta le volume au feu et renonça à jamais à la lecture de l'ouvrage dangereux.

Animé d'une telle conviction, le serviteur de Marie ne pouvait qu'obéir à l'Eglise avec une absolue soumission. Ses pensées, ses actions, partout et toujours, étaient celles d'un disciple de Jésus-Christ. Il avait formé en lui l'esprit, le cœur, la volonté, d'après l'idéal chrétien. La foi était devenue son être. Non-seulement il repoussait avec indignation tous les discours et toutes les pratiques conformes au type païen ou naturel; il en était encore arrivé à ne plus même comprendre ce dernier ordre de sentiments.

Grâce à Dieu, il ne se contenta pas de se livrer à ce travail de formation intérieure, sur sa seule personne. Il était prêtre, c'est-à-dire qu'il avait accepté la mission de sanctifier les autres en se sanctifiant lui-même. Il ne faiblit pas dans la tâche du prosélytisme. Il ne recula pas devant la vocation d'aller remuer les consciences de ses frères pour les réveiller du sommeil de la mort. Il y consacra sa vie, son repos, toutes ses forces.

« Oh ! qu'un bon prêtre est une grande chose, s'écriait saint Vincent-de-Paul. Que ne fait-il pas, que ne peut-il faire avec la grâce de Dieu ? » Il semble que cette parole ait été prononcée à l'occasion du serviteur de Marie. *Bon prêtre* dans toute la force du terme, que ne fit-il pas pour le bien des âmes ? Quels obstacles furent capables de l'arrêter quand il s'agissait du salut de ses frères ? « Donnez-moi les âmes et gardez tout le reste pour vous ! » cette parole sublime, qui renferme l'essence du christianisme, était sa devise en toutes circonstances.

<small>La Ferveur Primitive.</small>

Les âmes vinrent recevoir du bon prêtre les conseils, la direction, la lumière. Elles vinrent en grand nombre, et le ministère du serviteur de Marie fut fructueux. Qui saurait dire tout ce qui en est résulté de bien pour la religion ?

Parmi ces âmes, il s'en trouva d'héroïques qui écoutèrent avec bonheur les enseignements du bon prêtre et qui s'engagèrent, d'après ses conseils, dans la vie religieuse. Elles formèrent, nous l'avons vu, un petit groupe qui fut le noyau de l'œuvre. Par leurs soins, les Orphelines et les Pénitentes trouvèrent secours pour les besoins de l'âme et du corps. L'Eglise consacra leur dévouement en bénissant leurs vœux. La consécration de l'œuvre fut le signal d'un accroissement dans le nombre des vocations, qui désormais se multiplièrent rapidement.

**La Ferveur Primitive.**

Certes, la piété de ces âmes d'élite fut admirable dès le premier moment. Quel que fût le zèle du bon prêtre, ses inspirations ne dépassèrent jamais leur bonne volonté. La flamme qui le dévorait, la sainte flamme de l'amour de Dieu et du prochain, trouvait dans leur cœur un aliment bientôt embrasé. Mais à peine l'Eglise eut-elle accordé ses bénédictions à l'œuvre, que la ferveur de la communauté augmenta en d'admirables proportions. La ferveur atteignit au plus haut degré, lorsque les douze premières Servantes de Marie consommèrent leur sacrifice en prononçant, le 6 janvier 1847, leurs vœux perpétuels.

On connaît l'étonnante histoire de saint François-d'Assise. Il communiqua au treizième siècle, siècle d'or de l'Eglise, sa passion pour le divin crucifié. A ce moment, l'Eglise déborda d'amour. La charité s'empara des âmes et leur inspira les plus nobles et les plus grands dévouements.

Hélas! le treizième siècle avait une sève qui ne circule plus dans le monde moderne et saint François-d'Assise était l'une des plus prodigieuses personnalités que Dieu ait suscitées dans son Eglise. Il n'y a pas lieu à égaler quelqu'événement de notre temps que ce soit aux prodiges qui signalèrent l'aurore du siècle de saint Louis.

Néanmoins, le même esprit de Dieu animant les saints, le même souffle dirigeant l'Eglise, toute proportion gardée, c'est la même ferveur qui régnait sur les douze apôtres de Jésus-Christ, sur les douze premiers compagnons du patriarche d'Assise et sur les douze premières filles spirituelles du serviteur de Marie. Le bras de Dieu, disions-nous, n'est pas raccourci. Son action sur les âmes ne cesse pas d'être toute-puissante. A travers les siècles, c'est la même vie et la même énergie qui se retrouvent au milieu des circonstances les plus diverses. S'il n'y a pas lieu à comparaison, il y a lieu du moins à rapprochement.

*La Ferveur Primitive.*

« Mon Dieu et mon tout ! » s'écriait saint François. « Dieu seul ! » disait le saint prêtre. — Le patriarche de la pauvreté rêvait de l'abnégation la plus complète. Notre vénéré fondateur écrivait : « Le règne de Dieu dans l'âme, c'est l'immolation de soi-même. » — Le religieux du treizième siècle recommandait « de placer le corps et l'âme sous le joug de la servitude et de l'obéissance. » Le prêtre du dix-neuvième siècle ajoutait : « Qui obéit à ses supérieurs, obéit à Dieu ! » — « Apportez le plus grand soin, enseignait le docteur séraphique aux compagnes de sainte Claire, à vivre toujours de la vie très-crucifiée et très-pauvre du très-haut Seigneur Jésus-Christ. » Le Bon Père disait à ses filles spirituelles : « Une vraie épouse de Notre-Seigneur est une hostie vivante. » — « Frère Elie, disait saint François, en cela seulement je vous reconnaîtrai pour un vrai

*La Ferveur Primitive.*

serviteur de Dieu, si vous lui ramenez par la miséricorde le frère qui s'égare. » — « Oh ! que la bonté, disait le serviteur de Marie, est puissante pour gagner les cœurs ! La charité mutuelle, c'est la paix et la bonté de la vie ! »

Des deux parts, il y a unité de doctrine, parce qu'il y a conformité aux enseignements du Maître. C'est l'Evangile recevant la même interprétation à des heures différentes.

Ce n'étaient pas seulement les mêmes idées, c'était aussi le même sentiment.

Le sentiment de l'amour divin s'épancha dans le monde, au treizième siècle, avec une impétuosité véhémente. Saint François avait rompu les digues. L'Italie, la France, l'Allemagne, toute la chrétienté, en ce temps où s'épanouit la fleur du christianisme vivant, fut envahie par le flot de la passion divine. « Il n'y a plus de cœur, s'écriait le séraphique, qui se défende, qui échappe à un tel amour. » — C'était aussi l'amour divin qui inspirait les membres de la nouvelle œuvre. Le vénéré fondateur disait à ses filles spirituelles : « Dieu demande tout votre cœur. Est-ce trop pour celui qui vous a tout donné en Jésus-Christ ? Jésus-Christ renferme tout de la part de Dieu, comme le cœur renferme tout de la part de l'homme. » Et ouvrant leurs âmes à la divine charité, les enfants dociles s'appliquaient à n'aimer que Dieu, à n'apprécier que le bien d'être aimé par Dieu, à ne redouter d'autres maux que le malheur de lui déplaire. La charité fut l'arôme de l'œuvre et y fut symbolisée par une dévotion très-particulière à saint François-de-Paule, l'un des principaux patrons de la communauté. *La Ferveur Primitive.*

Pour aimer Dieu comme il faut, il faut expulser de l'âme toute affection terrestre. Saint François-d'Assise avait façonné un vase en bois pour son usage. Dans le cours d'une méditation, il s'aperçut que son esprit se reportait avec complaisance vers l'œuvre modeste de ses mains. Il se leva incontinent et brisa cette méprisable propriété qui le détournait du souverain bien. — De même, l'œuvre du serviteur de Marie débuta par la recherche et l'amour de la pauvreté intérieure et extérieure. Les pieuses âmes qui s'enrôlaient dans la nouvelle communauté savaient qu'elles y trouveraient le dénûment absolu. C'était ce qui les attirait : c'était ce qui les enchaînait. Il ne fut jamais d'œuvre plus réellement pauvre. Lorsque le vénérable évêque de Nancy, M<sup>gr</sup> Foulon, visita la communauté, il remarqua avec bonheur cet esprit de détachement qui régnait dans l'Institut et il dit aux religieuses : « Mes filles, vous aimez la pauvreté. Que Dieu vous conserve toujours ce précieux amour ! »

Dans la vision de l'Alverna, le divin crucifié se révéla à François-d'Assise comme l'objet de son amour, et le séraphique disait au Maître : « Quand

*La Ferveur Primitive*

l'amour t'a lié de la sorte, quand il t'a privé ainsi de toute grandeur, quelle force pourra donc m'empêcher de devenir insensé pour t'embrasser, ô mon amour ? » — Dans l'Eglise, que le fidèle adresse sa dévotion à la Très-Sainte Vierge, à Notre-Seigneur ou à Dieu, les sentiments s'ordonnent dans une hiérarchie qui ne tombe jamais dans la confusion. Par la Très-Sainte Vierge on va à Notre-Seigneur, par Notre-Seigneur, à Dieu, à qui tout se rapporte. L'amour de la communauté alla instinctivement à la Très-Sainte Vierge, car notre pays et notre temps appartiennent à Marie. Le bon prêtre entretint ses enfants en des sentiments qui avaient toujours été les siens. Mais le mystère de la croix fut loin d'être négligé.

Citons une page admirable du serviteur de Marie, qui montre combien l'amour pour Jésus-Christ crucifié s'unissait étroitement dans son esprit au culte de la Très-Sainte Vierge :

« Avant tout, soyez victimes, mais victimes d'expiation et d'amour, comme la Très-Sainte Vierge l'a été aux pieds de la croix. Et vous, ses servantes fidèles, ne devez-vous pas l'imiter dans tous les états de sa vie ? et plus particulièrement dans son état de douleur et d'immolation ? Que n'a-t-elle pas souffert quand elle apprit que son divin Fils était l'objet des plus atroces calomnies ; que ses disciples, même ses apôtres, menaçaient ou du moins semblaient disposés à l'abandonner ? La trahison de Judas, le reniement de saint Pierre, et, enfin, les diverses circonstances de la Passion qui se succédaient toutes plus douloureuses les unes que les autres, n'étaient-ce pas autant de glaives de plus en plus acérés qui pénétraient son cœur maternel ? Quelles humiliations ! quelles douleurs ! et aussi quelle constance jusqu'à la mort de son divin Fils Jésus, dont elle a partagé l'agonie et reçu le dernier soupir ! Oh ! mes bien chères enfants, ne perdez pas de vue ces grandes et salutaires instructions et souvenez-vous que le serviteur n'est pas plus que le maître, ni la servante plus que la maîtresse. J'insiste sur ce point, parce qu'il est fondamental pour l'œuvre et pour vous-mêmes. C'est par la croix que notre divin Sauveur a sauvé le monde ; c'est au pied de la croix que la divine Mère a coopéré à la Rédemption. Donc, tout ce qui touche à cette Mère admirable doit porter le cachet de la croix. Et qui peut lui appartenir de plus près que cette œuvre qui la reconnaît avec toute raison pour sa fondatrice et souveraine Maîtresse ? Attendez-vous donc, mes bien chères enfants, aux croix. Que vos cœurs soient toujours prêts à les recevoir dans toute leur force et toute leur étendue. Ce sera la disposition habituelle et permanente de vos âmes dans l'union au cœur maternel et transpercé. » *(Testament spirituel.)*

<small>La Ferveur Primitive.</small>

**La Ferveur Primitive.**

Bienheureux ceux qui ont le cœur pur, a dit le Maître, car ils verront Dieu ! L'histoire des saints montre, en effet, que la pureté du cœur avive le regard de l'âme et fait apercevoir Dieu plus facilement. Certes, Dieu n'est pas plus éloigné du coupable que du juste, car Dieu est toujours présent à toute créature. Mais les passions et les préoccupations sont des obstacles qui s'interposent entre le créateur et la créature. Si l'homme enlève les obstacles, Dieu apparaît partout et toujours. Ainsi saint François-d'Assise vivait-il dans le divin. Dieu lui parlait sans cesse et le saint reconnaissait en tout la voix et la présence du Maître. Ce que nous appelons la légende de saint François, qu'est-ce autre chose que l'histoire des communications permanentes entre Dieu et le séraphique revenu à l'innocence d'Adam avant sa chute ? — L'œuvre de Notre-Dame a aussi sa légende : c'est l'histoire de cet échange mystérieux qui se fit pendant plusieurs années, dans ce coin de notre France d'où la prière et l'amour montaient incessamment vers le ciel, et où la grâce et la miséricorde descendaient à flot continu en des âmes simples et libres. Dieu était aperçu en toutes ses œuvres. Les regards purifiés savaient le reconnaître dans ses moindres manifestations. Notre-Dame d'Anglet était emplie de la divinité et les membres de la fervente communauté marchaient sous le regard de Dieu, qui, tantôt pesait comme un remords, tantôt réjouissait comme un sourire. L'état surnaturel se maintenait au sein de la pauvreté, de l'abnégation, de la pénitence et de la prière. Comme tout manque à ces malheureuses! s'écriait le monde. Comme ces bienheureuses ont tout en Dieu! disait le chrétien. La vie était dure, la mortification de tous les sens était extrême. Les secours de l'Eglise ne pouvaient même être accordés qu'avec parcimonie, car la communauté était trop pauvre pour avoir un aumônier; l'église paroissiale était trop éloignée pour qu'on pût aller y puiser la grâce des sacrements. Le serviteur de Marie habitait Bayonne; il ne pouvait venir à Notre-Dame que deux fois par semaine, et fort tard, c'est-à-dire, après avoir rempli ses fonctions à la cathédrale. Quelquefois, midi, une heure de l'après-midi étaient sonnés et le bon prêtre, venant à pied de la ville, retardé par la fatigue et le mauvais état des chemins, n'avait pu encore distribuer la sainte communion à ses enfants. Malgré les jeûnes les plus prolongés, la communauté ne renonçait jamais au bonheur de participer au banquet de vie. Quand le serviteur de Marie, exténué, distribuait la sainte Eucharistie à ces chères âmes, la vue de la ferveur des Servantes de Marie et des Pénitentes le ranimait bientôt, et il épanchait sa joie en discours intarissables à la louange de Dieu et de la Très-Sainte Mère. Ses enfants s'abreuvaient

*La Ferveur Primitive.*

*La Ferveur Primitive.* de sa parole. Quand il avait repris le chemin de la ville, la solitude restait peuplée. Il y avait renouvelé le sentiment du divin. Tout parlait de Dieu et était un écho de la voix de Dieu. Les buissons étaient ardents, les pierres criaient et les âmes, saintement obsédées par la présence de l'Epoux, vivaient en constante participation de l'élément surnaturel.

Les nombreux documents qui ont passé sous nos yeux attestent, tous sans exception, que ces premières années se sont écoulées pour la communauté dans la conversation et la familiarité avec Dieu. Alors, dans l'œuvre, de quelque côté qu'on la considère, aucune attache aux choses terrestres. Après avoir installé sa vénérable mère à Notre-Dame, le bon prêtre avait loué, non loin de la cathédrale, une petite chambre, pauvrement meublée. Il n'avait pas de serviteur. Il raccommodait lui-même ses vêtements. Il prenait son repas (le seul de la journée) comme il pouvait. Quelque rigoureuse que fût la saison, il n'allumait jamais de feu. Quand le froid avait glacé ses doigts, il les réchauffait à du papier qu'il brûlait près de son bureau. A l'Orphelinat, la Mère Vénérée et ses compagnes menaient une vie non moins mortifiée. Au Refuge, nous l'avons dit, les Servantes de Marie et les Pénitentes vivaient de renoncement et d'amour.

Et cependant personne n'était satisfait. Les

Repenties surtout ne trouvaient pas leur vie assez pénitente. Elles avaient soif de plus de mortification. On leur avait lu la vie de saint Bernard. Depuis lors, une sainte ambition rongeait leur cœur. Elles auraient voulu, comme ce grand saint, se consacrer à la pénitence dans la solitude et le silence. Elles suppliaient le Bon Père de leur permettre de se retirer dans les sables des dunes pour s'y consacrer à une sorte de vie érémitique. Le sage fondateur ne voyait pas que la Très-Sainte Vierge manifestât clairement ses volontés et il résistait au désir de ses enfants ; il leur imposait de se tenir dans les limites de la règle. Repoussées par leur vénéré père, les pénitentes s'adressaient à la Très-Sainte Vierge pour lui demander de ne pas s'opposer plus longtemps à leurs vœux. Les supplications durèrent deux ans. Enfin, la volonté d'en haut se manifesta et l'on vit, au dix-neuvième siècle, le spectacle qui avait étonné le treizième siècle lui-même, le spectacle d'âmes pieuses vivant en pleine nature, dans la contemplation des sublimités divines, travaillant, méditant et priant, comme les premiers moines franciscains, dans la forêt, sous le ciel pur, et sur les hauteurs où Dieu est si admirable.

*La Ferveur Primitive.*

## II.

### La Solitude.

On était arrivé à l'année 1846. Notre-Dame-du-Refuge existait depuis sept ans. Un soir d'hiver, des paysans attardés qui revenaient de chercher quelques fagots de bois sec dans les pignadars, entendirent des cris plaintifs sortir d'une petite chaumière de paille isolée dans les sables, à quelques centaines de mètres du couvent. Ils s'approchent de la triste demeure. Ils aperçoivent un vieillard étendu sur une sorte de coffre qui lui servait de lit, à peine vêtu de mauvais haillons, dévoré par une fièvre ardente, et personne pour lui donner une goutte d'eau. Navrés de ce spectacle, les braves gens donnent au malheureux quelques paroles d'encouragement et accourent à Notre-Dame faire connaître cette grande misère. Aussitôt des sœurs partent pour la chaumière, pourvues de tout ce qui était nécessaire au malade, et dès ce moment l'infortuné reçut les soins les plus tendres et les plus constants.

Mais les nuits d'hiver étaient longues et la chaumière était située en plein désert ; il n'était pas prudent d'exposer les généreuses garde-malades à des dangers de toute sorte. Le bon vieillard ne tarda pas à le comprendre, et craignant d'être privé des soins qui le faisaient renaître à la vie, il demanda s'il ne serait pas possible de lui ménager une humble retraite à Notre-Dame même. Il s'agissait d'une œuvre de charité : toute difficulté fut bientôt aplanie et Arnaud Larrieu, c'était le nom du malade, fut installé au monastère dans une chambre modeste et indépendante, où il fut plus facile de pourvoir à ses besoins.

*La Solitude.*

Quand brilla le printemps, les forces du malade n'étaient pas revenues ; elles ne revinrent jamais complétement, mais les instincts du propriétaire et du cultivateur se réveillèrent dans toute leur énergie. Il pensait avec tristesse au potager qui entourait sa chaumière. Il y cultivait des asperges, des petits pois, quelques pieds de vigne. Son humble domaine allait donc dépérir complétement ! N'y tenant plus, il dit au serviteur de Dieu : « Bon Père, vous avez été si bon à mon égard que j'oserai vous demander une nouvelle grâce. Le sable que je cultive est abandonné depuis plusieurs mois. Si personne n'y travaille pendant ce printemps, il sera perdu, et quand je serai revenu dans ma demeure, je serai sans ressources. Veuillez, je vous en supplie, y envoyer quelques pénitentes qui pourraient mettre et garder toutes choses en bon état. »
— « C'est bien, répondit le serviteur de Dieu, nous allons nous en occuper. »

La Mère Noire partit aussitôt avec quelques péni-

*La Solitude.* tentes pour la chaumière du vieillard, et elles se mirent à travailler de tout leur cœur en esprit de charité.

Dieu récompensa leur docilité et leur amour pour le prochain. A peine furent-elles arrivées dans la Solitude, que le Seigneur réalisa la parole de l'Ecriture : « Je conduirai l'âme dans la solitude et là je parlerai à son cœur. »

C'était vraiment la solitude du désert. Les dunes de sable s'étendaient au loin, à perte de vue, blanches, mornes, désolées. Mais sur la tête, le ciel était d'azur ; à l'horizon, les Pyrénées bleues montaient vers Dieu, et le bruit de l'Océan, quelquefois doux, comme un murmure d'enfant endormi, puis furieux et désespéré, comme la rage d'un démon, emplissait le désert de discours ininterrompus et semblait comme la grande voix de la nature qui parle toujours de Dieu.

Mais si la nature parle toujours de Dieu, elle en parle tout spécialement aux âmes purifiées. La Mère Noire et ses compagnes furent saisies d'un inexprimable sentiment surnaturel. La présence de Dieu se manifesta à elles directe et immédiate. Dieu ! Dieu seul ! Rien que Dieu ! Par une même inspiration qui s'imposa à toutes les âmes, il fut convenu que, pour ne pas être distraites de la pensée divine par la parole humaine, les travailleuses ne communiqueraient entr'elles que par signes et pour l'accomplissement du devoir.

Dès lors, ce fut la paix du cœur dans la jouissance de Dieu. Ces âmes pieuses avaient enfin trouvé ce qu'elles cherchaient. Elles faisaient la douce expérience de cette parole de Notre-Seigneur dans l'*Imitation* : « En moi comme en une source profonde, le petit et le grand, le pauvre et le riche puisent l'eau vive. Et qui me sert librement et de cœur recevra grâce pour grâce. » (L. III, c. 9.)

*La Solitude.*

Cependant, point de bien véritable en dehors de l'obéissance. Aussi, après quelques jours, la Mère Noire dit à ses compagnes : « Mes enfants, bénis soient Dieu et sa Très-Sainte Mère du bonheur qui nous est accordé dans cette vie de silence et de recueillement au milieu du désert. Mais en suivant notre inspiration, nous faisons notre volonté et, pourtant, nous ne pouvons être vraiment agréables à Dieu et à la Très-Sainte Vierge qu'en vivant selon l'obéissance. Allons donc exposer notre conduite au Bon Père et soumettons-nous à sa décision. »

Le soir venu, dès qu'elles furent rentrées du travail, elles allèrent trouver le serviteur de Marie et se mirent à genoux devant lui avec une humilité simple et sincère. La Mère Noire exposa ce qui s'était passé dans les sables, l'inspiration qui leur était venue, les résolutions qu'elles avaient suivies, leur désir de continuer une vie d'immolation absolue des yeux, de la langue et de toute curiosité. La Mère

La Solitude.

Noire termina son exposé en disant : « Bon Père, que la volonté de Dieu, exprimée par votre bouche, se fasse et non la nôtre ! »

Le serviteur de Dieu sentait son cœur déborder de joie en reconnaissant dans ses filles spirituelles les caractères de la spiritualité la plus élevée. Il ne découragea pas leurs bonnes dispositions, mais il voulut éprouver leur obéissance : « Mes enfants, répondit-il, la vie que vous avez voulu embrasser est très-belle et très-sainte. Toutefois, je crains qu'elle ne soit au-dessus de vos forces. Aussi je pense que, de temps en temps, vous devriez vous délasser de l'austérité de votre vie : le dimanche, par exemple, en vous livrant à des entretiens pieux et édifiants. Le lundi, vous reprendriez le silence. »

Elles s'inclinèrent avec respect et suivirent fidèlement la prescription du serviteur de Marie. Elles se réunirent les dimanches suivants, dans l'intervalle des offices, pour s'entretenir de sujets de piété et ne pas manquer à l'obéissance.

Mais le silence absolu les mettait mieux en communication intime avec Dieu, qui leur faisait entendre sa parole d'une manière douce et continue, et les récompensait par son union ineffable de leur détachement de toute créature. En sorte que les soirs des dimanches, elles furent moins heureuses qu'à la fin des autres jours.

Elles revinrent trouver, avec la même simplicité,

le serviteur de Marie, lui firent part de l'état de leur âme et le supplièrent de décider ainsi qu'il conviendrait au Seigneur. Le Bon Père reconnut la volonté de Dieu; il vit que la grâce avait préparé ces cœurs pour cette vie de mort et, après deux ou trois mois de nouvelles épreuves, il leur accorda de suivre leur attrait. Pendant la journée, un petit groupe de Servantes de Marie et de Pénitentes, que le serviteur de Marie jugeait capables de la haute piété, s'enfonçait dans les sables des dunes, y travaillait en silence et dans un recueillement absolu et, le soir, se retirait à Notre-Dame, dans un dortoir séparé, afin de se conserver dans l'esprit de retraite complète.

Ainsi se trouva fondée, à côté de Notre-Dame-du-Refuge, une véritable thébaïde que l'on appela d'abord la Solitude.

Arrêtons un instant notre récit pour nous rendre compte du rôle que ce nouvel organisme avait à remplir dans l'œuvre.

On ne pourra jamais assez dire les bienfaits que la Solitude, dès son premier commencement, a valus à la communauté. Le Bon Père en a signalé la souveraine importance dans son Testament spirituel : « Que vous dirai-je de Saint-Bernard ? Oh! quelle admirable invention de la divine et miséricordieuse Mère! quelle touchante preuve de sa bonté, de sa charité! quel immense trésor

*La Solitude.*

pour les âmes que la grâce y appelle et aussi pour l'œuvre tout entière ! Chacune peut aller y puiser des richesses spirituelles que la Mère des Douleurs leur prodigue avec une si douce tendresse ! Oh ! veillez à la conservation de l'esprit de mort qui doit être son esprit et sa vie. Veillez aux moindres infidélités qui pourraient s'y produire ; le mal gagnerait vite et pourrait avant longtemps envahir l'œuvre entière et la perdre. » *(Testament spirituel.)*

<small>La Solitude.</small>

La Solitude est en effet, dans l'œuvre, l'un des principaux foyers de ferveur. C'est là que se réalisent ces fortes paroles du P. de Ravignan : « La solitude est la patrie des saints et le silence est leur prière.» Ou mieux encore les paroles suivantes qui servent de devise à l'institution : « Vous êtes morts et votre vie est cachée en Dieu avec Jésus-Christ. » (Col. 33.) « Nous sommes ensevelis avec lui dans la mort. » (Rom. 6. L.) « Dépouillé, je suivrai la croix dépouillée. » (Saint Bernard.)

Le costume, noir et blanc, lugubre et pauvre, symbolise le caractère même de la vie des solitaires.

La Solitude, en même temps qu'elle est un foyer de ferveur, complète de la manière la plus heureuse les autres fondations du Bon Père, car le nouvel établissement a fait disparaître l'une des plus grandes difficultés qui se soient manifestées dans la constitution de l'œuvre.

La Très-Sainte Vierge exigeait de ses servantes

une constante et parfaite honorabilité. C'était un abîme infranchissable qu'elle mettait entr'elles et les pénitentes qu'elle leur confiait. Les pénitentes le savaient bien ; aussi plusieurs d'entr'elles, qui se sentaient appelées à une vie plus élevée de pénitence, de séparation absolue du monde et d'union à Dieu, firent pendant longtemps de vives et de grandes prières pour obtenir de leur céleste Mère qu'elle inventât quelque chose qui satisfît aux ardentes aspirations de leurs âmes. Toujours bonne, toujours miséricordieuse, cette Mère admirable accueillit ces vœux, ces supplications répétées ; et elle leur donna satisfaction par l'institution de la Solitude.

*La Solitude.*

Les Constitutions font très-bien ressortir ce double bienfait de l'établissement de la Solitude à l'égard des Servantes de Marie et des Pénitentes. Elles ne montrent pas moins bien les relations intimes qui existent entre les diverses branches de l'œuvre.

« Pour procurer au sein même de la congrégation le moyen de satisfaire l'attrait pour une vie plus parfaite, soit aux sœurs appartenant déjà à la congrégation, soit aux pénitentes vivant dans l'établissement, il a été fondé, au centre même des terres qui environnent la Maison-Mère et qui sont sa propriété, un couvent spécial dit des *Solitaires de Saint-Bernard,* ayant ses jardins et ses champs propres, le tout séparé et entouré d'une clôture.

Saint-Bernard.  « Les sœurs qui composent cette communauté se rattachent à la Maison-Mère et font partie de la congrégation des Servantes de Marie : 1º parce qu'elles sont recrutées parmi les sœurs de la congrégation et parmi les pénitentes vivant depuis longtemps dans la maison ; 2º parce qu'elles suivent au fond la même règle et les mêmes Constitutions, quoique d'une manière plus parfaite ; 3º parce que c'est la supérieure générale des Servantes de Marie, avec son conseil, qui peut admettre les demandes qui sont faites pour entrer dans la communauté des Solitaires ; 4º parce que celles-ci n'ayant aucune relation avec le monde, elles ont besoin de l'intermédiaire des sœurs pour leurs besoins temporels ; 5º parce que leur origine, leur recrutement, leur existence et leur organisation les rattachant ainsi intimement à la congrégation des Servantes de Marie, il est indispensable qu'elles demeurent unies à elle comme une branche à son tronc. » *(Constitutions particulières des Servantes de Marie*, pag. 12-13.)

### III.

### Saint-Bernard.

C'était une grande consolation pour le vieux Arnaud Larrieu de voir sa chaumière et son champ devenus l'asile des Solitaires. De son côté, la Providence ne permit pas que les intérêts humains compromissent une si belle œuvre. Citons les paroles mêmes du Bon Père :

« Le terrain appartenait à Arnaud Larrieu, qui vivait paisiblement à Notre-Dame, mais qui pouvait aussi mourir subitement ; et par cette mort tout était brisé. On pensa donc, et Arnaud lui-même pensa comme quelques autres, qu'il serait prudent qu'il me fît don de cette petite propriété. Mais vous, ô bonne et divine Mère, vous daignâtes me faire sentir que vous ne vouliez pas que la prudence humaine intervînt dans les vues de la divine sagesse et vous me fîtes sentir qu'il fallait, comme toujours, tout vous abandonner, et que s'il y avait dans ces commencements quelques desseins providentiels, vous sauriez vous-même en ménager l'accomplissement. Je laissai donc tout entre vos mains et je ne fus pas trompé dans mon attente. Un soir, c'était dix heures de la nuit, le pauvre Arnaud se sentant défaillir, demanda en toute hâte un prêtre et un notaire. Comme vicaire de la cathédrale, j'habitais Bayonne. Ce fut un bien, car si je l'eusse confessé, il n'aurait pas pu me laisser son petit héritage. On fit donc appeler M. le curé d'Anglet et M. Miquelépéritz, notaire, résidant dans la commune. Le temps était affreux, la pluie tombait par torrents, et cependant les deux arrivèrent. O ma bonne Mère ! tenez compte à ce charitable notaire,

*Saint-Bernard.* qui n'est plus de ce monde, de son dévouement. Arnaud fut administré et il eut à peine le temps rigoureusement nécessaire pour faire un testament qui me constituait son héritier. Il mourut. C'était un samedi, si je ne me trompe. » *(Autobiographie.)*

Devenu propriétaire de la Solitude, le serviteur de Marie en prit possession définitive en lui donnant le nom de Saint-Bernard et en y faisant construire quelques cellules de chaume pour les Solitaires, qui y demeurèrent de jour et de nuit. La chaumière d'Arnaud Larrieu devint un oratoire. Là, se bornèrent les modifications. On s'en tint au strict nécessaire; car on était pauvre et on ne savait encore si la nouvelle institution aurait quelque vitalité.

Cependant peu à peu les cellules se multiplièrent, de nouvelles pénitentes venant se joindre sans cesse aux premières. L'œuvre prenait un caractère de plus en plus sérieux.

Il importait donc d'établir à Saint-Bernard quelque chose de moins primitif. Mais les moyens faisaient toujours défaut, et le Bon Père hésitait encore à adopter l'œuvre définitivement, lorsque deux incidents se produisirent qui précipitèrent les résolutions.

Le feu prit, sans qu'on ait jamais su comment, à la chaumière d'Arnaud Larrieu; et, dans quelques minutes, l'incendie la réduisit en cendres. Le chagrin de la communauté fut grand à cette nouvelle.

On se souvient que la Mère Vénérée accourut de Bayonne sur le lieu du sinistre, s'assit et pleura sur les tristes débris. Ame sainte ! pourquoi cette tristesse et ces larmes ? Après avoir renoncé à tant de choses de prix, son cœur pouvait-il s'être attaché à cette misérable masure ? Qui l'oserait penser ? Mystérieuse douleur, qui témoigne du fonds d'universelle tendresse qu'établissent dans les âmes les plus mortifiées l'innocence et la piété !

Il fallait réparer le désastre, mais avec quelles ressources ? La mort du duc de Grenade, en exil à Bayonne, survint à cette époque ; le corps de ce grand d'Espagne fut déposé pendant plusieurs mois à l'Orphelinat. La famille fit, à cette occasion, don à la communauté de la somme de quinze cents francs. D'autre part, le clergé de Bayonne, réuni en retraite, fut entretenu par son vénérable Evêque de l'explosion de foi et de charité qui se produisait à Notre-Dame-du-Refuge. Une collecte en faveur des Solitaires fut promptement organisée et donna d'heureux résultats. Le Bon Père consacra les deux sommes à faire construire une chapelle tout en chaume pour remplacer la masure d'Arnaud Larrieu et, autour, il fit disposer une soixantaine de cellules, en chaume également, pour recevoir les Solitaires.

Un écrivain contemporain, le D$^r$ Ozanam, a caractérisé la Solitude de Saint-Bernard en l'appelant une Thébaïde au XIX<sup>e</sup> siècle. Nous nous sommes emparés de cette heureuse expression :

« ..... A quelques centaines de pas du bord de la mer, dit-il, s'élèvent deux rangées de cabanes, placées parallèlement, et séparées par un espace d'environ cinquante pieds. C'est la demeure des Bernardines.

« Ces cabanes sont en paille et en roseaux, jointes entre elles par leurs cloisons, pour mieux résister au vent de mer ; elles ne forment véritablement de chaque côté qu'une seule et longue habitation. Leur hauteur n'est guère que de sept pieds, leur largeur et leur profondeur égales. Une porte en roseau tressée ferme chaque cellule ; l'intérieur n'offre d'autre meuble qu'une chaise et un lit, formé par quelques branches tenant aux parois et dont l'intervalle a été comblé de paille ou de feuilles séchées. Une couverture de bure et un petit oreiller complètent cette couche ; à terre, les pieds reposent sur le sable même, une légère inclination du toit de chaume empêche les pluies d'orage de pénétrer dans la pauvre demeure. Douze cellules de chaque côté pour autant de pauvres Solitaires et, à l'extrémité, une chapelle dont la hauteur domine quelque peu le reste de la communauté, pour lui montrer que Dieu veille aussi sur elle.

« Qu'elle est touchante cette chapelle de chaume ! Le pied du pèlerin y foule aussi le sable ; de petites planchettes de bois reçoivent ses genoux lorsqu'il s'incline devant le Très-Haut.....

« En sortant de l'humble chapelle, si les regards se promènent sur la campagne, on voit de toutes parts s'élever de vastes champs de maïs et de pommes de terre dont la culture, fécondée par tant de sueurs, fournit une frugale nourriture aux pauvres Solitaires. Ailleurs, c'est le ricin, la garance, et d'autres plantes utiles. Des rideaux de jeunes peupliers, placés de distance en distance, garantissent les récoltes du vent de mer et de l'invasion des sables....

« A travers ces cultures, on voit passer les cénobites couvertes d'une toile grise et d'un voile gris ; une croix noire se dessine sur leurs épaules. L'une pousse devant elle des bœufs, dont le pas appesanti s'imprime dans le sable ; l'autre porte sur sa tête un pénible fardeau ; d'autres travaillent aux champs ; mais il en reste aussi qui prient dans leur humble cellule. »

Telle est la description que le D$^r$ Ozanam, en 1853, (1) faisait de la Solitude.

Aujourd'hui, le caractère primitif, sans avoir complétement disparu, a été forcément modifié sous quelques rapports. Saint-Bernard conserve encore quelque chose d'oriental avec ses forêts de pin qui rappellent les palmiers, les sables de ses dunes qui font

(1) *Une Thébaïde en France*, par le docteur Ozanam. Paris, Douniol, in-8°, page 30 et suivantes.

*Saint-Bernard.* penser aux déserts de l'Egypte, sa végétation luxuriante qui offre beaucoup de spécimens de la flore africaine, son ciel pur et son ardent soleil qui parfois n'ont rien à envier aux plus radieux climats du Midi. Mais la sauvagerie, l'abandon, l'aspect abrupt et désolé des premiers temps, a disparu pour faire place à une végétation merveilleuse et à une culture perfectionnée. C'est toujours la solitude, une solitude mystérieuse et émouvante, mais dans un jardin, non plus dans l'âpre désert. Image de l'action du christianisme dans les âmes! La grâce s'empare des cœurs les plus féroces et s'y établit comme d'assaut. Quelle poésie dramatique dans ces premières luttes entre la religion qui veut régner sur le cœur indompté et les mœurs barbares qui défendent leur proie! Peu à peu, la domination bienfaisante étend partout son empire et le caractère le plus indépendant est assoupli, adouci, apaisé, réduit.

Il fallut bientôt renoncer à l'habitation des cellules en chaume. Leur insalubrité causa de si nombreux accidents que, malgré les regrets des Solitaires, qui ne voyaient disparaître qu'avec peine leurs domiciles de pauvreté, le Bon Père prit le parti, après cinq années d'épreuves, d'établir quelques constructions moins sujettes aux graves inconvénients. En 1853, on construisit donc soixante cellules en maçonnerie, des bâtiments d'exploitation et une chapelle d'une sévère simplicité. On a conservé la chapelle en paille et l'une des cellules de l'origine, comme souvenir du premier état de la Solitude. Au moment où nous écrivons ces lignes, les Solitaires entrent dans un nouveau cloître, rigoureux et austère, qui remplace les secondes constructions déjà en mauvais état.

Autour de la Solitude, les cultures se sont multipliées et ont réussi au delà de toute espérance, au milieu de sables réputés infertiles. C'est de Saint-Bernard que partent les produits les plus précieux, les fleurs les plus rares, les fruits les plus exquis. Les Solitaires vivent de la vie en Dieu, et leur existence a surtout pour but la pénitence, la prière et la perfection spirituelle. Mais cette vie intérieure est accompagnée de travail, et d'un travail incessant. Lorsque l'étranger visite la sainte demeure, il aperçoit les Solitaires se livrer aux occupations les plus captivantes, mais au milieu du silence et du recueillement les plus complets. On dirait des ombres laborieuses (1).

Grâce à Dieu, l'esprit de l'œuvre n'a pas subi d'altération. Qu'importe que l'aspect des lieux ait

---

(1) « La sœur supérieure indique à chaque sœur sa tâche à accomplir dans l'intervalle des exercices spirituels : les unes sont employées à la culture des jardins et des champs de la Solitude, les autres à la couture ou à la broderie, chacune selon son aptitude et les ordres qu'elle a reçus de la supérieure. » *(Constitutions particulières des Servantes de Marie, p. 23.)*

Saint-Bernard. changé ? Les cœurs sont restés les mêmes. Et où Dieu reçoit-il les hommages les plus méritoires, si ce n'est dans le sanctuaire des cœurs ? Nulle altération essentielle dans les sentiments et dans la stricte observance des règles primitives. Un seul point a dû subir une modification : Les Solitaires prenaient toutes leurs repas à genoux. M<sup>gr</sup> l'Evêque ne voulut pas laisser subsister cet usage rigoureux et la communauté dut se contenter de ne maintenir cette pratique que pour le repas principal du vendredi. D'ailleurs, ce sont les mêmes règles qu'à l'origine, se résumant en ces deux termes : mortification de la langue, mortification des yeux.

La Solitaire pratique le silence perpétuel ; elle n'a aucun rapport avec les personnes du dehors et se considère comme morte pour le monde (1).

(1) « La vie des Solitaires diffère de celle des sœurs vouées aux œuvres extérieures de charité : 1° parce qu'elles pratiquent un silence perpétuel, ne parlant que : le soir, pour faire la coulpe au chapitre ; à la supérieure, pour leurs besoins spirituels ou corporels ; lorsque la supérieure leur demande de rendre compte de leur oraison ; une fois par semaine, au confesseur, au tribunal de la pénitence ; une fois par an régulièrement, à la supérieure générale, dans la visite qu'elle fait de la communauté ; une autre fois, à M<sup>gr</sup> l'Evêque ou à son délégué, dans la visite annuelle ; une fois aussi par an aux parents ou aux amis qui vont les voir ; 2° du reste, elles n'ont aucun rapport avec les personnes du monde soit religieuses, soit séculières ; 3° elles ont, pour la nuit et pour le jour, chacune leur cellule séparée ; 4° elles n'écrivent qu'une fois par an, vers le temps de Noël, à leurs parents ou à leurs bienfaiteurs » (*Constitutions particulières des Servantes de Marie*, p. 13.)

Néanmoins, le Bon Père considérait la mortification des yeux comme plus importante encore que celle de la langue. Il disait dans son Testament spirituel : « Ce qui conservera la Bernardine dans sa félicité, ce sera moins la mortification de la langue que celle des yeux. Voilà la vraie sauvegarde : l'immolation des yeux. L'âme fidèle à cette immolation fera de grands progrès dans la sainte union et parviendra à une haute et vraie sainteté, tandis que l'âme qui aurait le malheur de se laisser entraîner à la tentation du regard, ne tarderait pas à s'affaiblir, à se laisser entraîner, à se dissiper elle-même et à dissiper les autres, ce qui serait un inexprimable malheur. » *(Testament spirituel.)*

On nous a raconté à la Solitude une touchante histoire qui fait bien connaître à quel point sont suivies les recommandations du Bon Père. Deux Solitaires vivaient à côté l'une de l'autre, en deux cellules séparées à peine par une mince cloison. Pendant cinq ans, elles vécurent de la même vie, reposant sous le même toit, mangeant à la même table, priant à la même chapelle, entendant presque le bruit de leur respiration. L'une d'elles mourut. Suivant l'habitude, la défunte fut exposée dans la chapelle à visage découvert et les Solitaires défilaient devant le corps, sur lequel elles jetaient l'eau bénite. Lorsque le tour de la voisine fut arrivé, à peine eut-elle aperçu le visage de la morte, qu'elle poussa un

Saint-Bernard.

cri et tomba à la renverse. Elle venait de reconnaître une parente rapprochée, sa meilleure amie d'enfance, dont elle n'avait pu se séparer autrefois qu'avec une peine extrême. Les deux amies avaient vécu plusieurs années à la Solitude sans avoir levé les yeux l'une sur l'autre, sans jamais avoir entendu le son de leurs voix!

Un autre point sur lequel le Bon Père appelait l'attention de ses enfants, c'était la désappropriation complète de toute richesse. Pour maintenir ces sentiments, il s'attachait, avec une sagesse consommée, à écarter de la chapelle le luxe et la recherche.

« Notre divine et très-bonne Mère veut que j'ajoute ici une recommandation d'une grande importance: c'est de vous conformer aux règles de Saint Bernard et de maintenir religieusement cette pauvreté simple et religieuse qui est le plus bel ornement de la sainte Solitude. C'est surtout dans la chapelle que vous devez veiller, afin que l'ennemi ne cherche point à y introduire des ornements qui, partout ailleurs, relèvent l'éclat et la majesté du culte, mais qui, dans Saint-Bernard et à l'autel de la Mère-des-Douleurs, seraient un contraste que cette Mère admirable ne voudrait pas supporter. Souvenez-vous de cette vérité: que l'ennemi nous trompe plus souvent par l'apparence du bien que par les séductions du mal. La chapelle et l'autel de la sainte Solitude seront donc austères, pauvres et simples ; c'est le cachet de cette admirable institution, et c'est dans la chapelle qu'il doit se faire remarquer plus encore que partout ailleurs. » *(Testament spirituel.)*

Les recommandations du vénéré fondateur sont ponctuellement suivies. La chapelle est propre, mais pauvre, rigide et nue. Un seul objet se fait remarquer par son caractère artistique : c'est la statue de Notre-Dame-des-Douleurs qui domine l'autel. Racontons de quelle manière cette œuvre remarquable s'est introduite dans la Solitude. Cet épisode mérite de trouver place ici.

Pendant les troubles de la Péninsule, un grand nombre de réfugiés espagnols choisirent Bayonne et ses environs pour en faire leur résidence. Le couvent d'Anglet devint un but de leurs pèlerinages, et il ne se passait pas de jour qu'il n'arrivât au Refuge quelque membre de la colonie étrangère. Le Bon Père était particulièrement incliné à faire les honneurs du monastère aux malheureux exilés. Il les entretenait de leur patrie, leur prodiguait ses consolations et souvent il venait à leur secours d'une manière effective. Parmi les visiteurs, une dame espagnole frappa le serviteur de Marie par sa distinction, sa réserve et sa piété. Elle écoutait les récits du Bon Père avec une attention profonde. Arrivée à Saint-Bernard, elle n'y tint plus. Ses

Saint-Bernard.

sanglots éclatèrent et, après avoir prié avec ferveur dans la chapelle de paille, elle s'approcha du serviteur de Marie et lui dit avec un accent singulier : « Mon Père, je vous enverrai une statue digne de la Solitude. » Ce fut tout.

Quelques mois se passèrent et le Bon Père ne se souvenait plus de l'inconnue, ni de sa promesse, lorsque, sans indication d'aucune sorte, on lui remit une caisse contenant une merveilleuse statue de la Très-Sainte Vierge. C'était une de ces Madones de Douleur si communes en Espagne. Mais celle-ci était l'œuvre d'un grand artiste. Son visage avait une indicible expression de tristesse. Aux soins minutieux qui avaient présidé à l'aménagement de la caisse d'envoi, on devinait la vénération et le regret. Il semblait que la pieuse image était encore tout imprégnée de larmes, de prières, de respect et d'amour. Le Bon Père pensa que la dame inconnue avait tenu parole, et il reconnut combien elle avait dit vrai en annonçant que la statue serait digne de la Solitude. Elle y fut intronisée avec solennité et, dès le premier jour, entourée d'une dévotion particulière.

Mais qui donc venait de faire ce cadeau vraiment princier ? Le serviteur de Marie l'apprit d'une manière providentielle.

La fondation à Madrid d'une maison de Servantes de Marie appela le Bon Père dans la capitale de l'Espagne. Mais les choses ne marchaient pas avec facilité. Il y avait des obstacles de la part de l'autorité civile et de l'autorité religieuse. Les démarches devaient être multipliées et le Bon Père était obligé de parcourir en tous sens les rues de la grande ville. Un jour, il perdit son chemin ; par surcroît, la pluie (phénomène rare à Madrid) se prit à tomber. Le serviteur de Marie, cherchant du regard un endroit où il pourrait trouver abri, reconnut à quelque distance les hautes et sombres murailles d'un couvent. Y entrer, demander la supérieure au parloir, lui exposer l'aventure, ce fut l'affaire d'un moment. La supérieure s'enquit avec intérêt de la position du prêtre français. Mais quelle ne fut pas la surprise de ce dernier, lorsqu'ayant satisfait aux questions de la prieure, il la vit se lever de son siége avec agitation, sonner vivement la cloche et appeler à haute voix la communauté. Bientôt l'énigme fut expliquée. « Mes sœurs, disait la prieure à ses compagnes réunies, voilà le prêtre à qui nous avons envoyé notre Vierge des Douleurs ! » Et s'adressant au Bon Père, elle ajouta : « Notre mère, la fondatrice de ce couvent royal, sœur Patrocinio, a été exilée il y a quelques années en France à la suite d'injustes accusations. Mais la vérité ne tarda pas à être reconnue et la justice à avoir son tour. Notre mère, que nous vénérions autant que nous l'aimions, rentra dans ce couvent où vous êtes, au milieu de

*Saint-Bernard.* nos transports de joie. Cependant, elle gardait un air grave et attristé. A peine fûmes-nous réunies au chapitre, qu'elle nous dit : « Mes sœurs, ma « présence va être pour vous une grande cause de « tristesse ; cependant je ne puis tarder à dégager « ma conscience. Pendant mon exil en France, abat- « tue par le chagrin, j'ai fait un pèlerinage à un « monastère près de Bayonne. Là, une voix secrète « m'a fait connaître que la persécution dont vous « étiez l'objet cesserait bientôt, qu'il ne vous arri- « verait pas malheur et que mon exil prendrait fin, « mais qu'il fallait, comme sacrifice, faire don au « monastère français de la statue de notre bien-aimée « Madone-des-Douleurs. Mes sœurs, la Providence « nous a rendu la paix ; à votre tour de faire hon- « neur à la volonté de Dieu. » A ces paroles, continua la prieure, une explosion de cris et de plaintes se fit entendre de toutes parts. Sœur Patrocinio ne pouvait demander à la communauté un plus dur sacrifice. Eh ! quoi, la statue miraculeuse, l'honneur du couvent, la consolation des sœurs, il fallait s'en séparer et l'expédier au loin en un lieu inconnu ! Le combat fut douloureux, mais la mère avait promis et les filles ont tenu parole et vous avez reçu, mon père, leur plus précieux trésor. Et maintenant, voici que la Providence vous conduit dans ce couvent royal. Ne comprenez-vous pas notre émotion en votre présence ? » Le serviteur de

Marie reconnut la main de sa divine Maîtresse dans le concours de circonstances qui l'avait guidé jusqu'au lieu où il se trouvait. Il exposa le but de son œuvre et ce fut un adoucissement à la douleur des saintes religieuses d'apprendre que, nulle part, la statue vénérée ne pouvait être mieux placée que dans la chapelle de la Solitude de Saint-Bernard.

Cet épisode eut une suite. La cour de Madrid avait des relations fréquentes avec le couvent royal. Grâce aux recommandations des filles spirituelles de la mère Patrocinio, le Bon Père put bientôt terminer de la manière la plus avantageuse les affaires qui l'avaient amené à Madrid.

## IV.

### Calomnies et Menaces.

*Calomnies et Menaces.*

« Il y a longtemps que j'ai appris à ne craindre ni la calomnie, ni les injustices. Si cela m'était permis, je les désirerais plutôt, car elles ont été pour nous le prélude de grandes bénédictions et de grands priviléges. » (9 septembre 1863.)

Le serviteur de Marie écrivait ces lignes au souvenir des épreuves qui l'assaillirent au moment même où l'établissement des Solitaires de Saint-Bernard comblait son cœur de consolation. Il dut repasser par cette crise de diffamation et de malveillance qui s'était produite à l'époque de la fondation du Refuge.

Calomnies et Menaces.

Il y fut préparé par une sorte de pressentiment.

Suivant son usage annuel, il s'était dirigé vers le vénéré sanctuaire de Buglose. En revenant de sa pieuse excursion, il s'arrêta à la chapelle construite sur le lieu de naissance de saint Vincent-de-Paul. Il eut le bonheur d'y célébrer la sainte messe le 19 juillet 1846, jour où l'Eglise célèbre la fête du grand saint. Pendant l'auguste sacrifice, le serviteur de Marie eut la vue d'une grande croix qui lui était préparée et qui l'attendait à son arrivée à Bayonne. En effet, le lendemain, à peine de retour, s'étant dirigé machinalement vers une librairie, il demanda en entrant : « Y a-t-il quelque chose de nouveau ? » — « Oui, répondit le libraire, et cela vous regarde. Tenez, ajouta-t-il, voyez ce journal et lisez. » Il lut. Ce journal était le *Courrier de Vasconie* du 19 juillet, qui contenait à la deuxième et à la troisième pages une lettre cynique, signée d'un pseudonyme, contre le serviteur de Marie et son œuvre. Cette production, d'une littérature plus que médiocre, osait mettre en avant les inculpations les plus odieuses et mettait le saint prêtre au ban de l'opinion publique.

A ce moment, la presse était d'une licence antireligieuse qu'égalent à peine les violences de certains de nos journaux contemporains. On préludait ainsi aux mauvais jours de 1848. Un écrivain qui avait plus d'orgueil que de mérite, plus d'ambition que de valeur, plus de prétention que de science, plus d'audace que de mesure, venait de fonder à Bayonne un journal destiné à défendre les doctrines révolutionnaires. Le publiciste ne s'élevait guère au-dessus d'un libéralisme étroit. Plus tard, sous l'influence des idées socialistes de 1848, il chercha à étendre son horizon. Il ne parvint pas à se débarrasser de ce voltairianisme mesquin, ricaneur, terre-à-terre qui, à Paris, était déjà fort démodé en 1846, mais qui, à Bayonne, où étaient en honneur l'autorité et la religion, avait l'attrait du scandale. M. X.... entreprit une campagne en règle contre le clergé. Après avoir successivement attaqué de vénérables ecclésiastiques des diocèses d'Aire, de Bayonne et de Toulouse, il se tourna vers le serviteur de Marie, dont il n'ignorait ni les mérites, ni les bonnes intentions, dont il appréciait même l'intelligence et le caractère, car M. l'abbé Ségalas, l'ancien maître du journaliste, avait exactement renseigné son élève sur le compte de M. l'abbé Cestac. Néanmoins, froidement, sans conviction et sans cause, il se prit à persécuter une œuvre dont il ne considéra que les petits côtés, sans vouloir en embrasser l'idée-mère et les conséquences fécondes. Pendant bien des mois, ce fut presque périodiquement un déchaînement d'insultes misérables qui n'ont même pas l'excuse de l'esprit. C'était une pâture destinée à satisfaire, non pas les intelligen-

*Calomnies et Menaces.*

**Calomnies et Menaces.**

ces qui cherchent la vérité, mais les passions qui veulent à tout prix contenter leurs appétits. Le serviteur de Marie fut vilipendé de toute manière et traîné dans toutes les boues. « Excepté l'imputation de l'ivrognerie, disait-il plus tard, aucune calomnie ne me fut épargnée. » Et tout cela avec une désinvolture et une légèreté de langage vraiment surprenantes. L'écrivain livrait à l'opprobre des hommes et à l'abjection du peuple, sans la moindre hésitation, une personne et une institution entourées, à juste titre, d'une respectueuse sympathie.

Que faire? Le serviteur de Marie consulta sa protectrice. Elle lui inspira de laisser passer l'orage, sans protester. Le parquet, ému de ces attaques odieuses, offrit son concours, si le principal intéressé voulait bien se décider à porter plainte. Le charitable prêtre n'entendait pas que son persécuteur souffrît à cause de lui et il demanda instamment qu'on ne commençât aucune procédure. Restait à user de la presse. Le serviteur de Marie garda obstinément le silence. La résolution était certainement dictée par des vues religieuses. Mais, humainement parlant, n'avait-il pas adopté le parti le plus sage? A quoi aurait servi une polémique contre un adversaire de parti-pris, disposé à toujours railler et à toujours insulter, maître absolu de son journal, cherchant les discussions tapageuses, et avide de scandale?

Aussi bien, les réponses du serviteur de Marie étaient dans ses actes plus que dans les paroles. Aujourd'hui, trente ans après les invectives du *Courrier de Vasconie,* considérons l'œuvre puissante du serviteur de Marie et mettons en parallèle l'œuvre du journaliste. Le dégoût soulève le cœur à la lecture de ces immondes calomnies. On peut aller à peine jusqu'au bout : l'étroitesse des conceptions, le mauvais ton du langage, l'ignominie des insinuations, marquent d'un indélébile stigmate les travaux de l'écrivain. Tandis que les bienfaits, la charité, la fécondité de l'institution calomniée font une auréole autour de la mémoire du serviteur de Marie.

<small>Calomnies et Menaces.</small>

Pour le juste, dit l'Ecriture, tout coopère à une bonne fin. Après ces jours d'insultes et de calomnies, le Bon Père se trouva dans une paix profonde. Il y apprit à devenir comme insensible à toute appréciation des hommes. Etre élevé ou abaissé, glorifié ou méprisé, lui fut désormais chose indifférente. Fruit précieux pour son âme! Dans cette disposition, il ne voulait de plus en plus que la volonté de Marie et, par la volonté de Marie, celle de son divin fils.

Enfin, la persécution prit fin, soit par lassitude, soit à la suite d'une démarche charitable du saint prêtre.

M. X.... aspirait à la députation. Au moment

Calomnies
et
Menaces.

d'une période électorale, il parcourait le département des Basses-Pyrénées pour poser partout sa candidature. Le 6 mai, il descendait la côte de Bizanos, près de Pau, dans un petit cabriolet. Le cheval s'emporta, la voiture fut renversée et M. X.... fut relevé et porté, très-grièvement blessé, dans une maison voisine. On appela le vénérable M. Dhers, alors aumônier des Ursulines de Pau, et depuis, vicaire-général de M$^{gr}$ Hiraboure. Ce digne et aimable ecclésiastique, qui a le don de gagner les cœurs par sa bonté, son esprit et ses vertus, fut bien reçu du publiciste malheureux et entretint avec lui des rapports sympathiques pendant toute la durée de la maladie. De son côté, le Bon Père, se dirigeant vers Toulouse, dut s'arrêter à Pau, le lendemain de l'événement, pendant une heure environ. Informé de l'accident, il courut aussitôt chez M. l'abbé Dhers pour le prier de vouloir bien faire savoir au pauvre malade que le supérieur et les religieuses de Notre-Dame-du-Refuge prenaient une vive part à son malheur et prieraient pour sa prompte guérison. Quant au passé, on l'avait oublié et il n'en restait pas trace dans leur souvenir.

Nous aimons à croire que cette démarche toucha M. X...., car depuis ce moment toute attaque cessa et il n'y eut plus à déplorer des violences de plume de la part de l'intempérant écrivain.

Néanmoins, les préoccupations ne firent que prendre une autre forme.

En 1848, la Révolution avait éclaté à Paris. Le roi Louis-Philippe, chassé de sa capitale par l'émeute, avait laissé la France en proie à l'anarchie. A Bayonne, comme partout ailleurs, toute autorité légitime fut méconnue. Le règne de la foule commença. On ne savait où aboutirait un régime qui gouvernait sous la pression d'une multitude enivrée et trompée.

*Calomnies et Menaces.*

Qu'allait-il advenir des œuvres du Bon Père? Les calomnies du *Courrier de Vasconie* avaient jeté dans les masses des idées de mépris et des ferments de haine contre le serviteur de Marie et ses filles spirituelles. De leur Solitude, les pieuses religieuses entendaient comme les rugissements de la colère. Qu'allait surtout devenir la fondation nouvelle des Solitaires de Saint-Bernard, contre laquelle se soulevaient plus particulièrement les préjugés populaires? Il n'était pas rare que des exaltés ou des fanatiques de la Révolution ne s'en vinssent, dans la Solitude, se placer en face des Pénitentes travaillant dans les champs ou dans leur cloître. Là, avec des cris furieux, ils essayaient de leur faire honte de leur vie pieuse, les exhortaient à rentrer dans le monde, les menaçaient d'une prochaine dispersion. Quelques-uns, plus violents encore, poursuivaient les religieuses jusque dans les cellules pour leur parler avec insulte de ce qu'elles chérissaient plus que la vie. N'y avait-il pas à craindre que quelque

Calomnies et Menaces.

forcené ne passât des discours aux actes ? Que fallait-il pour incendier Saint-Bernard ? Une allumette enflammée jetée avec malveillance. Peu de minutes auraient suffi pour réduire en cendres toutes les cellules de paille et pour compromettre la vie de celles qui les habitaient. Rien ne protégeait l'habitation et les habitantes. Ni clôture, ni gardiens. Elles se trouvaient dans un désert à la merci de l'inimitié.

Dans ces pénibles conjonctures, la Providence se chargea de la protection du serviteur de Marie et de ses pieuses enfants.

Souvent le Bon Père avait surpris des indices de mauvais vouloir contre sa personne. Chaque jour les mauvaises dispositions s'accentuaient davantage. On avait formé des ateliers nationaux où l'on recueillait tous les ouvriers sans travail. On les occupait, mais pour la forme. Quant à la paie, elle était excellente. Les prétendus travailleurs s'occupaient plus de manifestations politiques que de leur tâche, et leur réunion était un danger perpétuel pour les honnêtes gens. En se rendant de la cathédrale au Refuge, le serviteur de Marie avait à passer devant un de ces ateliers, et, ordinairement, sa présence donnait lieu à quelque explosion de colère. Un jour, il semblait que l'on était disposé à passer aux voies de fait. Les ouvriers ayant vu de loin le Bon Père arriver sur le placide cheval blanc connu de tout le pays et dont il se servait depuis quelques mois pour se rendre à Anglet, les ouvriers, disons-nous, s'assemblèrent, en criant, tout près d'un canal que devait traverser le voyageur. Plus il avançait, plus les cris devenaient menaçants. Le serviteur de Marie croyait que son heure dernière était arrivée. Il entendait distinctement qu'on voulait le jeter à l'eau. Il mit son cheval au pas et s'avança d'un cœur ferme et d'un visage calme vers le rassemblement. Cette fermeté commença à prévenir favorablement les mutins et, la gaieté méridionale reprenant le dessus, lorsque le cavalier fut arrivé à vingt pas, les uns se mirent à dire : « Il passera » et les autres : « Il ne passera pas. » Le Bon Père avançait toujours du pas placide de son cheval blanc et, quand il eut atteint le bord du canal, il tira son chapeau, le mit fort bas, et salua avec son sourire le plus gracieux les ouvriers qui barraient la route. Subitement, tout changea de face. Ils s'écartèrent avec respect et acclamèrent avec de vifs transports le Bon Père ravi, qui poursuivit sa route dans les sentiments d'une sincère reconnaissance.

« Des bruits sinistres, dit-il à cette occasion, coururent dans la ville. Des personnes qui avaient vu l'attitude de ces pauvres gens, ne doutèrent pas que je n'eusse été écharpé et jeté dans l'eau. Mais ils avaient compté sans vous, ô ma bonne Mère, et sans votre puissante protection. »

Calomnies<br>et<br>Menaces.

*Calomnies et Menaces.*

L'alerte avait été vive. Le mécontentement que quelques agitateurs ressentirent à la nouvelle de cette entreprise avortée, fit craindre que l'on ne se retournât vers les Solitaires de Saint-Bernard. Dans ces jours exceptionnellement pénibles, toute la communauté redoubla de prières et, dénuée de secours humains, augmenta de confiance en Dieu. Jamais peut-être les Solitaires ne furent plus affermies en Dieu qu'au milieu de cette insécurité. Tous les soirs, avant l'heure du coucher, la communauté faisait une procession autour des cellules de paille comme pour les entourer, à défaut d'abris matériels, d'une circonvallation spirituelle. La prière des religieuses était débordante d'émotion. Au moment de se séparer, réunissant dans une seule invocation toutes leurs puissances de supplication, elles jetaient vers le ciel un cri à saint Michel-Archange, le guerrier de Dieu, et sûres de la protection céleste, elles allaient prendre un calme repos, pour se préparer à recommencer le lendemain leur vie de travail et de pénitence.

# NOTE DU CHAPITRE QUATRIÈME

### La Légende des Saints Patrons

L'œuvre compte un nombre de Saints Patrons assez considérable, et dans le cours du récit nous avons déjà indiqué l'origine de quelques-unes des dévotions en honneur à Notre-Dame. Qu'il nous soit permis de recueillir dans les manuscrits de la communauté plusieurs traditions dont nous n'avons pas eu occasion de parler dans notre histoire.

I.

#### LES VOCABLES DES STATUETTES

Le développement du travail, dit le serviteur de Marie, avait exigé un développement correspondant dans les lieux de confection et de vente. La chambre en face de l'escalier, en montant, avec la chambre attenante, était destinée à serrer les toiles et à préparer les ouvrages. L'ancienne cuisine qui était au-dessous avait été transformée en magasin de confection et de vente. La sœur François-de-Sales vint un jour me trouver portant dans un petit sac des billets renfermant diverses appellations sous lesquelles, ô bonne et tendre Mère, vous êtes invoquée par les âmes qui vous prient et qui vous aiment. « Mon Bon Père, me dit-elle, il faudrait un nom à la Vierge d'en haut où on prépare les ouvrages; un autre nom à la Vierge qui préside aux ventes à la chambre d'en bas. Et enfin un nom aussi, à la petite Vierge du bureau où se serre l'argent qui entre pour servir aux dépenses de la maison. » — « C'est bien, ma chère enfant, lui dis-je ; mais nous allons d'abord prier, afin que la Très-Sainte Vierge elle-même nous donne les noms qu'elle veut pour chacune de ces images. »

Après avoir prié, je dis à la sœur : « Ma chère enfant, nous allons tirer le nom de la petite image de la chambre où se préparent les ouvrages. » J'enfonce la main dans le sac, et je tire Notre-Dame d'Espérance. « Ah ! voilà qui va bien ! Maintenant, le nom de la petite image des magasins où se font les ventes. » Je tire Notre-Dame de Providence. « Oh ! ceci est admirable ! Maintenant, le nom de la petite Vierge où vont les rentrées. » Je tire Notre-Dame de Pitié !

A ce nom inattendu, la sœur change de figure et paraît toute mortifiée.

« Oh ! ma pauvre enfant ! vous n'avez donc jamais passé par l'épreuve de la misère et des dettes ! Et où donc cette bonne et tendre Mère doit-elle avoir pitié de nous, si ce n'est au moment où il faudra payer les comptes ? Oh ! vraiment, il ne pouvait y avoir un nom mieux assorti. Qu'elle ait donc pitié de nous, cette admirable Mère, quand il faudra payer les comptes et que peut-être la petite caisse sera insuffisante ! Oh ! ma bien chère enfant, ce nom est vraiment sorti du cœur de notre bonne et divine Mère. Oh ! oui, qu'elle ait pitié de nous pour nous aider à payer les comptes et à vivre ! »

Il ne pouvait y avoir un nom plus convenable, plus

heureux et plus maternel, et ce nom lui a toujours demeuré et lui demeurera toujours, ô ma bonne Mère, parce que toujours nous serons heureux de compter sur votre charité et sur votre pitié. Nous ne voulons pas d'autre appui. Vous toujours, ô bonne et tendre Mère; vous, et tout le reste par vous et avec vous. (*Autobiographie.*)

*La Légende des Saints Patrons.*

## II.

### SAINTS ANGES.

La dévotion à l'Ange Gardien se développa dans l'œuvre d'une manière spéciale, lorsqu'en 1848, les habitantes de Notre-Dame et de Saint-Bernard, dénuées de toute garantie humaine, remirent leur sort entre les mains de Saint Michel et des Saints Anges. A cette occasion, la Mère Vénérée composa la prière suivante, dont on goûtera l'accent ému et le large mouvement :

### PRIÈRE A MON BON ANGE

O céleste guide de mon âme, esprit bienheureux, mon ami le plus fidèle, je sens le besoin d'épancher mon cœur dans le vôtre et de vous dire que je vous aime un peu, mais que je veux beaucoup plus vous aimer, car ce que je sens d'amour pour vous n'est rien en comparaison de l'amour que vous me portez. Que le Seigneur est bon de vous avoir commis à ma garde! Cette seule bonté de sa part me prouve combien il aime les hommes. Remerciez-le pour moi, cher gardien de mon âme, de

*La Légende
des
Saints Patrons.*

cet amour immense qui le porte sans cesse à leur faire tant de bien! et ce qu'il y a de plus étonnant, c'est que la plupart n'y pensent pas! Moi-même, n'ai-je pas à me reprocher tant d'années de ma vie qui se sont écoulées sans que j'aie pensé à votre mission sur ma personne? O bon Ange, que j'étais ingrate de vous oublier, alors même que vous me protégiez avec tant d'amour! Je me le reproche bien vivement. Pardonnez, cher ami de mon âme, pardonnez tant de mépris pour tant de bienfaits. Pardonnez encore de vous avoir si souvent rendu témoin de mes désordres et de mes prévarications contre Dieu; oh! alors, qui pourra dire vos douleurs en voyant votre Maître si outragé! Laissez-moi donc aujourd'hui vous faire réparation; et prosternée en votre présence, vous offrir, ô grand Seigneur de l'Empyrée, tous les sentiments de regret qui partent d'un cœur pénétré de sa faute. Mais ce n'est pas tout : j'ose vous prier de me continuer vos charitables soins; conduisez-moi, conseillez-moi, reprenez-moi, agissez en Maître. Pour moi, je vous promets de me laisser guider, de vous suivre partout à traver les croix, les contradictions, les humiliations, comme ferait un enfant docile à l'égard d'un gouverneur que lui aurait donné son père. Vous êtes mon gouverneur; Dieu est mon Père, et celle que vous aimez à honorer comme notre Reine, est ma Mère et glorieuse Maîtresse. Quoi ! tant et de si hauts titres ne sont-ils pas capables d'élever mon cœur et de le porter vers le ciel? O bon ange, prêtez-moi vos ailes afin que, laissant la terre, je prenne mon vol vers cette patrie de bonheur pour y contempler tant de merveilles!... Mais, que dis-je, insensée! je veux jouir et je n'ai su que pécher! Non, non, pénitences, humiliations, larmes, renoncements, voilà mon partage. Trop heureuse qu'à ce prix je puisse trouver grâce devant Dieu, mourir entre les bras de ma Mère, aidée par vos charitables soins; et, après ma mort, être conduite par vous, ô mon bon Ange, dans la Jérusalem céleste. Amen, Amen, Amen !

La Légende des Saints Patrons.

### III.

#### SAINT JOSEPH ET SAINT LÉON

J'ai regretté dans la dernière Circulaire, écrivait le Bon Père, de ne vous avoir pas parlé de Saint Joseph et de Saint Léon. Je répare aujourd'hui cette négligence.

Saint Joseph, vous le savez, ma bien chère enfant, est, dans l'œuvre, le premier patron, et comme le lieutenant-général de la Très-Sainte Vierge. Vous savez, peut-être, que cette souveraine Maîtresse, mille fois bénie, voulut signaler l'action de ce grand Saint dans une circonstance majeure.

J'étais allé à Notre-Dame de Bétharram pour y faire les constitutions de l'œuvre. Depuis le samedi jusqu'au mercredi, pas un seul mot n'avait pu tomber de ma plume. Le mercredi, je me sentis inspiré de m'adresser à ce grand Saint. Je dis la Sainte Messe à son autel, et rentré dans ma chambre, je pris la plume et, comme d'un seul trait, j'arrivai à la fin sans avoir éprouvé le moindre embarras. Saint Joseph, évidemment, écrivait lui-même, en se servant de mes doigts, sous la dictée de notre souveraine Maîtresse.

La Légende
des
Saints Patrons.

Tous les jours de ce mois (mars), la communauté fait le pèlerinage à sa statue vénérée, placée à la droite de Notre-Dame de Consolation.

A la gauche, se trouve l'antique et célèbre statue de Saint Léon, dont je dois vous parler aussi, car c'est un des principaux patrons de l'œuvre ; nous l'avons toujours uni à Saint Joseph dans nos pèlerinages et nos prières. Vous savez qu'il est le patron du temporel, et, certes, il s'est bien acquitté de ses fonctions.

Laissez-moi vous raconter, ma bien chère enfant, un trait remarquable qui me paraît devoir vous intéresser : c'est Monseigneur l'Evêque qui a bien voulu me le raconter.

Dans le village du Boucau, près de St-Esprit, existait un couvent de Bernardines vénéré par les miracles que la Très-Sainte Vierge y opérait; moi-même, à l'âge de trois ans, j'y fus guéri instantanément d'une maladie qui avait été jugée mortelle.

A l'époque de la Révolution le couvent fut supprimé, et les religieuses Bernardines dispersées ne se voyaient que dans le plus grand secret et sous l'impression d'une effroyable crainte. Un jour, au plus fort de la Terreur, on publia dans la ville qu'on brûlerait en place les reliques de Saint Léon.

Les religieuses Bernardines, profondément émues à la nouvelle d'un si grand sacrilège, résolurent de s'échelonner autour du bûcher, de suivre des yeux les saints ossements, de recueillir ceux qui auraient échappé à l'action des flammes. Après avoir religieusement renfermé le précieux dépôt avec le procès-verbal de ce qui s'était passé, elles se promirent mutuellement de le déposer entre les mains de l'autorité ecclésiastique, dès que les temps seraient devenus meilleurs.

C'est ce qu'elles firent, et plus tard, Monseigneur Lacroix, ayant voulu vérifier le reliquaire de Saint Léon, y trouva consignés les faits que je viens de vous rapporter. Sa Grandeur ayant daigné me les raconter lui-même, je lui répondis : « Monseigneur, puisque les Bernardines ont sauvé les reliques de Saint Léon, il n'est pas étonnant que ce grand Saint, par reconnaissance, leur ait fait traverser la rivière et les ait appelées dans son diocèse en confiant la fondation des Solitaires à la divine Reine de tous les Saints. »

*La Légende des Saints Patrons.*

## IV.

### SAINT FRANÇOIS-DE-PAULE

Nous étions, raconte le Bon Père, au premier jour de l'an 1839. Une famille mexicaine très-pieuse était dans l'usage de tirer avec quelques amis une sorte de loterie, à laquelle on faisait participer, même sans qu'elles le sussent, des personnes auxquelles on portait affection et intérêt.

On déposait quatre urnes. Dans la première, on jetait des morceaux de papier pliés qui renfermaient chacun un attribut de la divinité : la puissance, la justice, la miséricorde, etc. Dans la seconde, c'étaient des papiers où étaient écrits des attributs de la Très-Sainte Vierge. Vous y étiez, ô ma bonne Mère, sous les noms de Notre-Dame del Pilar, Notre-Dame des Grâces, Notre-Dame des Miséricordes, etc. Dans la troisième, les billets

La Légende
des
Saints Patrons.

portaient les noms de divers Saints : Saint Joseph, Saint Jean-Baptiste, Saint François-d'Assise, etc. Enfin, dans la quatrième urne, étaient déposés de petits billets renfermant les noms des personnes que l'on voulait faire concourir à cette pieuse loterie. On y avait mis mon nom sans que j'en eusse été prévenu.

Je crois que l'on commençait par quelques prières pour que l'Esprit Saint dirigeât les sorts et que chacun eût ce qui lui convenait le mieux.

Après quoi, quatre mains plongeaient à la fois dans les urnes et on écrivait le nom de la personne qui sortait, et puis, le divin attribut, le vocable de la divine Mère et le Saint qui lui étaient échus. Et quand tout était fini, on envoyait à chaque personne ce que la bonté divine lui avait destiné.

Or voici, ô la plus aimable des Mères, ce que votre divin Epoux m'avait ménagé pour votre œuvre :

La divine Providence.

Notre-Dame-du-Refuge.

Saint François-de-Paule.

Je compris tout d'abord la *Divine Providence* et *Notre-Dame-du-Refuge.* Mais pour *Saint François-de-Paule,* je ne voyais pas le lien qui pouvait le rattacher à la fondation de l'œuvre. Je vous abandonnai tout, ô la meilleure des Mères, et j'attendis qu'il vous plût à vous-même de me révéler votre pensée que rien ne pouvait me faire soupçonner.

Vous ne tardâtes pas longtemps. Oh! que tout est admirable dans les voies divines? Vous aviez permis, ô tendre et prévoyante Mère, que, passant il y avait déjà quelques mois sous les arceaux du Port-Neuf, je visse un étalage de vieilles gravures chez un marchand de bric-à-brac. Je m'arrêtai devant ces gravures et j'en remarquai une entr'autres qui me frappa par l'air de vénérabilité et de pénitence qui brillait sur la figure du Saint. Je l'avais achetée pour quelques centimes, je la fis encadrer dans un cadre de bois et je la suspendis à ma chambre. Je n'ai aucun souvenir d'avoir alors remarqué le nom du Saint. Ce qui est vrai, du moins, c'est que je l'avais entièrement oublié.

*La Légende des Saints Patrons.*

Quelque temps après la loterie, je me promenais, priant ou méditant, dans ma chambre, lorsque mes yeux se portèrent instinctivement sur ce portrait. Je m'approchai pour en connaître le nom. Quelle fut ma surprise en lisant : *Saint François-de-Paule !* mais combien fut-elle plus grande encore, lorsque, regardant avec plus d'attention, je lus sur la poitrine du Saint le mot : *Charitas, Charité !* Oh! alors tout me fut révélé, et je compris toute votre pensée que je formulai tout de suite, ô ma fidèle et tendre Mère :

Compte sur la divine Providence.

Fonde Notre-Dame-du-Refuge.

Que le fond de l'œuvre, l'esprit, la vie de l'œuvre soit la charité et toujours la charité.

Or, voici un fait qui arriva longtemps après, mais qui vint compléter votre pensée.

Quelques années après, à Saint-Bernard, dans la cellule du pauvre Arnaud Larrieu dont nous avions fait un oratoire, avait été placée une autre petite image de Saint François-de-Paule qui portait aussi le mot : *Charité.* Le feu prit à cette pauvre petite chapelle improvisée. Tout fût brûlé, excepté l'image et le livre où était

*La Légende des Saints Patrons.*

l'office que récitaient les Solitaires. Le lendemain, on balaya, en pleurant, les cendres, et dans les cendres on remarqua un petit morceau de papier. On le ramassa avec un respect religieux. C'était le mot *Charité* de l'image, qui avait triomphé des flammes ou que les flammes avaient respecté par vos ordres, ô Mère admirablement charitable, parce que vous vouliez qu'il fût bien compris dans votre œuvre, que tout pouvait périr, excepté votre amour et la sainte pratique de la charité. Ce qui rappelle ce mot de Saint Paul : *Charitas non excidit. (Autobiographie.)*

## V.

### SAINT CAJETAN

Qu'on nous permette de citer encore textuellement un passage de l'*Autobiographie* par lequel on pourra juger des procédés historiques du Bon Père qui, sans aucun égard aux nécessités littéraires qu'il connaissait parfaitement, se laissant aller aux entraînements de sa dévotion, donnait à des récits épisodiques des proportions considérables, les plaçait dans un ordre peu logique, et s'abandonnait à tout instant aux digressions pieuses. Sa légende de Saint Cajetan fera mieux voir pourquoi il a été nécessaire de renoncer à la publication intégrale de l'*Autobiographie* si précieuse à consulter, mais peu faite pour la publicité. Le Bon Père, dans les derniers temps de sa vie, se préoccupait beaucoup plus des choses du ciel que des convenances terrestres. En parlant avec les hommes, il ne cessait pas de s'entretenir avec Dieu. Hélas! en quelques circonstances, pour goûter et même comprendre son langage, il nous manque d'être des Saints !

C'est, dit le Bon Père, pendant mon séjour au séminaire de Larressore que votre bonté, ô Mère admirable, me ménagea une circonstance bien extraordinaire et que je n'ai jamais pu naturellement m'expliquer. Et c'est précisément, aujourd'hui, 6 août, après avoir récité l'office du Saint dont il est question, que vous permettez que je raconte ce trait dont je sens de plus en plus le besoin de me pénétrer.

J'étais dans ma chambre. Le portier vient m'avertir qu'une personne me demandait au parloir. Je lui demandai si cette personne était connue ; il me répondit qu'elle était étrangère; que, du moins, il ne l'avait jamais vue.

Je descends et me rends au parloir; j'y trouve une personne du sexe qui paraissait avoir de 25 à 28 ans. Son costume avait quelque chose d'extraordinaire. Et m'adressant la parole, elle me demanda si j'étais M. Cestac? Sur ma réponse affirmative, elle me dit d'un ton grave : « Monsieur, je suis chargée de vous remettre une relique que j'ai apportée de Rome. » — « A moi? lui dis-je. Mais de la part de qui? Je ne connais certainement personne à Rome. » — « Il n'importe pas, reprit-elle, que vous sachiez de la part de qui vous recevez cette relique avec l'authentique que je vous remets. Il suffit que vous l'acceptiez. »

Je pris cette relique avec reconnaissance et je l'emportai dans ma chambre, n'entendant rien à une chose aussi extraordinaire et entièrement incom-

*La Légende des Saints Patrons.*

préhensible. C'était une relique de Saint Cajetan de Thienne. Et j'expliquais d'autant moins ce fait que je ne connaissais pas ce Saint, que je n'avais eu jamais l'occasion d'invoquer.

Je suis demeuré, ô ma divine Mère, longues années dans cette ignorance. Mais, plus tard, lorsque votre bonté me fit entrer dans la voie de votre œuvre, j'eus occasion de lire des choses admirables sur ce grand Saint dans le *Saint Esclavage de Marie*, ouvrage si bon, si précieux, composé par un de vos grands serviteurs, M. Boudon. Là, je vis que Saint Cajetan était le Saint qui s'était le plus abandonné à la divine Providence et qu'il devait être particulièrement honoré et invoqué par les personnes et les œuvres qui étaient appelées à vivre sous l'unique soin de cette Providence paternelle et divine qui nourrit les oiseaux du ciel. Et comme il était dans vos vues, ô Mère bonne et vigilante, que l'œuvre que vous vouliez créer fût appuyée sur ce fondement unique, vous voulûtes, par avance, me donner une preuve manifeste, qui, plus tard, m'encourageât et m'affermît dans cette voie de confiance et d'abandon à vous, ô la meilleure des Mères, qui êtes la trésorière et la dispensatrice de tous les trésors de la Providence divine.

Oh ! soyez-en bénie et laissez-moi vous demander pardon, ô bonne et sainte Mère, de n'avoir pas été, comme je l'aurais dû, fidèle à une voie si pure, si belle. Oui, vous voulez nous avoir à vous, et à vous uniquement, sans recours à qui que ce soit sur la terre, voulant vous-même pourvoir à tout, disposer de tout dans votre œuvre. Et, comme vous l'avez fait ! ô bonne Mère, comme vous avez toujours pourvu à tout, remédié à tout! Comme vous avez voulu être l'unique fondatrice et directrice de votre œuvre! Plus tard, ô la plus admirable des Mères, si vous le permettez, je raconterai vos merveilleuses bontés, et l'on vous verra, comme vous l'êtes, notre Maîtresse unique devant laquelle il ne reste que nos infirmités et notre misère.

<small>La Légende des Saints Patrons.</small>

Et, vous, ô grand Saint Cajetan, qui nous avez été donné pour protecteur et pour modèle d'une manière si admirable, nous sommes heureux de vous invoquer toutes les heures du jour. Continuez à prier pour nous. Obtenez-nous, par notre admirable Maîtresse, l'abondance de l'esprit qui vous animait quand vous étiez sur la terre et que vous aviez si parfaitement inspiré à vos enfants. Donnez-nous, ou plutôt, communiquez-moi, à moi qui en ai un si grand besoin, l'esprit de pénitence et de zèle qui a fait de vous un grand Saint, à moi qui, je le dis en vérité, suis si lâche, si immortifié, si misérable; et puisqu'il a plu à ma bonne et si douce Maîtresse de me donner avec vous ces rapports si frappants, oh! priez, priez pour moi, afin que, de loin, au moins, je suive vos traces et que je fasse passer dans la famille que notre divine Maîtresse a daigné me confier, l'esprit qui vous animait et dont vous remplîtes vos enfants. Je sens particulièrement aujourd'hui le besoin de vous adresser ces prières, et, s'il plaît à notre bonne Maîtresse, demain, au Saint Autel, je vous les renouvellerai encore, afin que je devienne un fidèle imitateur de vos vertus et un serviteur moins infidèle de celle à laquelle vous aviez été consacré et que vous avez généreusement servie et consolée dans les jours de votre pèlerinage sur la terre. (*Autobiographie.*)

# LIVRE TROISIÈME

**L'Œuvre consommée.**

# LIVRE TROISIÈME

## CHAPITRE PREMIER

## L'ESPRIT DE L'ŒUVRE

### I.

**Les trois Amours.**

*Esprit du Bon Père.* — C'est le même Esprit de Dieu qui anime tous les saints et opère toutes les grâces. « Il y a diversité de dons spirituels, dit l'apôtre Saint Paul, mais il n'y a qu'un même Esprit. Il y a diversité de ministères, mais il n'y a qu'un même Seigneur. Il y a aussi diversité d'opérations, mais il n'y a qu'un même Dieu qui opère tout en tous. Or, les dons du Saint-Esprit qui se manifestent au dehors, sont concédés à chacun pour l'utilité de l'Eglise. L'un reçoit du Saint-Esprit le don de parler avec sagesse ; l'autre reçoit du même Esprit le don de parler avec science. Un autre reçoit le don de la foi par le même Esprit ; un autre reçoit du même Esprit le don de guérir les maladies ; un

*Les trois Amours.* autre le don des miracles ; un autre le don de prophétie ; un autre le don de parler diverses langues ; un autre le don de les interpréter. Or, c'est un seul et même Esprit qui opère toutes ces choses, distribuant à chacun ces dons, selon qu'il lui plaît. » (1 Cor., 12.)

L'Esprit divin, tout indivisible qu'il est en lui-même, ne laisse pas de prendre autant de noms différents qu'il se communique à différents sujets et qu'il leur inspire diverses dispositions. Ainsi l'usage s'est-il introduit dans l'Eglise de donner à l'Esprit de Dieu même, le nom des personnes qui n'en sont que les organes, ou des emplois qui n'en sont que les productions, ou des vertus qui n'en sont que les fruits et les écoulements. C'est ainsi qu'on appelle esprit de Saint Bruno et de Saint Benoît, par exemple, cet amour pour la retraite, le recueillement et le silence, qu'on a remarqué dans la personne de tant de solitaires ayant porté l'habit et vécu dans l'ordre de ces grands Saints. C'est dans le même sens qu'on appelle esprit de Saint François le détachement universel de tous les biens de la terre et l'abandon total à la divine Providence, dont les enfants de ce saint patriarche ont donné de si admirables exemples. De même, l'esprit apostolique, c'est le zèle que font paraître les prédicateurs de l'Evangile pour la gloire de Dieu, pour la conversion des pécheurs, pour la sanctification des peuples et le salut du monde. L'esprit de religion, de patience, de douceur, de charité, c'est l'amour que les Saints ont eu pour ces vertus, le zèle qu'ils témoignent pour les acquérir, la fidélité qu'ils font paraître à les pratiquer.

*Les trois Amours.*

Il ne faut pas être étonné que dans l'œuvre du Bon Père on cherche à conserver fidèlement l'esprit du vénéré fondateur. Dieu lui ayant confié une mission spéciale, cette grâce, qui en suppose tant d'autres, ne lui a pas été refusée, d'avoir eu un esprit particulier. A Notre-Dame, cet esprit se manifeste dans les moindres détails et on ne peut faire un seul pas dans l'Institut sans se heurter à de sages dispositions remontant au fondateur. Nous n'avons pas à en faire ici le relevé. Mais il nous appartient de signaler le caractère général de l'esprit du Bon Père.

Nous ne nous attarderons pas à faire remarquer que le Bon Père opérant dans l'Eglise devait être fidèle à l'esprit du christianisme, c'est-à-dire à l'esprit de Notre-Seigneur donné dans le baptême à ceux qui sont purifiés par la vertu du sacrement, vertu qui produit en eux les sentiments et les dispositions dont les vrais enfants, les fidèles disciples, les membres vivants de Jésus-Christ, doivent être indispensablement animés. L'esprit du christianisme est le fondement nécessaire de toute entreprise dans le sein de l'Eglise.

Les trois Amours. Le Bon Père ayant à établir une Congrégation religieuse, ne pouvait pas s'écarter davantage de l'esprit de Religion, c'est-à-dire, de l'esprit de Dieu même, en tant qu'il anime les personnes vouées, dans l'Eglise, aux œuvres de miséricorde et à la pratique des conseils. C'est en vain que le Bon Père aurait essayé d'établir quelque chose de solide en dehors des saines traditions de la vie régulière. Si pour faire une bonne religieuse il est nécessaire d'être une bonne chrétienne, il n'est pas moins nécessaire d'être une bonne religieuse pour être une bonne Servante de Marie.

L'esprit du Bon Père consiste dans l'originalité avec laquelle il a su de préférence faire reposer son œuvre sur quelques points fondamentaux du christianisme et de la vie religieuse. Trois idées, pas davantage, mais simples, fécondes, généreuses, constituent le fonds de sa spiritualité. Comme il ne s'agissait pas d'une institution savante, mais d'une institution laborieuse et essentiellement agissante, le Bon Père voulut que ces idées fussent dépouillées de tout appareil transcendant et spéculatif. Il les réduisit au caractère le plus pratique.

Etaient-ce vraiment trois idées ? Il vaut mieux les désigner du nom qui leur convient : c'étaient trois amours.

Certes, le Bon Père, moins que personne, ne méconnaissait la force de la raison ; il savait tout ce que la conviction de l'intelligence a d'action sur la volonté. Il n'ignorait pas davantage l'influence de l'intérêt bien entendu dans les questions de conduite humaine. Comme le christianisme réunit dans une merveilleuse synthèse les divers mobiles qui sollicitent la volonté, le Bon Père ne se faisait pas faute de se servir au besoin de toutes les considérations, à quelque ordre qu'elles appartinssent, pour déterminer les âmes à la vertu et à la perfection. Néanmoins, l'habile directeur savait que le mobile le plus puissant c'est l'amour, et c'est pourquoi il appliquait cette énergie, la plus efficace de l'âme, à la poursuite du bien. Oui, l'amour, mais celui dont il est question dans l'*Imitation*. « Car, dit l'*Imitation*, c'est une grande chose que l'amour : c'est un bien suprême ; lui seul rend léger ce qui est pesant et reste égal à travers les inégalités de la vie. Il porte son fardeau sans fatigue, il rend doux et savoureux ce qui est amer. » (L. III, c. 5, n. 3.) Le Bon Père demandait donc qu'on servît Dieu, non-seulement par la méthode de justice et d'intérêt, mais encore, mais surtout, par la méthode d'amour.

*Amour de la Très-Sainte Vierge.* — Nous l'avons déjà indiqué, le Bon Père s'était laissé aller avec bonheur à cette forme de l'amour de Dieu que notre temps et nos contrées ont adoptée avec un si grand enthousiasme : l'amour de Dieu par Marie ! Dieu,

Les trois Amours. Jésus, Marie, trois degrés de la dévotion à la Très-Sainte Vierge, que les cœurs fervents savent tout à la fois réunir et distinguer dans leur culte. Dieu, le terme de l'adoration à qui tout doit être rapporté ; Jésus, Dieu et homme, servant de médiateur entre la divinité et l'humanité ; Marie facilitant l'accès auprès de Jésus par ses mérites et sa bonté.

Rien n'est plus autorisé dans l'Eglise que cette grande place faite à la Mère de Dieu.

Il est constant que nous devons toujours honorer la Très-Sainte Vierge d'un culte particulier et de beaucoup supérieur à celui qu'on rend à toutes les plus excellentes créatures. Car elle est si élevée au-dessus d'elles que, pour nous servir d'un symbole autorisé par l'Ecriture, de même que la lune surpasse en apparence les étoiles par sa clarté et sa grandeur et qu'elle imite en quelque sorte le soleil, *œmula solis luna,* ainsi la Très-Sainte Vierge surpasse tout ce qui n'est pas Dieu par la splendeur de sa dignité et l'immensité de sa grâce. Dieu seul est au-dessus d'elle. Elle a même, comme dit Saint André de Crète, tant de rapports et de ressemblance avec lui, qu'elle seule est plus grande que toutes les autres créatures ensemble : *Excepto Deo, sola est omnibus major.* Saint Denys assure que si la foi ne lui eût appris qu'il ne peut y avoir qu'un seul Dieu, il l'aurait prise pour une divinité. *Si tua doc-*

*trina non me docuisset, hanc verum Deum esse credidissem.* Les trois Amours.

Cette élévation suréminente de la Très-Sainte Vierge est fondée sur la plénitude de grâces qu'elle a reçue de la libéralité de Dieu. Ce nom auguste de Marie, dit Saint Bernard, répond à une mer immense, à un océan sans fin, de dons, de priviléges et de faveurs : *Sicut congregationes aquarum vocavit Maria, ita congregationes gratiarum vocavit Maria.* Comme la mer a une ampleur qui lui permet de recevoir le trop-plein de tous les fleuves sans déborder, et une surabondance qui lui fait communiquer ses eaux à toutes les sources sans se diminuer ; de même la Très-Sainte Vierge, à raison de sa maternité divine qui la rapproche si fort de Dieu, a une telle capacité, dit Saint Thomas, qu'elle seule a reçu dans son sein, comme dans un océan, toutes les grâces qui coulaient comme des ruisseaux chez les autres Saints. Mais en même temps elle a une surabondance pour l'Eglise sur laquelle (Saint Bernard l'enseigne), Dieu ne veut répandre ses grâces que par Marie : *Totum Deus nos habere voluit per Mariam.* Tout, ajoute-t-il, tout ce qui est en nous de foi, de grâce et de vertu, est un effet de sa bonté : *Si quid spei, si quid salutis, si quid gratiæ in nobis est, ab eâ noverimus redundare.* De là, cette autre parole de Saint Bonaventure que toute créature tire sa sève de Marie : *De cujus plenitudine omnis creatura virescit.*

Les trois Amours.

Ces prérogatives extraordinaires que l'Eglise reconnaît à la Très-Sainte Vierge, le Bon Prêtre n'était pas disposé à les amoindrir. N'est-ce pas lui qui a trouvé cette formule à la fois si simple et si théologique : *Aimer Jésus comme l'aimait Marie; aimer Marie comme l'aimait Jésus.*

Il exigeait, qu'en parlant de Marie, on se servît des termes les plus respectueux. Il appelait la Mère de Dieu *Sa Mère céleste, Sa divine Mère, Son admirable et miséricordieuse Maîtresse*, etc., etc. *Sainte Vierge* ne lui suffisait pas : il fallait que l'on dît toujours : *la Très-Sainte Vierge.*

Le saint prêtre croyait que la Très-Sainte Vierge accomplissait de nos jours une mission spéciale et positive.

« Il est une Mère dans le Ciel, lisons-nous dans un de ses écrits, la plus compatissante des Mères ; elle nous a engendrés au pied de la croix, sur le Calvaire arrosé du sang de son divin Fils ; elle nous aime, comme cœur de mère n'aimera jamais.

« Initiée aux desseins de Dieu, adorant ses décrets, mais pleine de compassion pour ses enfants, elle s'attriste, elle souffre quand la justice de Dieu est prête à frapper ; elle prie, elle implore sa miséricorde. Mais ce n'est pas assez : elle veut avertir et réveiller ceux qui s'endorment tranquillement sur les bords de l'abîme. Dans les vives préoccupations de sa tendresse maternelle, comme par un effort suprême, elle a demandé à son divin Fils de lui laisser prendre en mains les intérêts de sa gloire et d'agir directement sur son peuple.

« Autrefois, le Seigneur avertissait par ses prophètes et ses Anges. Aujourd'hui c'est notre divine Mère qui veut parler elle-même, espérant que sa voix retentira avec plus d'efficacité aux oreilles de ses enfants.

« Noé, les Anges, Jonas furent les hérauts du Seigneur. Noé fut méprisé; les Anges furent outragés; Ninive écouta Jonas et par son repentir échappa à la ruine.

« Nous, écoutons aussi la Très-Sainte Vierge qui vient accomplir sa mission.

Dès lors, comment s'étonner que le Bon Père, dominé par cette pensée de la mission spéciale de la Mère de Dieu en notre temps, se soit consacré sans relâche à répandre le respect, la confiance et l'amour envers son auguste Souveraine? Et ce qu'il conseillait aux autres, il commençait par le pratiquer lui-même, sa vie s'étant, pour ainsi dire, tout entière écoulée dans l'union à Marie et le culte de cette divine Mère.

Il écrivait à un vénérable Evêque :

« Oh! Monseigneur! glorifier notre adorable Maître; consoler le cœur de sa Très-Sainte Mère; la faire connaître et aimer de plus en plus; travailler ainsi à sauver les âmes et les attirer à Dieu par

**Les trois Amours.** l'amour de leur Bonne Mère du Ciel, voilà notre pensée unique, notre unique désir. Et pourquoi en aurions-nous d'autres? De quoi avons-nous à nous préoccuper, nous qui, sous la direction et l'action maternelle de notre admirable Maîtresse, avons vu se former une œuvre de miracles, œuvre qui n'a jamais rien demandé à la terre, mais qui a tout reçu et reçoit tout de la bénédiction du ciel? » (28 mai 1859. Lettre à M$^{gr}$ l'Evêque de Belley.)

Le Bon Père revenait sur ce point dans son Testament spirituel avec une singulière énergie :

« A vous d'abord qui aurez la charge de l'autorité, à vous, mes bien chères enfants, ma première parole.

« La première de vos pensées, celle qui doit diriger toutes les autres, c'est que vous êtes les servantes de la Très-Sainte Vierge, qu'elle est votre souveraine Maîtresse et la souveraine Maîtresse de l'œuvre. C'est elle qui l'a fondée, dirigée et soutenue dès l'origine, par des voies toujours providentielles et souvent miraculeuses. Au milieu des effroyables tempêtes que nous avons traversées, suscitées par les démons et ceux qui se faisaient les instruments de ses malices, cette Mère admirable n'a pas perdu son œuvre de vue, et, à l'heure marquée, sa puissante main s'est révélée, et aux tempêtes a succédé le calme. C'est l'histoire de l'œuvre. Vous la connaissez ; tout détail ici serait superflu. Je ne dirai qu'une chose : c'est qu'à ce magnifique spectacle qui se déroule pendant ces trente années, depuis *Hougassé* et le grenier des pénitentes jusqu'à l'état actuel de l'œuvre, soit au dedans, soit au dehors, mon âme se trouve transportée hors d'elle-même, sous la double impression d'une inexprimable confusion et d'une immense reconnaissance. C'est donc de la Très-Sainte Vierge que tout doit venir dans son œuvre, tout, jusqu'aux moindres détails. C'est vous dire que vous devez vous tenir constamment à ses pieds pour recevoir ses ordres et diriger les intérêts de son œuvre selon son esprit et son cœur. » *(Testament spirituel.)*

Telle était dans la pensée du Bon Père la pierre angulaire de l'œuvre. L'amour saintement passionné, filial, constant, empressé, dévoué pour la Très-Sainte Vierge.

Ce n'était point un culte spéculatif ni un hommage sans portée que le Bon Père demandait. Il exigeait qu'on se montrât fidèle aux « ordres » de la Très-Sainte Vierge et qu'on s'abandonnât « en tout » à ses volontés.

« Fidélité et abandon ! Fidélité en tout et toujours, dans les petites choses comme dans les grandes ; abandon absolu, sans réserve, sans limite, en esprit d'expiation, d'immolation et d'amour, telle est la voie mille fois bénie que cette Mère admirable a daigné nous donner. En la suivant, vous assurez votre bonheur, votre salut et, autant qu'il dépendra de vous, vous assurerez aussi la permanence et la prospérité de l'œuvre. » *(Testament spirituel.)*

Et comment manquer de fidélité envers l'auguste Reine ? N'est-elle pas la Maîtresse absolue de l'œuvre ?

Quand on parlait devant le Bon Père de *son* œuvre ou de *sa* maison : « Ma maison ? mon œuvre ? reprenait-il avec vivacité, ce n'est point la mienne : c'est l'œuvre et la maison de la Très-Sainte Vierge. Elle seule est maîtresse ici. » Et, en effet, la statue de la Mère de Dieu, tenant un sceptre à la main, est placée au centre de la chapelle de Notre-Dame-du-Refuge comme au cœur même de l'œuvre, pour y recevoir les hommages de ses enfants et leur départir ses grâces. C'est toujours la même statue vénérée qui, depuis l'origine, préside aux destinées de l'œuvre, celle qui a écouté les prières du fondateur et de ses premières filles spirituelles, accueilli les vœux de toutes les Servantes de Marie, consolé au milieu des afflictions, protégé dans les persécutions, souri dans la tempête, et peut-être pleuré au spectacle de quelque défaillance. Voilà la Reine, voilà Notre-Dame. Pendant qu'elle préside, à l'intérieur, aux travaux de la communauté, sur le haut fronton extérieur de la chapelle, une autre statue colossale se montre au loin aux regards et semble indiquer au passant que c'est bien elle qui gouverne en Maîtresse et en Reine le petit royaume dont la Providence lui a spécialement confié la direction : *Gubernabat creditam sibi domum.* (Gen., 39, 4.) C'est toujours par suite de la même pensée que le Bon Père donnait aux Servantes de Marie la médaille de la « Vierge-Reine » qu'elles portent sur leur poitrine. Les trois Amours.

Il avait, en quelque sorte, marqué tout le Monastère du nom et des couleurs de la Très-Sainte Vierge. Par ses ordres, les images de Marie furent répandues dans les classes, dortoirs, jardins, chemins, ateliers, sur tous les points de Saint-Bernard et de Notre-Dame. Il les nomma *Notre-Dame de Consolation, Notre-Dame de Bon Conseil, Notre-Dame de Bon Secours, Notre-Dame de l'Humilité, Notre-Dame de Persévérance, Notre-Dame de la Bonne Mort,* etc., etc.

Lui-même travaillait auprès d'une statue de *Notre-Dame des Lumières*. Il ne rentrait et ne sortait jamais, sans se prosterner à deux genoux devant *Notre-Dame des Lumières*. Souvent il priait les sœurs de le laisser seul, et alors il donnait un libre cours aux brûlantes aspirations de son âme : *Oh! ma Mère! ma Mère!!* s'écriait-il ; puis, commençaient des colloques intérieurs dont le Bon Père a emporté avec lui les secrets.

On a remarqué qu'il ne prêchait pas un sermon, qu'il n'écrivait pas une lettre, qu'il ne présidait pas

*Les trois Amours.* à un entretien, sans écrire ou prononcer plusieurs fois le nom béni de sa Mère.

Le Bon Père exigeait que toutes ses enfants prissent le nom de leur auguste Maîtresse. Chacune, sans doute, avait son nom particulier, mais toujours précédé de celui de Marie.

Il n'écrivait pas un mémoire, une lettre, un billet, sans mettre en tête son épigraphe chérie :

A. N. D. N. S. M. et M.

Ce qui veut dire : Au nom de notre sainte Mère et Maîtresse.

A la fin de sa vie, dans ses écrits les plus importants, il interrompait brusquement les considérations et les récits, pour s'adresser à Marie et épancher son amour en ferventes prières. Les règles de l'art pouvaient en souffrir, mais il ne savait plus faire autrement.

Toutes ces manifestations extérieures trahissaient des pensées intimes dont le résumé était contenu en un seul mot : *confiance*. Il disait :

« Plus vous vous donnerez à la Très-Sainte Vierge, plus elle se donnera à vous. Votre confiance sera la mesure de ses bénédictions. Laissez-moi vous rappeler ces paroles qui ont été souvent répétées dans la maison : « A petite confiance, petite bonté ; à grande confiance, grande bonté ; à confiance sans limite, bonté sans mesure. » Mais c'est surtout dans les moments pénibles, dans les crises douloureuses de l'œuvre, que vous devez redoubler à l'égard de cette bonne et divine Mère de confiance et d'amour. C'est alors surtout qu'elle attend de vous cet abandon héroïque qui touche si profondément son cœur. » *(Testament spirituel.)*

Conformément à ses enseignements, le Bon Père prenait toutes ses décisions en présence de la Très-Sainte Vierge. Il demandait que ses enfants suivissent son exemple : « C'est notre sainte Mère et divine Maîtresse, elle seule, qui préside à tout et dirige tout ici. Nous n'oserions pas faire la moindre chose sans avoir demandé et reçu ses ordres. » (Lettre du 16 décembre 1858.) Parlant un jour à la communauté, il s'écria : « *Pour moi, je me garderais bien de jamais planter un clou ou de cueillir un fruit, sans en demander la permission à la Très-Sainte Vierge.* »

Aussi, œuvres matérielles, œuvres spirituelles, il n'entreprenait rien que sous l'inspiration et, comme il disait, *par les ordres* de sa souveraine Maîtresse. Si l'on venait prendre son avis pour quelque affaire importante, il répondait : *Je vais consulter la Très-Sainte Vierge*. Il ne disait jamais : *Je vais faire une telle chose*, sans ajouter aussitôt : *s'il plaît à la Très-Sainte Vierge*.

Il ne négligeait pas, lorsqu'il passait auprès d'un

sanctuaire célèbre de la Très Sainte Vierge, de s'y arrêter afin de consulter Marie sur ses œuvres : sanctuaires de Buglose, de Bétharram, de Sarrance, de Notre-Dame des Victoires, de Notre-Dame de Pitié, etc., etc. Que de sanctuaires de la France n'a-t-il pas visités ! Dans son dernier voyage au département de l'Ain, à l'occasion de la retraite annuelle des Servantes de Marie, il arrivait un jour, malade et à jeûn, à Lyon, à une heure tardive et après avoir passé toute la nuit en wagon. On le pressait de prendre quelque chose et de se reposer. Il s'obstina à vouloir se rendre au sanctuaire de Notre-Dame de Fourvières pour commencer la Sainte Messe un peu avant midi.

Il affectait de tout entreprendre en samedi : c'est le jour de Marie qui a vu la fondation de l'œuvre des Orphelines, de l'œuvre des Pénitentes, l'achat du domaine *Châteauneuf,* etc.

Quand la Très-Sainte Vierge avait indiqué ses volontés, le Bon Père demandait qu'on obéît avec empressement. « La Très-Sainte Vierge, qui est la Reine du monde, peut envoyer où elle veut ses pauvres servantes : et les servantes sont heureuses d'aller où les envoie leur bonne et divine Maîtresse. » (Lettre du 7 mai 1859.)

Le Bon Père ne permettait pas même à ses enfants de garder la propriété des mérites de leurs actes de vertu : *Mes enfants,* leur disait-il, *que de* pensées, que de paroles, que de mouvements, que d'œuvres dans votre vie de chaque jour! et par conséquent, que de trésors acquis pour le ciel, si tout cela se fait comme il faut! Mais, chaque soir, allez tout déposer aux pieds de Marie, en lui disant : Ma Mère, je dépose à vos pieds cette humble offrande ; demain, je vous en apporterai davantage. Pour moi, ajoutait-il, je donne d'avance à la Très-Sainte Vierge et pour la gloire de son divin Fils, jusqu'aux prières que l'on pourra faire pour moi après ma mort.

*Amour des Pauvres.* — Il importait d'insister sur le premier caractère de la spiritualité du serviteur de Marie : l'amour de la Très-Sainte Vierge. On ne peut rien comprendre à la vie et à l'action du saint prêtre, si on ne tient un grand compte de ce sentiment.

Il convient maintenant de signaler le second fondement de l'œuvre, l'amour des pauvres.

Certes, il n'est rien de plus essentiel dans la morale chrétienne que l'amour du prochain, et, en particulier, de celui qui souffre. L'apôtre Saint Paul dit avec sa profondeur ordinaire : Celui qui aime le prochain a accompli la loi : *Qui diligit proximum, legem implevit.* Est-ce que tous les préceptes de la seconde table, qui nous ordonnent de ne point nuire à notre prochain, ni en sa personne, ni en ses biens, ni en sa famille, ni en son honneur, ne sont pas

**Les trois Amours.** résumés dans la prescription d'aimer le prochain comme nous-mêmes ? Or, dit Saint Augustin, celui qui s'aime saurait-il ne pas aimer Dieu ? Celui qui ne l'aime pas, ne se hait-il pas lui-même ? Ainsi, en aimant le prochain, on accomplit toute la loi, puisqu'elle consiste tout entière dans l'amour de Dieu et dans l'amour du prochain.

Mais que sont tous les préceptes et tous les raisonnements, s'ils ne sont animés par le mouvement du cœur ? Le Bon Père savait mieux que personne spéculer sur l'origine et la portée de nos devoirs à l'égard du prochain. Néanmoins, il faisait mieux que de se livrer aux plus subtiles considérations théoriques : il agissait. « Prouvez que vous aimez le prochain, s'écriait-il en certaines circonstances, par des faits et non par des discours. » Pour lui, il en était arrivé à avoir la passion du prochain, sentiment qui se manifestait en toutes occasions et sous toutes les formes, mais surtout sous la forme touchante de l'amour des pauvres.

Ce qu'il éprouvait pour eux était vraiment l'affection tendre, la chaude sympathie, la prédilection marquée.

Choisissons, entre mille, quelques traits de cet amour des pauvres qui faisait si souvent explosion d'une manière si digne d'être admirée.

Il donnait libéralement et avait la main grande. L'aumône, dit Saint Jean-Chrysostôme, consiste non pas à donner, mais à donner beaucoup. Ce qu'il faut entendre avec une proportion légitime des biens de celui qui donne et des besoins de celui qui reçoit. Au témoignage du Sauveur, la veuve de l'Evangile, en donnant deux oboles, était plus libérale que certains riches qui jetaient aux bonnes œuvres des poignées d'argent.

Le Bon Père avait constamment auprès de lui la *Bourse des Pauvres*, où il puisait largement à toutes les heures du jour. Il ne comptait jamais l'argent de cette bourse, s'abandonnant aveuglément à la miséricordieuse Providence pour le soin de la lui tenir toujours bien munie. Lorsqu'elle était pleine et gonflée, il la regardait complaisamment, l'agitait avec un saint orgueil, se réjouissant à l'avance des heureux qu'elle ferait. Cette bourse existe encore, religieusement affectée à la même destination. On avait remarqué qu'en dépit de tout ce qu'elle donnait, on n'arrivait jamais à l'épuiser. C'est que si le travail du dimanche n'enrichit personne, l'aumône n'appauvrit jamais.

En se rendant dans le département de l'Ain pour prêcher la retraite annuelle des Servantes de Marie de la contrée, le Bon Père attendait un jour, à la gare Perrache de Lyon, l'heure déjà rapprochée du départ. Au milieu de la foule qui se dirige vers les wagons, le Bon Père avise une femme en pleurs que l'on ne pouvait consoler. Il s'enquiert du motif de cette affliction profonde : hélas ! en faisant ses comptes au guichet, il avait manqué cinq francs à la pauvre femme et, faute de cet appoint, elle ne pouvait partir. *Tenez, tenez, pauvre femme,* lui dit le Bon Père, *voilà les cinq francs; prenez vite votre billet et montez.* Pendant que le Bon Père lui-même allait prendre sa place, les sœurs qui l'accompagnaient disaient : *Toujours le Bon Père ! toujours le Bon Père ! Est-ce que tout ce monde-là n'aurait pas pu partager la bonne œuvre ? — Ne parlez pas ainsi, mes enfants,* reprit le Bon Père, *vous me faites trembler. Ne savez-vous pas qu'il est écrit : Donnez et l'on vous donnera ?* Là-dessus, une dame d'une certaine condition entre dans le même compartiment et l'on part. La conversation s'engage, la dame, qui a osé hasarder quelques questions, apprend avec intérêt les détails édifiants relatifs aux œuvres du Bon Père et, en témoignage de sa vive sympathie, elle lui offre une pièce d'or de vingt francs. Le Bon Père l'accepte avec reconnaissance ; puis, se tournant vers les sœurs : *Mes enfants, donnez et l'on vous donnera !*

Un jour, une pauvre mère de famille malade, et dont les enfants souffraient la faim, va trouver le Bon Père, à son domicile de Bayonne. Le Bon Père part pour la cuisine, en ce moment sans gardien, et trouve devant le feu une magnifique POULE AU POT cuite à point. On devine le reste..... *Empor-*

*tez*, dit-il à l'indigente avec un aimable sourire, *c'est bien le plat des malades.*

Le Bon Père traversait un autre jour les glacis de Bayonne, près la corderie Lanne. C'était l'hiver. Il rencontre sur son chemin un pauvre transi de froid. Emu de compassion, le Bon Père fit comme Saint Martin. Il portait sur lui un gilet de laine appelé dans le pays un *tricot*. Il va se renfermer dans l'un des hangars de la corderie et revient bientôt, son tricot à la main, en disant au malheureux : *Ce tricot est à vous, mon ami, servez-vous-en, vous aurez chaud.*

Quand les riches trouvent un mendiant, ils lui donnent un petit sou ; le Bon Père, lui, leur donnait le plus souvent une pièce blanche. Aussi, comme ils couraient après lui ! En se retirant, ils disaient : *Voilà un riche qui mérite de l'être !*

Chaque année, très-régulièrement, à l'entrée de la saison rigoureuse, le Bon Père faisait un achat considérable de couvertures de laine, d'étoffes fortes et chaudes, à distribuer aux pauvres les plus nécessiteux des environs de Notre-Dame.

Il donnait avec plaisir, suivant la parole de l'Ecriture : *Dieu aime celui qui donne avec joie.* N'est-ce pas accomplir double miséricorde, que de soulager la pauvreté et consoler les affligés de bonne grâce ? Il se gardait bien de se montrer chagrin dans l'exercice de la charité, comme tant de chrétiens qui traitent les pauvres d'importuns,

436 LIVRE III. — CHAPITRE I.

Les trois Amours. paresseux, désordonnés. Il disait en riant : « A la bonne heure, suivons le précepte de l'Ecriture qui nous ordonne de joindre la prudence à la libéralité ; de reconnaître les véritables besoins des malheureux, de distinguer les misères apparentes et légères de celles qui sont réelles et pesantes ; de ne pas entretenir le crime sous prétexte de venir en aide à la pauvreté : *Si bene feceris, scito cui feceris*. Mais qui nous oblige à être rigoureux dans nos enquêtes ? Ne devons-nous pas nous y comporter comme un médecin charitable, plutôt que comme un juge d'instruction ? »

C'est pourquoi le Bon Père, accomplissant la parole de l'apôtre, donnait en simplicité : *qui tribuit in simplicitate*. Pour lui, si tous les pauvres n'étaient pas bons, l'aumône était toujours excellente. Lorsque Notre-Seigneur nourrit cinq mille personnes dans le désert, s'était-il assuré qu'il n'y avait parmi elles que des gens de bien ? Ainsi le Bon Père accueillait-il avec empressement tous les malheureux, accompagnant son aumône de douces paroles et de conversations affectueuses. Il traitait les pauvres avec respect et, à le voir en présence des indigents, on l'eût dit en face d'une majesté déguisée. C'est qu'il ne perdait pas de vue la parole du Maître : « Ce que vous aurez fait au moindre d'entr'eux, c'est à moi que vous l'aurez fait. » (1)

(1) En tête des indigents à secourir, le Bon Père avait mis le pauvre sublime du Vatican. Dès que les jours d'aisance eurent suc-

Un jour que le Bon Père avait passé toute sa journée à distribuer des aumônes, il s'écria, en pensant à ceux qui pouvaient encore souffrir la faim : *Oh ! si tous, tous pouvaient venir manger ici !*

<small>Les trois Amours.</small>

Comme les pauvres affluaient à Notre-Dame, on craignait de le distraire de ses graves occupations en le prévenant chaque fois. Mais il exigeait qu'on le prévînt toujours. La bonne sœur économe lui disait : *Mon Bon Père, je recevrai les pauvres en votre nom et je vous rendrai les comptes le soir.* — *Non*, répondit le Bon Père, *cela ne doit pas être. J'interromps jusqu'au Saint Office pour écouter un pauvre, je peux donc suspendre mes autres travaux.*

Dans les derniers temps de sa vie, il était reconnaissant aux malheureux qui venaient implorer ses secours : « O mon ami, disait-il un jour à un pauvre, quel plaisir vous me faites en vous adressant à moi ! Je vous remercie de toute mon âme. »

Ah ! si le Bon Père en était arrivé à cette tendresse à l'égard des pauvres, c'est qu'il avait fini

---

cédé à la gêne des premiers temps, le charitable prêtre s'était hâté de former, du produit de ses premières économies, un capital dont la rente serait déposée à l'Évêché de Bayonne pour être transmise à Pie IX. *Déjà*, écrivait le Bon Père à un grand dignitaire de l'Eglise, *déjà notre Mère et divine Maîtresse avait signalé ses bontés en nous donnant la très-précieuse inspiration de distraire de notre pauvreté la somme de dix mille francs pour offrir à notre bon et vénéré père Pie IX une modique rente de cinq cents francs, que nous sommes trop heureux de lui faire passer chaque année.* (Lettre à Son Eminence le cardinal de Villecourt, 13 janvier 1861.)

par acquérir les yeux purs et illuminés de la foi qui, sous les dehors des misérables, découvrent la personne de Notre-Seigneur demandant par leur bouche, recevant par leurs mains, souffrant de tous leurs maux. Et le fidèle serviteur n'avait pas assez d'admiration pour cette incompréhensible bonté du Maître qui, dans son état de gloire et de richesse infinie, veut être plus pauvre que le plus indigent et souffrir dans sa seule personne autant que tous les pauvres ensemble, ainsi que dit Salvien avec son habituelle énergie.

*Amour du travail.* — Enfin le troisième fondement de l'œuvre, c'est l'amour du travail.

Quoi de plus naturel à l'homme que le travail? Il ne faut point d'être inutile dans la création. L'oisiveté est donc essentiellement contraire à l'être de l'homme. Le travail, dit l'Ecriture, lui est aussi propre que le vol aux oiseaux. Il n'était pas même exempt de cette obligation dans le paradis terrestre; car, avant la chute, Dieu l'y avait placé pour travailler.

Et pour l'homme pécheur, rien de plus nécessaire, puisque le travail est l'un des moyens dont il se sert pour expier ses crimes et que, par un effet de la miséricorde de Dieu, ce qui devait être la peine et le châtiment de son péché, devient le sujet et l'instrument de son mérite.

Enfin, il est glorieux à une personne, engagée

dans la religion, de travailler, puisque par là elle remplit tous ses devoirs, s'acquitte de ses obligations, accomplit sa règle. D'où vient que l'apôtre Saint Paul se glorifie d'avoir toujours été dans le travail.

Indépendamment de ces graves considérations qui portaient le Bon Père à recommander l'amour du travail, l'état même de l'œuvre forçait la communauté à un labeur incessant. La lutte pour la vie était l'obligation de toutes les heures. Il fallait travailler et travailler sans relâche, afin de pourvoir aux premières nécessités de l'existence. Dès l'origine, Notre-Dame devint un foyer énergique d'action. Les Orphelines, les Pénitentes, les Servantes de Marie se mirent vaillamment à l'œuvre, sans avoir peur de la fatigue. D'ailleurs, elles appartenaient toutes à une forte race, habituée à la peine, amie de l'occupation, obstinée contre les obstacles. Il y eut plaisir à voir ces chères âmes se vouer avec une sainte émulation aux plus durs travaux. Le Bon Père, au milieu de cette ruche agissante, contemplait avec bonheur les ouvrières cultivant la terre ou se livrant aux diverses professions industrielles. Bien loin de décourager cette activité, il en favorisait le développement avec une ingéniosité sans pareille.

Toutefois le travail, dans une communauté religieuse, ne doit jamais être séparé de la pensée de

Dieu. Aussi, jamais peut-être fondateur n'a réussi à unir plus intimement que le Bon Père ces deux grands éléments de sainteté : le travail et la prière.

<small>Les trois Amours.</small>

A chacune des heures de la journée, les membres de l'œuvre doivent interrompre leur travail pour se livrer à l'exercice de la présence de Dieu. Le Bon Père attachait, et avec grande raison, une importance particulière à l'observation fidèle de cette pratique si propre à surnaturaliser toutes nos actions :

« Vous êtes heureuses, mes bien chères enfants, de posséder ce don incomparable de notre divine Mère, la prière des heures, qui nous impose la plus douce, la plus sainte nécessité. Si vous êtes fidèles à l'accomplissement de ce grand devoir, la divine Maîtresse, de son côté, sera fidèle et continuera sur vous et sur son œuvre sa maternelle direction. » *(Testament spirituel.)*

Les personnes du monde sont vivement frappées de l'activité qui règne dans l'œuvre. Elles ne savent pas assez admirer la puissance de travail qui se manifeste dans les moindres détails ; volontiers, elles s'écrieraient, comme un visiteur à qui l'on avait donné à lire la Règle de la maison : « Ce qui me fait le plus grand plaisir, c'est l'article suivant : *Les Servantes de Marie ne doivent jamais être sans rien faire. Au temps même de la récréation, elles ont toujours un travail facile entre les mains.* »

En s'exprimant ainsi, on tombe dans le défaut que le Bon Père relevait dans la plupart des écrits publiés sur l'Institut (1). Il ne comprenait pas qu'on pût, dans une étude de l'œuvre, séparer le travail de Notre-Dame de la piété de Notre-Dame. En effet, nous ne sommes pas ici en présence d'institutions purement industrielles, agricoles ou scolaires : le but essentiel, c'est le salut des âmes, et le moyen principal, c'est la religion. Le travail, sous toutes ses formes, n'est qu'un moyen, indispensable sans doute, et par beaucoup de points étroitement lié à la religion, mais un moyen relativement secondaire (2). Aussi, les littérateurs qui ont voulu exclusivement considérer l'œuvre de Notre-Dame

*Les trois Amours.*

---

(1) « Beaucoup d'écrivains ont fait paraître des articles intéressants sur Notre-Dame-du-Refuge. Mais, faut-il le dire ? là, n'est pas l'œuvre telle que l'a faite notre toute bonne et très-sainte Maîtresse. L'œuvre elle-même ne peut se révéler telle qu'elle est que par l'esprit qui l'anime, et c'est dans l'œuvre elle-même qu'on peut reconnaître cet esprit. » (Lettre du 16 décembre 1858.)

(2) « Le travail est nécessaire à l'homme. Dieu même le lui avait imposé comme sa première pénitence après sa chute. Tous les Pères de la vie religieuse, surtout de la vie solitaire, l'ont recommandé et fait pratiquer dans leurs monastères. Le travail sera donc un des grands moyens de sanctification et de persévérance à Saint-Bernard, pourvu qu'il se fasse avec l'ordre et l'esprit intérieur qui doivent l'accompagner toujours. Le travail, d'ailleurs, a été donné à l'œuvre comme l'unique moyen de se maintenir, béni qu'il sera surtout par la divine Providence, et, s'il le faut, suppléé par les soins de notre divine Mère et sainte Maîtresse. » *(Anciennes Constitutions des Solitaires de Saint-Bernard.)*

<small>Les trois Amours.</small> au point de vue économique, ont commis la même erreur que les physiologistes qui ne veulent voir dans l'homme que le corps, sans tenir compte de la partie spirituelle. C'est l'âme qui informe le corps, disait l'ancienne philosophie. Ainsi, pouvons-nous dire, c'est la religion qui informe le travail de Notre-Dame.

Peut-on le méconnaître, à moins que de tenir obstinément les yeux fermés à la lumière ? A chaque pas se dresse un emblème religieux : croix, statue de la Très-Sainte Vierge ou de saints, devant lesquelles les ouvrières de Notre-Dame ne passent jamais sans se prosterner avec ferveur. Toutes les heures, la cloche du monastère sonne : le travail s'interrompt partout et les habitants du monastère se jettent à genoux pour se recueillir, ainsi que nous le disions plus haut, dans la pensée de Dieu. Les animaux de labour sont eux-mêmes formés au pieux exercice. Lorsque le tintement de la cloche se fait entendre, les bœufs s'arrêtent instinctivement, et tandis que les ouvrières, à genoux autour de la charrue, bénissent le nom de Dieu et de sa Très-Sainte Mère, les patients animaux contiennent leur effort, pour le reprendre bientôt sans avoir besoin d'être stimulés par l'aiguillon. Le labour continue dans le recueillement, jusqu'à ce que, donnant un nouveau signal de prière, la directrice des travaux entonne un pieux cantique ou se mette à réciter le saint rosaire. C'est la prière qui donne la vie au travail : c'est la piété qui repose des fatigues ; c'est la pensée divine qui charme et ennoblit les occupations par elles-mêmes les plus monotones.

Si mieux encore vous voulez saisir sur le fait le caractère religieux de l'œuvre, venez à Notre-Dame assister aux vêpres du dimanche. Vous serez profondément ému et vous comprendrez que l'âme de l'Institution, c'est la piété.

La communauté va se rassembler dans la chapelle. La chapelle est vaste : c'est le lieu de réunion de tous les membres de l'œuvre. Elle est riche et contraste, par sa belle structure et sa riche ornementation, avec les autres édifices du monastère. Il est juste qu'il en soit ainsi, car c'est la demeure et le sanctuaire de Dieu et de la Reine et Maîtresse de la congrégation. Peu à peu les bancs se remplissent. De droite et de gauche, par les nombreuses ouvertures qu'un habile architecte a ménagées pour que le dégagement se fasse avec facilité, les Servantes de Marie, les Pénitentes, les Orphelines, les enfants de l'Ouvroir et du Pensionnat débouchent par flots et occupent rapidement leurs places. L'autel est brillamment illuminé. Le sanctuaire est orné des fleurs les plus rares, car les prémices des serres et des parterres nombreux sont dues à la Très-Sainte Vierge. Le prêtre entonne les chants liturgiques. Aussitôt, vous êtes saisi. Pendant une heure, c'est un enchan-

*Les trois Amours.* tement continu. Les chœurs se mêlent et se répondent. L'orgue enveloppe les voix humaines de ses flots d'harmonie. Le timbre de l'accent féminin est rendu plus pénétrant par la foi et la tendresse des cœurs. Les âmes pleurent et crient vers le ciel. D'un côté, les Servantes de Marie font leur partie avec le recueillement de volontés fixées en Dieu, avec la douce voix voilée de poitrines qui se fatiguent à prier et à parler pour Dieu. Le chœur des pénitentes leur répond d'une voix métallique et puissante qui sonne le clairon. Les psaumes de David, l'hymne de Marie, le *Magnificat,* le *Salve Regina,* sont chantés successivement, emportés comme en des élans de supplication et de reconnaissance, de joie et de tristesse. Tout à coup la communauté se prosterne et alors commence le chant des Litanies de Notre-Dame-du-Refuge, ce chant jailli du cœur du Bon Père, d'un rythme si pathétique, d'une tonalité si émouvante, tout à fait digne assurément d'entrer en parallèle avec le *Salve* des Trappistes. O ardeur de l'amour divin, quels accents vous avez inspirés ! O invocations passionnées, que vous exprimez bien les recours de l'âme oppressée vers la puissance souveraine ! O cris poignants, comme vous dites les angoisses de l'âme qui défaille ! Cette suave mélopée, aux inflexions qui font vibrer les plus intimes fibres du cœur, il faut l'avoir entendue sous le coup d'une douleur intense pour mesurer ce qu'elle contient d'expression. Les voix se taisent et se perdent dans le silence de la bénédiction du Très-Saint Sacrement. La vue se confond dans les nuages d'encens, et le témoin de ces touchantes scènes se retire avec la conviction que le cœur du monastère de Notre-Dame-du-Refuge c'est bien la chapelle et que sa vie c'est bien la piété.

## II.

### L'Ascendant Personnel.

Avoir une idée, forte et juste, est le point de départ de toute grande entreprise.

Mais l'idée ne subsiste que par la réalisation. L'homme n'accomplit sa tâche que lorsqu'il exécute ce qu'il a pensé.

Le Bon Père avait rencontré, ou plutôt il avait reçu de Dieu et de sa Très-Sainte Mère, l'inspiration féconde et généreuse. Comment a-t-il pu donner un corps à cette pensée, ou plutôt, à ce triple amour dont nous venons de retracer les caractères? C'est en réunissant autour de lui des âmes d'élite qu'il pénétra de son esprit et anima de son ardeur. Or, pour arriver à ce résultat, il était nécessaire d'acquérir l'ascendant personnel, c'est-à-dire, le respect, l'obéissance et l'affection des saintes âmes qui s'engageaient dans l'œuvre nouvelle.

*L'Ascendant Personnel.*

Quant à l'affection, qui pouvait la refuser à ce prêtre, bon d'une indéfectible bonté, dont le cœur largement ouvert ne restait insensible à aucune tristesse, dont la parole faisait perpétuellement entendre l'accent de la sympathie : « Se faire aimer, dit un sage auteur, voilà le grand et le divin secret de l'économie dans les maisons, de la politique sur les trônes, de la hiérarchie dans le sanctuaire. En quelque gouvernement que ce soit, si vous voulez qu'il soit heureux, soyez aimable. Ne tâchez point de vous former une méthode plus spirituelle et moins connue : Dieu, tout Dieu qu'il est, n'en fait point d'autre dans l'empire de son éternité. » Pour être aimé des autres, il faut les aimer soi-même. Et qui, mieux que le Bon Père, sut comprendre dans son affection toutes ses filles spirituelles, sans acception de personnes, surtout sans prévention, ce qui est la plaie du supériorat ?

S'il savait se faire aimer, il emportait aussi l'estime de ceux qui avaient affaire avec lui. Sa sainteté éclatait à tous les regards. On ne pouvait qu'admirer sa fidélité à la prière, son humilité, sa charité, sa foi ardente, son éminente vertu. Qu'était-ce donc quand on recourait à ses conseils ? On remarquait en lui une si grande défiance de l'esprit propre, unie à une si profonde connaissance du cœur humain, à l'expérience des personnes et des choses, à la discrétion, à la bonne conduite des entreprises, que bientôt on était heureux de s'en remettre à la direction de ce guide prudent et sûr.

L'Ascendant Personnel.

Le Bon Père n'aurait pas rempli la mission que la Providence lui avait confiée, si en même temps que l'affection et l'estime, il n'avait obtenu la déférence et l'obéissance. Mais il semble que le Bon Père, se défiant de son cœur, ait veillé d'une manière toute particulière à préserver l'autorité surnaturelle qu'il avait reçue en dépôt, de toute atteinte de familiarité et d'insoumission. L'histoire de ses rapports avec la Mère Vénérée nous offre un bel exemple de cette attitude grave et ferme du Bon Père, en présence de ses filles spirituelles. Arrêtons-nous-y un instant, afin de considérer dans son degré le plus élevé et dans ses conditions les plus difficiles, ce type du supérieur considéré et obéi. Ici, comme en toutes circonstances, la Mère Vénérée personnifiera l'œuvre tout entière.

Dès que la Mère Vénérée fut entrée dans l'œuvre, le Bon Père ne la regarda plus comme sa sœur. Voulant la faire arriver au même détachement, il lui demanda de ne plus voir en lui le frère, mais le supérieur. Ce fut l'objet du plus grand renoncement de la nouvelle religieuse. Elle était attachée à son frère comme sœur et comme filleule ; elle le tutoyait ; elle l'aimait d'une incroyable affection, de cette affection simple des familles unies. Elle dut transformer complètement la forme de ses rapports.

**L'Ascendant Personnel.**

Le fonds de l'affection subsistait toujours le même ; mais extérieurement, elle mit entre elle et lui une distance énorme : elle le traita en père et en supérieur avec un respect grave et religieux.

Tout d'abord, le cœur se révolta : il était frappé au plus sensible. La pauvre Elise se rattachait avec obstination à ces doux rapports fraternels qui avaient été le charme de sa vie. Le serviteur de Marie tenait bon, mais que les premières impressions furent pénibles !

« Mon bien cher frère, toute la semaine dernière, mon cœur te réclamait et attendait, avec je ne sais quelle impatience, le moment où j'aurais le plaisir de te voir. Le moment est venu : mais qu'il a été court ! Je me rappelle, et ce n'est pas sans sentir mon cœur se serrer, les soirées que nous passions ensemble. Ce temps reviendra-t-il ?..... mon bien cher frère ! que j'aime à t'appeler de ce nom ! aucun autre ne me va si bien au cœur. Aussi, n'ai-je qu'un frère. Est-il étonnant que je repose sur lui mes affections ? Qui aimerais-je ? Je le sais : personne ne me portera un intérêt plus vrai que toi. Pardonne ce langage qui, bien que vrai, te paraîtra peut-être peu convenable dans ma position. Je suis loin cependant d'oublier le respect que je te dois comme fille spirituelle ; mais je ne saurais jamais oublier que tu es mon frère. Adieu, mon bien-aimé frère, je t'embrasse dans le cœur de notre Maître,

« ELISE. »

Peu à peu, bien qu'avec peine, les résistances fai- L'Ascendant<br>Personnel.
blirent et la Mère Vénérée se plia à sa nouvelle condition, non sans quelques retours douloureux : « J'ai eu des peines bien cuisantes à dévorer pour ne voir dans vous qu'un supérieur et un confesseur. Mon Dieu, quel sacrifice !..... mais il est presque fait, quoique, au fond, si je voulais consulter mon cœur... mais je m'en garderai bien. Je le laisse et ne veux lui rien dire, de crainte qu'il ne m'en dise trop. Au ciel, au ciel ! Là, j'espère vous retrouver, et nos cœurs qui se sont toujours compris ici-bas, se comprendront encore mieux, pour bénir à jamais le Seigneur et sa Très-Sainte Mère ! » (Octobre 1844.)

Voici un passage de la correspondance qui revient sur le même sujet : « Figurez-vous, mon Bon Père, que la crainte de laisser échapper quelque parole qui puisse tant soit peu vous faire de la peine, me fait faire des efforts pour retenir mes pensées ; et c'est précisément par cet effort même que je réussis à réaliser mes appréhensions. » (Avril 1840.)

Elle disait encore :

« Je recevrai avec plaisir votre réponse, si vous jugez à propos de la faire. Mais ce ne sera pas sans trouble. Car deux sentiments se rencontrent dans mon cœur, lorsque j'attends une de vos lettres, le plaisir et la crainte : le plaisir de vous lire, et la crainte d'apercevoir l'ombre d'un reproche. Quand il en est ainsi, c'est assez pour avoir le cœur

L'Ascendant Personnel.

déchiré. De tout temps, j'ai été extrêmement sensible, je ne dis pas à vos reproches (vous étiez assez bon pour me les épargner, bien que j'en eusse mérité de bien amers!) mais seulement à une pure observation de votre part. Qui m'eût dit autrefois qu'un jour viendrait où je ne dépendrais que de vous, et que ce serait de vous seul que me viendraient les reproches, bien qu'ils soient rares? Que les desseins de Dieu sont impénétrables! Mais puisqu'il en a ordonné ainsi, il faut que je me brise, que j'oublie que vous étiez mon frère, et ce frère que j'aimais tant, et que j'ai perdu!..... Voilà la plaie de mon cœur, plaie qui se cicatrise parfois, mais que le moindre froissement fait saigner! Il faut cependant que j'y vienne. Dieu demande de moi ce grand sacrifice. Pour le faire, il faut que je meure à moi-même. Après tout, quelques jours de souffrance, et puis le ciel!..... le ciel où je vous retrouverai mon frère; du moins, je l'espère. Je ne voudrais pas vous retrouver autre chose. Je serais tentée de ne pas vous envoyer cette lettre : je crains de m'être trop satisfaite. Pardonnez-le-moi, je vous prie, mon Père en Notre-Seigneur. Votre fille,

« Sœur MARIE-MADELEINE. »

Au commencement, la Mère Vénérée ne parvint pas à contenir toujours l'expression de sa douleur, même devant les sœurs.

« Je ne sais si c'est plusieurs fois, dit l'une d'elles, mais elle m'a dit dans son lit où j'allais souvent la voir : « Ah! ma sœur, je ne verrai donc plus mon frère, mais vous savez ? mon cher frère et parrain, mon cher frère Edouard ! Non, ajoutait-elle en signe de sacrifice et de résignation et en levant les yeux au ciel : non, je ne le verrai plus, ce cher frère ; je verrai mon *Bon Père*. » L'expression de son visage montrait bien ce qu'elle éprouvait et le grand sacrifice qu'elle faisait. C'était le plus grand que pouvait lui imposer la vie religieuse. »

L'Ascendant Personnel.

Mais enfin le sacrifice fut complet.

Les visites que Saint Benoît faisait à Sainte Scholastique étaient rares, et c'était toujours la divine charité qui en était le motif. Ils ne s'entretenaient jamais que de Dieu et de Jésus-Christ. Benoît parlait de Dieu en homme de Dieu, rempli de son esprit, et Scholastique l'écoutait comme si Dieu lui-même eût parlé. Ainsi en fut-il des rapports du Bon Père et de la Mère Vénérée.

Son obéissance aux paroles du Bon Père était extrême. Si le Bon Père avait dit machinalement : Laissez ça là, ou mettez ça ici, la chose aurait-elle été déplacée, elle disait : *Le Bon Père l'a dit,* et on savait qu'il n'y avait rien à répondre.

Elle fuyait l'apparence même de l'hésitation.

« Il m'est resté quelque peine au sujet de la pensée dont vous m'avez, hier, fait part. J'ai eu l'air d'être en contradiction avec vous. Je vous prie de

L'Ascendant Personnel.

me le pardonner. Dieu me préserve du grand malheur d'être en opposition avec vous! La pensée seule m'en fait frémir. Si je vous ai donné quelque sujet de crainte à cet égard, je vous promets, mon Bon Père, de porter une attention plus scrupuleuse à être absolument soumise et obéissante. Ce sera sans effort, car je mets mon bonheur et ma joie à tout faire selon votre manière de voir et cela, sans mérite de ma part, puisque je vois toujours comme vous. »

Elle observait rigoureusement l'obéissance, même dans les circonstances les plus pénibles à son cœur :

« Je suis dans une anxiété bien pénible au sujet de votre santé. Plusieurs de nos sœurs ont eu le plaisir de vous voir, et moi que vous avez faite prisonnière avec ce grand mot d'obéissance, je dois me contenter de demander de vos nouvelles, d'en attendre, et toujours avec la crainte qui met le noir dans le cœur. Cependant j'apprends que vous avez passé une assez bonne nuit. Dieu soit béni! et bénie soit aussi notre sainte et bonne Maîtresse!

« Oh! venez, venez! mais lorsque vous pourrez supporter le voyage sans inconvénients. Si vous ne pouvez venir aujourd'hui, je vous demande la grâce, mon Bon-Père, d'aller vous voir demain. Mais encore si notre Maîtresse veut me faire faire le sacrifice de ne pas vous voir, je le ferai. » (25 septembre 1845.)

Son respect pour lui était aussi grand que son obéissance. Elle ne s'asseyait jamais en sa présence sans que le Bon Père l'y eût invitée. Quelquefois celui-ci, absorbé en d'autres pensées, négligeait de la faire asseoir. Elle restait debout tant qu'elle pouvait le supporter, et puis elle demandait avec beaucoup d'humilité la permission de prendre un siége. En une certaine occasion, on porta à dîner au Bon Père, qui était en retard, et on servit en même temps le dîner de la Mère Vénérée. Mais sa modestie l'empêcha de demander la permission de prendre part au dîner et, comme le Bon Père ignorait qu'elle eût besoin de faire son repas, elle resta jusqu'au soir sans rien prendre. Une fois, elle était avec une sœur qui avait besoin de lui parler et, parce qu'on se trouvait tout près de la chambre du Bon Père, la sœur dit : « Ma Mère, entrons là. » — « Ne savez-vous pas, ma sœur, que nous devons respecter la chambre de notre Bon Père et jusqu'aux traces de ses pieds ? » lui répondit la Mère Vénérée. Et on n'entra point.

Personne ne comprenait mieux que la Mère Vénérée les peines du serviteur de Marie et personne n'y compatissait plus religieusement.

« Mon cœur souffre de votre position qui est souvent bien pénible. Permettez-moi de vous dire que si ordinairement j'oublie le frère pour le supérieur, dans vos moments de peine, l'amitié de la sœur se

*L'Ascendant Personnel.*

**L'Ascendant Personnel.**

réveille avec la force que vous lui connaissez. » (17 juin 1840.)

D'habitude, les considérations de piété et les espérances immortelles étaient proposées au serviteur de Marie par la Mère Vénérée en même temps que les consolations, mais avec une sobriété, une force, un tact et une discrétion incomparables. « Croix dedans, croix dehors, grande croix de ma personne que je porte partout : oh! que la voie du ciel est douloureuse ! Mais vous, mon Bon Père, qui portez et Pénitentes et Orphelines, et Sœurs et Novices, et Postulantes et Mères, et les embarras du temporel et le vicariat, mon Dieu, que de croix !... elles vous conduiront au ciel. »

Néanmoins, le renoncement ne fut pas tellement absolu, que la Mère Vénérée n'ait eu besoin quelquefois d'être soutenue et tranquillisée.

« Permettez-moi de vous faire part d'une pensée qui m'afflige. Il me semble que vous ne m'aimez plus ! Oh! si vous saviez combien mon cœur a besoin de votre affection ! »

Le serviteur de Marie ne laissa pas de rendre le calme à ce cœur troublé, et il le fit en des termes d'une exquise délicatesse : « Pour ce que vous avez sur le cœur, c'est très-bien, ma chère enfant, de me l'avoir dit. Mais comme en tout cela il n'y a aucun fondement réel, ce sera un petit nuage qui passera, une petite épreuve qu'il faut offrir à Dieu et aussi une petite misère dont il faudra s'humilier. Ah ! ma chère enfant, et qui voulez-vous que j'aime dans ce monde, si ce n'est vous qui m'êtes chère à tant de titres !... Mais laissons cela : il ne vaut plus la peine d'en parler. » (25 décembre 1845.) {L'Ascendant Personnel.}

Ces expansions étaient rares. Dans les nombreuses lettres de la Mère Vénérée au serviteur de Marie, nous n'avons plus trouvé qu'un seul exemple de tendresse fraternelle selon la nature. Le Bon Père était malade. La Mère Vénérée lui envoya quelques aliments et lui adressa le billet suivant :

« Mon bien Bon Père, la Très-Sainte Vierge, notre bonne Mère et Maîtresse, envoie à son serviteur quelques raisins et autres petites choses nécessaires dans son état. Adieu, cher Père, *je vous baise sur le front parce que vous êtes malade.* Votre affectionnée fille en Notre-Seigneur,

« Sœur MARIE-MADELEINE. »

Jusqu'à la fin de sa vie, cette amitié ne fit plus explosion. « Ce ne fut que dans la dernière période de son agonie qu'elle rappela tout ce qu'elle était pour moi et ce que j'étais pour elle. » Ces paroles du Bon Père sont le plus éloquent témoignage ; elles montrent comment la Mère Vénérée a su, jusqu'au bout, être fidèle à son plus douloureux renoncement.

Quand l'étranger visite à Notre-Dame la pauvre cellule dont le serviteur de Marie faisait son habitation, il remarque une modeste gravure supendue à la muraille. Quelques mots y ont été écrits d'une main convulsive. Ce sont les derniers traits tombés de la plume de la Mère Vénérée. Couchée sur son lit de mort, ne voyant pas auprès d'elle son frère bien-aimé, elle se souleva avec peine pour tracer sur une image de piété son suprême adieu :

> *Souvenir à mon Bon Père*
> *et mille fois cher frère et*
> *parrain, de sa pauvre fille*
> *et sœur !... Pauvre frère !!...*
> *au ciel !...*

Et la Mère Vénérée expira.

### III.

### Le Supériorat.

L'ascendant personnel du Bon Père, on vient d'en avoir la preuve dans ce que nous venons de raconter, était complet sur les membres de la communauté. Mais il ne suffit pas d'avoir une idée forte et juste, ni un ascendant personnel irrésistible, il faut encore se donner la peine de faire valoir ces dons avec suite et vigilance. L'idée, c'est une semence que le laboureur tient dans sa main. Or, pour qu'elle germe et se développe, il faut jeter la graine dans une terre bien préparée et cultiver la plante avec soin.

En écrivant cette histoire au centre même de la congrégation, je ne puis m'empêcher d'être frappé de la vitalité de l'œuvre. Elle est jeune, elle est forte ; rien n'accuse un temps d'arrêt dans sa marche ascendante ; elle croît par une expansion normale dont on ne peut encore prévoir le terme. L'esprit le moins exercé y reconnaît l'influence récente d'une sainte et vaillante personnalité.

*Le Supériorat.*

Et, en effet, le serviteur de Marie a été un supérieur infatigable qui s'est dépensé avec prodigalité afin d'infuser son esprit à tous les membres de l'œuvre.

D'abord, il se servait de la prédication comme d'un instrument merveilleusement propre à répandre ses convictions. Qu'il ne s'attende pas à diriger avec grand succès une communauté, celui qui n'est pas maître de sa parole. Le supérieur doit être toujours prêt à communiquer ses pensées. « Il doit avoir la tête froide et la langue libre », disait le Bon Père. S'il n'a pas la parole à sa disposition, il manque du principal moyen de gouvernement. Il est la tête de la communauté. Pour que les membres obéissent aux ordres de la tête, il faut que la parole serve d'intermédiaire. Sans le verbe, point d'union entre la puissance d'en haut et la bonne volonté d'en bas, mais divorce fatal entre la pensée et l'exécution.

Pour parler avec fruit, il faut savoir écouter et

*Le Supériorat.* se recueillir. La disposition du serviteur de Marie était d'être toujours prêt à entendre et de ne se rendre que moins facilement lorsqu'il s'agissait de parler. Il était plus prompt à recevoir la parole d'autrui qu'à donner la sienne, parce que, dit Saint Augustin, il y a toujours moins de danger et souvent plus de profit de parler des hommes à Dieu dans le secret de la prière, d'écouter avec humilité dans le silence du sanctuaire les vérités éternelles, que de parler de Dieu aux hommes dans l'éclat et le tumulte de la prédication, au milieu des sollicitations de l'amour-propre, de la présomption et de la vanité : *Tutius veritas auditur quam prœdicatur*. Que serait le ministre de Dieu s'il n'amassait d'abord par l'étude, l'oraison et la retraite, les trésors qu'il a mission de répandre sur les fidèles? Buvez l'eau de votre citerne et les ondes de votre puits, dit le sage. Ainsi faut-il boire à longs traits les eaux salutaires de la science, de la sagesse et de la piété, avant que d'enseigner aux peuples la piété, la sagesse et la science. C'était une des grandes obligations que s'imposait le serviteur de Marie. Il s'entretenait sans cesse dans le recueillement, la prière et l'étude afin de pouvoir parler avec fruit et onction. Aussi, quand il prenait la parole, ses discours étaient-ils pleins de substance, parce qu'il les nourrissait de réflexion et d'oraison. Ses paroles frappaient directement le cœur, parce qu'elles étaient inspirées par la charité et qu'elles sortaient d'une âme pénétrée de zèle pour la gloire de Dieu. Ses exhortations inspiraient une énergie puissante, parce que lui-même était animé d'une ardente conviction. La flamme se communiquait aisément, parce que le foyer était toujours vif, ce qu'il ne pouvait obtenir qu'à la condition de l'entretenir sans cesse, comme nous le disions, par la prière, la méditation et l'étude.

À la prédication, le Bon Père joignait la direction intime sous toutes ses formes : confessions, conseils, entretiens, etc. Dans le principe, il hésitait à prendre la conduite spirituelle des membres de l'œuvre. Il ne tarda pas à comprendre que la formation des esprits et des cœurs exigeait de sa part des efforts patients et personnels. Toutes les âmes, pendant trente ans, ont été soumises à son action. Nous avons relaté dans le premier Livre de cette Histoire avec quelle conscience le Bon Père remplissait ses devoirs de directeur ; nous n'avons pas à revenir là-dessus. Mais une remarque se présente à notre esprit. Toutes les âmes qui ont passé par ses mains habiles sont encore reconnaissables à je ne sais quelle force de religion, quelle profondeur de sentiment qui indiquent le travail du maître.

C'est ainsi que le Bon Père constituait son œuvre

par un effort de parole incessant. Il pénétrait les âmes de son esprit par le discours public et par le colloque privé. Les membres de l'œuvre vivaient en quelque sorte plongées dans l'atmosphère chaude, lumineuse, bienfaisante, qu'il leur avait créée. Ah ! les fondements sont solides. Il n'est pas une pierre que l'habile architecte n'ait choisie, taillée, et lui-même placée : l'édifice ne croulera point.

Le Bon Père était si attentif à maintenir la pureté et l'unité d'esprit dans la communauté que, malgré les charges que lui imposa cette résolution, il n'hésita pas à présider lui-même et à diriger les exercices de toutes les retraites annuelles. Pendant les vacances, les Servantes de Marie se succédaient à Notre-Dame sans interruption ; il y prêchait sans cesse et confessait tout le monde. Les religieuses trop éloignées de la Maison-Mère se groupaient en quelques autres couvents de la congrégation et le Bon Père se rendait auprès d'elles, traversant la France du Midi au Nord, de l'Occident à l'Orient, passant de la chaire au confessionnal sans un instant de repos. On peut le dire : il s'est rencontré bien peu de fondateurs de congrégations religieuses qui aient dépensé une plus grande activité dans l'établissement de leur œuvre et veillé avec plus de soin à l'intégrité de l'esprit originel.

Certes, le Bon Père eût pu se reposer après ces travaux de prédicateur et de directeur. Ces discours multipliés, ces confessions par milliers, eussent dû suffire à son zèle. Il ne laissa pas d'y joindre les occupations du supérieur.

Il fut un supérieur accompli. Ecoutons-le :

« Dans la direction des hommes, il faut de la bonté, car la bonté est le caractère spécial de notre bonne et divine Mère. Mais à l'huile de la charité, il faut joindre le vin de la justice et de la fermeté. Oui, la fermeté dans la justice et l'ordre est de la plus indispensable nécessité, car si la vérité seule tue quelquefois les âmes, la bonté dégénérant en faiblesse les laisse périr. Il faut le mélange de la vérité et de la charité ; c'est ce que veut la divine Mère. Mais surtout que l'application de ces moyens d'ordre et de salut se fasse toujours sous le regard et les inspirations de son cœur, afin qu'elle daigne les bénir et les faire fructifier dans les âmes. » *(Testament spirituel.)*

Ils ne font pas défaut les guides et les manuels ayant pour but d'enseigner ce qui ne s'apprend pas dans les livres, l'art du gouvernement des maisons religieuses. Il en est quelques-uns d'excellents, mais ils ne disent rien qui ne se trouve contenu en germe dans le précepte que nous venons de citer : la douceur et la fermeté. La fermeté puisée dans le sentiment religieux ; tout est là.

Ces paroles trouvaient un sage commentaire dans les pratiques du Bon Père se rapportant au gouvernement de l'œuvre.

*Le Supériorat.*

Le Supériorat.

Dans ses relations de supériorité, le Bon Père était affable et grave, paternel et sévère. Sa vigilance s'étendait à l'observation des règles, à la bonne tenue des emplois, à l'heureux choix des directrices. Sa correspondance administrative existe. Elle atteint à tout. Ce serait se méprendre que d'imaginer le gouvernement du Bon Père, comme un régime de laisser-faire et de laisser-passer. Ce serait également avoir une idée bien fausse de cette riche organisation que de la croire toujours établie en fadeur. Nous avons sous les yeux des lettres (et elles ne sont pas rares) qui nous semblent de petits chefs-d'œuvre de précision et de bonne direction. Quant aux corrections, le Bon Père savait les administrer de main ferme. Lorsque le bien l'exigeait, il avait la parole brève, le geste dominateur, l'autorité majestueuse. On parle encore de quelques exécutions magistrales, dont la mémoire ne se perdra pas en ceux qui en furent les témoins. Nous pourrions reproduire ici quelques lettres adressées à des sujets mal disposés ou récalcitrants. Ce sont de beaux modèles de la littérature répressive. Toutefois, on ne laisserait pas d'y reconnaître l'accent du père qui frappe par devoir et par amour. Ainsi que le disait le Bon Père lui-même dans le passage que nous venons de citer, l'application des moyens d'ordre et de salut, il la faisait sous le regard et les inspirations du cœur de la

Très-Sainte Vierge, afin qu'elle daignât les bénir et les faire fructifier dans les âmes.

On remarquera peut-être que cette accumulation sur une seule personne des pouvoirs de confession, de prédication, d'administration spirituelle et temporelle constituait une puissance extraordinaire, peu en proportion avec l'aptitude ordinaire des hommes. Le Bon Père le comprit lui-même, et dans les derniers temps de sa vie, il partagea ses pouvoirs selon les prescriptions éminemment sages de l'Eglise. Mais à l'origine des œuvres, il ne s'agit guère de règles précises et de situations définies. Il s'agit de prendre racine et de vivre. Suivant la pensée même du Bon Père, on peut et on doit *commencer*, non pas contre, mais en dehors des règles ordinaires ; et *continuer* dans la stricte observation de la loi. Ce qui revient au mot profond de l'antiquité : « Pour que les lois existent, il est nécessaire qu'un jour elles n'aient pas existé. » *Leges ut essent, aliquando defuerunt.*

La Directrice Générale.

## IV.

### La Directrice Générale.

La Mère Vénérée était devenue, dès les commencements de l'œuvre, la directrice générale de l'Association. Le Bon Père ne pouvait pas espérer un concours plus dévoué ni plus intelligent :

La Directrice Générale.

« J'éprouve une bien douce satisfaction, lui écrivait la Mère Vénérée, lorsque je m'entretiens avec vous et que je vous fais part de tout ce qui se passe dans le plus secret de moi-même. Plus je vais en avant, mon Bon Père, et plus j'aperçois de conformité dans nos sentiments. Nos vues et nos âmes mêmes semblent marcher par la même route. Pardon ! je vais trop loin en vous disant ceci. Voici ma pensée : tout en me mettant à la distance éloignée qui me convient, je sens néanmoins que je marche sur vos traces. Cela doit être, car ce que vous dites, ce que vous faites s'accorde si bien avec mes dispositions, qu'aussitôt que je connais vos paroles et vos actes, je m'efforce de tendre vers le but qu'ils indiquent, malgré les combats et les chutes. Mille fois soient bénis le Seigneur, et Marie notre aimable Mère et Maîtresse, de m'avoir recueillie et mise sous une direction si en rapport avec mes besoins ! Là, j'ai trouvé le calme après les orages et les tempêtes ! »

Dans l'état de partage où se trouvait la supériorité de la congrégation, il y aurait eu lieu de craindre que l'action de la directrice générale ne contrariât en quelques circonstances les vues du Supérieur, si la Mère Vénérée avait pu avoir d'autres pensées que celles du Bon Père. Mais on vient de voir que, grâce à Dieu, l'accord fut toujours complet. « J'ai de bien grandes actions de grâces à rendre à Dieu. Pouvais-je m'attendre à être religieuse? à faire partie d'une congrégation dont l'esprit est si conforme à ma manière de voir et de sentir? d'y être sous un supérieur dont les vues concordent si bien avec les miennes? En ce sens, l'obéissance ne m'a jamais coûté. » (Octobre 1844.)

*La Directrice Générale.*

Aussi la Mère Vénérée n'eut d'autre préoccupation que de comprendre les idées du Bon Père, de les interpréter et de les faire agréer par les sœurs. Ce n'est pas l'une des moindres grâces accordées à la congrégation que cette unité de vues qui s'est rencontrée dès l'origine. L'esprit du Bon Père a pu s'établir sans opposition. Bien plus, il a été inculqué à l'Institut dans toute sa pureté, non-seulement par l'action personnelle du fondateur, mais par l'influence presque aussi considérable de la première directrice générale. Il en résulta une impulsion et une pénétration devenues l'un des principes les plus vivifiants de l'œuvre. La pensée du Bon Père était, par lui-même, imposée avec une souveraine autorité. Mais la Mère Vénérée prenait et reprenait cette pensée et, par un effort lent, doux et continu, elle la faisait arriver à ses dernières conséquences. Elle était vraiment la roue-maîtresse de la congrégation.

Elle avait une correspondance suivie avec les diverses supérieures, pour les tenir au courant des affaires de la communauté et élever leur courage.

La Directrice Générale.

Elle était intarissable sur le Bon Père auquel elle ralliait la vénération et l'amour de toute la famille :

« Notre Bon Père est bien, grâce à Dieu, mais toujours extrêmement occupé. Il n'a pas un moment à lui. Hier, j'ai passé la journée à Notre-Dame. Si vous eussiez vu le Bon Père! Il allait de Saint-Jean-Baptiste à Notre-Dame, faisait porter les draps au magasin, appelait les bouviers, revenait au confessionnal. A peine y était-il, que la grosse Louise ou sœur François-de-Sales apparaissent. Toc, toc, toc! — Qu'est-ce que c'est? — Il ressort pour parler à un homme qui est à la porte de la chapelle. Voilà la vie de notre Bon Père. Ce matin, il nous a fait la méditation sur la vertu d'obéissance. Vraiment, il aurait donné envie d'aimer cette belle vertu, si elle n'était pas d'elle-même si aimable! » (Juin 1843.)

Un autre jour, elle disait :

« Notre Bon Père va toujours, faisant partout du bien. Le jour de la Pentecôte, il a confessé ici très-tard. Il était près de midi lorsqu'il a dit la Sainte Messe. Ensuite il monte, et me demande à prendre quelque chose. Il n'y avait qu'un peu de morue, assez salée et des pommes de terre, et pas une goutte d'huile à la maison. J'avais cru qu'il devait dîner au Séminaire. « Mon enfant, me dit-il, voyant ma peine, n'envoyez rien chercher, je vous le défends.» Ces paroles dites d'un ton décidé me firent rester à ma place. Il se contenta de ce modeste dîner, en y ajoutant un peu de lait. Ma chère sœur, j'aime à vous raconter ces petites choses, parce que je suis sûre d'avance de l'intérêt que vous y portez. Et pourrait-il en être autrement? Je parle du Bon Père. » (Février 1843.)

<small>La Directrice Générale.</small>

« J'ai été, non pas étonnée, parce que sa charité m'est connue, mais pleine d'admiration dans la réception que le Bon Père a faite à la sœur X... Quelle douceur dans ses paroles! Pas un mot de reproches. J'avoue qu'il m'a fallu, à *moi,* ses recommandations et son exemple pour la recevoir seulement avec un demi-sourire. Mais c'est le Bon Père, et nous, ses filles, nous ne le suivons que de bien loin. » (14 janvier 1844.)

« Je dois vous dire toute la peine qu'ont éprouvée nos bonnes sœurs en voyant le Bon Père relégué dans une chambre et servi par des mains étrangères. Oui, l'impression a été profondément pénible. Mais une pensée venait l'adoucir. Une d'entre elles me disait : « Dieu l'appelle à un plus grand « détachement. » Voilà la pensée consolante. Dieu le veut saint et, au ciel, nous lui verrons plus de gloire. De plus en plus il est aimé dans l'œuvre. Si vous êtes touchées de sa charité, comment ne le serions-nous pas, nous qui voyons chaque jour en lui un accroissement de vertu? Un retour sur nous-mêmes et confondons-nous.... Allons, bien chère sœur, ranimons-nous et que les filles, quoique de loin, suivent leur père. » (10 avril 1842.)

Quand la Mère Vénérée parlait des épreuves dont le Bon Père était assailli, elle le faisait en termes touchants, mais avec une expression résignée et contenue :

« Notre bon Sauveur veut nous faire participer à la sainte pauvreté de la crèche. Oh ! nous l'en remercions. Mais cependant nous avons quelque peine de voir notre Bon Père dans une position un peu embarrassante, au sujet d'un grand nombre de comptes qui pleuvent chez lui et qu'il est hors d'état d'acquitter. Aussi faisons-nous des neuvaines à notre chère Trésorière et à Saint Cajetan pour qu'ils lui viennent en aide. Faites-en aussi, je vous prie, et surtout dites à nos chères sœurs qu'elles redoublent de fidélité pour qu'aucune de nous ne soyons un obstacle aux secours que nous attendons. Du reste, le Bon Père est sans sollicitude parce qu'il se confie entièrement à la Providence. » (8 janvier 1844.)

« Nous sommes dans les croix, ma sœur. Croix de tout côté : abandon des créatures, mépris, pauvreté. Priez beaucoup pour nous, mais surtout pour celui qui doit porter le fardeau, pour notre Bon Père, afin que la Très-Sainte Vierge le soutienne toujours dans ses grandes épreuves et lui conserve une santé qui nous est si précieuse. La Très-Sainte

Vierge veut en faire un grand Saint, nous ne pouvons en douter. » (10 octobre 1846.)

La Mère Vénérée ne négligeait pas de donner des nouvelles de la congrégation :

« Nous avons reçu hier une postulante. Elles sont maintenant cinq à Notre-Dame ; de plus, une ici, aux Orphelines, et une autre à Larressore. Voilà les espérances de la congrégation. » (Février 1843.)

Naturellement, la Solitude de Saint-Bernard était, pour la Mère Vénérée, un sujet de prédilection. Elle écrivait :

« A Saint-Bernard, la persévérance dans cette vie si pénible à la nature est toujours la même. Le nombre des Bernardines augmente. Oh ! comme ces pauvres filles me font du bien ! Que la Mère Noire me donne du courage, lorsque je vais y faire une petite retraite ! Vraiment, il y a là beaucoup de grâces. Admirables Bernardines ! pensez un peu à elles pendant ce grand froid. Lorsque vous voyez tomber la neige, souvenez-vous qu'elles sont dans de pauvres cabanes de paille, mouillées, prenant leurs repas en plein air et à genoux. Vous serez remplie de confusion en voyant combien peu vous souffrez comparativement à elles. Dernièrement, je sortais de la cabane pour revenir à Notre-Dame. C'était par une matinée bien froide. Je les rencontrai, pioche en main, pouvant à peine retenir les instruments de leur travail. Néanmoins,

*La Directrice Générale.*

*La Directrice Générale.*

elles travaillaient autant qu'il était en leur pouvoir. Cette vue me fit du bien. » (Janvier 1847.)

En donnant ces détails, elle suppléait aux correspondances nécessairement laconiques du Bon Père : « Voici en détail de nos nouvelles. Je ne crois pas que le Bon Père entre dans ces minuties qui ne laissent pas de faire grand plaisir. Mais autres choses plus importantes remplissent ses lettres. » (15 juin 1848.)

Ce que la Mère Vénérée recherchait surtout dans sa correspondance, c'était d'entretenir parmi les sœurs l'esprit religieux :

« Notre voie à nous est la voie des croix, tantôt plus lourdes, tantôt plus légères, mais toujours les croix. Elevez votre cœur et regardez notre sainte Maîtresse au pied de la croix, le cœur transpercé d'un glaive ; que cette vue vous encourage à embrasser de bon cœur toutes celles que la Providence vous ménage pour vous faire grandir dans la vertu. » (14 février 1843.)

Si la Mère Vénérée éprouvait un vif attrait pour la vie de solitude et d'oraison, elle savait néanmoins merveilleusement faire valoir les avantages de la vie active. Elle disait avec un vif accent d'obéissance et de détachement : « Une âme qui a péché serait bien dans une retraite continuelle, pour avoir toujours devant soi la mort, le jugement, le paradis, l'enfer : la mort qui l'attend, la justice infinie de Dieu qu'elle a offensée, le ciel qu'elle a perdu, l'enfer qu'elle a mérité, et puis la croix qui lui dirait ce que vaut un seul péché. Il me semble que, nourrie de ces grandes vérités, n'ayant aucun rapport avec les créatures, elle se livrerait franchement à la pénitence et expierait ses fautes. Au contraire, dans les occupations extérieures qui ne laissent presque pas le temps de se reconnaître, l'âme se répandant au dehors, on retrouve son naturel orgueilleux, impatient. On va de faute en faute. On perd l'esprit de recueillement. On ne se reprend plus et on a fini par oublier qu'on est pécheur. Oui, mais d'un autre côté, l'âme qui s'exerce par les combats a plus de sujets de mérite et par conséquent plus de sujets d'expier ses péchés. La vertu de celle-ci pourrait être plus sûre que celle de l'âme solitaire, si pourtant elle savait vaincre. Maintenant, si on me laissait le choix de ces deux états de vie, tout considéré, et pour assurer avec plus de chances mon salut, il me semble que je voudrais essayer de la vie solitaire, parce que je ne me sens pas assez enracinée dans le bien pour conserver, dans cette vie de tracas et d'affaires, la pensée de l'éternité!.... Mais comme je n'ai plus d'autre volonté que celle de mon Dieu, j'irai où elle m'enverra, persuadée que les grâces ne me manqueront pas si je suis fidèle. »

La Directrice Générale.

Elle cherchait à soutenir le courage de ses enfants au milieu de leurs épreuves :

*La Directrice Générale.*

« Du courage, jusqu'au bout, leur disait-elle. Gravissons la montagne. Avançons malgré tous les obstacles. Ne cessons de regarder le sommet qui est le terme du voyage. Et puis, le ciel!» (Mars 1843.)

« J'ai vu dans votre lettre de la tristesse, de la peine. Sans doute qu'un brouillard d'hiver aura passé dans votre âme. Si vous en avez encore le courage, réjouissez-vous-en, car tout peut servir à la gloire de Dieu. Vous le savez, après la pluie vient le beau temps. Dans peu de mois vous vous retrouverez, ma chère sœur, dans la maison de Notre-Dame, dans cette chapelle qui a été témoin de votre consécration au Seigneur et à notre Très-Sainte Mère, parmi vos bonnes sœurs à qui il tarde bien de vous voir. Vous pourrez verser vos peines dans le cœur de notre Bon Père, prendre ses conseils et de nouvelles forces si le bon Dieu vous appelait encore à travailler hors de la maison. Que ces pensées, ma bonne sœur, raniment votre cœur. Oui, nous nous reverrons bientôt, je l'espère de la bonté de notre bonne Mère. » (7 juin 1842.)

« Le courage, dites-vous, redouble à la pensée des vacances qui sont là, derrière la porte. Agissons de même par rapport au ciel. Que cette pensée soit assez forte pour nous faire supporter avec joie les travaux et les peines de cette vie. Quelles vacances que celles du ciel!» (26 août 1843.)

On comprend assez que la Mère Vénérée ne

perdait aucune occasion d'inspirer aux sœurs la plus grande confiance en la Très-Sainte Vierge : « En voyant à Larressore les tables couvertes de linge, la sœur Marie Bernard ne cessait de me dire : Mais comment allons-nous faire avec tant d'ouvrage ? — Il faut toujours en revenir là : « La Maîtresse rangera tout. » (Juillet 1843.) « Vous êtes là où la Très-Sainte Vierge vous veut, soyez-en persuadée, alors son secours ne peut vous manquer. Tenez-vous autant que possible en sa sainte présence et prenez courage. Embrassez la croix, sinon avec reconnaissance, du moins avec pleine résignation. Après tout, la vie est courte. Regardez le ciel. » (Janvier 1843.)

<small>La Directrice Générale.</small>

Qui pourrait dire sa tendre dévotion envers sa Mère céleste? C'était celle dont le Bon Père lui donnait le précepte et l'exemple. Comme le Bon Père, la Mère Vénérée avait la sainte habitude d'agir toujours sous la direction de la Très-Sainte Vierge. Elle avait souvent, comme lui, ces paroles sur les lèvres : *Je crois que la Très-Sainte Vierge le veut*, ou bien : *Je ne crois pas que ce soit l'intention de la Très-Sainte Vierge*. Quand elle recevait une lettre, avant de la lire, elle la mettait aux pieds de la divine Mère. Elle avait un entier abandon à ses volontés.

En quelques circonstances, elle n'hésitait pas à donner des conseils de direction spirituelle, bien que toujours avec une extrême discrétion :

*La Directrice Générale.*

« Pour ce qui est de vos sécheresses dans vos communions et exercices de piété, et même de vos dégoûts, tâchez de vous en humilier devant le Seigneur et de prendre cet état, qui est bien pénible, comme une croix que notre Maîtresse vous envoie pour l'expiation de vos péchés. Surtout, ma chère sœur, ne vous découragez pas. Vous perdriez alors tout le mérite de cet état. Faites en sorte que rien ne paraisse au dehors. Agissez comme si vous étiez bien. C'est un peu difficile, mais Dieu vous aidera. Ne vous appuyez pas trop sur la retraite des vacances, ce pourrait être un piége du malin esprit. Préparez-vous-y doucement et avec soin, car mieux la terre est préparée et plus belle est la récolte. » (Mars 1843.)

C'est ainsi que la Mère Vénérée complétait l'action du Bon Père. Si, comme supérieure des Orphelines, elle était fidèle aux devoirs de sa charge ; comme directrice générale, elle ne l'était pas moins à se dépenser au service de la congrégation. Indépendamment de sa correspondance, qui était considérable, dans les circonstances difficiles, elle avait à remplir des missions particulières. Alors, rien n'arrêtait son zèle. Elle dominait son état ordinaire de maladie et se rendait là où le devoir l'appelait avec une grande générosité. Et, sans lenteur comme sans précipitation, elle accomplissait sa tâche, ne retournant à son poste qu'après avoir tout réglé selon la gloire de Dieu et l'intérêt de l'œuvre.

## V.

### Mort de la Mère Vénérée.

Une vie si remplie devait avoir une fin prématurée. Au commencement de l'année 1849, la santé de la Mère Vénérée subit de cruelles atteintes. Elle comprit que la mort s'approchait et s'en réjouit.

Si l'idée de la mort est répugnante à la nature, elle est douce et familière à l'âme qui vit de la grâce. « Ma sœur, disait la Mère Vénérée à une de ses compagnes, vous êtes inconstante et je crains pour votre persévérance. J'espère que vous mourrez avant d'avoir été infidèle à Dieu. » La pieuse religieuse entra dans les vues de la Mère Vénérée. Elle souhaitait une mort prochaine : elle s'entretenait souvent de son désir d'entrer dans l'éternité. Anxieuse de savoir quels étaient les conseils de la Providence, elle interrogea la Mère Vénérée, deux ou trois jours avant sa mort : « Ma Mère, croyez-vous que je mourrai bientôt ? » — Elle répondit avec fermeté : « Non, vous ne mourrez pas encore. Allons, soyez donc fidèle ! » La sœur fut chagrine de cette réponse : elle ne mourut que plusieurs années après, mais dans la persévérance.

Quelques jours avant la mort de la Mère Vénérée, le médecin qui la visitait chercha à lui donner l'es-

**Mort de la Mère Vénérée.**

poir de la guérison. Quand il fut parti, elle dit à la sœur infirmière : « Le médecin me dit que je vais guérir, et moi je sais que je vais mourir. » Puis, s'adressant toute souriante à la Très-Sainte Vierge, elle ajouta : « O ma bonne Mère, vous savez tout. N'est-ce pas que je ne suis pas dans l'erreur? » Depuis longtemps, elle ne pensait plus qu'à se préparer au terrible passage. Ses derniers jours furent employés à une conversation presque ininterrompue avec Dieu et la Très-Sainte Vierge. Trois jours avant sa mort, elle dit à une sœur : « Il me semble que je serais heureuse si je n'avais à penser qu'à la préparation à une bonne mort. Mais les sœurs doivent venir de Notre-Dame pour me faire leurs adieux. Je ferai encore un sacrifice pour la gloire de Dieu, la consolation des pauvres sœurs et le bien de leurs âmes. » Les sœurs vinrent chacune à leur tour pour recevoir ses derniers conseils et ses paroles suprêmes. Toutes pleuraient et se retirèrent dans la grande affliction de perdre une mère qui les aimait d'un cœur si tendre.

Elle régla les moindres détails de son enterrement. Elle ne voulait de pompe d'aucune sorte. La veille de sa mort, la Mère Vénérée se fit porter les habits dont elle voulait être revêtue lorsqu'elle rendrait le dernier soupir. Elle choisit les plus usés par esprit de pauvreté. Le jour de sa mort, elle s'aperçut qu'on avait changé la robe et qu'on avait substitué un autre vêtement moins misérable. Elle en ressentit de la peine, garda les vêtements au pied de son lit et ordonna qu'on obéît strictement à ses volontés. Il fut fait ainsi qu'elle l'avait voulu. On lui montra, pendant sa dernière maladie, l'humble drap mortuaire qu'on avait fait pour elle avec une robe d'orpheline. Elle le regarda avec reconnaissance pour le bon vouloir des sœurs ; mais elle regretta qu'après avoir vécu dans la pauvreté on ne l'ensevelit pas dans la pauvreté. D'ailleurs, jusqu'au dernier moment, elle ne cessa de conserver son admirable esprit de charité. La Mère Noire voulait avoir des cheveux de sa sainte amie pour les conserver comme des reliques. Pour être sûre de n'être pas trompée, elle prit le parti de couper elle-même une mèche de cheveux : « Vous allez lui faire mal, dit la garde-malade. » — « Laissez-la faire, dit la Mère Vénérée, il faut aimer à faire plaisir. »

Mort de la Mère Vénérée.

Elle était préoccupée de son sort dans la vie future. « Ne vous faites pas de moi, disait-elle aux sœurs qui la soignaient, une idée fausse et, par une estime non justifiée, ne me portez pas préjudice. Ne me mettez pas tout de suite au ciel. Au contraire, priez pour moi, afin de ne pas me laisser trop longtemps au purgatoire. »

Elle ne désirait que le ciel, elle ne s'entretenait que du bonheur de voir Dieu. Elle faisait chanter auprès de son lit le cantique :

Quand te verrai-je, ô ma belle patrie ?

*Mort de la Mère Vénérée.*

La veille de sa mort, elle fit faire trois fois la recommandation de l'âme, d'après la formule du *Livre des âmes pieuses*. Lorsqu'on prononçait les paroles : *Vers le ciel, j'y cours, j'y vole !* son corps semblait s'agiter et se mettre en mouvement comme pour s'élancer vers l'invisible patrie.

Elle fut fidèle à l'esprit de pauvreté et de mortification jusqu'à son heure dernière. On lui demanda la permission de mettre une matelassine sur la paillasse de son lit, où elle ne pouvait trouver aucune position. Elle répondit qu'elle voulait mourir sur la paille. Une des sœurs qui la soignaient ayant reçu du Bon Père quelqu'argent pour les besoins de la malade, se proposait d'acheter une poule pour faire du bouillon. Elle ne le permit pas et ne voulut prendre que le bouillon qu'on lui donnait du dehors par charité. Quand on n'en portait pas, elle s'en passait.

On comprend combien la Mère Vénérée aurait désiré avec ardeur que le Bon Père demeurât auprès d'elle pour lui adoucir les rigueurs de la dernière lutte. Mais le Bon Père lui ayant représenté que son devoir l'appelait aux confessions de la cathédrale et lui demandant encore ce sacrifice, elle fit signe que oui, qu'elle le faisait pour Dieu. Le saint prêtre partit avec chagrin. Le lendemain matin, il apprit de bonne heure que la Mère Vénérée vivait encore ; il lui écrivit la lettre suivante, la dernière des lettres échangées entre les serviteurs de Marie, lettre sublime où se trouvent concentrés, dans la forme la plus simple, les sentiments les plus propres à réconforter la sainte âme aux prises avec la mort :

*Mort de la Mère Vénérée.*

« Ma bien chère enfant, notre bonne Maîtresse me ménage donc encore la consolation de vous écrire deux petits mots ! Hier, mon cœur était bien gros en sortant des Orphelines. En route, j'étais bien tenté de retourner. Cependant, j'apprends que la nuit a été plus calme. Dieu soit béni de ses grandes bontés et aussi notre bonne et sainte Maîtresse des bons soins qu'elle prend de sa pauvre servante ! Ce matin, j'ai offert le saint sacrifice à votre intention, en souvenir de votre baptême et en reconnaissance de toutes les grâces dont le Seigneur vous a comblée à la vie et surtout à l'heure présente de votre mort. Adieu, ma bien chère enfant, j'espère avoir encore ce soir la consolation de vous voir et de vous embrasser. Tout à vous dans les cœurs de Jésus et de Marie, pour la plus grande gloire de Dieu. »

Le Bon Père eut encore le bonheur de la revoir et la Mère Vénérée celui de recevoir une fois encore la bénédiction de ce frère et de ce père si aimé et si respecté.

Le jour même de sa mort, quelques instants avant de rendre sa belle âme à Dieu, elle reçut la visite d'une amie bien chère, de la Mère Marie-Antoinette,

**Mort de la Mère Vénérée.**

supérieure du couvent de Notre-Dame-de-Lorette, à Bayonne. Cette pieuse religieuse se complaisait à voir souvent la Mère Vénérée et à parler avec elle des choses de Dieu. Ayant appris que sa sainte amie entrait en agonie, elle s'empressa de se rendre aux Orphelines pour lui faire les suprêmes adieux. L'entrevue fut touchante. Ces grandes âmes n'eurent sur les lèvres que des discours célestes. La moribonde semblait avoir comme un avant-goût du bonheur du ciel. La Mère Marie-Antoinette enviait le sort de son amie qui touchait au port bienheureux. Dans l'élan de sa ferveur, elle se jeta à genoux au pied du lit où expirait la Mère Vénérée et lui adressa ces paroles : « Ma sœur, obtenez-moi, je vous prie, quand vous serez arrivée près de Dieu, la grâce de mourir huit jours après vous. » Un sourire effleura les lèvres de la mourante ; elle répondit : « Huit jours, c'est trop tôt, mais dans un mois vous serez morte ! » La Mère Marie-Antoinette se releva avec joie et s'éloigna de la Mère Vénérée en lui disant : « A bientôt ! au revoir ! »

Quelques instants après, la Mère Vénérée expirait, le samedi 17 mars, jour de saint Gabriel, en pleine possession de son intelligence. Jusqu'à la dernière minute, elle pria Dieu et sa Très-Sainte Mère. Son dernier souffle fut un souffle d'amour, et son âme bénie fut cueillie par les anges, qui la portèrent aux pieds du Seigneur.

La Mère Vénérée avait toujours eu une grande affection pour la Solitude de Saint-Bernard. Elle demandait avec instances de venir y faire de temps à autre une retraite. En certaine circonstance, la Mère Noire reçut d'elle une lettre contenant ces seules paroles : « Demain vous verrez arriver à Saint-Bernard une vieille pécheresse infirme, qui sent le besoin de se convertir. Je vous la confie. Prenez-en soin et priez pour elle. » On prépara une cellule pour la retraitante. Le lendemain, la Mère Vénérée arriva. Elle était aveugle. Elle se fit conduire à l'entrée de la salle de travail et là, à genoux, elle supplia la communauté de vouloir bien prier avec ferveur pour le succès de sa retraite. Son séjour dans la pieuse Solitude réjouissait son âme ! Elle s'écriait : « Ici, je retrouve le repos, à travers bien des orages, il est vrai. Mais j'entrevois le calme. La paix que je commence à goûter, me rend cette solitude encore plus aimable et plus chère. On est si bien ici ! Pas le moindre bruit qui vienne interrompre le grand silence. On a tous les moyens d'être à Dieu, à Dieu seul ! Ici on comprend l'oubli de tout ce qui passe. Ici, on comprend la mort à soi et cette vie de l'âme qui est Dieu même. Oh ! qu'heureuses sont les âmes appelées à cette vie ! elles ont tous les moyens de s'avancer dans l'amour de Dieu seul par le cœur de la Très-Sainte Mère. Cependant, quoique j'apprécie la vie solitaire,

*Mort de la Mère Vénérée.*

**Mort de la Mère Vénérée.**

l'adorable volonté de Dieu que nous voulons suivre, nous tiendra, je l'espère, lieu de tout. » (7 mai 1848.)

La Mère Vénérée ne put jamais réaliser son désir de vivre dans la Solitude de Saint-Bernard, mais elle en prit possession après sa mort. Son corps fut transporté dans une cellule, dans cette cellule de paille qui existe encore et que la piété de la communauté entretient avec un soin respectueux comme un monument de la ferveur primitive et une relique précieuse. De là, il alla prendre, tout à côté, possession de sa dernière demeure, au milieu des larmes d'une foule immense. La Mère Vénérée repose au milieu des fleurs, au point même où était située la cabane d'Arnaud Larrieu. Le Bon Père avait dit : « Qu'elle soit mise où elle a pleuré ! » Depuis lors, on continue de pleurer à ce même endroit. C'est le lieu des larmes. On les répand au souvenir de cette vie sainte qui s'est écoulée au milieu des tribulations et qui n'a trouvé le repos que dans le cercueil. Mais c'est aussi le lieu des consolations. Que d'âmes abîmées dans l'angoisse sont venues chercher sur cette tombe un adoucissement à leurs chagrins ! Il semble que la Mère Vénérée ne reste jamais insensible aux souffrances des attristés et qu'elle continue la mission de comprendre les chagrins et de les apaiser. D'ailleurs, après sa mort, elle est encore ce qu'elle a été pendant la vie, humble et cachée.

Cependant, la Mère Marie-Antoinette ne perdait

pas le souvenir de la prédiction qui lui avait été faite par la Mère Vénérée. Le jour des obsèques, on la vit s'approcher du corps inanimé, lui parler à l'oreille, et déposer en ses mains un billet, au moment où l'on allait fermer la bière. Si la Providence permet un jour qu'on visite les restes de la Mère Vénérée, on trouvera peut être intacte la fragile page sur laquelle l'héroïque religieuse rappelait qu'il lui avait été prédit qu'elle mourrait dans un mois. Elle suppliait sa sainte amie de ne pas oublier la promesse. La Mère Vénérée a mérité que Dieu ait justifié sa parole. Juste un mois après (du 17 mars au 17 avril), la Mère Marie-Antoinette avait quitté la terre pour aller reprendre, avec la Mère Vénérée, sa dernière conversation un moment interrompue.

<small>Mort de la Mère Vénérée.</small>

# NOTE DU CHAPITRE PREMIER.

### Sentences du Bon Père.

Le Bon Père avait composé un certain nombre de sentences de morale et de spiritualité destinées à être inscrites sur les murs des couvents de la congrégation. Nous reproduisons ici les principales :

1

Si vous vous sentez ému, taisez-vous ; quand vous serez calme, vous parlerez.

2

Si vous oubliez vos péchés, Dieu s'en souviendra; si vous vous en souvenez, il les oubliera.

3

Si quelqu'un vous offense, ne voyez que son malheur et priez pour lui.

4

Un ange vous garde, que c'est beau! Vous n'y pensez jamais, que c'est triste!

5

Pensez-vous souvent à votre bonne Mère du ciel?

6

Regard de Dieu, vérité! Regard de l'homme, vanité!

7

Soyez prêt, dit Notre-Seigneur; l'êtes-vous dans ce moment?

8

Il en coûte de bien vivre ; mais qu'il sera doux de bien mourir!

*Sentences du Bon Père.*

9

Dominer, posséder, jouir, c'est le monde, c'est l'abîme! S'humilier, se détacher, souffrir, c'est Jésus-Christ, c'est le ciel!

10

Donnez et on vous donnera, parole divine et profonde! heureux qui en fait l'expérience.

11

Hélas! on court souvent à la gloire et à l'honneur, et on n'atteint que le ridicule et le mépris. Dieu est juste!

12

Prenez garde! les joies de la vie deviennent souvent les plus cruelles angoisses de la mort.

13

Dans les douleurs de la vie, qu'il est doux de s'abandonner à la divine Mère du ciel!

14

Que penserez-vous, à la mort, des illusions de la vie?

15

Aimez Jésus comme l'aimait Marie; aimez Marie comme l'aimait Jésus.

16

Quel malheur de perdre son âme en trop flattant son corps!

17

Dieu tient compte de tout : un verre d'eau donné en son nom aura sa récompense.

18

Le moment du plaisir est le signal du sacrifice.

19

Dieu vous voit.

#### 20

Le chrétien doit ici-bas combattre et souffrir pour, un jour, dans le ciel, triompher et jouir.

#### 21

Confiance et obéissance, voie sûre du salut.

#### 22

Souvenez-vous de vos fins dernières et vous ne pécherez jamais.

#### 23

La charité mutuelle, c'est la paix et le bonheur de la vie.

#### 24

Rien n'est digne de l'homme que ce qui dure éternellement comme lui.

#### 25

Oh! que la bonté est puissante pour gagner les cœurs!

#### 26

Une vraie Religieuse est une hostie vivante.

#### 27

Celui qui ne combat pas est déjà vaincu.

#### 28

Vous rendrez compte d'une seule parole inutile.

#### 29

Qui refuse les croix refuse le ciel.

#### 30

Dieu nous a donné une Mère et lui a confié tous nos intérêts.

#### 31

Vous avez dans le ciel une Mère qui vous aime; y pensez-vous? l'aimez-vous?

#### 32

La mort nous suit, le glaive à la main; elle frappera au signal de Dieu.

*Sentences du Bon Père.*

Sentences du Bon Père.

**33**

La prière et l'action de grâce, c'est toute la vie de l'exil.

**34**

Que sont les plaisirs ou les peines de la vie, en face de la mort et de l'éternité ?

**35**

Qu'exigez-vous de vos serviteurs ? Que faites-vous pour votre souveraine Maîtresse ?

**36**

Si la lutte vous effraie, que la récompense vous anime.

**37**

Les croix purifient l'âme et, confiées à la divine Mère, elles font éclater ses vigilantes bontés.

**38**

Une vraie épouse de Notre-Seigneur est une âme constamment immolée.

**39**

Quelle bonne résolution avez-vous prise ce matin ?

**40**

N'acceptez, sur la terre, que ce qui vient du ciel et y remonte.

**41**

Le règne de Dieu dans l'âme, c'est l'immolation de soi-même.

**42**

Qui obéit à ses supérieurs obéit à Dieu.

**43**

Celui qui persévèrera jusqu'à la fin sera sauvé.

**44**

La prière, le travail, le silence sont la vie et la force d'une communauté.

## L'ESPRIT DE L'ŒUVRE.

*Sentences du Bon Père.*

#### 45
Ce que vous appelez humiliations, n'est souvent que justice et miséricorde.

#### 46
L'imprudence des yeux et la vanité des cheveux ont précipité beaucoup d'âmes dans l'abîme.

#### 47
La mort a de puissantes clartés; heureux qui les voit pendant la vie!

#### 48
Si vous ne vous faites violence, vous ne pourrez surmonter vos vices.

#### 49
Dieu seul!

#### 50
Prions pour ceux qui ne prient pas.

#### 51
Après Dieu et sa divine Mère, aimez vos parents et priez pour eux.

#### 52
Silence! Dieu vous voit.

#### 53
Vivre en Dieu, au-dessus des craintes et des désirs de la terre, c'est la paix et le vrai bonheur.

#### 54
Le moment de la mort nous est inconnu, mais il arrivera plus tôt que nous ne pensons.

#### 55
La plus humble, la plus obéissante, la plus fidèle aux Saintes Règles et la plus dévouée sera toujours la plus aimée de Dieu et de sa Très-Sainte Mère.

Sentences du Bon Père.

**56**

Celle qui s'excuse ne sera jamais parfaite.

**57**

L'amour de Dieu et de sa Très-Sainte Mère se nourrit de croix et de sacrifices.

**58**

A petite confiance, petite bonté; à grande confiance, grande bonté; à confiance sans limite, bonté sans mesure.

**59**

Souffrir et offrir! Bien faire et se taire!

**60**

Dans le calme, attendez l'orage; dans l'orage, espérez le calme.

**61**

Plaisirs et douleurs, succès et revers, tout passe; mais tout se retrouve dans l'éternité.

**62**

Durant la nuit, si je souffre, j'expie; si je veille, je prie; si je dors bien, c'est pour mieux me dévouer le lendemain.

**63**

Une vie sainte adoucit la pensée de la mort, et la pensée de la mort contribue à une vie sainte.

# CHAPITRE DEUXIÈME

## L'ACTION

### I.

**Le Travail professionnel.**

L'esprit d'un Institut, c'est sa force. Le Bon Père s'appliqua à constituer, à divulguer, à affermir au milieu de l'œuvre un esprit particulier. Nous avons vu dans le chapitre précédent comment il s'y est pris pour inculquer ses pensées à la congrégation. Examinons maintenant l'efficacité de l'idée comprise et adoptée. L'action produite nous donnera la mesure de la force, le résultat étant proportionnel à la puissance.

Il importe avant tout de donner l'état du personnel. Car depuis cet humble commencement où les Servantes de Marie ne dépassaient pas le nombre de 12, la congrégation a fait de merveilleux progrès.

Le personnel de l'Institut des Servantes de Marie compte actuellement :

*Le Travail professionnel.*

1,000 Professes.
70 Novices.
21 Postulantes.
30 Sœurs converses.

Les Servantes de Marie professes sont employées dans la Maison-Mère ou dans les établissements que la congrégation possède dans les diverses régions de la France.

Quel est le but que se propose cette petite armée qui combat sous la bannière de Marie, selon l'esprit du Bon Père ?

« Le but ou la fin de la congrégation est : 1° de soigner les Orphelinats de jeunes filles ; 2° de recueillir, de moraliser et de procurer une occupation honnête aux personnes qui, ayant mené dans le monde une vie scandaleuse, viennent, touchées de la grâce, se réfugier auprès d'elles pour faire pénitence et pour sauver leur âme ; 3° d'instruire les jeunes filles de la classe ouvrière et pauvre, dans les villes et les campagnes ; 4° de soigner les petits enfants dans les asiles et les crèches établis dans les villes pour faciliter le travail aux mères pauvres ; 5° de se vouer au soin des pauvres et des malades dans les hospices, hôpitaux et maisons de miséricorde. » *(Constitutions,* p. 12.)

En dehors de la Maison-Mère, les Servantes de Marie tiennent, en France, 165 écoles, orphelinats ou hospices, répartis comme suit :

| | | | |
|---|---|---|---|
| Dans le diocèse de Bayonne | 62 maisons. | | Le Travail professionnel. |
| — d'Aire | 43 | — | |
| — de Toulouse | 15 | — | |
| — d'Arras | 13 | — | |
| — de Belley | 11 | — | |
| — de Montpellier | 6 | — | |
| — de La Rochelle | 5 | — | |
| — de Cambrai | 5 | — | |
| — de Bordeaux | 2 | — | |
| — d'Auch | 1 | — | |
| — d'Albi | 1 | — | |
| — de Limoges | 1 | — | |
| | 165 maisons. | | |

Les Servantes de Marie, chargées de ces maisons du dehors, ont sous la main environ 8,250 enfants.

La Maison-Mère, située à Anglet, près Bayonne, est, sous tous les rapports, le plus important des établissements de la congrégation (1). Elle renferme :

(1) Parmi les maisons de mission les plus considérables de la congrégation, il convient de mentionner le couvent de Bapaume (Pas-de-Calais), qui semble destiné à jouer un rôle important dans l'œuvre. Appelées à Bapaume par le vénérable curé de cette ville, M. l'abbé Cornet, dont le diocèse d'Arras apprécie depuis longtemps la vertu sacerdotale, l'éloquence apostolique et la haute distinction, les Servantes de Marie s'appliquèrent avec zèle au soin des malades et à l'éducation de quelques orphelins. Une circonstance exceptionnellement favorable permit à la jeune colonie de prendre une extension inespérée. La ville, rangée parmi les places de guerre, ayant été déclassée, avait perdu sa garnison, et la caserne de

Le Travail professionnel.

1° Les Servantes de Marie et leurs sœurs converses ;

2° Les Solitaires de Saint-Bernard, au nombre de 50 ;

3° Un Orphelinat, lequel, avec un autre Orphelinat, situé non loin de la Maison-Mère, se monte à 90 orphelines ;

4° Un Refuge de Pénitentes, au nombre de 170 pénitentes ;

cavalerie, devenue vacante, fut mise en adjudication. Cet immense et superbe édifice fut acquis par l'œuvre, grâce au concours de l'insigne bienfaiteur des Servantes de Marie, M. l'abbé Cornet, et de bon nombre d'âmes charitables de la contrée. On y entretient un Orphelinat qui tend à prendre de grandes proportions. « Pour moi, nous écrit un visiteur compétent, je n'ai rien vu dans ma vie d'aussi parfait comme éducation disciplinée et chrétienne, comme direction habile, comme soumission affectueuse, comme bonheur réciproque des enfants et des mères. » La jeune communauté de Bapaume a déjà une histoire. Elle a traversé durant l'invasion de 1871 une période tourmentée. Pendant plusieurs jours, l'horrible fléau de la guerre couvrit la contrée de désolation. Lorsque le calme se fut un peu rétabli, on reçut à Notre-Dame, avec une indicible joie, des nouvelles rassurantes des chères exilées : « Nous avons eu, disait le vénérable curé, l'invasion étrangère avec tous ses dangers, toutes ses horreurs. La ville a été ravagée, dévastée. On a livré une grande bataille sous les murs de Bapaume. La principale ambulance des Prussiens a été établie chez vos filles, qui ont été admirables de dévouement. Elles ont soigné plus de mille blessés prussiens et français. Dieu les a protégées : il ne leur est arrivé aucun mal. Elles ont été très-respectées. Dans le bombardement du 3 janvier, toutes nos communautés religieuses ont été atteintes par les obus. Seule, la maison des Servantes de Marie, avec le presbytère, a été préservée. Prions et espérons. » — 13 janvier 1871.

5° Un Pensionnat de haute éducation, de 60 demoiselles ;

6° Un Ouvroir ou école professionnelle, comptant 60 jeunes ouvrières apprenties.

En tout, un personnel fixe de près de 600 personnes. Les Servantes de Marie employées à Notre-Dame, aux diverses œuvres, sont au nombre de 200.

« Quelque part que soient les Servantes de Marie, elles appartiennent toutes à la même famille ; leur maison proprement dite est toujours Notre-Dame d'Anglet ; c'est leur centre, leur asile, leur couvent, leur rendez-vous commun, la maison maternelle ; les autres maisons sont des maisons de mission. Qu'elles conservent donc toujours un grand amour pour la Maison-Mère ! » *(Constitutions,* p. 12.)

On ne saurait mieux dire. Le Bon Père travailla jusqu'à son dernier jour à faire de la mère-patrie de ses filles spirituelles la principale force et l'exemplaire achevé de toutes les colonies de la congrégation. En cela, il était fidèle à la grande tradition des ordres religieux. La Maison-Mère est dans une institution de réguliers comme le cœur dans l'organisme humain. De là part le sang pur et régénéré. Or, s'il est vrai de dire que pour juger de la vitalité d'un homme il faut examiner l'état de son cœur, il n'est pas moins exact de prononcer sur la vigueur d'une congrégation d'après la Maison-Mère. Voyons

*Le Travail professionnel.*

Le Travail professionnel.

donc à quel point le serviteur de Marie sut élever Notre-Dame-du-Refuge. Dans cette étude, nous ne reviendrons pas sur les points que nous avons déjà suffisamment examinés, comme les Orphelines et les Pénitentes. Nous nous bornerons à signaler les sujets que nous n'avons pas, jusqu'ici, eu l'occasion d'apprécier, tels que le travail professionnel, l'agriculture et les institutions scolaires.

Si l'on a bien suivi les débuts de l'œuvre nouvelle et ses premiers développements, on a compris que la pauvreté la plus complète a été son partage pendant une longue période d'années. C'est que, d'abord, le produit du travail était à peu près nul, tandis que les dépenses progressaient avec le personnel. « Je dois plonger, les yeux fermés, dans l'abîme de la divine Providence et j'y plonge résolûment. » Ce sont les propres paroles du serviteur de Marie exprimant ainsi sa foi et son dénûment. Il ajoutait : « Oh ! ma Mère, ma bonne Mère ! qu'il est bon de s'abandonner ainsi à votre maternelle tendresse et de ne compter que sur vous et votre cœur compatissant et plein de miséricorde! »

Il fallait bien que le secours de Marie vint en aide à l'œuvre nouvelle, car les difficultés surgissaient de toutes parts. Les dettes étaient là qu'il fallait payer avec exactitude : les besoins de la communauté absorbaient chaque jour des sommes considérables.

Dans le besoin extrême où l'on se trouvait, on acceptait le travail en quelques conditions qu'il fût offert. On travaillait sans relâche et avec ardeur pour des rémunérations insuffisantes. Quelles ne furent pas les croix d'une semblable situation ! Comme on abusait quelquefois de la pénurie de la communauté, pour lui imposer les plus injustes prétentions ! En une circonstance qu'il est inutile de préciser davantage, l'œuvre se chargea du blanchissage des draps d'une grande administration publique. On eut tout d'abord à traiter avec un comptable juste et bon. Tout marchait sans difficulté, et les pénitentes se dévouaient à cette tâche ingrate avec une admirable activité. Mais ce premier administrateur ayant été changé, il en vint un autre animé de dispositions toutes différentes. Dès lors commencèrent les tribulations. La Mère Noire, qui allait elle-même rendre le linge et régler les comptes, eut à verser d'abondantes larmes. Elle devait accepter les plus criantes injustices au détriment de l'œuvre et ravaler au plus vil prix les sueurs de ses chères pénitentes. Pendant longtemps, ces durs traitements, il fallut les subir en silence, car on devait travailler à tout prix.

*Le Travail professionnel.*

Cependant, il survint bientôt une modification essentielle dans l'organisation du travail, lequel tendit à perdre son caractère aléatoire pour devenir constant et régulier.

**Le Travail professionnel.**

La Très-Sainte Vierge envoya à son serviteur une de ces ouvrières de choix qui, animées de l'esprit de Dieu, travaillent avec une efficacité particulière au succès des volontés divines.

Trois religieuses, après le Bon Père, ont établi l'œuvre et peuvent en être appelées les Mères. La Mère Vénérée, la Mère Noire et celle que l'on désigne depuis un si grand nombre d'années sous le nom de *Bonne Sœur*. La première est la Sainte de l'œuvre. La seconde a organisé l'Institut. La troisième en a été la mère nourricière.

Elle est encore à l'œuvre, la vaillante religieuse, portant bravement le poids des années, gouvernant le royaume des fleurs avec une suprême habileté (1), donnant aux sœurs l'exemple de l'humilité, de l'activité, du bon esprit. Elle enseigne éloquemment à la congrégation la plus rare de toutes les vertus : la simplicité. Après avoir gouverné l'Institut naissant avec une grande autorité, la *Bonne Sœur,* devenue la plus soumise des inférieures de la Mère Noire, a réussi à montrer qu'il n'est pas impossible d'acquérir à l'école du commandement la science de l'obéissance. Mais laissons parler le serviteur de Marie. Il nous racontera lui-même comment la *Bonne Sœur* a constitué le travail de la communauté :

(1) « La sœur qui préside à la serre est une spécialiste de premier ordre ; elle étonne les visiteurs les plus experts. »
(SCHNEIDER. — *Le Monastère d'Anglet*, p. 105.)

« Parmi les sœurs s'en trouvait une (son nom était Marie-François-de-Sales, communément appelée *Bonne Sœur*), qui n'avait aucune instruction. Elle lisait très-imparfaitement : c'était toute sa science. Mais elle était active, entreprenante, pleine d'intelligence, de courage et d'initiative. Elle avait demeuré à l'hospice de Saint-Esprit, où on l'avait distinguée et appréciée. Vous lui donnâtes, ô Marie, ma tendre Mère, une mission dans votre œuvre avec les dons nécessaires pour la remplir.

Le Travail professionnel.

« Sa première pensée fut de faire des biscuits très-bien conditionnés qu'elle envoyait à Bayonne et à Biarritz et qui commencèrent à donner quelques produits. C'était un commencement. En même temps, elle soignait des poules et vendait les œufs. C'était encore un petit revenu. La fatigue commençait à n'être plus sans consolation et les cœurs s'ouvraient à l'espérance. La *Bonne Sœur* entreprit un autre travail. Elle fit faire des chaussures en lisières qui réussirent bien. Elle-même allait à la citadelle et partout où elle pouvait se procurer des lisières, et cette entreprise eut aussi un succès.

« Sous votre maternelle direction, ô ma bonne et tendre Mère, tout semblait prendre vie. On respirait plus à l'aise. L'épreuve de l'extrême pauvreté semblait se retirer peu à peu et le dévouement au travail se généralisait d'une manière admirable.

« Dans le nombre des religieuses et des péniten-

**Le Travail professionnel.**

tes, il se trouvait des couturières. On demanda du travail. La *Bonne Sœur* fonda les ateliers. Le travail de couture se fit et avec beaucoup de soin. Permettez que je le dise ici, ô ma bonne et tendre Mère, votre vigilance se montra en cette occasion et vous mîtes dans votre œuvre, dès le commencement, un cachet de perfection que vous y avez toujours maintenu jusqu'à ce jour et qui, sous ce rapport, a formé la réputation dont elle jouit.

« Ce travail prit insensiblement le dessus. A la couture se joignit la broderie. La *Bonne Sœur* entreprit des trousseaux dont on fut satisfait. Votre bonté, ô divine Mère, élargissait la voie et donnait de l'extension aux travaux d'aiguille. Bientôt la *Bonne Sœur* sentit qu'il fallait s'adresser aux fabricants, les payer comptant pour bénéficier des escomptes, des gains intermédiaires et devenir indépendants. Cependant, vous nous avez toujours laissé, ô bonne et tendre Mère, le sentiment du besoin que nous avions de votre assistance maternelle. »

Telle est, dessinée à grands traits, l'histoire du travail professionnel à Notre-Dame-du-Refuge. On devinerait difficilement dans ces modestes indications quelle est actuellement l'énergie productrice de l'œuvre.

Notre-Dame-du-Refuge est devenu un lieu de production lingère des plus importants. Ce travail industriel y est poursuivi sous toutes les formes, à l'exception du tissage de la matière première. La pièce de toile sortie de la fabrique y est prise par des mains habiles qui l'approprient à toutes les destinations et y ajoutent tous les ornements. Voulez-vous connaître les diverses applications du linge dans la vie moderne? Demandez à voir l'un de ces volumineux trousseaux que l'on tient toujours en réserve dans les magasins de vente. Vous y trouverez les pièces les plus variées, depuis le vulgaire torchon de cuisine, fort et rugueux, jusqu'au mouchoir de fin lin, semé de broderies et entouré de dentelles, tous objets ouvragés à Notre-Dame. Il ne paraît pas qu'il y ait en France un atelier plus complet quant aux articles divers de la lingerie. Les ouvrières font toutes partie intégrante de l'Institut, bien qu'à des titres différents. {Le Travail professionnel.}

L'Ouvroir, composé de plus de soixante apprenties, se livre, sous la drection des Servantes de Marie, aux gros travaux de couture, de repassage et de ravaudage. Les Orphelines, soit à Bayonne, soit à Anglet, vaquent aux mêmes occupations, tandis que des Pénitentes, des Servantes de Marie et des Solitaires de Saint-Bernard exécutent avec une patience indéfectible et une rare conscience les fines ornementations de la broderie et de la dentelle.

Dans les ateliers, où président la pensée de Dieu et l'esprit de prière, l'activité est incessante, l'application continue, le soin religieux. Telle parure

**502** LIVRE III. — CHAPITRE II.

*Le Travail professionnel.*

dont on admire à Paris ou à Madrid la perfection exquise a été achevée dans les sables de Saint-Bernard, par les mains d'une silencieuse Solitaire, qui a travaillé à l'œuvre mondaine avec la scrupuleuse abnégation et la patience du cloître.

C'est là ce qui donne le pain. Les peines et les heures des ouvrières s'accumulent dans des confections, celles-ci attendent patiemment le jour de la vente, et, en certaines occasions que la Providence ménage avec bonté, s'échangent contre des sommes d'argent qui arrivent quelquefois avec une admirable opportunité. La Bonne Sœur raconte, avec reconnaissance pour Saint Léon, le patron du temporel, l'histoire de tel et de tel trousseau, commencé à un moment où les commandes étaient suspendues, qui a dormi longtemps dans les armoires du couvent, et qui s'est vendu à la veille d'une échéance redoutée. L'esprit de l'institution demande que l'on subsiste au jour le jour, sans qu'on fasse fonds sur des réserves qui n'existent ni ne doivent exister. La confiance en la Très-Sainte Vierge, l'amour et la puissance du travail font seuls les ressources et la sécurité de l'Institut.

## II.

### L'Agriculture.

Si la communauté trouve, dans le travail industriel ou professionnel, l'une des sources principales de son existence matérielle, l'agriculture y occupe une place encore plus importante.

Rien de salubre comme la vie des champs. Dans la pleine nature, au milieu des effluves de la terre et des plantes, sous l'action fécondante du soleil, dans le souffle des vents, l'homme nage dans un fluide vivifiant qui fortifie les membres et rassérène les facultés intellectuelles et morales. Entre Dieu et sa créature, il n'y a plus les miasmes, les agitations frivoles, les besoins artificiels des villes. Moins sollicitée par les fièvres de la passion, l'âme se trouve plus disposée à apercevoir Dieu qui rayonne dans la nature. Moins surmené par une agitation maladive, le corps se repose et devient plus robuste. Aux champs se rencontre souvent la santé de l'âme et du corps.

Le serviteur de Marie avait reconnu de bonne heure la salutaire influence de la vie champêtre. Prévenant le désir des modernes réformateurs, qui veulent traiter les maladies morales des criminels par le séjour et le travail à la campagne, il avait constitué son œuvre sur l'agriculture, et par l'es-

*L'Agriculture.* prit de religion. « L'agriculture, disait le Bon Père, l'agriculture, dans la communauté, se lie à la communauté elle-même. » Son idée réussit dans la pratique au delà de toute prévision. Les Pénitentes, au milieu des champs, conservaient fidèlement leurs sentiments de repentir et s'occupaient avec zèle de leur régénération morale. La liberté dans la campagne ne nuisait en rien à leur esclavage volontaire. Après avoir consacré aux labeurs agricoles la journée commencée au point du jour, elles rentraient avec bonheur au monastère pour y retrouver, avec le repos, les consolations de l'âme. Dans cette vie libre, en plein air, le bon esprit se conservait mieux que dans la vie claustrale, et les sages calculs du serviteur de Marie se réalisaient de point en point.

Mais l'agriculture est un art spécial qui exige une préparation sérieuse et une expérience consommée. Or, le Bon Père, élevé dans une ville et ayant passé la plus grande partie de sa vie au milieu des occupations du ministère sacerdotal, n'avait aucune connaissance des conditions de l'art agricole. Cependant, il se trouva tout à coup en face d'un domaine à cultiver, d'un personnel à occuper, de revenus à obtenir. Le problème de l'agriculture se posa à lui dans toute sa netteté. Il n'avait même pas le loisir de se livrer à quelques expériences préliminaires. Les expériences agricoles coûtent cher et demandent du temps; or, le Bon Père n'avait ni le temps ni les moyens de faire des *écoles* improductives.   L'Agriculture.

Néanmoins, il se mit résolûment à l'œuvre. Il étudia les livres classiques de l'art. Avec sa puissance d'assimilation, il s'imprégna des systèmes, des principes et des conséquences enseignés par les bons auteurs. Bientôt, personne ne fut mieux que lui au courant de la théorie.

Mais la théorie est un idéal qui doit singulièrement se modifier dans les cas pratiques. L'agriculteur qui cherche à appliquer la théorie absolue est un rêveur qui ne tarde pas à être puni de son dédain pour le contingent. Le Bon Père n'était pas un pur spéculatif : aussi, après avoir étudié les livres, il se mit à examiner par les détails les conditions particulières du domaine qu'il était appelé à cultiver et les moyens qu'il pouvait mettre en œuvre. De l'absolu, il passa au relatif. Après avoir acquis la connaissance rationnelle, il s'adonna à la pratique expérimentale et y acquit une grande supériorité.

On peut dire que, depuis longtemps, nul dans notre pays n'a mieux entendu la science de la culture de la terre dans ses diverses applications. Le serviteur de Marie porta dans cette étude l'esprit sagace, inquisiteur, inventif, pénétrant qu'il avait mis jusque-là à la disposition d'études toutes différentes. Ici, comme ailleurs, il a donné la mesure d'un esprit de premier ordre.

L'Agriculture.

On ne tarda pas à le reconnaître. Les agriculteurs du pays s'inclinèrent devant le savoir et l'expérience de l'humble prêtre. On s'empressait autour de lui pour obtenir des conseils qu'il ne refusait jamais. Il se faisait tout à tous et se croyait obligé de communiquer à ceux qui l'interrogeaient, les fruits de ses réflexions, de ses expériences et de ses études. Lorsque les principaux propriétaires de la région se réunirent en Comice agricole, la présidence de la réunion fut spontanément dévolue d'une voix unanime au serviteur de Marie.

Qu'est-il besoin d'insister longuement? Les résultats ne sont-ils pas sous nos yeux? Lorsque le Bon Père acheta la propriété *Châteauneuf,* le domaine restreint, maigre, défectueusement cultivé, était en quelque sorte noyé au milieu d'une contrée infertile et, en apparence, sans avenir. Aujourd'hui, les alentours de Notre-Dame sont riants, étendus et plantureux ; la culture y est variée et intensive ; la terre est riche et d'une valeur toujours croissante. La transformation est complète. Elle est due surtout à l'habileté et à la persévérance du serviteur de Marie.

« D'un sol infertile, rebelle à toute culture, insouciant et capricieux comme l'Océan qui l'a éjecté, comme lui flottant au gré du vent, ardé jusqu'au fond des entrailles par les rayons solaires, de ce sol accru d'acquisitions successives, bientôt jaillirent en nombre et en force de plus en plus grands, des plantes potagères, des vergers, des moissons, des bois. Les moines Bénédictins, Bernardins et autres, si utiles à l'époque de l'inculture des terres, n'ont pas mérité plus de leur patrie, toute proportion gardée, que l'abbé Cestac. » (1)

*L'Agriculture.*

Si, ne tenant pas compte du caractère de notre livre, nous avions eu la tentation d'entrer dans le détail des opérations agricoles menées à bonne fin par le Bon Père, nous en aurions été découragé par l'étude méthodique, complète et judicieuse que M. Schneider a faite de ce sujet dans une publication récente. (2) Le savant auteur rend compte, avec un soin minutieux, des divers côtés de l'œuvre agricole du serviteur de Marie ; nous y renvoyons nos lecteurs ; l'examen de ce travail sera du plus grand intérêt pour les spécialistes. Ici, nous n'avons pas à refaire cette étude. Il doit nous suffire de jeter un coup d'œil rapide sur l'agronomie du domaine de Notre-Dame.

Le premier aspect surprend. On s'était proposé de visiter un couvent et on n'aperçoit pas l'apparence monacale. Tout autour de soi, on ne voit guère que les divers bâtiments propres à une exploitation agricole. Bientôt, la destination se caractérise. La

(1) *Le Monastère d'Anglet*, par M. J. Schneider, p. 32.
(2) *Le Monastère d'Anglet*, dit *Notre-Dame-du-Refuge*, Bayonne, Lamaignère, 1873, in-12.

*L'Agriculture.* chapelle, par ses grandes proportions, indique une communauté religieuse. Partout on voit, comme les abeilles dans une ruche, des femmes, rien que des femmes, revêtues de costumes uniformes, se livrer avec une activité recueillie aux divers travaux des champs. Les unes labourent, les autres soignent les animaux ; celles-ci forgent, celles-là construisent ; les premières se livrent en plein air aux plus rudes labeurs ; les autres, dans les ateliers, préparent les instruments de leurs compagnes. Mais, ici ou là, la religion préside au travail. Les Servantes de Marie animent et dirigent les travailleuses. Elles sont comme la vie et l'intelligence de l'œuvre ; les autres en sont les bras et la force. A Notre-Dame, comme à Saint-Bernard, quand les heures sonnent, les bœufs s'arrêtent sur le sillon, les ouvrières tombent à genoux sur la glèbe, sur la route poudreuse, sur l'herbe humide, partout où il y a place pour le prosternement de suppliantes créatures, et il se fait vers Dieu une aspiration universelle de confiance et d'amour.

Rien ne ressemble à Notre-Dame. Ce n'est pas une ferme-école : elle n'en a pas les prétentions doctrinaires. Ce n'est pas une grande propriété particulière : elle a un aspect plus animé et une culture plus minutieuse. Ce n'est pas un couvent de moines : elle n'en a pas le caractère sombre et austère. On voit une création très-complexe, très-originale, qui, sans doute, ne peut point servir de type universel, car elle est constituée d'après des conditions exceptionnelles, mais où l'observateur admire la proportion de la fin et des moyens, où l'homme pratique trouve presque toujours à emprunter des applications ingénieuses. Citeaux, à son origine, devait ressembler à Notre-Dame-du-Refuge.

<small>L'Agriculture.</small>

Quelles sont, à Notre-Dame, les données générales de l'agriculture ?

Le principe est celui de toute culture bien comprise : de faire rendre à la terre son maximum de production. Rien n'est mieux entendu dans un domaine où la main-d'œuvre n'a pas à être ménagée. De là, une série de cultures vigoureuses et de grand rapport : jardins, potagers, parterres, etc., où les fleurs les plus rares et les primeurs les plus recherchées sont produites avec habileté.

Or la terre, quelle que soit l'intensité de la main-d'œuvre, ne rend que selon qu'il lui est donné. L'engrais est l'un des principaux fécondants du sol. Le Bon Père a surtout bien mérité de l'agriculture en ce qu'il a donné à nos paysans une idée juste du rôle de l'engrais (1). Rien n'est plus défectueux,

---

(1) « Ce sont les engrais qui ont été particulièrement l'objet de mes méditations. D'abord, le fumier d'étable mélangé des fumiers de lapins, de bêtes à cornes, de porcs, de chevaux, formant un tout d'une grande richesse ; j'ai fait veiller avec soin à leur bonne tenue sous les animaux, dans la confection des meules et au mo-

L'Agriculture.

dans nos contrées, que la composition des fumiers. On néglige les plus précieux et les plus faciles à se procurer pour continuer à se servir de composés insuffisants et dispendieux. L'habile cultivateur de Notre-Dame était particulièrement éloquent quand il s'agissait d'exposer les vrais principes sur ce sujet. On se souvient que, dînant au grand séminaire de Dax avec M$^{gr}$ Lanneluc et les principaux ecclésiastiques du diocèse d'Aire, on mit la conversation sur le rôle et la composition des engrais. Il ne fut pas difficile de lancer le Bon Père : il s'anima, devint pittoresque, entra dans les détails, s'abandonna. Le prélat et toute l'assistance riaient aux éclats depuis un bon moment, lorsqu'il s'aperçut que l'occasion était peu favorable pour une semblable conférence.

Après avoir longtemps étudié les conditions du sol et les moyens dont il pouvait disposer, le Bon Père adopta un compost qui, appliqué aux terres du Refuge depuis plusieurs années, donne les résultats les plus favorables.

ment de l'ensemencement. Puis, les vidanges divisées en trois catégories, pour les arrosements généraux, pour les fumures locales, et enfin pour la composition des terreaux mélangés de plâtre, poussière de charbon, matières animales et sel, formant des composés d'une immense valeur. » (Lettre du 3 octobre 1866.) Nous trouvons dans cette même lettre une observation très-juste sur la qualité des graines de semence : « Le choix très-soigné des graines de semence a une importance qui n'est pas assez connue et qui contribue à la richesse de nos produits. »

L'agriculture n'est autre chose qu'un roulement perpétuel dans lequel l'homme doit se contenter de prélever un certain bénéfice. Le bétail engraisse la terre : la terre nourrit le bétail. Mais chaque année la terre donne un excédant de récolte, et le bétail un excédant de produits : là se trouve la part de l'agriculteur. A Notre-Dame, un engrais puissant, soutenu par une main-d'œuvre énergique, fait rendre au sol le maximum de production. Les mêmes procédés appliqués au bétail donnent des résultats non moins satisfaisants.

*L'Agriculture.*

Le Bon Père constitua une étable, une porcherie, un clapier et un poulailler dont les produits sont remarquables.

Deux points, surtout, sont à considérer dans l'élève des animaux : la race et la nourriture. La race qui est appropriée à telle ou telle destination ; la nourriture qui favorise le résultat à obtenir.

Il est curieux de voir avec quelle finesse d'instinct le Bon Père a recherché et trouvé les meilleures races d'animaux. Il était consommé dans la connaissance des espèces. Dans ses voyages, il ne cessait d'être en éveil ; (1) il examinait avec soin

(1) On nous saura gré de citer en son entier la lettre suivante adressée à M. le comte de Dampierre :

« Monsieur le comte,

« J'ai eu l'honneur de me présenter au château de Vigneau avec Monsieur le Supérieur du Petit Séminaire d'Aire, pour vous offrir mes hommages. Nous avons eu le regret de vous trouver absent.

les sujets qui lui paraissaient le plus dignes d'attention ; il les achetait à grands frais. Il n'hésita pas, pendant plusieurs années, à se rendre aux foires et marchés les plus importants de la région pour y faire choix par lui-même de sujets irréprochables. Il parvint enfin à constituer des troupeaux qui sont composés, non pas des types les plus beaux, mais les plus appropriés au climat, au sol et à leur destination.

Afin de les conduire au but que l'on attend d'eux, le Bon Père a établi pour les animaux un roule-

« Avec l'autorisation d'un de vos serviteurs, je me suis permis de visiter votre belle race porcine et j'ai été extrêmement satisfait. Sans me permettre de formuler un jugement sur une matière non encore suffisamment étudiée, je serais porté à croire que des croisements intelligents avec nos bonnes races françaises pourraient peut-être donner des résultats avantageux.

« Cette question est encore à l'étude pour moi ; je lui donne une importance presque parallèle avec la race bovine laitière qui intéresse aussi grandement la famille des cultivateurs.

« Je me suis occupé avec quelque succès de l'amélioration de la vache laitière par le choix d'excellents reproducteurs ; je voudrais aussi pour nos contrées propager, dans la mesure fort modeste de mon influence et de mes moyens, les bonnes races porcines, car, pour moi, c'est un axiome d'économie rurale : qu'une bonne vache laitière, un porc facile à engraisser et un beau jardin potager sont presque la moitié de la vie d'une famille à la campagne.

« J'ai déjà un verrat de haute race, des femelles du pays d'excellente qualité et, pour continuer un essai commencé, je désirerais avoir, s'il était possible, une femelle de votre race, qui m'a semblé très-pure et fort distinguée. J'avais prié un de vos gens de vous en adresser la demande, mais je me réservais, dès que je

ment nutritif d'une extrême ingéniosité. Tout est calculé avec prudence et distribué avec opportunité. Nous ne saurions entrer ici dans les détails : on les trouvera pour la plupart dans le livre de M. Schneider que nous avons déjà cité. *L'Agriculture.*

Lorsque le Bon Père vivait, déjà l'exploitation agricole était arrêtée dans ses bases principales et fonctionnait dans son ensemble. Depuis la mort du Bon Père, on n'a fait que laisser se développer spontanément les conséquences de ce qu'il a établi avec une grande sagesse (1). Il y aura lieu sans

---

serais rentré dans la communauté, de vous en écrire pour vous prier, s'il était possible, de m'accorder cette faveur. J'ai prié Monsieur le Supérieur, qui a bien voulu s'en charger, de vous en faire parvenir le prix tel qu'il aura été fixé.

« Ne vous étonnez pas, Monsieur le comte, de voir un prêtre se mêler dans ces intérêts. J'ai recueilli de mon divin Maître cet oracle : *Hæc oportuit facere, et illa non omittere*. Chaque chose dans ce monde a sa place et son importance ; l'essentiel, c'est que tout vienne de Dieu et remonte à Dieu. Je tâche qu'il en soit ainsi et, quand la bonté divine a voulu me confier des âmes pour les sauver, j'ai compris que, dans cette vue et cette fin suprême, je devais m'occuper aussi du pain qui doit les nourrir sur la terre, tout en les dirigeant vers le ciel.

« J'ai, peut-être, quelques torts à réparer auprès de vous, Monsieur le comte ; vous me permettrez de profiter de cette circonstance toute providentielle pour vous offrir, avec l'expression de mes regrets, l'hommage des sentiments bien respectueux avec lesquels je suis, en Notre Très-Sainte Mère, Monsieur le comte, votre très-humble et très-obéissant serviteur, « CESTAC. »

(1) Le Bon Père, si attentif à ne laisser en aucune circonstance ouverture à l'amour-propre, ne put s'empêcher, en quelques rares

L'Agriculture. doute, dans un avenir plus ou moins rapproché, de modifier dans quelques-uns de ses détails l'œuvre agricole du serviteur de Marie. Mais il est probable que le système n'aura pas à subir des retouches essentielles. Il répond aux besoins de la communauté et aux circonstances locales ; il est appliqué avec intelligence ; la tradition en est religieusement conservée par les Servantes de Marie. On ne voit pas qu'il puisse y avoir lieu à en ébranler les données principales.

Il est impossible, à propos de l'œuvre agricole de Notre-Dame, de ne point parler de sylviculture.

Ainsi que nous l'avons dit plus haut, les dunes de sable confinaient au domaine *Châteauneuf* (1).

---

occasions, de témoigner la joie que lui causaient les succès agricoles de Notre-Dame : « Pour moi, dans la sphère modeste de notre exploitation agricole, j'ai pu étudier quelques-uns des éléments essentiels de la production, et je serais ingrat envers la divine Providence si je ne reconnaissais que nos études et les pratiques qui en ont été la conséquence, ont été couronnées d'un succès inespéré. Les races bovine et porcine, au point de vue de la production économique du lait, de la graisse et des viandes salées, ont été l'objet d'études sérieuses et bien réussies. La porcherie, pour l'organisation du matériel, le choix et le nombre des sujets, peut être regardée comme une des plus belles de France. » (3 octobre 1866.)

(1) Les dunes (du celtique *Dun*, coteau ou colline), forment une chaîne de collines de soixante lieues de longueur et d'une lieue et demie de largeur sur le bord de la mer.

Sans cesse rejetés par l'Océan, dont ils forment le rivage, et poussés dans l'intérieur par le vent de mer, les sables s'accumu-

L'ACTION.    515

Le voisinage était menaçant. Le vent de Nord-Ouest est dominant dans nos contrées. Son souffle persistant recouvrait d'une couche de sable les terres argileuses, et chaque année la dune faisait un pas en avant et conquérait à la mort des champs fertiles. Il fallait se précautionner contre l'invasion. Encore quelques années, et le flot de sable allait s'appuyer à la maison d'habitation et submerger les terres arables dont elle est entourée.

Dès que les Solitaires de Saint-Bernard furent

L'Agriculture.

lent ainsi en monticules, qui ne tardent pas à s'ébouler pour se reformer plus loin en masses nouvelles, avançant ou reculant suivant que le vent souffle de terre ou de mer. Mais comme le vent d'Ouest est beaucoup plus fréquent et plus fort, les dunes avancent en somme et gagnent du terrain. Leur pente est plus douce du côté de la mer ; elle y mesure vingt degrés, tandis qu'à la face opposée le talus d'éboulement en mesure cinquante.

Toute la masse des dunes marche, pour ainsi dire, pendant un orage. Les cimes s'écroulent et remplissent les vallons ; de nouvelles pentes se forment un peu plus loin, le sable le plus fin remplit l'air, et l'ouragan qui siffle autour de vous, vous fouette le visage avec cette poudre impalpable ; on en est pénétré et couvert, on ne peut respirer sans en recevoir aussitôt ; les yeux ne peuvent s'ouvrir sans être blessés à leur tour ; c'est le Sahara en petit, mais presque aussi terrible.

Si les dunes viennent à rencontrer dans leur migration un champ cultivé, un village, une forêt, le sable s'y dépose, y pénètre de toutes parts, et bientôt tout se trouve enseveli sous ce linceul blanc. Un grand nombre de villages mentionnés dans les archives du moyen-âge ont été ainsi détruits ; ils ont disparu sous cette pluie de sable, comme *Herculanum* sous la lave, ou plutôt, comme *Pompeïa* sous une pluie de cendre. (D<sup>r</sup> OZANAM, *Une Thébaïde en France*, p. 5.)

L'Agriculture.  établies dans la maison d'Arnaud Larrieu, elles commencèrent à opposer un obstacle invincible au mouvement de l'ennemi. Elles étaient en avant de la position à protéger, au centre même du pays ennemi. Elles jetèrent autour de leur demeure, bien loin dans toutes les directions, des millions de semences de pin maritime. Le remède était là ; il n'était plus à inventer. Depuis la fin du siècle dernier, l'Etat, sur les indications de l'illustre Brémontier, avait enseigné aux populations du littoral gascon que le moyen efficace de protéger contre l'inondation des sables leurs champs et leurs demeures était de fixer le sol mobile par la plantation de l'*arbre d'or*, véritable richesse des Landes. Le Bon Père acquit, à des conditions avantageuses, les sables qui entouraient la demeure d'Arnaud Larrieu. Les paysans des environs s'empressaient de lui proposer des acquisitions nouvelles. Ils étaient heureux de pouvoir se défaire de terrains toujours tourmentés par le vent. Il devint ainsi le propriétaire d'une étendue considérable de dunes. Lorsque les Solitaires de Saint-Bernard prirent possession du désert, il leur confia le soin de le transformer par le procédé de Brémontier. La Mère Noire et ses pénitentes se mirent à l'œuvre. Elles semèrent dru, et lorsque la semence eut été jetée dans le sable infertile, elles la recouvrirent de broussailles et de branches afin que le vent ne découvrît pas ou n'emportât pas la graine du pin. Pendant de longues années, ce fut une lutte de chaque jour contre la perfidie du vent de Nord-Ouest. Il semblait se rire de toutes les précautions. Enfin, il dut s'avouer vaincu. La patience des Solitaires de Saint-Bernard était venue à bout de son obstination; mais au prix de quelles peines! Certaines dunes ont dû être ensemencées seize fois. Aujourd'hui le rideau de pin s'étend de l'Est à l'Ouest dans toute la largeur du domaine. Dans le sens du Nord au Sud, il a une épaisseur considérable. Les sables sont immobilisés. L'infertilité et la mort sont remplacées par une forêt dense, productive, luxuriante. L'exemple du Bon Père a été suivi. Tout autour de Notre-Dame, l'Etat, la commune et les particuliers, à l'envi, ont ensemencé leurs dunes. Les migrations des sables ne sont plus à redouter. Grâce aux efforts du serviteur de Marie et de ses enfants, les derniers travaux ont été faciles, car ils s'appuyaient à des terrains déjà conquis et stabilisés.

Dominant l'horizon, une grande croix de bois, élevée sur la plus haute dune de Saint-Bernard, annonce au loin que l'œuvre de préservation a été entreprise et consommée sous les auspices de la religion.

*L'Agriculture.*

## III.

### Les Institutions Scolaires.

Le travail industriel et l'agriculture ne sont pas les seules occupations auxquelles on se livre à Notre-du-Dame-Refuge. L'enseignement à tous les degrés y est donné avec un succès chaque jour croissant (1).

Depuis l'enseignement primaire, destiné aux enfants qui ne savent pas encore lire et écrire, jusqu'à l'enseignement supérieur, destiné à former les institutrices de premier degré, toutes les connaissances nécessaires aux femmes sont professées à Notre-Dame, d'après des méthodes neuves et ingénieuses.

---

(1) Il y a lieu de signaler en dehors de Notre-Dame, parmi les maisons d'enseignement tenues par les Servantes de Marie, le couvent de Buglose. Sa fondation remonte seulement au 15 janvier 1850, mais le projet avait pris naissance en 1838, à ce moment suprême où le serviteur de Marie, à genoux devant la statue miraculeuse, recevait de grandes lumières et de précieuses assurances. L'établissement fut fondé dans une pensée de reconnaissance et d'amour. Dans l'idée du saint prêtre, il devait servir de type à la maison d'instruction primaire congréganiste, se suffisant à elle-même et trouvant ses ressources en dehors de tout concours extérieur. Le couvent a été construit aux frais de l'œuvre ; il est entouré de champs que les religieuses cultivent. Les Servantes de Marie de Buglose se consacrent : 1º à l'entretien de la chapelle vénérée ; 2º à l'éducation gratuite des jeunes filles dans une école et un ouvroir ; 3º à l'accueil hospitalier fait aux personnes pieuses qui viennent en pèlerinage au sanctuaire.

Ecoles normales pour les religieuses vouées à l'enseignement ou pour les élèves aspirant aux brevets de tous les degrés, Pensionnat, Ecole, Ouvroir pour les jeunes filles qui ont besoin à la fois de l'enseignement primaire et professionnel, rien ne manque dans cette *Université féminine*. Le Bon Père voulait que toutes les classes de la société pussent trouver à Notre-Dame une éducation complète correspondant à leurs divers besoins. Il avait lui-même établi la plupart des institutions d'enseignement. Ce qu'une mort prématurée l'empêcha de réaliser, sa famille spirituelle l'a fondé d'après les conseils écrits du serviteur de Marie.

Mais ici encore se retrouve le génie novateur et l'initiative féconde de l'homme supérieur dont nous racontons la vie. Il ne pouvait s'occuper d'un objet sans le faire sien, sans lui donner une forme nouvelle et le marquer d'un sceau personnel. Ainsi a-t-il fait pour les méthodes d'enseignement. Notre-Dame-du-Refuge suit des procédés particuliers, inventés par le Bon Père. Assurément, on ne doit pas s'attendre à trouver, dans la méthode des Servantes de Marie, des caractères tellement spéciaux qu'ils établissent une différence tranchée entre leur enseignement et celui qui est communément donné aux jeunes filles dans notre pays. Ce serait un malheur que l'originalité des procédés fût complète, car il n'est jamais bon de jeter un membre de la société

Les Institutions Scolaires.

en dehors des usages reçus. Tout en conservant l'ensemble de l'enseignement et des méthodes, le Bon Père a su les rajeunir et leur donner un cachet particulier par des améliorations de détail d'une grande importance.

Citons un exemple.

Qui n'a réfléchi à tout ce qu'il faut dépenser de patience et d'intelligence pour que l'enfant sache lire? Une bonne méthode pour l'enseignement de la lecture est un bienfait pour la pédagogie. Le serviteur de Marie ne dédaigna pas de se mettre à l'œuvre et d'imaginer pour ses filles spirituelles, chargées de l'enseignement primaire, un nouveau procédé plus facile et plus prompt que celui qui est communément adopté (1). L'innovation consiste dans une manière nouvelle de faciliter l'épellation. Mais laissons parler le Bon Père :

« Des personnes également compétentes se sont partagées sur le mérite et la convenance de l'épellation ; il en est qui non-seulement la condamnent, mais qui la traitent comme chose absurde et ridicule. Nous avons pesé leurs raisons, nous avons aussi consulté notre expérience, et nous sommes con-

---

(1) Nous avons emprunté les détails qui suivent au *Syllabaire de la nouvelle méthode de lecture, dite de Notre-Dame, à l'usage des écoles dirigées par les Servantes de Marie*, 15e édition, Pau, Vignancour, 1876, in-16, et à la *Méthode ou Guide du Syllabaire*, Pau, Vignancour, 1866, in-16.

vaincus qu'il est très-utile et très-convenable de faire épeler les enfants. Si l'on se bornait à apprendre à lire, ce pourrait être bien, mais après avoir appris à lire, il faut écrire et surtout orthographier. Or, écrire, c'est composer les syllabes avec les lettres, et les mots avec les syllabes. Nous pensons, et l'expérience nous a appris que l'enfant qui n'a jamais décomposé les mots et les syllabes par l'épellation, ne saura que très-difficilement et après un temps très-considérable, les composer par l'écriture ; ce temps se trouvera toujours pour l'enfant qui doit continuer ses études, mais il ne viendra jamais pour la petite fille de campagne qui devra bientôt quitter les livres et la plume pour prendre part aux travaux de la famille, dans le ménage et les champs.

« Nous avons donc maintenu l'épellation ; mais, par la méthode que nous avons adoptée, nous faisons mieux encore : l'enfant compose les mots par le moyen de lettres mobiles et voit passer devant ses yeux tous les cas réguliers et irréguliers que présente la combinaison des lettres, de sorte qu'à la fin des exercices, il aura tout vu et rien ne saura ni l'arrêter, ni l'embarrasser.

« Cette méthode pourra trouver des contradicteurs ; mais en laissant à chacun le droit de son appréciation, nous sommes convaincus, et l'expérience nous l'a suffisamment appris, que quiconque voudra l'essayer, sera étonné des progrès des élè-

*Les Institutions Scolaires.*

ves, de la facilité de ces progrès et de l'intérêt étonnant qui se soutient dans la classe parmi les jeunes élèves, intérêt qui devient lui-même l'âme et le principe de ces progrès. »

La méthode de lecture des Servantes de Marie est en usage dans un grand nombre d'écoles. Elle a donné partout les résultats les plus satisfaisants (1). On retire de son application une notable économie de temps et une connaissance plus approfondie des éléments de l'orthographe. Les témoignages les plus compétents en ont reconnu la valeur. Pour nous, sans arrêter plus longtemps l'attention du lecteur sur un sujet technique dont l'explication ne pourrait être complète que grâce à une démonstration verbale, démonstration qu'en ce qui nous concerne nous avons suivie avec un grand intérêt, nous signalerons le caractère religieux du Syllabaire rédigé par le serviteur de Marie. Trop souvent on laisse s'introduire, même dans les écoles animées du meilleur esprit, des livres où les exemples donnés pour appuyer les règles sont insignifiants ou étrangers à tout culte défini. Le serviteur de Marie a introduit dans ses manuels d'éducation des préceptes conformes de tout point à la doctrine et à la morale de l'Eglise. Que l'on compare ce petit livre à tant d'au-

---

(1) « Suivez fidèlement la méthode de lecture de la communauté ; les résultats de cette méthode bien suivie sont admirables. » *(Saints Avis,* ch. II.)

tres ouvrages qui veulent s'en tenir à des principes communs à tous les systèmes religieux et philosophiques ; on verra la différence d'un enseignement sans portée pratique et d'une éducation complète à tous les points de vue. Le Syllabaire dont nous signalons ici le mérite, contient une série de principes religieux et moraux d'une haute valeur. On y remarque un abrégé de la doctrine catholique digne de fixer les esprits les plus sérieux. Ici encore, comme en toutes les autres circonstances, le serviteur de Marie a su exceller.

*Les Institutions Scolaires.*

Jusqu'au dernier moment, le Bon Père s'occupa d'améliorer les méthodes d'instruction à l'usage des petits enfants (1). En cela, il ne faisait qu'obéir à la tradition évangélique.

Notre-Seigneur a inculqué à ses disciples l'amour

---

(1) Nous trouvons dans un des écrits du Bon Père la description rapide d'une méthode pour apprendre l'orthographe :

« Vous connaissez la méthode qu'a daigné nous suggérer notre divine Mère pour faire apprendre aux enfants avec une étonnante facilité l'orthographe usuelle. Je crois devoir vous la rappeler, parce qu'elle est d'un très-grand intérêt.

« Faites copier dans un cahier séparé un alinéa d'un livre commun à toutes ; et puis, dans un autre cahier, dictez ce même alinéa qu'elles viennent de copier en faisant une attention expresse à la manière dont les mots étaient écrits.

« Après la dictée, chaque enfant confronte le cahier des copies avec celui des dictées, se corrige elle-même et rend compte à la sœur des fautes qui lui seraient échappées. Vous aurez soin de vérifier, tantôt pour l'une, tantôt pour l'autre, si les enfants ont bien dit la vérité. » (*Saints Avis*, ch. II.)

**Les Institutions Scolaires.**

pour l'enfance chrétienne par l'accueil favorable qu'il a fait aux petits enfants, par l'accès qu'il leur facilitait auprès de sa personne, par l'honneur qu'il leur a accordé de les proposer comme modèles à tous les chrétiens. Il regardait l'enfance, dit Saint Léon, comme la maîtresse de l'humilité, la règle de l'innocence, le type de la douceur qu'il exige de tous ceux qui veulent avoir part à son royaume.

Le serviteur de Marie mourut au moment où il expérimentait une nouvelle méthode d'enseignement à l'usage des salles d'asile (1).

(1) Nous transcrivons intégralement une curieuse lettre du Bon Père relative à cet intéressant sujet :

« Monsieur le curé,

« La lettre que vous avez eu la bonté de m'écrire soulève une question qui a été, dès le commencement de l'œuvre, l'objet de mes plus sérieuses méditations : il s'agit des salles d'asile.

« La salle d'asile, telle qu'elle était réglementée, m'a paru toujours offrir les plus fâcheux inconvénients sous tous les rapports :

« 1º Mélange des enfants des deux sexes jusqu'à l'âge de sept ans, se voyant, se regardant, se saluant ; 2º habitudes fâcheuses de mouvements cadencés, réglementés, surtout pour les jeunes filles qui doivent de bonne heure être formées à des habitudes tranquilles et modestes, comme elles le sont dans une famille, sous les yeux d'une mère sage et chrétienne ; 3º ignorance forcée, même de la lecture, jusqu'à six ou sept ans, ce qui est très-fâcheux, surtout aujourd'hui que les enfants sont appelés de bonne heure à partager les travaux de la famille.

« Ces inconvénients, et d'autres encore qu'on pourrait signaler, me déterminèrent à refuser la direction des salles d'asile.

« J'ai été souvent sollicité de changer cette résolution. J'ai eu des luttes à soutenir, particulièrement avec la regrettable M$^{me}$ Dou-

Mais que sont les meilleures méthodes si elles ne sont pas appliquées avec intelligence et avec zèle ? En véritable maître dans l'enseignement, le Bon Père entretenait dans la communauté le plus haut sentiment du devoir et de la responsabilité professionnelle. Il disait aux Servantes de Marie :

*Les Institutions Scolaires.*

« C'est comme institutrices et pour faire les classes que vous êtes appelées dans les paroisses et que vous y êtes rétribuées. La classe est donc une obligation de conscience et de justice ; vous le voyez, mes chères enfants, c'est extrêmement sérieux.

bert, née Rendu, inspectrice générale des salles d'asile. Je suis demeuré ferme et l'expérience a justifié ma résistance, car ici même, dans un village de 3,000 âmes, où avait été établie une salle d'asile, les autorités, voyant que les enfants n'apprenaient rien, ont unanimement demandé qu'elle fût supprimée et, depuis lors, les progrès des enfants sont devenus sensibles.

« Cette expérience a dû plus ou moins se généraliser, car une inspectrice des salles d'asile, reconnaissant la vérité de mes observations, m'autorisa à modifier cette institution et me garantit la liberté la plus entière pour opérer ces modifications, et là-dessus j'ai consenti à m'engager dans cette voie, et, s'il plaît à notre divine Mère, dans un mois à peu près, nous allons commencer.

« Si les assurances qui ont été données sont respectées, j'ose affirmer qu'à six ans les enfants sortant de l'asile sauront parfaitement lire, ils connaîtront leur petit catéchisme et seront initiés à d'autres connaissances proportionnées à leur âge, car nous ferons la part de l'âge et des nécessités hygiéniques qui leur sont nécessaires.

« Voyez, Monsieur le curé, le parti que vous pourrez tirer de cette lettre ; vous pourrez la communiquer à qui de droit, et, si vous le jugez convenable, vous aurez la bonté de me rendre compte des résultats qu'elle aura pu donner.

« Permettez-moi, Monsieur le curé, etc. » — (21 janvier 1867.)

**Les Institutions Scolaires.**

« Vous devez vous y appliquer comme à un devoir de la plus haute importance. Prévoyez et préparez les matières dont vous aurez à vous occuper sur la grammaire, l'arithmétique, la doctrine chrétienne ou l'explication du catéchisme, etc. Une classe prévue et préparée sera toujours bien faite. Si elle n'est point préparée, elle laissera nécessairement beaucoup à désirer et les progrès des enfants devront s'en ressentir.

« En classe, vous serez tout entières à votre devoir et aux enfants que vous êtes chargées d'instruire. Vous n'y travaillerez jamais à un ouvrage quelconque de couture ou autres semblables. Ne l'y portez jamais avec vous.

« Pauvres ou riches, les enfants ont le même droit à vos soins ; vous les regarderez toutes comme vous étant confiées par votre divine Maîtresse et vous vous occuperez de toutes sans distinction, avec un zèle égal et un même amour. » *(Saints Avis, ch. II.)*

D'autre part, le Bon Père ayant, après de nombreux tâtonnements, réussi à établir dans la communauté un ensemble de procédés pédagogiques dont il avait reconnu le mérite, le Bon Père, disons-nous, demandait à ses filles spirituelles de ne pas déployer leur zèle en dehors des traditions de Notre-Dame :

« Veillez au fidèle maintien des méthodes que notre divine Mère a daigné bénir jusqu'à ce jour.

Défiez-vous des esprits novateurs qui veulent tout réformer pour mieux faire, mais qui par leurs innovations compromettent le véritable bien. C'est par ces méthodes que la divine Mère a procuré l'extension de son œuvre et que, dans les classes, on a obtenu de rapides progrès chez les enfants qui nous étaient confiées. Nous devons donc les maintenir, à moins de vues certaines de la Très-Sainte Vierge clairement manifestées. » *(Testament spirituel.)*

Qu'est-ce que l'éducation ? C'est la formation de l'homme, ou, plutôt, c'est le travail par lequel on veut rapprocher l'individu de son type idéal.

Comment arriver à ce magnifique résultat ? En donnant à l'enfant la science et la conscience.

Par la science, on forme son esprit et on met à la disposition de sa puissance intellectuelle, la tradition, c'est-à-dire, l'héritage spirituel de la société, et la méthode la plus avantageuse pour en tirer profit : c'est l'œuvre de l'instruction, et nous venons de voir comment le Bon Père l'entendait.

L'instruction ne suffit pas.

Le professeur peut être comparé à un habile maître d'armes qui mettrait entre les mains d'un homme les armes de combat et lui enseignerait les meilleurs procédés de l'escrime. Cet homme aurait la science d'attaquer et de se défendre. Mais serait-ce pour le bien ou pour le mal ? Ici intervient le rôle de l'éducation proprement dite, c'est-à-dire, de la formation de la conscience.

Car il peut se faire que la science soit grande et variée et que la conscience soit peu énergique et faussée. L'idéal consiste à mettre de niveau la science et la conscience.

Or, la formation de la conscience est surtout l'œuvre de la religion.

Un penseur éminent l'a remarqué avec justesse :

« Toutes les nations du monde, poussées par ce seul instinct qui ne trompe jamais, ont toujours confié l'éducation de la jeunesse aux prêtres ; et ceci n'appartient point seulement aux temps du christianisme. Toutes les nations ont pensé de même. Quelques-unes même, dans la haute antiquité, firent de la science elle-même une propriété exclusive du sacerdoce. Ce concert unanime mérite une grande attention, car jamais il n'est arrivé à personne de contredire impunément le bon sens de l'univers. » (DE MAISTRE, *Lett. et Op.*, t. II, p. 263.)

Le serviteur de Marie n'aurait pas compris que l'on cherchât à former la conscience humaine autrement que par le moyen de la religion.

« Nous ne sommes pas appelés, disait-il, à élever des pensionnats en nombre ; notre mission est plus modeste et plus humble.

« Ce sont les petites filles de la campagne que veut nous confier principalement notre divine Mère. Ces jeunes enfants, exposées à tant de dangers et malheureusement vouées à l'ignorance, sont l'objet de nos tendresses et de nos soins.

« Vous devez, avant tout, leur faire connaître la doctrine qui les éclaire et les sanctifie, et vous efforcer de faire germer dans leurs jeunes cœurs les sentiments d'une piété à la fois affectueuse et soumise.

*Les Institutions Scolaires.*

« Faites-leur surtout bien connaître la divine Mère de Jésus, qui est aussi leur bonne et tendre Mère ; et cette Mère admirable les élèvera elle-même vers son divin Fils, source de toute sainteté. Efforcez-vous d'établir, entre leurs jeunes cœurs et le cœur maternel de votre divine Maîtresse, ces rapports de confiance et d'intimité filiale si puissants pour soutenir l'âme au milieu des orages si fréquents dans la vie de ce monde ; vous aurez fait une grande œuvre. C'est à ce point de vue que nous devons nous réjouir de l'extension de la communauté. » *(Saints Avis,* ch. VII.*)*

Dans la formation de l'homme par la science et la conscience, il est nécessaire de recourir aux moyens de coercition, car la nature est rebelle à l'œuvre de l'éducation. Quelle était à ce sujet la pensée du serviteur de Marie? Il l'a clairement formulée dans les prescriptions suivantes qui font honneur à sa piété, à sa douceur, à sa prudence, à son respect pour la dignité de l'enfant :

« Il vous est très-sévèrement défendu de frapper, de pousser, de séquestrer les enfants, de les mettre à genoux, de les condamner au pain sec. Vous pourrez seulement les retenir pendant la récréation, mais

*Les Institutions Scolaires.*

que ce soit toujours en esprit de sagesse et de justice. Tâchez de faire comprendre à l'enfant qu'elle a mérité sa punition et d'élever son âme jusqu'à la pensée de l'expiation chrétienne.

« Je sais un prêtre traduit devant les tribunaux pour avoir donné, dans l'église, un coup de catéchisme à un enfant dissipé; et une œuvre d'Orphelines, dissoute et détruite par l'autorité, parce qu'une sœur avait frappé une enfant de l'Orphelinat. Vous ne le croiriez pas, et cependant vous pourriez me faire citer moi-même et poursuivre par la justice, s'il vous arrivait de vous rendre coupables sur ce point, si fortement inscrit dans la loi.

« Un mot encore pour terminer. N'est-ce pas, je vous le demande, une nature mauvaise qui, presque toujours, fait agir dans ces moments?

« La Très-Sainte Vierge ne se conduirait pas ainsi. Vous donc qui êtes ses servantes, imitez-la dans sa mansuétude et sa bonté; et, sous son regard, gardez, dans ces circonstances pénibles, la gravité, le calme, la dignité religieuse. Cependant, si une enfant persiste à se montrer rebelle, indocile et paresseuse, qu'elle ne se rende pas aux voies de douceur et de bonté, faites-lui des reproches dignes et justes, et puis, vous en référerez aux parents; et s'ils ne veulent pas concourir avec vous au bien de leur enfant, parlez-en à Monsieur le Curé ou à Monsieur le Maire, selon les circonstances; mais, dans le fond de votre cœur, ne cessez de recommander à notre bonne et divine Mère, cette enfant vraiment digne de pitié. Combien de fois n'est-il pas arrivé dans l'œuvre que des enfants qui avaient résisté à tout, ont été subitement ramenées au bien, à la suite d'une neuvaine faite secrètement par les sœurs à notre divine Mère, pour obtenir leur conversion ? La prière persévérante de l'âme fidèle est puissante devant Dieu : ne l'oubliez pas ! » *(Saints Avis*, ch. II.)

<small>Les Institutions Scolaires.</small>

## NOTE DU CHAPITRE DEUXIÈME

### Une Prière.

Il est un incident de la vie du Bon Père que nous raconterons ici dans toute sa simplicité, abandonnant aux supérieurs ecclésiastiques tout jugement et toute interprétation.

En 1863, le Bon Père fit imprimer et distribuer la prière suivante :

Notre Seigneur a dit :
JE SUIS LA VOIE, LA VÉRITÉ ET LA VIE.

---

Satan répond :
JE SUIS LE MENSONGE, L'ABÎME ET LA MORT.

---

Jamais peut-être l'action des démons ne s'est montrée plus générale et plus menaçante.

---

LA PUISSANCE DE DIEU EST INFINIE ;
C'est la prière qui la fait descendre du ciel.

---

Une Prière.

### PRIÈRE.

Auguste Reine des Cieux, Souveraine Maîtresse des Anges, vous qui, dès le commencement, avez reçu de Dieu le pouvoir et la mission d'écraser la tête de Satan, nous vous le demandons humblement, envoyez vos légions saintes pour que, sous vos ordres et par votre puissance, elles poursuivent les démons, les combattent partout, répriment leur audace et les refoulent dans l'abîme.

Qui est comme Dieu?

Saints Anges et Archanges, défendez-nous, gardez-nous !

O bonne et tendre Mère, vous serez toujours notre amour et notre espérance !

PRIÈRE COURTE ET PUISSANTE DANS LA TENTATION.

O divine Mère, envoyez vos Anges pour me défendre et repousser loin de moi le cruel ennemi.

A quelle occasion et par qui fut composée cette prière ? C'est ce que le Bon Père lui-même nous apprend par une note en date du 13 janvier 1864 :

« Voici ce qui vient d'arriver : il y a peu de temps, une âme de la congrégation, subitement frappée comme d'un rayon de clarté divine, crut voir les démons répandus sur la terre, y causant des ravages inexprimables. En même temps, elle aurait eu intérieurement une vue

d'élévation vers la Très-Sainte Vierge, et, sous cette im-    Une Prière.
pression, elle écrivit cette prière.

« Mon premier devoir fut de la présenter à Monseigneur Lacroix, évêque de Bayonne, qui daigna l'approuver.

« Ce devoir accompli, j'en fis tirer 500,000 exemplaires ; puis, j'eus soin de les envoyer partout *franco et gratis*, avec défense de recevoir ni directement ni indirectement aucun payement de qui que ce fût.

« Jusqu'ici, j'ai fait ainsi très-exactement, mais ce qui m'a surtout impressionné, c'est l'empressement avec lequel elle est partout accueillie et l'élan extraordinaire des cœurs en la récitant.

« J'ai senti également le besoin de la recommander aux communautés religieuses et aux écoles des petits enfants. Ces jeunes âmes, en effet, encore innocentes, semblent obéir à une incitation de leurs bons Anges, et la récitent en chœur et à haute voix avec une force remarquable et un indicible bonheur.

« Dans plusieurs endroits, les familles chrétiennes la récitent en commun et semblent y puiser cette confiance, cette sécurité dont elles sentent le besoin.

« Qu'il me soit permis d'ajouter ici qu'une guérison inattendue, demandée dans l'œuvre et obtenue par une dame riche pour son enfant, nous a procuré immédiatement les moyens de subvenir à tous les frais d'impression et de propagation.

« Depuis lors, cette prière a été approuvée par l'autorité ecclésiastique de Tarbes, d'Aire, de Tours, de Cambrai ; on l'a traduite en espagnol, pour la répandre en Espagne ; elle se propage jusque dans le Nouveau Monde. »

Il nous reste peu de chose à ajouter à ce récit.

**Une Prière.** La prière *Auguste Reine* se répandit partout avec une extrême rapidité. Elle fut traduite non-seulement en espagnol, mais en anglais, en allemand et en italien. De nouvelles approbations épiscopales, en particulier de quatre Archevêques et Evêques d'Italie, vinrent s'ajouter à celles que le Bon Père mentionnait dans sa note.

Mais quelle est cette âme dont il est question dans le récit, cette âme *accoutumée aux bontés de la Très-Sainte Vierge?* Le Bon Père garda toujours à ce sujet une réserve absolue. Il ne fit d'exception que pour la Mère Noire. Le jour même où son âme (car c'est de lui-même qu'il parlait) reçut l'impression dont il ne nous appartient pas de déterminer le caractère, il avoua à sa première fille spirituelle ce qu'il venait de ressentir et il lui récita la prière dans les termes mêmes où elle est conçue. La Mère Noire n'a révélé cette confidence qu'après la mort du Bon Père.

Le Bon Père l'avait fait encadrer et la gardait constamment appendue à son chevet.

Jusqu'à ces derniers temps, les Servantes de Marie la récitaient *à toutes les heures du jour.* Elles ont dû renoncer à cette pratique depuis que les formules des prières à réciter toutes les heures leur ont été envoyées de Rome ; mais elles continuent à redire *Auguste Reine* très-souvent et avec une très-grande ferveur et confiance.

# CHAPITRE TROISIÈME

## LA VIE DU DEHORS

### I.

**Rapports avec le Clergé.**

Jésus-Christ, souverain pontife de la loi nouvelle, voulant établir et perpétuer son sacerdoce, commença par séparer de la foule une tribu sainte ne devant appartenir qu'au service de Dieu. Pour faire régner l'harmonie dans la société de ses élus, il distribua les ministres sacrés en divers offices, subordonnés les uns aux autres, et aboutissant tous à la divine action du sacrifice, comme au centre unique de toute la hiérarchie qu'il marqua d'un caractère de vocation, de séparation et de consécration.

Ainsi constituée, la hiérarchie devint la force de l'Eglise.

L'Eglise est représentée dans la Sainte Ecriture par la figure d'une armée redoutable (1). Et par quoi redoutable ? Par son bel ordre de bataille. *Acies ordinata.*

---

(1) *Terribilis ut castrorum acies ordinata.*

**Rapports avec le Clergé.**

L'ordre, en effet, est la force d'une armée ; la discipline et l'habileté des chefs suppléent souvent au nombre ; mais, sans ordre, le nombre n'est plus qu'une force aveugle qui s'écrase elle-même de son poids (1). Sans ordre, les grandes multitudes ne sont que faiblesse et leur faiblesse naît de leur force même.

Cependant, l'ordre procède autant de la bonne organisation du commandement que de l'harmonie des inférieurs et des supérieurs. La force de l'Eglise consiste donc dans la hiérarchie. De là résulte son énergie dans l'attaque et dans la défense. Sa puissance vient de la stabilité et de l'ordonnance de son ministère, de la fermeté de cette chaîne d'apôtres, d'évangélistes, de pasteurs, de docteurs et d'officiers subalternes, composant l'ordre hiérarchique établi par le Sauveur.

« Quel honneur, s'écriait un jour le Bon Père, d'être associé à l'ordre sacerdotal dont l'institution est divine, dont la dignité est si éminente ! »

Mais cet honneur n'est pas gratuit et le serviteur de Marie ne voulait pas se dérober aux devoirs qui en dérivent.

Ce n'est pas lui qui eût violé les distinctions hiérarchiques, confondu les grades, contesté l'autorité, usurpé la juridiction, méconnu les droits et les pouvoirs.

---

(1) *Vis expers consilii mole ruit suâ.*

Il concourait à l'œuvre commune en gardant l'esprit d'ordre et de régularité que compromettent les membres déplacés et irréguliers.

*Rapports avec le Clergé.*

Il gardait avec tous ses confrères cette union étroite, cette correspondance officieuse et compatissante que conservent entr'eux les membres d'un même corps et qui fait que les plus élevés sont au service des plus humbles.

Enfin, et ceci renferme tout, il gardait l'esprit de subordination qui est, par excellence, l'esprit hiérarchique, subordination précieuse qui est le lien de la discipline, fondée en raison autant qu'en précepte, car, puisqu'il y a subordination de ministère, la raison veut qu'il y ait subordination entre les ministres.

Le Bon Père écrivait un jour :

« Le premier devoir que nous impose notre divine Maîtresse, c'est le respect de l'autorité des premiers pasteurs. Jamais nous ne regarderions comme un bien ce qui se ferait en dehors de leurs intentions et de leurs vues. » (15 février 1859.)

Il disait encore :

« Quant aux décisions de M$^{gr}$ l'Evêque, elles sont pour moi la règle la plus sûre et la plus conforme aux besoins de mon cœur. Trop heureux quand je pourrai les connaître pour fixer les vues de mon esprit et en faire la ligne de conduite que j'aurai à suivre. » (23 mars 1859.)

*Rapports avec le Clergé.*

Dans cet esprit de respect et de soumission aux volontés épiscopales, il cessa, en janvier 1850, d'être vicaire de la cathédrale de Bayonne, pour devenir chanoine du vénérable chapitre diocésain. M$^{gr}$ Lacroix, dans sa bienveillance, avait pensé que le supérieur du Refuge trouverait dans ses nouvelles fonctions plus de loisir pour gouverner son œuvre. Après quelques années d'expériences, il fut avéré que le prêtre ne pouvait pas tout à la fois remplir les fonctions de son bénéfice et assurer le service religieux de la communauté. Il remit sa démission à l'Evêque de Bayonne. Le saint prélat, dont la vive affection et la profonde estime pour le serviteur de Marie augmentaient de jour en jour, ne finit par céder à ses désirs qu'après une longue résistance. Afin de ne pas rencontrer auprès de ses respectables confrères les mêmes oppositions affectueuses qui venaient de chagriner son cœur, le bon prêtre tint sa résolution secrète le plus longtemps possible. Dès que la démission parvint au chapitre, M. le doyen adressa au serviteur de Marie, au nom de tous les chanoines, la lettre suivante également honorable pour celui qui l'a écrite et celui qui l'a reçue :

« BAYONNE, 29 mars 1855. — Très-honoré confrère et bien digne ami, nous étions bien loin, mes vénérables confrères et moi, de soupçonner la détermination que vous avez prise de vous démettre du titre qui vous liait si étroitement à nous. Vous nous avez bien jugés quand vous avez cru devoir nous la laisser ignorer, par la crainte que les regrets que vous nous causeriez ne fussent un obstacle à ce que vous regardez comme une inspiration d'en haut. C'est vous dire toutes les sympathies que vos rares qualités et vos vertus vous ont acquises dans le chapitre. Je regrette bien de ne pouvoir vous traduire, comme mes vénérables confrères l'attendent de moi, les sentiments d'estime, d'affection et de dévouement que chacun de nous vous porte et que cette triste occasion a révélés de la manière la plus honorable et la plus flatteuse pour vous. Votre retraite nous afflige profondément et veuillez croire que nous avons besoin de nous reposer dans la pensée que, malgré votre éloignement, vous nous resterez toujours uni de cœur, de pensées et de prières, comme aussi nous voulons que vous sachiez que rien ne saurait altérer l'estime, l'amour et le tendre respect que vous nous avez inspirés et dont nous vous prions d'agréer ici la bien sincère expression. »

Dès lors, le serviteur de Marie, dégagé de toute fonction extérieure, put se consacrer avec plus de suite à la direction de l'œuvre.

« Qu'est-il de plus salutaire, se demandait un jour le Bon Père : de garder le silence ou de parler ? » Grave question qui restera toujours indécise.

*Rapports avec le Clergé.*

**Rapports avec le Clergé.**

C'est le problème relatif à la vie active ou à la vie contemplative qui, sous une forme ou autre, sollicite sans cesse une solution. Qui osera la donner ? Isaïe se présentait à Dieu et lui demandait la mission de prêcher la vérité : *Ecce ego mitte me.* Jérémie refusait cette même mission : *Nescio loqui.* Quels langages différents, s'écrie Saint Grégoire ! Néanmoins, ajoute-t-il, ils sont irrépréhensibles. Isaïe considère le bien qu'il peut produire par le ministère de la prédication et il s'offre à Dieu pour annoncer sa sainte parole. Jérémie, préférant la tranquillité de son âme et son avancement dans la perfection, refuse de se charger de l'instruction des peuples. L'un, craignait de perdre par son silence le mérite de la prédication ; et l'autre, craignait de perdre par la prédication les douceurs et le mérite de son silence.

Légitimement appelé au ministère ecclésiastique, le serviteur de Marie, tout en cultivant la retraite et le silence, se croyait obligé par sa vocation à se consacrer à l'enseignement des fidèles. C'était pour lui un devoir de justice, de religion et de charité. Aussi se gardait-il bien de refuser à ses confrères dans le sacerdoce le secours de sa parole. Malgré ses multiples occupations, il ne laissa pas d'évangéliser avec zèle les populations chrétiennes, toutes les fois que l'occasion s'en présenta.

Le serviteur de Marie avait des rapports d'ancienne et étroite amitié avec un vénérable prêtre du diocèse d'Auch, M. l'abbé Pujos, curé de Lamazères, un apôtre du peuple et un bienfaiteur des malheureux, cœur généreux qui n'a jamais cessé de combattre pour les bonnes et grandes causes, et qui veut bien conserver à l'œuvre l'affection et le dévouement dont il ne s'est jamais départi à l'égard du fondateur. En zélé pasteur, M. l'abbé Pujos eut la pensée de profiter de ses rapports avec l'homme de Dieu pour procurer à sa paroisse le bienfait d'une mission prêchée par une voix aussi autorisée. Le Bon Père ne se refusa pas aux désirs de son pieux ami.

*Rapports avec le Clergé.*

La commune de Lamazères était, depuis l'année 1848, dans un état de trouble et d'incandescence. Elle était devenue le centre des clubs et des réunions secrètes de tous les agitateurs de la région qui venaient y prendre le mot d'ordre des plus mauvaises passions. On n'y parlait que de meurtres, d'incendies et de guillotine. Ce fut en ce milieu et dans le moment où la crise était la plus violente, que le serviteur de Marie alla faire entendre la parole de salut et de vie.

Il commença ses prédications le 21 novembre 1852. Pour ajouter aux difficultés, le temps devint affreux. Les rivières du pays étaient débordées et la paroisse ne formait qu'un vaste lac. Les communications étaient presque partout interrompues. Le

Rapports avec le Clergé.

zélé prédicateur n'en continuait pas moins à faire entendre la parole divine. Il prêchait quatre fois par jour : à peine si trois, quatre ou cinq personnes formaient l'auditoire, et le bon prêtre en était réduit à prier les Saints Anges d'apporter aux absents les paroles que Dieu daignait mettre dans la bouche de son ministre. Le dimanche, seulement, l'église fut comble. Une circonstance heureuse avait amené les auditeurs. C'était la cérémonie de la première communion. Un premier mouvement se fit dans les âmes. La tempête s'étant un peu apaisée et les rivières étant rentrées dans leur lit, il se manifesta bientôt un élan extraordinaire. Les sermons furent suivis avec assiduité par une foule nombreuse. On se précipita vers les tribunaux de la réconciliation. Il y eut deux communions générales d'hommes : et tous, excepté cinq ou six, qui bientôt réparèrent leur omission, eurent le bonheur de s'approcher de la table eucharistique.

« Comment cela s'est-il fait? disait à cette occasion le Bon Père. Vous le savez, ô divine et Très-Sainte Mère. Pour nous, nous ne pouvons que bénir Dieu et nous écrier : *Digitus Dei est hic et est mirabile in oculis nostris.* Certainement, ô la meilleure des Mères, c'est là un des traits les plus étonnants de ma vie et une des plus grandes bontés de votre cœur maternel. »

La mission de Lamazères étant terminée, le serviteur de Dieu partit pour Bayonne. Il traversa la ville de Mirande au moment où la population, exaspérée par le coup d'Etat du 2 Décembre, venait de se constituer en état de révolte et préludait aux actes les plus graves en incarcérant les étrangers. Grâce à Dieu, le Bon Père échappa à cette épreuve et il put rentrer sans retard au milieu de la communauté pour y reprendre ses occupations accoutumées.

Rapports avec le Clergé.

Quelque grand qu'ait pu être le succès de sa prédication à Lamazères, néanmoins, le serviteur de Marie ne se croyait pas appelé au ministère des missions paroissiales. Son attrait le portait plutôt à prêcher aux jeunes gens des Institutions d'enseignement secondaire. Les élèves de Larressore, d'Oloron, de Bayonne, des principales maisons d'éducation du Midi ont été évangélisés par le zélé prédicateur. Ils se souviennent avec bonheur de sa parole pleine d'onction, de ses conseils si sages, de sa vie si sainte pendant les exercices des retraites annuelles. Dans les derniers temps, il lui devint plus difficile de quitter son œuvre devenue considérable et d'employer aux travaux du dehors des moments presqu'entièrement absorbés par les exigences de Notre-Dame.

L'une des dernières retraites, la dernière, croyons-nous, qu'il ait prêchée à des jeunes gens, eut lieu au petit séminaire d'Aire. Le terme de son ministère extérieur a été le berceau même de sa vie sacerdo-

**Rapports avec le Clergé.**

tale. Dans cette excellente maison, le serviteur de Marie se retrempait dans les souvenirs de son enfance. Il revoyait les lieux où il s'était formé aux premières habitudes de la vie ecclésiastique. Il retrouvait son vieil et vénéré ami d'enfance, M$^{gr}$ Hiraboure, évêque d'Aire. Il se trouvait en face d'une jeunesse animée de l'esprit de foi et de piété. Le saint prêtre se sentit inspiré par la grâce et comme emporté dans un tourbillon surnaturel. Aussi les effets de cette retraite furent des plus salutaires pour les âmes. La reconnaissance des maîtres et des élèves s'exprima en termes touchants. De son côté, le serviteur de Marie emporta de son séjour à Aire les plus heureuses impressions. Nous reproduisons ici la lettre qu'il écrivit bientôt après au supérieur de la pieuse communauté :

« Monsieur le supérieur et respectable ami, je suis très-heureusement arrivé à Notre-Dame, après avoir fait une visite à notre bonne Mère et Très-Sainte Dame de Buglose. Ainsi que je vous l'avais promis, j'ai offert le saint sacrifice pour votre communauté et demandé à la Très-Sainte Vierge de prendre tous ces chers enfants et de les garder dans son cœur maternel. A son tour, elle m'a fait connaître qu'elle voulait que chacun d'eux, et sans exception, fût un apôtre, pour faire plus connaître et plus aimer encore leur bonne Mère du ciel. J'espère qu'ils se rendront fidèles à ce magnifique apostolat, et, malgré mon indignité, je prierai et ferai prier pour qu'il en soit ainsi. Savez-vous que j'ai bien mieux compris combien était divine l'œuvre pour laquelle m'a envoyé notre divine Mère et Très-Sainte Maîtresse? Je ne sais si je vous l'ai dit. Mais au séminaire, et pendant la retraite, il m'a été donné une vue qui m'a bien frappé. C'est en récitant ces paroles de la Genèse : *Ait Dominus ad serpentem : Inimicitias ponam inter te et mulierem. — Mulierem!* Oh! c'est bien celle à qui le divin Rédempteur a dit du haut de sa croix : *Mulier, ecce filius tuus. — Semen tuum et semen ipsius.* Voilà la guerre déclarée entre les enfants de Satan (car Satan travaille aussi à enfanter à son image et à sa ressemblance ; il s'efforce de rendre ses enfants participants de sa vie) et les enfants de Marie (car elle aussi, par son action maternelle, appelle les âmes pour leur communiquer sa vie qui est la vie même de son divin Fils). — C'est donc entre les enfants du démon et les enfants de Marie que la guerre à mort est déclarée, la guerre du bien contre le mal, de la vertu contre le vice, de l'ordre contre le désordre, de l'humilité contre l'orgueil, de l'amour contre la haine, du bonheur et de la bénédiction contre la malédiction et le malheur. Quel noble, quel touchant apostolat est confié désormais aux chers enfants du petit séminaire d'Aire! Qu'ils soient fidèles, qu'ils soient généreux! ils

Rapports avec le Clergé.

*Rapports avec le Clergé.*

triompheront par leur divine Mère. Car le Seigneur ajoute : *Ipsa conteret caput tuum.* Oh! oui, le triomphe est toujours assuré aux enfants de la puissante Mère du ciel. Qu'ils s'efforcent d'abord de triompher d'eux-mêmes et la victoire au dehors leur sera toujours assurée...... Je suis encore sous l'impression du bonheur que j'ai goûté au milieu de vous. Mon cœur a un peu débordé. Je confie ma simplicité à votre indulgence.» (14 décembre 1858.)

Quand nous cherchons à nous rendre compte des sentiments qui dirigeaient le serviteur de Marie dans ses rapports avec les membres de la hiérarchie, nous trouvons qu'ils se résument en deux mots : respect et affection.

Respect pour le sacerdoce. Le Bon Père bénissait le divin Maître qui, pouvant opérer tout seul le salut du monde, a bien voulu s'associer des hommes pour être les coopérateurs de ce grand ouvrage. Pour les honorer et les rendre plus respectables, le Seigneur a même daigné les rendre participants de sa puissance infinie en leur communiquant une autorité surnaturelle. Comment, lorsqu'on a la foi, ne pas être plein de respect pour les dépositaires des pouvoirs divins et pour les associés à l'œuvre de la Rédemption?

Affection pour le sacerdoce. « Et qui donc, s'écriait le Bon Père, aimera les prêtres, si les prêtres ne s'aiment pas entr'eux ! » Pour lui, il les aimait tendrement, non pas seulement lorsque leurs qualités et leurs actions répondaient à ses désirs, mais plus encore, peut-être, lorsqu'il aurait eu quelque reproche à leur adresser. Comme la mère ressent un amour de préférence pour l'enfant infirme et disgrâcié, comme elle ouvre plus largement son cœur à mesure que ses bien-aimés sont plus malheureux, ainsi, à l'exemple du Bon Père, devons-nous, pour tous nos frères, ne jamais cesser d'être bons, affables, compatissants, secourables. Ce qui nous sera facile, si nous les aimons.

## II.

### Rapports avec l'Administration.

Notre temps et notre pays donnent souvent le spectacle de tristes défaillances. Ce qui froisse surtout les âmes religieuses, ce sont les précautions offensantes que les lois prennent parfois contre l'Eglise. Il semble que notre législation, en certaines circonstances, traite la religion en ennemie. Ce n'est pas un médiocre chagrin pour les partisans de l'harmonie entre les deux puissances, que de voir à quelles défiances, à quelles hostilités, ont quelquefois obéi les pouvoirs législatifs de la France. Néanmoins, n'oublions pas qu'il y a ingratitude à ne pas aimer son temps et sa patrie. On ne renie

*Rapports avec l'Administration.*

pas sa famille, quelques torts qu'elle puisse avoir. N'en doit-il pas être de même de notre siècle et de notre pays, à qui nous devons ce que nous sommes ? Au surplus, au milieu de grandes tristesses, de grandes joies nous sont réservées par la vue de ce qui se passe autour de nous. Depuis le cataclysme révolutionnaire qui, à la fin du siècle dernier, fit table rase des institutions ecclésiastiques, la Foi a pu opérer des merveilles. Trois quarts de siècle ont suffi à la religion pour reconstituer un personnel, et, j'oserai presque dire, un matériel, supérieurs à ceux qui provenaient de la piété de quatorze siècles. Qu'on examine l'état du clergé et des institutions religieuses dans ce diocèse de Bayonne en 1778 et en 1878 ; on sera frappé de la puissance de vitalité chrétienne qu'accuse, en faveur de notre temps, une comparaison attentive. C'est que les mœurs sont plus fortes que les lois, et, parmi nous, il faut le dire à l'honneur de nos contemporains, les hommes meilleurs que tous leurs arrêtés.

Cela est vrai surtout de l'Administration de nos contrées. Le Bon Père se félicitait de la nature de ses rapports avec les pouvoirs publics. Respectueux lui-même envers l'autorité, il recommandait à ses filles spirituelles de ne jamais se départir des sentiments de vénération et d'obéissance envers les pouvoirs constitués, quels qu'ils fussent. « Vous y êtes obligées, disait-il, parce que le précepte divin qui vous prescrit vos devoirs envers les pères et les mères, est le même que celui qui vous ordonne de respecter les autorités civiles et de leur obéir. » Il ajoutait : « Ce n'est pas seulement pour vous une obligation de justice, c'est encore un devoir de reconnaissance, car jamais œuvre n'a plus été favorisée que la nôtre par la bienveillance des diverses Administrations. »

Rapports avec l'Administration.

En effet, le serviteur de Marie a toujours vécu en parfaite intelligence avec les diverses autorités civiles d'Anglet, de Bayonne et du département. Comme il se montrait en toutes circonstances conciliant et humble, il obtenait en retour un concours empressé et dévoué.

En 1852, il désira obtenir le privilége d'un cimetière spécial pour Notre-Dame-du-Refuge.

La religieuse, par le dévouement d'un cœur qui s'immole pour Dieu et la charité ; la pauvre pénitente, par la nécessité de sa position malheureuse, viennent à Notre-Dame pour y vivre et pour y mourir. La communauté devient donc pour elles plus qu'une patrie : c'est une famille cimentée à la fois et par les besoins de la vie présente et par les espérances de l'avenir. Étrangères au monde qui a repoussé les unes et que les autres ont quitté volontairement, elles répugnent invinciblement à lui demander un asile, même après leur mort. Il leur semble qu'elles reposeront plus tranquilles dans la chère solitude qui protégea et sanctifia leur vie. Et puis encore, elles sont heureuses en pensant aux compagnes bien-aimées qui viendront prier et pleurer sur leur tombe. Celles qui demeurent dans l'exil iront avec bonheur méditer, auprès des restes de leurs sœurs, sur le néant des espérances de la terre et le prix d'une vie pénitente destinée à leur ouvrir bientôt les portes du ciel.

<small>Rapports avec l'Administration.</small>

Les diverses autorités à qui il appartenait de permettre l'établissement d'un cimetière, se montrèrent toutes favorables aux demandes du Bon Père, et bientôt, il lui fut loisible d'ouvrir à ses filles spirituelles, auprès de Saint-Bernard, le lieu de leur suprême repos sur la terre. (8 décembre 1853.)

Une mesure fiscale fut particulièrement pénible au serviteur de Marie : celle qui imposa à la communauté le payement d'une patente à raison des travaux de couture qui s'y exécutent. Le Bon Père réclama avec une éloquente énergie :

« 29 Novembre 1858.

« Monsieur, lorsque vous m'avez fait l'honneur de visiter l'établissement de Notre-Dame, je vous promis de vous écrire et de vous transmettre les renseignements que vous avez cru devoir me demander sur l'état industriel de la communauté. Je ne dois pas vous le dissimuler, c'est avec la plus douloureuse répugnance que je me rendrai à votre invitation, quoiqu'elle ait été faite, de votre part, avec toute sorte de bienveillance et d'égards. Il n'y a ici rien de personnel, c'est un principe que je crois devoir défendre et que je défendrai de tout mon pouvoir, avec la persévérance que me donne la conscience de la justice et du droit.

Rapports avec l'Administration.

« Il s'agit de savoir si un prêtre, se dévouant pour les classes les plus malheureuses, recueillant, sans distinction et avec un désintéressement absolu, de pauvres petites orphelines délaissées, de malheureuses filles perdues ou déjà sur le bord de l'abime, flétries, repoussées de partout, sans famille, sans patrie (car la fille déshonorée n'a plus de place sur la terre) ; si, dis-je, ce prêtre, ne voulant pas peser sur la charité publique, toujours onéreuse, incertaine et facile à se lasser, essaye d'organiser le travail parmi ces pauvres infortunées qu'il garde, si elles le veulent, jusqu'à la mort; si ce prêtre, enfin, doit être assimilé à un industriel qui emploie ses capitaux à former un établissement lucratif et à le faire valoir, qui choisit avec soin ses ouvrières, qui les paye au-dessous de ce qu'elles gagnent, et les renvoie, si elles sont malades, pour ne garder que ce qui lui produit du bénéfice : voilà la question.

« Cette question, portée à la préfecture il y a quelques années, fut résolue négativement par l'honorable M. Fournier, alors préfet des Basses-Pyrénées, et je ne fus plus inquiété.

« Elle fut plus tard posée de nouveau ; et, je ne sais

**Rapports avec l'Administration.**

comment, entraîné par l'immensité de mes affaires, je ne protestai pas, et la patente me fut imposée. Je l'acquittai, la rougeur au front. Mais, aujourd'hui, je réclame, je proteste : et, si cette question est résolue par vous affirmativement, au nom de toutes les œuvres de dévouement et de sacrifice, non point dans un intérêt pécuniaire, oh! non, Monsieur, mais au nom de la charité et de l'honneur sacerdotal, avec toute la modération de la justice, mais avec toute la force de la conscience, je réclamerai ; et si mes réclamations sont écoutées, comme elles l'ont déjà été, je me féliciterai et rendrai grâce à Dieu et à sa divine Mère d'avoir fait triompher un principe de haute convenance sociale ; comme aussi, s'il arrive que mes protestations soient repoussées, j'obéirai comme toujours, mais avec la consolation d'avoir plaidé la sainte cause de la charité catholique et d'avoir accompli jusqu'au bout un devoir impérieux.

« Vous me permettrez donc, Monsieur, de différer l'envoi des documents jusqu'à ce que vous pensiez devoir m'en adresser la demande. S'il y a lieu, ils vous seront envoyés au premier mot de l'autorité supérieure, car, je l'ai déjà dit, je ne cherche nullement ici à sauvegarder une affaire personnelle, mais une question de principe et de principe sacré.

« Du reste, Monsieur, je ne puis que vous renouveler l'expression de ma sincère reconnaissance pour les procédés extrêmement délicats dont vous avez usé. Vous avez cru obéir à un devoir ; mais je crois aussi en remplir un autre. Votre réponse, si vous avez la bonté de me répondre, me tracera la ligne de conduite que j'aurai à suivre ultérieurement.

*Rapports avec l'Administration.*

« Permettez-moi de vous offrir et veuillez recevoir, Monsieur, l'expression des sentiments respectueux avec lesquels je suis, en notre Très-Sainte Mère, votre très-humble et très-obéissant serviteur.

« Cestac. »

Les réclamations du Bon Père furent favorablement accueillies et on cessa d'exiger, d'une institution toute de charité, un impôt qui ne regarde que les établissements industriels.

Si le concours de l'Administration n'y avait pas aidé aussi puissamment, il est probable que la situation financière de l'œuvre n'aurait pu être régularisée qu'au prix de formalités sans fin et de sacrifices pécuniaires considérables.

Au point de vue temporel, il y a deux époques dans l'œuvre des Servantes de Marie. La première a précédé, la seconde a suivi la reconnaissance légale.

Dans la première période, tous les biens de la communauté avaient été acquis par le Bon Père en son propre nom.

Dans la seconde, les acquisitions s'étaient faites au nom du Bon Père, mais pour le compte de la congrégation.

**Rapports avec l'Administration.**

Légalement, cette situation était anormale. Mais ces irrégularités avaient été imposées par la force même des choses. L'œuvre étant essentiellement agricole, les religieuses et les pénitentes devant travailler en grand nombre à la culture des champs, il était indispensable d'acquérir immédiatement, au fur et à mesure qu'on venait en proposer l'achat, les terres environnant la Maison-Mère, sous peine de voir disparaître les occasions sans retour, ou de voir passer les propriétés en des mains qui auraient spéculé plus tard sur les nécessités de l'œuvre. Les lenteurs administratives ne se prêtant nullement à ces conditions particulières, force était d'user du strict droit civique.

Toutefois, le Bon Père ne se dissimulait pas qu'il avait l'obligation d'établir sur des bases irréprochables la situation financière de l'œuvre. Il savait bien que la communauté, et la communauté seule, étant propriétaire véritable des biens acquis par le fondateur, il était impossible que des difficultés sérieuses pussent compromettre les intérêts de ses filles spirituelles. Néanmoins, la prudence et la simplicité demandaient que les droits fussent attribués clairement aux légitimes possesseurs. De là, naquit la pensée d'une rétrocession de biens.

Cette pensée pouvait se réaliser avec facilité quelques mois après la reconnaissance légale de l'œuvre. Le Bon Père prit ses dispositions en conséquence; mais, par suite de circonstances diverses, l'affaire traîna en longueur, la limite temporaire fut dépassée et il ne fut plus permis à la communauté de profiter des dispositions bienveillantes du décret de 1852, qui reconnaît des priviléges fiscaux considérables aux œuvres désirant régulariser leur situation financière dans les six mois qui suivent leur reconnaissance.

*Rapports avec l'Administration.*

L'irrégularité de cette situation pesait au Bon Père. En 1861, il résolut de profiter de la présence de l'Empereur à Biarritz pour la faire cesser. Le souverain ne refusa pas le concours imploré. Par ses ordres, le comte Walewski, ministre d'Etat, s'occupa de mener l'affaire à bonne fin. Nous nous souvenons avoir entendu, plusieurs années après la négociation, l'honorable ministre nous parler avec un vif intérêt de la visite qu'il fit à ce propos au serviteur de Marie. S'étant présenté à Notre-Dame à l'improviste, il demanda à voir le supérieur, par ordre de l'Empereur. Le Bon Père étant alité depuis quelques jours, le ministre dut « grimper » jusqu'à la misérable mansarde, située au sommet de la tourelle, où le malade faisait sa demeure. La vue de cette pauvreté volontaire toucha le grand dignitaire; les sentiments du Bon Père l'émurent. Le comte Walewski prit à cœur les intérêts du saint prêtre et de l'Institut. L'affaire, suivie en haut lieu avec sollicitude, fut promptement terminée, à la complète satisfaction de tous, par un décret en date du 15 mai 1862.

## III.

### Rapports avec Napoléon III.

Le Bon Père a dit : « L'œuvre que notre divine Maîtresse a voulu fonder et développer dans ce petit coin de la France, a des caractères si extraordinaires ; les épisodes qui se sont succédé sans interruption révèlent une action si constante, toujours providentielle et souvent miraculeuse ; nos rapports avec la famille impériale ont quelque chose de si étonnant, que vraiment je ne sais pas ce qu'il faut dire, ce qu'il faut taire. » (Lettre du 16 décembre 1858.)

Nous ne pouvons avoir les mêmes embarras que le Bon Père. Le premier devoir de l'historien est d'être sincère. Il ne le serait pas s'il dissimulait la vérité. Or, nous manquerions à la moralité de notre tâche, si nous taisions le récit des relations avec Napoléon III, que le Bon Père lui-même appelait extraordinaires. D'ailleurs, comme il s'agit ici beaucoup moins d'apprécier que de faire connaître, nous nous bornerons à mettre sous les yeux du lecteur les documents authentiques qui se rapportent à cette phase de la vie du saint prêtre.

Un mois à peine après le coup d'Etat de 1851, le serviteur de Marie se sentit inspiré d'écrire au

Prince-Président une lettre que nous reproduisons, comme toujours, d'après la minute :

<small>Rapports avec Napoléon III.</small>

« Prince, le Seigneur a mis dans votre cœur un immense amour du bien, et, pour l'accomplir, il vous a donné son esprit, sa force et sa puissance. Devant vous ont disparu, comme une ombre, les redoutables ennemis qui avaient juré la ruine de la société et qui déjà chantaient leur infernale victoire.

« Dieu vous a donné les cœurs des Français, il vous a confié la plus belle portion de son héritage et la France, qui a l'instinct de vos destinées, attend de vous la fin de ses agitations et le commencement d'une ère nouvelle.

« Or chacun, Prince, doit, selon la mesure de ses moyens, vous venir en aide dans ce grand travail de régénération et, comme tous les autres, obéissant à une inspiration que je crois venir du ciel, j'ose humblement vous apporter le tribut de mes réflexions et de mon expérience.

« Ma vie s'est passée au milieu des pauvres et des petits, je les aime et je sens tout ce que je leur dois d'intérêt et d'amour. Et cependant, Prince, parmi ces petits et ces simples, il est une classe qui est à peu près dans un déplorable abandon : ce sont les petites filles des campagnes, qui n'ont presque partout d'autres moyens d'instruction que les classes des instituteurs, pêle-mêle avec les petits garçons.

« Je vous signale cette plaie, ô Prince, je vous en

Rapports avec Napoléon III.

conjure, sondez-la vous-même dans toute sa profondeur, et vous verrez qu'il n'en est pas de plus hideuse et de plus générale.

« On dira peut-être qu'il y a des institutrices. Il y en a très-peu dans les petites communes et la plupart, exerçant un état mercenaire, ont d'autres préoccupations peu compatibles avec la sainteté de leurs fonctions.

« Et cependant la petite fille a tant d'influence dans le foyer domestique ! Si elle est bonne, pieuse, un peu instruite, elle peut tout auprès de ceux dont elle est chérie et qui voient en elle la plus douce consolation de leur vie dure et laborieuse.

« Eh bien, Prince, vous avez sous la main tous les éléments d'une entière régénération : ce sont les congrégations religieuses, canoniquement instituées et spécialement vouées à l'éducation des petites filles de la campagne. Elles ne demandent qu'à se dévouer et à remplir leur sainte mission. Mais brisez la barrière que la légalité leur oppose. On les soumet à des examens que la dernière loi, je le reconnais, devrait rendre plus faciles, mais qui, dans la réalité, les entravent, les paralysent et les arrêtent. Moi-même, Prince, j'ai pu faire la pénible expérience de ces graves difficultés. Après avoir fondé une maison de jeunes orphelines délaissées et puis un établissement considérable de pauvres filles repenties, j'ai porté mes regards vers les campagnes, et la congrégation que la Divine Providence a daigné former par mes mains, je l'ai dirigée, de concert et sous l'autorité de M<sup>gr</sup> l'Evêque, vers cet objet le plus digne de notre intérêt ; et à peine cette idée a-t-elle été énoncée avec des conditions faciles, que de toutes parts les demandes ont afflué dans la communauté. C'est que, dans les trois départements des Hautes et Basses-Pyrénées et des Landes, plus de mille communes sont, sous ce rapport, dans l'état le plus malheureux.

<small>Rapports avec Napoléon III.</small>

« O Prince, accordez à ces congrégations, qui d'ailleurs offrent les plus sûres garanties, la pleine liberté d'aller instruire et former au bien les petites filles de la campagne et par elles exercer sur la commune entière la plus sainte et la plus heureuse influence. Faites un peu plus encore : consacrez quelques fonds pour venir en aide aux paroisses les plus pauvres, et vous aurez accompli une œuvre immense.

« Et qu'il me soit permis de vous le dire, ô Prince, les campagnes ont mérité de vous ce témoignage de reconnaissance ; elles vous ont toutes, comme un seul homme, acclamé et appelé comme un libérateur envoyé du ciel. Ah ! que votre nom déjà glorieux sera béni ! Oui, Prince, béni, et cette bénédiction aura un écho dans le ciel, car vous aurez fait aussi l'œuvre de Dieu, l'œuvre de son cœur et du cœur de sa Très-Sainte Mère.

*Rapports avec Napoléon III.*

« Pardonnez, ô Prince, ce cri échappé au zèle d'un prêtre qui voit en vous l'homme providentiel, l'homme choisi de Dieu pour l'œuvre de ses grandes miséricordes.

« Je le confie à votre grand cœur avec l'hommage du dévouement sans bornes et du respect très-profond avec lequel je suis, de Votre Excellence, Prince, le très-humble et très-obéissant serviteur,

« CESTAC.

« Bayonne, le 1er janvier 1852. »

A la fin de la minute se trouve la note suivante, ajoutée plus tard par le Bon Père :

« A la gloire de notre Très-bonne Mère et Très-Sainte Maîtresse, et en la bénissant de ses admirables bontés pour son œuvre, je constate que le décret qui ouvre la porte aux congrégations religieuses, a paru le 31 janvier 1852. »

La même année, par un autre décret en date du 14 décembre 1852, le gouvernement impérial accordait à l'Institut le bienfait de la reconnaissance légale.

C'est ainsi que le serviteur de Marie contribua en quelques mois à élargir les assises légales de la vie religieuse dans notre pays et à assurer à sa communauté les droits civiques.

Bientôt, ce ne furent plus de simples relations d'affaires que le serviteur de Marie eut à entretenir avec les souverains, mais des rapports de bienveillance personnelle.

L'Impératrice Eugénie n'avait pas oublié, après son élévation sur le trône de France, le charmant pays de Biarritz où, pendant son enfance et sa jeunesse, elle venait souvent chercher la distraction et la santé. Au mois d'août 1854, elle entraîna la cour à cette extrémité de l'empire et inaugura ainsi une série de villégiatures qui ne fut interrompue que par la chute de Napoléon III. A peine installés dans la nouvelle résidence, les souverains entreprirent la visite des établissements les plus importants de la région, surtout des institutions de bienfaisance. Notre-Dame-du-Refuge, située à côté de Biarritz, sollicita leur première attention. Ils s'y rendirent le 17 août avec une suite composée de quelques personnages éminents de l'aristocratie française et espagnole. Le serviteur de Marie fit les honneurs du couvent avec une distinction d'attitude et de langage qui frappa les augustes visiteurs. Il promena les souverains des jardins aux écoles, de l'exploitation agricole à la Solitude. Il mêlait aux explications techniques les plus touchants récits de l'histoire de Notre-Dame. Les cœurs étaient déjà touchés par ces récits; mais ils le furent bien davantage par les incidents qui se produisirent.

L'Empereur longeait les cellules des Solitaires. En passant sous les cloîtres, il s'arrêta tout d'un coup, et, s'adressant au Bon Père : « *Je voudrais*, dit-il, *voir une cellule.* » Le serviteur de Marie ouvre

*Rapports avec Napoléon III.*

Rapports avec Napoléon III.

la cellule qui se trouvait sous la main. Une Bernardine y travaillait, assise sur un escabeau de bois, la tête penchée sur son ouvrage de couture, le dos tourné à la porte. Elle ne remua pas. « *Et la figure?* » dit l'Empereur. — « Mon enfant, reprit le Bon Père en élevant la voix, l'Empereur et l'Impératrice sont à la porte de votre cellule et veulent vous voir. Découvrez-vous. » L'obéissante religieuse pose son ouvrage, se tourne vers la porte, vient se mettre lentement à genoux sur le seuil de la cellule et, d'un geste rapide, rejetant en arrière son capuce blanc, elle met à découvert un angélique visage de 18 ans dont la beauté était relevée par la sainte gravité d'une âme qui n'aspire qu'au ciel. A cette apparition, un frisson d'attendrissement remua l'assemblée. Mais la Bernardine, toujours immobile dans sa pose recueillie, les bras croisés sur la poitrine, paraissait étrangère à tout sentiment terrestre, et, fidèle à la règle de la Solitude, qui prescrit de mortifier la curiosité de la langue et du regard, elle ne parlait pas et tenait ses yeux baissés. Le Bon Père rompit le premier le silence. « C'est bien fort, Sire, de se trouver en face d'un Empereur et de ne pas même lever les yeux ! » — « *C'est vrai,* » répondit le souverain. — « Assez, » dit le serviteur de Marie à la Bernardine ; et celle-ci, avec la même tranquillité de mouvements, releva son capuce, baisa la terre avec humilité, se remit à sa place et reprit son travail interrompu.

Ce drame touchant rendit encore plus vive l'impression produite peu après par une audacieuse parole du Bon Père.

*Rapports avec Napoléon III.*

Les souverains entrèrent dans la petite chapelle de paille et y restèrent longtemps recueillis. L'Impératrice surtout pria avec une grande expression de piété. Agenouillée sur le sable, ses regards pleins de larmes fixés sur la statue de la Très-Sainte Vierge, elle semblait implorer avec ferveur une grâce de prix. Le serviteur de Marie, avec la témérité des saints, se leva, s'approcha de cette majesté suppliante et lui parla à demi-voix : « Madame, disait-il, la Très-Sainte Vierge me fait connaître la grâce que vous sollicitez de sa maternelle bonté. *Soyez-en assurée, elle exaucera votre prière.* » Le visage de la souveraine resplendit de joie et elle continua sa prière avec une indicible émotion.

Le serviteur de Marie ne se contenta pas d'une assurance mystérieuse, presque secrète. Pressé par un élan irrésistible, il prit la plume, et, prenant texte de la visite des souverains à Notre-Dame-du-Refuge, il rendit publique, en termes d'une délicatesse et d'une convenance irréprochables, la déclaration faite à la chapelle de paille. Dans une lettre adressée au *Messager de Bayonne* et insérée au numéro du 24 août 1854, le Bon Père, après avoir indiqué sommairement les principaux détails de la visite impériale, s'écriait :

Rapports avec Napoléon III.

« Vous, Madame, vous serez toujours présente à notre souvenir et surtout dans cette pauvre chapelle de paille où nous vous avons vue prier avec tant de ferveur. Nous vous reverrons tous les jours, agenouillée sur le sable, reposant un regard ineffable de confiance et d'amour sur l'image vénérée de celle dont vous êtes vous-même, par votre charité, la fidèle image sur la terre.

« Vous avez prié pour votre auguste époux, pour la France. Vous avez demandé peut-être ce qui ferait votre bonheur et le bonheur de tous. Et qui sait !.....

« Soyez tranquille, Madame, nous continuerons vos prières, car vos vœux sont nos vœux, vos désirs sont les nôtres..... et pendant que vous répandrez sur tous ceux qui souffrent les effusions de votre ineffable charité, nous, Madame, les mains et les cœurs élevés vers le ciel, nous prierons et nous prierons toujours cette bonne et fidèle Maîtresse qui ne nous a jamais rien refusé. Nous lui rappellerons votre ardente prière, et, *soyez-en assurée, Madame, elle l'exaucera.*

« Pardon, Monsieur le Rédacteur, l'émotion a débordé dans mon cœur et ma plume s'est échappée malgré moi. Je confie ces lignes à votre bienveillance. »

On ne peut dire l'émotion qu'excita cette lettre dans le public bayonnais. Les amis les plus chers du serviteur de Marie blâmaient une témérité qui allait peut-être avoir pour résultat de le déconsidérer, en le reléguant au rang des visionnaires et des hallucinés. Le Bon Père recevait avec patience les reproches qui pleuvaient sur lui ; il déclarait avec douceur qu'il n'avait pas été maître de retenir la vérité captive ; que la divine Maîtresse lui avait ordonné de parler et qu'elle saurait justifier ses ordres.

Quelques mois après, le Prince Impérial venait au monde. Sa naissance combla de joie le serviteur de Marie : la parole de la Très-Sainte Vierge, pensait-il, était dégagée. Il bénissait sa divine Mère d'avoir choisi le plus humble de ses serviteurs pour annoncer la vérité.

Mais au milieu des ferventes actions de grâces qu'il adressait au ciel, la Mère de Dieu sembla le favoriser de nouvelles communications. Il entrevit un coin de l'avenir dans des signes comme révélateurs de la pensée divine. Il se sentit plusieurs fois pressé d'écrire à l'Empereur. La Providence ajourna l'exécution de ce projet, et, enfin, par une âme sainte à qui Dieu paraissait faire connaître ses volontés, il lui fut dit que l'heure sonnerait bientôt de raconter ce qui lui avait été enseigné.

Les choses en étaient là, lorsque la cour arriva à Biarritz en août 1856. L'Empereur invita le serviteur de Marie à dîner au château.

*Rapports avec Napoléon III.*

Rapports avec Napoléon III.

Nous copions une relation authentique écrite par le Bon Père, le lendemain de la réception :

« L'invitation, loin de le réjouir, imprima au cœur du Bon Père un fond de tristesse. C'était le 4 septembre, en mercredi. Le Bon Père offrit le sacrifice de la messe aux intentions de la Très-Sainte Vierge, pour recevoir les ordres de la divine Maîtresse et lui demander de tenir son serviteur dans ses mains et dans son cœur pendant la mission délicate et difficile qu'il allait remplir. L'heure étant venue, il fit dire, dans toute la communauté et par classes, mille *Ave Maria* et partit selon cette parole : Marche et je serai avec toi.

« Le dîner a lieu sans incidents dignes d'être racontés. Après le dîner, l'Empereur reste seul avec le Bon Père. Il s'asseoit et invite ce dernier à s'asseoir à son côté. Alors le Bon Père, sentant tout à coup la grandeur de sa mission, a parlé à l'Empereur avec le plus profond respect, mais aussi avec toute la liberté d'un prêtre chargé d'une mission. L'Empereur l'a écouté avec une très-sérieuse attention et la plus grande bonté. Il a paru prendre un vif intérêt à tout ce qui lui était dit. Il semblait le recevoir comme venant du ciel. Ce sentiment a paru dominer son esprit et son cœur durant toute la conversation. Après cet entretien, qui avait duré près d'une heure, l'Empereur a conduit le Bon Père dans le parc. Après une promenade de trois quarts d'heure, l'Empereur est entré et le Bon Père a pris congé de Sa Majesté, après lui avoir témoigné combien il était heureux d'une visite qui laissait dans son cœur tant de bonheur et de grâces. L'Empereur lui a tendu la main et le Bon Père est sorti. » (4 septembre 1856.)

*Rapports avec Napoléon III.*

Ces relations, confiantes et affectueuses de la part des souverains, respectueuses et dévouées de la part du serviteur de Marie, ne souffrirent pas d'altération. L'Empereur ne dissimulait pas son goût pour le Bon Père. Il aimait à s'entretenir longuement avec lui. Il disait : « Je ne me lasse jamais de converser avec un saint tel que M. l'abbé Cestac. » L'Impératrice était pleine de prévenances et de respect pour le directeur du Refuge. Elle lui avait demandé de prier tout particulièrement pour la France et pour l'Empereur. Le Bon Père priait et faisait beaucoup prier sa communauté aux intentions de la souveraine. Elle avait exprimé le désir qu'il signalât les infortunes les plus dignes de secours. Nous avons sous les yeux les témoignages irrécusables de l'active intervention du serviteur de Marie et de l'efficace déférence de l'Impératrice. En d'autres circonstances, c'était à l'Empereur qu'il s'adressait directement, lorsqu'il s'agissait des grands intérêts de l'Église ; sa voix était toujours écoutée avec sympathie.

L'absence ne refroidissait pas le souvenir affec-

**Rapports avec Napoléon III.**

tueux conservé par les souverains à leur saint et fidèle sujet. Nous citerons à l'appui une lettre de la Bonne Sœur, d'une touchante simplicité :

« Mon bien Bon Père, je vais vous raconter tout ce qui s'est passé. D'abord, je me suis rendue au château de Biarritz à l'heure indiquée. Lorsque nous étions dans la cour du château, Monsieur le Préfet est venu à nous avec grande bonté. Il m'a dit : « Eh bien, ma sœur, vous n'êtes pas partie ? » — « Monsieur, je ne devais pas m'absenter, mais notre Bon Père n'est pas encore rentré. » — « C'est ce qu'on vient de dire à l'Empereur et il m'a témoigné un vif regret de ne l'avoir pas vu. Il vient, continua-t-il, de me remettre 500 francs comme souvenir pour vous les remettre. » Je l'ai remercié et salué. J'ai continué avec sœur Saint-Jean ma route, et j'ai traité avec M$^{me}$ Paulé les affaires qui m'amenaient au château. Au moment de quitter cette dame, nous avons témoigné le désir de voir le jeune Prince. Comme nous nous dirigions vers sa chambre, un des gardes est venu vers nous, et, s'adressant à M$^{me}$ Paulé, il a dit : « Monseigneur est dans un moment de désespoir. Je crains que ces bonnes sœurs ne puissent le voir. » Néanmoins, M$^{me}$ Paulé nous fit entrer. Dès que le Prince nous vit, il fut frappé sans doute de notre costume. Il n'a plus pleuré, il nous a envoyé des baisers et nous a présenté sa petite main. Mais quand on lui a dit de marcher un peu pour nous montrer sa taille, il a dit nettement : *Non*. Alors nous nous sommes retirées et avons été rejoindre nos sœurs et les Orphelines qui se trouvaient dans un endroit rapproché par où, nous a-t-on dit, devait passer l'Empereur. En effet, il a passé par là. Je me suis avancée et lui ai présenté un bouquet avec un petit discours écrit que sœur Marie-Anastasie a fait ; quoique simple, il nous a paru bien. Sœur Marie-Léonie l'avait recopié. L'Empereur l'a pris et l'a mis dans sa poche. Un enfant de l'Ouvroir a présenté un autre bouquet et le troisième a été offert par une petite Orpheline. La première parole de l'Empereur a été de me parler de vous. Il m'a dit qu'il avait su que vous étiez à Toulouse et qu'il regrettait beaucoup de ne vous avoir pas vu. L'Impératrice a ajouté : « Oui, ma sœur, dites-lui bien combien nous regrettons de ne pas le voir. » L'Empereur a repris et m'a demandé pourquoi vous vous étiez absenté. — « Sire, pour aller prêcher la retraite à nos sœurs qui se trouvent loin de nous. » — « Combien sont-elles ? » — « Trois ou quatre cents. » — « Elles n'auraient donc pas pu venir ? » — « Non, Sire, parce que nous n'avons pas des logements suffisants. Notre Bon Père a différé son départ de plusieurs jours, mais il n'a pu retarder davantage. » L'Empereur a paru attentif à mes paroles, mais ses yeux nous examinaient toutes. Après cela, il nous a saluées avec une grande

*Rapports avec Napoléon III.*

bonté. Nous avons crié : *Vive l'Empereur !* et ils ont repris leur course. Vous voyez, mon bien Bon Père, que tout s'est passé aussi bien qu'il est possible de le désirer. » (Lettre de sœur François-de-Sales, septembre 1858.)

Le Bon Père gardait toujours, dans ses rapports avec les souverains, une réserve digne de son caractère et de son ministère. Il se préparait aux audiences impériales par des prières ferventes. Il se rendait à Buglose, demandait à Marie de lui faire connaître ce qu'il était utile de dire à l'Empereur ; et ses discours étaient de tout point conformes aux inspirations de la divine Maîtresse. Une année, la Très-Sainte Vierge ne révéla pas ses volontés. Le serviteur fidèle resta muet. « N'avez-vous donc pas quelque communication à me faire, dit l'Empereur, étonné de la réserve du Bon Père. » — « Sire, je n'ai rien à dire. »

D'ailleurs, il était particulièrement fidèle à la recommandation fondamentale de ne demander aucune faveur. Il est vrai que la bienveillance et la générosité de l'Empereur prévenaient toute requête et s'exerçaient sur l'œuvre nouvelle avec une inépuisable générosité.

En dépit de son humilité, le serviteur de Marie reçut personnellement des marques toutes particulières de la bonté impériale. La lettre suivante d'un homme qui a bien mérité de notre pays, indiquera comment les choses se passèrent :

« Mon cher abbé, il y a plusieurs années que mes collègues de la députation et moi concevions la pensée de vous faire décorer. L'initiative de la proposition appartenait à M. Etcheverry, député de votre circonscription électorale. Il la fit au nom de tous à Monsieur le Préfet des Basses-Pyrénées, dont le concours nous était nécessaire. Monsieur le Préfet l'adopta avec empressement : mais elle ne put pas aboutir il y a deux ans. Les présentations à l'Empereur avaient été déjà faites. L'année dernière, l'Empereur ne vint pas à Biarritz. Cette année, Monsieur le Préfet nous assura que vous seriez l'un des premiers sur sa liste. La justice de l'Empereur a fait le reste. Grâces lui soient rendues ! Et vous, cher et honorable compatriote, recevez mes félicitations sincères. Vous avez fait une œuvre grande et belle ! l'Empereur devait la reconnaître, en mettant l'étoile de l'honneur sur votre noble cœur. Croyez que personne ne s'en réjouit plus que moi. Agréez-en l'assurance avec mes meilleurs sentiments d'amitié et de haute considération. LARRABURE. » (Château d'Argagnon, 7 septembre 1865.)

*Rapports avec Napoléon III.*

L'Empereur voulut décorer le Bon Père de sa main. Le souverain s'était rendu à Bayonne pour passer une revue et distribuer des récompenses aux troupes. Au rang d'honneur, dans le carré militaire, parmi les brillants uniformes, les nombreux spectateurs de la revue aperçurent un prêtre. On

<small>Rapports avec Napoléon III.</small>

ne tarda pas à reconnaître le Bon Père. Ce fut une acclamation universelle de joie et de gratitude.

Mais comment le serviteur de Marie se trouvait-il là ?

Le 4 octobre 1865, le Bon Père, au moment d'entreprendre un voyage, vit s'arrêter à la porte du monastère une voiture, d'où descendirent deux gendarmes :

« Monsieur l'abbé, dit l'un d'eux, nous avons ordre de vous emmener immédiatement à Bayonne. »

« — Moi ? dit le Bon Père surpris. »

« — Vous-même, répondit le gendarme. C'est Monsieur le Préfet des Basses-Pyrénées qui nous a enjoint de vous conduire à Bayonne, sans vous laisser une minute de répit. »

Le Bon Père n'y comprenait rien. C'était M. d'Auribeau qui était Préfet des Basses-Pyrénées et il avait habitué le serviteur de Marie à des rapports d'une courtoisie parfaite et d'une bienveillance inépuisable. Et maintenant... Enfin, il n'y avait qu'à s'exécuter et le Bon Père, très-soucieux, fit le voyage d'Anglet à Bayonne entre les deux gendarmes, sympathiques, mais réservés et esclaves du devoir.

L'incertitude cessa bientôt.

Aux portes de la ville, la voiture fut arrêtée par le Préfet. « Mon cher abbé, vous me pardonnerez, dit-il, de vous avoir fait venir de force. Mais l'Empereur va arriver, il désire vous décorer de sa main. Il n'y avait pas une minute à perdre. » Et le gracieux Préfet conduisit au milieu des troupes, disposées en carré pour une revue, le Bon Père, de plus en plus surpris de ce qui se passait. Son humilité ne pouvait pas échapper à l'honneur de ce jour. Mais son visage recueilli, ses yeux levés au ciel, ses lèvres incessamment agitées par la prière, montraient que le serviteur rapportait à son Auguste Reine la distinction dont il était l'objet.

Rapports avec Napoléon III.

Si l'on peut dire que, sous le second Empire, toute l'Europe passa par Biarritz, il est non moins vrai de dire que tout Biarritz alla visiter Notre-Dame-du-Refuge. Ce fut l'occasion pour le Bon Père de montrer combien il était attaché aux lois de l'hospitalité. Aucun étranger, sans exception, ne passe dans la communauté, qu'on ne s'empresse de lui offrir quelques rafraîchissements. Une sœur est toujours mise à la disposition des visiteurs pour les renseignements nécessaires. Le serviteur de Marie accueillait de même avec bonheur ceux qui venaient s'asseoir à sa table. Il se considérait comme le lieutenant de la Très-Sainte Vierge. Elle était la maîtresse de l'œuvre, et lui était chargé d'en faire les honneurs.

Il aimait surtout à recevoir les ecclésiastiques dont la présence était à ses yeux comme une bénédiction de Jésus-Christ. Nous nous souve-

Rapports avec Napoléon III.

nons avec gratitude de quelques visiteurs que nous avons conduits auprès du serviteur de Marie et qu'il a accueillis et dirigés avec une charité sans égale. Une fois, entr'autres, nous avons accompagné à Notre-Dame M$^{gr}$ Lyonnet, archevêque d'Albi, et M$^{gr}$ Epivent, évêque d'Aire, tous deux endormis dans la paix du Seigneur. Le serviteur de Marie, à l'arrivée des deux prélats, se prosterna à leurs pieds dans la joie du prêtre respectueux qui voit en l'Evêque la personne de Jésus-Christ. Après avoir reçu pieusement la bénédiction épiscopale, il guida à travers le monastère les deux éminents visiteurs. A chaque pas, il entrait en des considérations de l'ordre le plus positif, entremêlées de récits où éclatait l'accent surnaturel. Le langage du Bon Père était merveilleux de sagesse, d'esprit, d'éloquence et d'ardeur contenue. Ses auditeurs tantôt souriaient, tantôt pleuraient. Pendant plusieurs heures il exerça sur eux une véritable fascination. Quelques années après, le vénérable archevêque d'Albi était encore sous le charme, et, au souvenir de cette touchante journée, il nous disait la parole des disciples d'Emmaüs : « Est-ce que notre cœur n'était pas embrasé, lorsqu'il nous parlait sur la route ? »

Ce n'était pas seulement à l'égard des grands dignitaires de l'Eglise que le Bon Père se dépensait avec empressement. Chaque jour, le flot des visites apportait à Notre-Dame des foules de toute condition, de toute éducation, et chaque jour le Bon Père était heureux de se mettre à la disposition de tous. « La Très-Sainte Vierge, disait-il, m'a fait connaître que le temps absorbé par les visites n'est pas un temps perdu. » De fait, le serviteur de Marie disposait les choses de manière à procurer en toutes circonstances la gloire de Dieu et le salut des âmes. Que d'heureuses impressions, que de conversions signalées ont eu leur point de départ dans les visites charitablement reçues par le Bon Père ! La correspondance du serviteur de Marie met sur les traces de quelques retours à Dieu éclatants et sincères, heureusement inspirés dans les circonstances dont nous parlons. Même, il n'a pas tenu à lui qu'à la suite d'une visite à Notre-Dame une grande princesse du Nord n'ait abjuré l'erreur pour devenir l'enfant soumise de l'Eglise catholique.

*Rapports avec Napoléon III.*

# NOTE DU CHAPITRE TROISIÈME

### Réponse à un Ministre.

Veut-on savoir comment s'acquièrent les biens des congrégations religieuses ? Qu'on lise le sincère procès-verbal suivant, où l'on voit quelles sueurs, quels travaux et quelles anxiétés ont payé le domaine de Notre-Dame :

« Nous soussignées, membres du conseil d'administration de la congrégation des Servantes de Marie, convoquées par notre Mère directrice générale et sous sa présidence, avons l'honneur d'exposer ce qui suit, en réponse à la lettre de Son Excellence M. le Ministre des cultes, qui nous a été communiquée par M. le Préfet, relativement aux sources des fonds qui ont servi à payer les biens qui font l'objet de la rétrocession faite par M. l'abbé Cestac, notre fondateur et directeur général, à la dite congrégation.

« La congrégation des Servantes de Marie a commencé en 1836, par une simple réunion de personnes pieuses et dévouées, recueillant des orphelines délaissées dans une maison attenant au cimetière et appartenant à la ville de Bayonne, et un peu plus tard, en 1837, recueillant de jeunes filles perdues qui eurent pour habitation les combles de la dite maison.

« Cet état de choses ne pouvant pas durer, le fondateur, s'abandonnant entièrement à la divine Providence, fit, en 1838, l'acquisition du domaine situé à Anglet et où se trouve maintenant la Maison-Mère.

> « Cette acquisition fut payée en partie par quelques emprunts, et pour le reste, M. l'abbé Cestac s'obligea à servir les intérêts aux vendeurs, car il se trouvait littéralement sans aucune ressource, attendu que le peu qu'il avait comme vicaire de Bayonne se dépensait chaque jour pour les besoins des pauvres et de l'œuvre naissante.
>
> « Après quelques travaux d'appropriation faits encore à crédit, puisque nous avons dû les payer plus tard, une partie des personnes qui formaient l'association resta dans la maison des Orphelines, et l'autre, accompagnée de 14 Pénitentes, s'installa dans la nouvelle acquisition d'Anglet qui avait pris le nom de Notre-Dame-du-Refuge.
>
> « Nous devons faire remarquer que notre fondateur, croyant obéir à une inspiration supérieure, prit pour lui-même et imposa comme règle absolue à toute l'association, de ne jamais, ni directement, ni indirectement, rien demander à personne, mais de puiser sa vie, réduite d'ailleurs au simple nécessaire, dans le travail et la prière.
>
> « Une vie pauvre et pénitente, la prière et le travail, devinrent donc le vrai, l'unique fondement de son existence et de son accroissement.
>
> « Dès ce moment, notre première et grande préoccupation (car nous appartenons à cette première époque de l'œuvre) fut le payement des dettes qui se montaient à plus de 50,000 fr., charge énorme pour nous qui n'avions rien, mais qui n'effrayait ni notre dévouement ni notre espérance.
>
> « En effet, tandis que les unes travaillaient la terre avec activité et intelligence, sous l'habile direction du fondateur, les autres s'appliquaient aux travaux d'aiguille et

obtinrent des succès non moins satisfaisants ; des économies furent réalisées et les dettes commencèrent à s'éteindre.

« L'œuvre prenait des accroissements et, en 1842, elle présenta à l'autorité ecclésiastique assez d'importance, pour que Monseigneur Lacroix, évêque de Bayonne, crût devoir lui accorder la sanction épiscopale, sous le titre de congrégation des Servantes de Marie.

« Tout marchait bien, lorsqu'une circonstance heureuse vint offrir à la nouvelle congrégation une ressource inattendue.

« M. Vidal, proviseur du Lycée de Toulouse, nous demanda des sœurs ; elles y furent envoyées ; et, apportant dans cet établissement l'esprit d'ordre et de travail qui leur était propre, elles eurent le bonheur de satisfaire à toutes les exigences de leur position. Vivant de leur vie pauvre, aidées par les provisions qu'elles recevaient de la communauté (car elles se nourrissent elles-mêmes), elles purent apporter dans le sein de l'œuvre une grande partie de leur traitement.

« Des sœurs furent successivement demandées dans d'autres établissements, comme à Larressore, Aire, Oloron, etc. Celles-ci, nourries dans ces maisons, pouvaient porter intégralement leurs honoraires à la communauté. C'était déjà plusieurs mille francs assurés chaque année à la congrégation. Il fut décidé que ces sommes seraient exclusivement réservées pour l'acquittement des dettes.

« A ces sommes vinrent se joindre quelques dots apportées volontairement par les aspirantes à la vie religieuse.

« Œuvre de désintéressement et de pure charité, la congrégation avait décidé qu'elle n'accepterait jamais de

Réponse
à
un Ministre.

pension pour les orphelines ni pour les pénitentes, qui devaient toutes être reçues à titre gratuit. Quant aux postulantes, elle n'exigeait pas de dot, mais elle recevait ce que chaque sujet apportait en entrant. Toutes ces sommes, généralement minimes, mais qui se sont quelquefois élevées jusqu'à quatre et cinq mille francs, furent exclusivement consacrées d'abord au payement des dettes et plus tard à l'acquisition des terres, surtout de celles qui environnaient le domaine, point essentiel pour l'exploitation par les pénitentes.

« Nous ne devons pas dissimuler que quelques dons bien volontaires nous sont venus en aide. Dès les commencements de l'œuvre, les étrangers qui affluent à Biarritz sont venus en grand nombre, comme ils viennent encore, nous visiter durant la saison des bains, la plupart personnes de haute distinction ; et alors surtout que les pénitentes bernardines étaient logées dans des cellules de paille, il n'en était pas une seule qui ne laissât quelque trace de sa libéralité.

« Nous signalerons encore un don de cinq mille francs que M. Fortoul, alors Ministre des cultes, nous envoya, comme encouragement, sur la demande bienveillante et toute spontanée de feue M$^{me}$ Doubet, de si douce et bonne mémoire. Et puis encore, ce que nous devons à la main généreuse de l'Empereur, qui nous a bien aidés pour nos dernières acquisitions.

« Maintenant, la communauté résidant à Notre-Dame forme un personnel de 500 personnes dont la dépense, cette année, est exceptionnelle et dépasse de beaucoup celle des années précédentes, tandis que les produits ont été moins abondants ; mais nous comptons sur le puissant secours de la Très-Sainte Mère de Dieu, notre divine Maîtresse, et nous savons qu'à celui qui cherche le royaume de Dieu, le reste sera donné par surcroît.

*Réponse à un Ministre.*

« Telle a été la marche de l'œuvre, tels sont les moyens par lesquels elle est parvenue à payer ses dettes et à faire de nouvelles acquisitions. Elle ne peut pas et elle ne veut pas s'enrichir; mais elle est heureuse de faire le bien, de vivre de son travail sans rien demander et sans rien devoir à personne.

« Son Excellence M. le Ministre demande encore quel est le but d'utilité que peuvent avoir les biens-fonds situés hors de la Maison-Mère.

« Nous ne possédons que le petit domaine situé dans la paroisse de Notre-Dame-de-Buglose, quartier dit : Commune de Saint-Vincent-de-Paul, département des Landes. Cette commune, très-vaste, n'ayant aucune école, ni libre ni communale, pour les jeunes filles, inspira un vif intérêt à notre fondateur qui, d'ailleurs, se croyait redevable au sanctuaire de la divine Mère du Sauveur, situé dans ces lieux, de faveurs particulières et bien signalées. Il eut la pensée d'y fonder une école libre et entièrement gratuite. Cette école, qui a réuni jusqu'à 80 enfants, ne reçoit rien de personne, mais elle s'entretient par le travail agricole, qui est à la fois une ressource pour les sœurs et un bon exemple pour les agriculteurs de la contrée.

« Quant aux dons que notre fondateur a faits à la congrégation et qui viennent de son chef, ils se composent :

« 1º De quelques ares de sable qui font partie du domaine de la Maison-Mère ;

« 2º D'un are de terrain situé à Saint-Martin-de-Seignanx,

renfermant une petite chapelle, qui n'occasionne pas de dépenses et ne donne pas de produits ; c'est simplement un lieu de dévotion et de prière.

« Ces deux objets avaient été laissés à notre fondateur par testament ; il les a donnés à l'œuvre.

« Nous croyons avoir répondu, autant qu'il nous était possible de le faire et selon la vérité, aux demandes de Son Excellence M. le Ministre des cultes. L'œuvre s'étant développée d'une manière si spontanée, si providentielle, il nous serait impossible de fournir d'autres documents.

« Fait à Anglet, en notre Maison-Mère, Notre-Dame-du-Refuge, le 11 janvier 1862. »

Vers l'époque où cette note était rédigée, le serviteur de Marie s'écriait :

« Maintenant, ô ma très-bonne Mère, que je puis, à cette distance, mieux voir et comprendre vos desseins, je ne puis m'empêcher d'admirer et de bénir la sagesse et la miséricorde de vos voies sur nous. Vous me défendez de rien demander à personne; vous avez voulu que la maison choisie par vous fût achetée sans aucun fonds qui me fût propre, pour nous imposer l'obligation de la payer au prix de nos sacrifices et de nos sueurs ; vous n'appelez aucune fortune dans notre œuvre. Vous ne voulez que le dévouement au travail. Ce travail, vous le bénissez. Quand il ne suffit pas aux immenses besoins de l'œuvre, vous y suppléez ou par des miracles ou par des charités dont l'initiative vous appartient exclusivement et qui viennent en aide au travail, mais qui n'en dispensent jamais. Grandes et précieuses leçons que vous avez données à votre œuvre ! admirable voie que vous avez tracée à vos pauvres servantes ! » *(Autobiographie).*

# CHAPITRE QUATRIÈME

## MORT DU BON PÈRE

### I.

**Les dernières Années.**

La reconnaissance et la tristesse se sont partagé les dernières années de la vie du Bon Père.

Le serviteur de Marie voyait l'œuvre prospérer rapidement. Chaque jour amenait des résultats heureux. L'esprit de l'Institut se conservait dans la ferveur. Les âmes profitaient des efforts de la nouvelle Congrégation. A ce spectacle, le vénéré fondateur était envahi par une immense satisfaction. Mais rien de personnel ne se mêlait à ses sentiments. Quand il parlait de l'œuvre, il s'exprimait avec un singulier accent d'abnégation. Ce n'était point de lui que venaient l'établissement et les progrès de l'Institut. La Très-Sainte Vierge, seule, avait tout fait. L'action humaine s'était réduite à suivre docilement les inspirations venues d'en

Les dernières Années.

haut. Encore avait-il fallu que la divine Mère courbât quelquefois, comme de force, des volontés rebelles. « Si l'œuvre subsiste, disait le Bon Père, c'est en quelque sorte malgré moi; car, en plusieurs circonstances, j'ai failli la tuer en substituant ma volonté à celle de la Très-Sainte Vierge. » En d'autres circonstances, il s'écriait : « C'est elle qui a tout fait, qui fait tout. Ce qu'il y a de bon, c'est son œuvre; ce qu'il y a de défectueux, c'est la mienne. »

Son impersonnalité à cet égard allait si loin qu'il se complut quelquefois à raconter, avec un vif sentiment d'admiration, l'histoire de l'Institut. Un jour qu'il s'exprimait avec une sorte d'enthousiasme en présence de quelques visiteurs, la Mère Noire le prit à part et lui dit : « Mon Bon Père, ne craignez-vous pas de les scandaliser en parlant ainsi? » Le serviteur de Marie, comme réveillé en sursaut, lui répondit : « Vous m'affligez, mon enfant. Est-ce qu'il peut venir à l'esprit de personne, en nous voyant et en nous entendant, que nous sommes pour quelque chose dans l'œuvre de la Très-Sainte Vierge? Peut-on nous suspecter de vanité, lorsque nous racontons les bontés de la divine Mère? Allez, ne craignez jamais de rendre hommage à la vérité. »

Il tint le même langage à un ecclésiastique qui lui avait demandé quelques renseignements sur Notre-Dame. « L'action permanente de la Très-Sainte

Vierge dans l'œuvre, écrivait le Bon Père, est si manifeste que tous, comme nous, sont forcés de la reconnaître : et voilà pourquoi aussi, M. l'abbé, je vous parle avec cette simplicité. Nous admirons l'œuvre de la Très-Sainte Vierge comme tout le monde et plus que tout le monde, parce qu'il ne peut y avoir, pour qui que ce soit, l'ombre d'une pensée personnelle. *Faites tout pour moi, je ferai tout pour vous :* c'est le traité que cette bonne Mère et Très-Sainte Maîtresse a voulu faire avec nous. Elle y a été fidèle. Heureux si nous pouvons en dire autant de nous-mêmes! » (15 décembre 1864.)

<small>Les dernières Années.</small>

Il n'était pas rare de rencontrer le Bon Père se promenant au milieu de Notre-Dame, un rosaire au cou, pour marquer son esclavage, bénissant l'Auguste Souveraine, s'entretenant avec elle, portant aux travailleuses éparses dans les champs et les ateliers, des paroles pleines d'amour pour la divine Mère, de plus en plus embrasé qu'il était de la sainte flamme allumée dans son cœur dès l'aurore de son existence. Ni les épreuves, ni les joies, ni la prospérité, ni l'adversité, ni les soins temporels, ni la responsabilité spirituelle, ni l'âge, ni les maladies n'avaient amoindri la céleste ardeur. A mesure que l'Institut progressait, la reconnaissance augmentait dans le cœur du Bon Père. Les bienfaits, comme l'huile jetée sur le feu, ravivaient son amour. La jeunesse de sa passion pour la Très-Sainte Vierge demeurait immuable. Dans la vieillesse, ses sentiments avaient un caractère grave, profond, dont l'expression bouleversait les plus prévenus. A la veille même de sa mort, le Bon Père écrivait ces paroles qui expriment bien la situation de son âme à l'égard de la Très-Sainte Vierge : « L'acceptation absolue et sans réserve de tous les desseins de la divine Mère et de tout ce qu'elle peut permettre dans son œuvre doit s'unir dans vos cœurs, mes enfants, à une confiance douce et filiale en ses maternelles bontés. Une expérience, je puis dire constante, nous l'a bien appris. Au milieu des plus violentes tempêtes et quand tout semblait compromis, cette Mère vigilante et pleine de bonté étendait sa main, et le calme, un calme inattendu, revenait dans l'œuvre et nous faisait pousser, dans les sentiments de la plus vive reconnaissance, ce cri de confiance : « Oh ! qu'elle est bonne, qu'elle est bonne, la divine Mère ! » *(Testament spirituel.)*

On se tromperait si on croyait que ce sentiment si profond de reconnaissance pour la Très-Sainte Vierge assurait au Bon Père le calme et la joie. Les dernières années de sa vie s'écoulèrent dans une indicible tristesse. Pauvre cœur humain, qui ne peut jamais trouver ici-bas le repos ! Cette âme d'élite, pendant de longues années, avait combattu et souffert pour établir une œuvre de bien ;

*Les dernières Années.*

et lorsque le triomphe est acquis et dépasse toute espérance, la sérénité ne suit pas le succès, et la mélancolie s'attache à la prospérité avec une obstination que ne connaissait pas l'adversité !

<small>Les dernières Années.</small>

Plusieurs causes contribuaient à entretenir le serviteur de Marie dans ces dispositions attristées.

D'abord, la situation de l'Eglise et de son auguste chef. Les coups portés à la papauté faisaient de cuisantes blessures à son cœur. Qu'ils sont mal inspirés ceux qui troublent les consciences! Les entreprises hostiles à la religion éveillent des susceptibilités et des souffrances que rien ne peut endormir. Le saint prêtre gémissait de la douloureuse situation faite au chef de la catholicité. Il suivait d'un œil attentif les événements contemporains, et chacun des incidents qui affaiblissaient la puissance extérieure de l'Eglise, surexcitait ses inquiétudes. Dans la mesure de son pouvoir, il travaillait au bon succès des revendications pontificales ; il demandait à ses enfants de subvenir avec générosité au denier de Saint Pierre ; mais les défaites temporelles du catholicisme le rendaient malheureux. Il en parlait sans amertume, mais avec douleur. Revenant à ses premiers enthousiasmes de jeunesse, à cette noble sympathie pour l'Irlande et la Pologne, qui s'était emparée, vers 1830, des âmes généreuses, il pleurait sur le sort de ces deux nations catholiques. « La question polonaise, disait-il, n'est pas, à dire

*Les dernières Années.*

vrai, purement catholique, puisqu'elle est soutenue aussi par des hommes qui n'ont pas le bonheur de partager notre foi. Cependant il est juste de dire que, dans son ensemble, la question polonaise est surtout *religieuse*. » Le Bon Père faisait la même remarque au sujet de l'Irlande. Contemplant avec tristesse la ruine du vieil édifice social qui avait constitué le système chrétien, il déplorait l'aveuglement et la rage de ceux qui s'acharnaient sur les derniers débris, de manière à ne plus en permettre l'emploi à l'heure de la restauration.

A ces préoccupations extérieures s'ajoutaient des peines provenant de la communauté elle-même. Assurément, ni la ferveur, ni le bon esprit, ni la soumission, ne laissaient grand chose à désirer. De plus, la congrégation avait pris une assiette ferme et ses destinées suivaient leur cours régulier. Néanmoins, une crise inévitable se produisit au moment de la transition entre le régime personnel et le régime canonique.

Pendant de longues années, le vénéré fondateur avait résumé en sa personne la vie de l'Institut. Ce premier état commença à prendre fin dès que l'œuvre eut trouvé en elle-même son point d'appui et sa puissance d'action. Peu à peu, le Bon Père ménageait le passage avec prudence et fermeté. Il se dépouillait de ses prérogatives avec bonheur et remettait progressivement à ses filles spirituelles la conduite de leurs biens et de leurs personnes. Ces transmissions de pouvoirs étaient pour lui le sujet d'une grande satisfaction et l'on se souvient de l'accent joyeux avec lequel il s'écria, quand il reçut le Décret de rétrocession : « Maintenant, je n'ai plus rien ; je suis content, on peut me mettre à la porte. » Toutefois, dans sa sagesse consommée, le Bon Père recherchait avec soin de ne transférer qu'en heure opportune l'exercice de l'autorité aux mains du conseil de l'œuvre. Une évolution trop brusque de l'obéissance au gouvernement est quelquefois dangereuse. Il est aussi un apprentissage du pouvoir, et ce n'est pas inopinément qu'on devient apte à régir ses semblables. Le serviteur de Marie fut attentif à former la congrégation à de nouvelles mœurs administratives. Malheureusement, des esprits absolus et précipités ne comprenaient pas cette temporisation, et, avec des intentions excellentes, cherchaient à activer outre-mesure le mouvement de régularisation. Le Bon Père fut affligé de cette inquiétude peu apparente, mais réelle ; peu étendue, mais active. Il y voyait un danger pour l'œuvre : il craignait surtout qu'au lieu de suivre la volonté de la Très-Sainte Vierge, on ne commît la faute de la précéder. Il continua donc à opérer lentement, avec maturité, les réformes nécessaires. Toutefois, les agitations et les empressements qui se manifestaient près de lui ne laissèrent pas d'être un sujet d'affliction qui contrista vivement son cœur.

<small>Les dernières Années.</small>

*Les dernières Années.*

Qui pourrait, aujourd'hui, méconnaître la prudence et la sagesse du serviteur de Marie? La congrégation a passé par l'épreuve d'une transmission complète de régime et d'autorité, sans secousse et sans souffrance. Le vénéré fondateur est mort. Sans doute, sa place est toujours la même dans les cœurs : mais le conseil substitué au premier supérieur gouverne l'Institut avec la plénitude de l'autorité, et la congrégation poursuit heureusement sa marche sous le regard de Dieu.

Qu'ils doivent regretter leurs précipitations, ceux qui se plaignaient des sages ménagements du serviteur de Marie! Aujourd'hui, dix ans après la mort du Bon Père (et qu'est-ce que dix ans dans la vie d'une œuvre?), la communauté est entrée pleinement dans les grandes voies de la législation canonique. Sa règle est celle de Saint Augustin. Ses Constitutions seront bientôt approuvées par l'Eglise. Elle a franchi les temps de naissance et de formation pour entrer, avec un fruit immense, dans la période de la loi et de la régularité.

C'est ce que constate le dernier Rapport envoyé à la Sacrée Congrégation des Evêques et Réguliers :

« Depuis 1870, c'est-à-dire, depuis que nous avons eu le bonheur de recevoir nos Constitutions, nos sœurs, pénétrées pour elles d'un saint respect, se sont dévouées avec un admirable élan à leur religieuse observation. Voilà sept ans qu'elles nous sont expliquées et commentées par nos chapelains et que nous en faisons l'essai loyal. Or, plus nous avançons, et plus nos sœurs déclarent trouver de facilité et de douceur dans la pratique de ces saintes prescriptions. Ces Constitutions nous imposent le vœu de pauvreté strict et complet, autant du moins qu'il est permis de le faire en France. Mais dès 1842, c'est-à-dire, depuis l'émission de nos premiers vœux, toutes nos sœurs s'y sont constamment soumises avec joie, et c'est encore leur bonheur et leur gloire d'aspirer à la béatitude spéciale promise par le Seigneur aux pauvres volontaires qui ont tout quitté pour le servir.

*Les dernières Années.*

« Dans sa miséricordieuse bonté, le divin Maître a voulu nous montrer combien il avait cette générosité pour agréable. Chez toutes nos sœurs, en effet, nous avons senti comme un renouvellement intérieur s'exprimant au dehors par une fidélité beaucoup plus grande. En sorte que l'on peut dire qu'avec la grâce de Dieu et une protection particulière de notre Mère céleste, chaque sœur fait en ce moment tout ce qui est en son pouvoir pour avancer dans la perfection de sa vocation et augmenter en elle l'esprit de simplicité, d'obéissance, de sacrifice et de travail qui furent en tout temps le caractère distinctif de leur piété. »

Tristesses dans les événements extérieurs, tristesses dans la communauté, le Bon Père trouvait

Les dernières Années.

partout un aliment pour cette mélancolie profonde qui assombrissait le déclin de sa vie.

Puis, c'étaient de douloureuses séparations qui meurtrissaient son cœur. Il voyait disparaître plusieurs âmes saintes qui avaient partagé ses travaux. Chaque fois que la mort faisait un vide à ses côtés, comme Saint Vincent-de-Paul, il s'écriait : « C'est un ange de plus au ciel ; mais qu'il est dur de ne plus le voir ici ! »

Une année, c'était la douce sœur Marie-Gabrielle qui rendait à Dieu sa belle âme, et le Bon Père, pour consoler sa douleur, s'entretenait des derniers moments de la pieuse religieuse avec le Père Perguilhem, l'un des plus puissants apôtres de la religion dans notre pays :

« Notre-Dame, 4 février 1865. — Cher et excellent ami, nous avons perdu, je devrais dire, nous avons gagné notre chère et bien-aimée Marie-Gabrielle, votre excellente nièce. Je suis heureux de vous annoncer moi-même cette nouvelle à la fois douloureuse et bien consolante.

« Je ne vous parlerai pas de sa vie toute angélique, mais un mot délicieux qu'elle proféra quelques jours avant sa mort, dans la simplicité et la naïveté de sa reconnaissance, vous dira tout : *Je vais mourir, mais je suis heureuse, j'ai toujours obéi.* Elle a peu resté au lit, mais la veille de sa mort elle me fit appeler et voulut recevoir de moi l'absolution générale de toute sa vie. Je la réconciliai, en effet, et depuis lors elle attendait la mort, non-seulement résignée, mais heureuse. De temps en temps elle disait : *O mon Dieu ! ô ma Mère ! si vous le voulez, faites-moi plus souffrir encore !* et cependant elle souffrait beaucoup. C'était la veille de la Purification ; elle disait : *O ma bonne Mère ! que je serais heureuse si vous m'accordiez de mourir le jour de votre fête !* Elle l'a obtenu. A peine minuit venait de sonner, quelques minutes après, elle partait pour le ciel. Sa figure est restée douce, calme et sereine ; ses mains ont conservé toute leur flexibilité. Sa mort a été pour tout le monde un jour de joie et de consolation. Je vous félicite donc, cher et excellent ami, d'avoir une Sainte de plus dans votre famille, et nous, à la vue d'une mort si belle et si sainte, nous dirons : *Moriamur omnes morte sanctorum.* « Demandez cette grâce pour nous, comme nous la demandons pour vous. »

L'année suivante, c'était le tour de la sœur Marie-Saint-Jean, la fidèle et dévouée secrétaire du vénéré fondateur, l'associée de ses travaux, sa confidente et son conseil assidu. Et de nouveau le Bon Père, ému jusqu'au fond de l'âme, épanchait sa douleur en termes pathétiques :

« NOTRE-DAME, 5 décembre 1866. — Monsieur et digne ami, je viens de fermer les yeux à notre bien-aimée Marie-Saint-Jean, votre nièce et ma fille ché-

*Les dernières Années.*

Les<br>dernières Années.

rie. Sa mort, précédée de longues douleurs admirablement supportées, a dignement couronné sa vie. Elle a beaucoup souffert dans son agonie, mais elle a conservé sa connaissance jusqu'à la dernière minute, toujours résignée, dans une étroite union à Jésus sur la croix, aux pieds de la divine Mère des Douleurs. J'étais là, l'encourageant, la fortifiant, lorsque moi-même j'aurais dû être fortifié et consolé ; mais l'espoir de nous revoir un jour au ciel nous soutenait au milieu des terribles combats d'une douloureuse, mais sainte agonie. Alors qu'elle ne parlait plus, elle me serrait la main, et par l'inclinaison de sa tête, elle s'unissait avec amour aux paroles pleines de larmes qui sortaient de mon cœur pour l'élever de plus en plus vers le ciel.

« Hélas ! Monsieur et digne ami, voilà la vie ; elle passe, et tout ce qui ne va pas à Dieu et ne vient pas de Dieu, s'évanouit comme un songe. Il n'en a pas été ainsi de notre chère enfant : sa vie a été toute divine, elle s'est dépensée tout entière au service de la divine Mère. Aujourd'hui, je l'espère, elle reçoit, ou du moins elle recevra bientôt, si elle ne l'a déjà reçue, l'éternelle récompense du ciel, où nous devons nous efforcer d'aller la rejoindre un jour.

« Ma plume se ressent des impressions de mon âme. Je confie cette lettre à votre bienveillance. »

Ainsi tout contribuait-il à maintenir le Bon Père,

à la veille du jour où Dieu allait le rappeler de la terre, dans une sombre tristesse que rien ne parvenait à dissiper. Il semblait porter des deuils immenses et son visage exprimait une douleur contenue, mais poignante et presque sans diversion.

## II.

### Le Jour Suprême.

Le païen demande à la mort de venir le surprendre à l'improviste. Le chrétien, au contraire, demande à Dieu de voir la mort face à face et de ne rendre le dernier soupir qu'après avoir bien préparé le grand voyage de l'éternité.

Le Bon Père, arrivé à l'âge de 67 ans, eut la grâce de pressentir sa mort et de pouvoir s'y préparer avec soin.

La voix mystérieuse qui parlait à son cœur l'avertit que l'heure était proche où Dieu allait l'appeler à lui.

Cependant, rien n'annonçait une fin prochaine. Le Bon Père se livrait au travail avec assiduité. Ses repas étaient à peu près les mêmes. Seulement, pendant l'hiver de 1867-1868, un rhume persistant lui avait laissé une légère agitation et une certaine faiblesse, sans le détourner de ses occupations.

Mais la voix intérieure parlant avec force et

clarté, le Bon Père se disposa bientôt à quitter les siens.

Les affaires temporelles se trouvant en règle, le serviteur de Marie s'occupa surtout de donner les indications nécessaires au gouvernement spirituel de l'Institut. Il travailla au remaniement des Constitutions ; il écrivit un certain nombre de mémoires relatifs à l'histoire de l'œuvre ; il rédigea les précieuses recommandations imprimées sous le titre de *Saints Avis;* enfin, vingt jours avant sa mort, il commença à écrire cet admirable *Testament Spirituel* que nous avons cité en grande partie dans le cours de ce récit et que la mort a interrompu, au moment où le vénéré fondateur allait en tracer les dernières lignes.

Le début du *Testament Spirituel* indique la force du pressentiment qui dominait le Bon Père et dont personne que lui ne sentait l'autorité et ne soupçonnait la prochaine réalisation :

« L'état actuel de ma santé m'autorise à prévoir, dans un avenir qui ne serait pas trop éloigné, la fin de ma carrière, et notre divine Mère m'inspire, avant de vous quitter, mes bien chères enfants, de vous adresser quelques paroles qui seront comme mon testament spirituel, comme les dernières recommandations d'un père qui vous quitte dans l'espoir, malgré sa très-grande indignité, de vous retrouver un jour dans le ciel.

« Avant tout, le premier et le plus pressant besoin de mon âme est de me prosterner à vos pieds pour vous demander humblement pardon des mauvais exemples que j'ai pu vous donner. Je reconnais qu'en mille circonstances j'ai manqué à l'humilité, à la charité ; et Dieu seul qui doit me juger peut connaître toutes les fautes dont j'ai eu le malheur de me rendre coupable.

« Veuillez, je vous prie, mes bien chères enfants, me les pardonner, prier pour moi et me recommander sans cesse dans vos saintes prières au cœur compatissant de notre très-bonne et très-miséricordieuse Mère. J'en aurai grand besoin. De grâce, mes bien chères enfants, ne m'oubliez pas ! » *(Testament spirituel.)*

En même temps, le Bon Père redoublait de ferveur. « Depuis quelque temps (dit une Circulaire de la Mère Noire, que nous suivrons pas à pas dans ce récit), ses sentiments de piété étaient si vifs, qu'en entrant dans la chapelle, chaque matin, on l'entendait s'écrier : « O mon Jésus, miséricorde ! Ayez « pitié de moi ! O mon Jésus, miséricorde ! » et, arrivé au sanctuaire, il se prosternait jusqu'à trois et quatre fois devant le prêtre qui donnait la Sainte Communion ; il continuait ensuite ces aspirations jusqu'à ce qu'il montât à l'autel. Celles d'entre vous, mes bien chères filles, qui avez eu l'avantage de venir à Notre-Dame, vous l'avez remarqué ; et,

*Le Jour Suprême.* comme nous, vous avez dû en être vivement impressionnées. »

La tristesse qui, depuis quelques années, avait envahi l'esprit du Bon Père, sembla s'accroître. L'avenir de l'œuvre, fondée au prix de tant de peines et de privations, le préoccupait vivement. Il redoutait un affaiblissement de l'esprit primitif. « Vous dire tout ce que notre Bon Père a souffert moralement, surtout depuis quelque temps, s'écriait la Mère Noire, serait impossible. Mais vous n'en êtes pas étonnées, parce que la croix est le partage des Saints. Quelques mots que la divine Mère l'a pressé sans doute de dire confidentiellement deux jours avant sa mort, ont révélé les mystères cachés dans sa belle âme; toutes ses croix, il les a dévorées en silence, seul, les unissant à celles de Jésus crucifié et aux larmes et aux douleurs de la divine Mère. »

Il redoublait de zèle pour le bien des âmes. Chaque jour, il consacrait de longues heures à la direction de ses enfants. Il semblait qu'avant de s'en séparer, il voulût consommer l'œuvre de leur sanctification. Au mois de janvier 1868, deux mois avant sa mort, il prêcha lui-même la retraite de l'Epiphanie. « Huit jours avant sa mort, dit la Mère Noire, il nous faisait la méditation après la sainte messe sur les dispositions qui doivent nous accompagner au saint tribunal de la pénitence. Oh! il nous a bien parlé en Saint inspiré ! Ces instructions doivent être pour l'œuvre comme un testament sacré. Le vendredi, jour de sa mort, il nous parla avec une force que la divine bonté seule pouvait lui donner, et il finit par ces mots : « Mes enfants, demain, s'il plait à la Très-Sainte Vierge, nous nous entretiendrons du silence. » En effet, c'est bien ce sujet qui a été traité, mais il est à croire que, malgré le pressentiment qu'il avait de sa mort, il ne pensait pas le traiter ainsi. Toutefois, du fond de sa tombe et de son profond silence, notre Bon Père nous tient un langage bien éloquent, que nous comprenons toutes. »

Le serviteur de Marie ne se contentait pas de se préparer à la mort, il préparait aussi ses enfants à la douleur d'une séparation prochaine. « Mes enfants, disait-il au commencement de l'année 1868, encore quelque temps, un mois, deux mois au plus, et nous nous séparerons ; je vous précéderai dans l'éternité ! Oui, mes enfants, bientôt vous n'aurez plus de Bon Père ; mais nous resterons unis dans le cœur de la divine Mère, car vous le savez, nous nous aimons sur la terre, comme nous nous aimerons un jour dans le ciel. Ce sera donc vous, mes chères enfants, qui devrez continuer l'œuvre ; vous, qui avez partagé mes sollicitudes et qui avez été témoins des incessantes bontés de la Très-Sainte Vierge. »

Le Jour Suprême. « Ce langage nous étonnait, raconte la Mère Noire, attendu qu'on ne voyait pas un grand changement dans notre Bon Père. Nous étions loin de nous douter du coup terrible qui nous menaçait ; seul, lui, en était convaincu, parce que, fidèle à écouter la voix intérieure de celle qu'il aimait à appeler sa bonne Mère et Très-Fidèle Maîtresse, il avait compris ses avertissements. »

Le jour ne tarda pas à arriver où les paroles du Bon Père reçurent leur triste accomplissement.

Le vendredi 27 mars 1868, le serviteur de Marie vaqua toute la journée à ses occupations ordinaires, sans qu'on remarquât en lui autre chose qu'un recueillement plus profond.

Vers six heures du soir, il rentra dans son logis de la maison Saint-Louis. Une douleur violente, dans la région du cœur, s'empara de lui. Il se jeta à genoux aux pieds d'une statue et on l'entendit s'écrier : « O ma Mère, vous voulez que je souffre ! Eh bien ! oui, je veux tout ce que vous voudrez, comme vous le voudrez, tant que vous le voudrez ! Faut-il que je m'immole avec vous, ma Mère ? Eh bien ! oui, je m'immole tout entier ! »

Après avoir fait cet acte de soumission à la volonté divine, il se dirigea vers le Noviciat, alors situé à quelques centaines de mètres de la Maison-Mère. Il était en route, lorsque, chemin faisant, il se souvint que quelques âmes avaient réclamé ses conseils. Il revint sur ses pas, les fit appeler et leur prodigua ses soins spirituels avec sa tendresse accoutumée. Il ne laissa personne dans la peine et lorsqu'il fut resté seul, il entra dans sa chambre à coucher, fit ses longues prières habituelles et se mit au lit. Il paraissait assez bien et disposé au repos.

Depuis quelques semaines, le Bon Père ne dormait plus dans la pauvre chambre mansardée du sommet de la tourelle. Afin de le guérir de son rhume persistant, les médecins l'avaient obligé, vers le milieu de l'hiver, à quitter cette demeure froide et humide, à peine protégée contre les intempéries de l'extérieur par un mince lambrissage. Le Bon Père était descendu dans la maison de Saint-Louis, située sur le jardin. Il habitait le premier étage. Sœur Marie de la Visitation se tenait au rez-de-chaussée pour veiller sur le serviteur de Marie.

Vers onze heures, la sœur entend frapper sur le parquet du premier étage. Elle monte, demande au Bon Père s'il souffre. Il était assis sur son séant. Il répond : « Je souffre un peu ; restez près de moi. » Ce qui surprit la sœur, car personne n'entrait dans la chambre du Bon Père pendant qu'il y reposait.

Après avoir pris une potion qui sembla le soulager, le Bon Père dit à la sœur de s'asseoir et lui parla pendant quelques minutes du bonheur des souffrances, seule et véritable voie qui conduit à

*Le Jour Suprême.* Dieu et au cœur de la divine Mère. Il rappelait sa devise : « Vivre sans souffrir, mais ce n'est pas vivre ! Oh ! que la vie me paraîtrait insupportable, si je devais passer un moment sans souffrance ! mais, ô ma divine Mère, ajoutait-il, vous y pourvoyez. » En effet, il semblait souffrir cruellement, sans que rien en lui manifestât encore un état grave.

Bientôt cependant le Bon Père comprit qu'il était atteint aux sources de la vie. « Ma sœur, dit-il avec calme, veuillez faire venir M. l'abbé Duclos, pour me donner les secours religieux. » La sœur se mit à sourire et essaya de dissuader le Bon Père d'une résolution qu'elle jugeait inopportune. Il insista avec une douce fermeté : « Allez vite, n'entendez-vous donc pas que je râle ? » La sœur écouta, discerna le râle de l'agonie et sortit, éperdue de douleur, pour aller quérir le prêtre. M. l'abbé Duclos accourut au chevet du vénéré malade, dont il partageait les travaux depuis près de quinze ans. « Je me meurs, Monsieur l'abbé », lui dit simplement le Bon Père. La gravité du mal n'apparaissait pas à M. Duclos et il s'efforçait de rassurer le serviteur de Marie. Mais celui-ci, tout occupé de son âme, s'entretenant avec Dieu et la Très-Sainte Vierge, exprimait son abandon à la volonté suprême en des élans de foi et d'amour : « O ma Mère ! ma Mère ! soupirait-
« il. Oui, tout, tout pour vous ! Je me donne à vous,
« je vous confie tout, et je vous renouvelle le
« sacrifice entier de moi-même ! »

Cependant l'infirmière, sœur Marie-Jérôme, était *Le Jour Suprême.*
arrivée et son œil exercé avait reconnu le péril
imminent. Elle pressa M. l'abbé Duclos d'administrer au Bon Père les derniers sacrements. Le saint
prêtre les reçut dans la plénitude de sa connaissance et de sa piété. Puis, la sœur infirmière jugea
nécessaire de pratiquer une saignée. Le Bon Père
prononça alors ses dernières paroles : « Ma Mère !
ma Mère ! tout, tout pour vous ! Je m'abandonne à
vous, je me remets entre vos mains ! ».…. Cinq
minutes après, il s'endormait doucement de son dernier sommeil, presque sans agonie. Il était minuit
environ. Le serviteur de Marie allait commencer la
journée du samedi auprès de sa céleste Mère.

Le Bon Père avait souvent demandé à Dieu la
grâce d'une bonne préparation à la mort et la faveur
de ne pas être condamné, dans ses derniers jours, à
l'inaction ou à l'inutilité. Le Seigneur venait d'exaucer ces deux prières en apparence contradictoires.
Il envoya à son ministre un pressentiment dominateur, et, après que le saint prêtre eut disposé son
âme à paraître devant le juge suprême, la mort
subite et non imprévue vint frapper le vaillant
ouvrier à la fin d'une journée laborieuse. Au lieu
de se coucher pour se reposer, le soir venu, il se
coucha pour mourir.

Pendant que le Bon Père se sentait défaillir, quelques sœurs parcouraient les dortoirs, s'écriant :

*Le Jour Suprême.* « Prions ! prions ! le Bon Père est en danger ! » La communauté se précipita à la chapelle, puis, par un instinct d'amour, se groupa autour de la petite maison où le mourant agonisait avec tant de sérénité. Prosternées sur le sol glacé, dans l'ombre d'une nuit d'hiver, les Servantes de Marie, les Pénitentes et les Orphelines tendaient vers Dieu leurs mains suppliantes, en priant et en sanglotant. Lorsqu'on vint leur dire : « Le Bon Père n'est plus ! » personne ne saura jamais dire la douleur de ces chères âmes et les scènes de désolation dont le couvent de Notre-Dame fut le témoin....

La triste nouvelle se répandit bientôt dans le pays et y jeta la tristesse. A l'explosion de la douleur générale, il fut facile de calculer la place que le Bon Père occupait dans l'estime de ses compatriotes. Pendant la journée du samedi et du dimanche, la foule se porta vers la chapelle ardente où, sur un lit funéraire, reposait le saint prêtre, revêtu des vêtements sacerdotaux. Les prêtres de garde auprès du corps eurent grand peine à maintenir en de justes bornes la piété des fidèles, qui voulaient tous avoir quelque relique du serviteur de Marie. On vit alors quelle immense multitude de cœurs étaient tendrement attachés au Bon Père, et qu'il n'avait pas un seul ennemi.

Les obsèques, célébrées le lundi 30 mars, furent le triomphe de l'humilité et de la piété. On décerna à ce simple prêtre des honneurs extraordinaires, *Le Jour Suprême.* d'autant plus significatifs qu'ils étaient plus spontanés. Sans qu'il fût besoin de convocations officielles, le clergé, les autorités civiles, maritimes et militaires, le peuple, accoururent en foule à Notre-Dame. Le corps du vénéré défunt avait été déposé, dès le matin, à Saint-Bernard. C'est là qu'un nombreux cortége se transporta. Les habitants d'Anglet se disputèrent l'honneur de porter le cercueil sur les épaules jusqu'à la chapelle de Notre-Dame. La levée du corps et la sépulture furent faites par M. Menjoulet, vicaire-général ; la messe fut chantée par M. Haramboure, archiprêtre de la cathédrale de Bayonne ; l'absoute fut donnée par M$^{gr}$ Lacroix. La multitude envahissait le couvent et ses alentours, calme, attristée, religieuse, venant plutôt implorer des prières qu'en accorder.

A mesure que la cérémonie marchait vers son terme, un sentiment de consolation s'insinuait dans les âmes. Lorsque le moment fut venu de déposer le cercueil dans le tombeau, il y eut bien une explosion de larmes, mais de larmes d'attendrissement et d'amour, et non de tristesse et de désespoir. Ce ne fut pas une heure d'adieu suprême. Une immense confiance s'empara de la Congrégation. Elle demeura convaincue que le Bon Père était seulement caché aux regards. On eût dit que le vénéré fondateur, toujours présent quoique invisible, inaugurait un

608     LIVRE III. — CHAPITRE IV.

*Le Jour Suprême.* nouveau moyen de continuer sa mission. Cette touchante croyance s'est enracinée dans le cœur de ses enfants. Le Bon Père repose au jardin de Notre-Dame, sous le ciel pur, à l'ombre des fleurs, dans le sein de cette terre qu'il a fertilisée, au centre de cette œuvre qui a consumé sa vie, aux pieds de la Très-Sainte Vierge, de Saint Joseph et de Saint Léon. Il garde le Refuge comme la Mère Vénérée Saint-Bernard. Les cœurs le sentent toujours là, tout près, vivant et rayonnant d'un amour divin. Son corps est enfermé dans le marbre, son âme plane sur sa dépouille mortelle. Et dans la douleur et dans la joie, de loin comme de près, ses enfants, qu'elles sourient ou qu'elles pleurent, s'adressent à la tombe bénie avec une inébranlable confiance. Blessées, meurtries, sanglantes, elles lui portent leurs plaies à guérir ; calmes, heureuses, triomphantes, elles lui consacrent leurs félicités. Il est toujours le consolateur, l'ami, le père : on trouve sur sa tombe le dictame pour la douleur et la couronne pour la fête (1).

---

(1) Le mercredi 1er avril, il y eut à la cathédrale de Bayonne un service très-solennel. Toute la communauté et la ville entière s'y rendirent. Après la messe, chantée par le vénérable M. Manaudas, supérieur du grand séminaire, Mgr Lacroix monta en chaire et prononça l'oraison funèbre du serviteur de Marie, qui, malheureusement, ne fut pas recueillie.

## III.

### Le Bon Père.

Le Bon Père était d'une taille un peu au-dessous de la moyenne, bien proportionnée ; son tempérament était sain et robuste. Les organes étaient dociles à l'action de l'âme, et aptes à la servir fidèlement.

L'aspect de l'homme inspirait, dès le premier abord, la sympathie et la déférence. Les traits étaient recueillis, la physionomie douce et fine, le sourire bienveillant, le regard scrutateur. L'accueil du Bon Père était agréable et facile ; sa conversation variée, pittoresque, captivante ; son humeur égale et enjouée.

Le timbre plein et clair de la voix avait un accent pénétrant. Le geste, sobre et expressif, accompagnait heureusement la parole.

L'intelligence du Bon Père, vaste et facile, pouvait atteindre, et atteignit en effet avec succès, aux branches les plus diverses des connaissances humaines. Elle se jouait sans fatigue aux problèmes les plus ardus.

La volonté était ferme. Lentement, mais sûrement, paisiblement, mais invinciblement, le vénéré fondateur travaillait au succès de ses desseins, sans qu'aucun obstacle pût le décourager.

Le Bon Père..

Chose extraordinaire! cet esprit d'élite, ce caractère de fer, était doué du cœur le plus tendre. Comme Saint François-d'Assise, comme Saint Ignace de Loyola, il alliait une extrême sensibilité aux qualités, ce semble, les plus opposées. C'est par le cœur qu'il exerça surtout l'influence et qu'il compléta merveilleusement le rare ensemble de ses facultés.

Tel était l'homme.

Voyons ce qu'était le prêtre.

De toutes les fonctions, la plus excellente et la plus difficile est certainement le gouvernement des âmes. Pour remplir dignement cette sainte mission, les plus grandes qualités sont nécessaires : la science, pour conduire les âmes dans l'esprit de Dieu et dans la vérité de la perfection ; l'intelligence, pour reconnaître les besoins intérieurs ; la prudence, pour diversifier les avis selon la différence des états et des dispositions ; la justice, pour proportionner les remèdes à la grandeur du mal et à la faiblesse du malade ; l'autorité, pour imposer les conseils avec force ; la probité, pour produire dans les actions un reflet des paroles. Nous venons d'indiquer à grands traits les qualités qui faisaient du serviteur de Marie un maître dans l'art de la direction et un prêtre modèle.

Mais il semble que Dieu n'ait point égard à ces qualités en apparence si essentielles. Quand il envoie le Prince des pasteurs, il ne lui demande pas quel est l'état de sa volonté et de son intelligence. Il l'interroge sur les dispositions de son cœur, et se contente des assurances de son amour. Dès qu'il en a reçu le témoignage public, dont la sincérité ne pouvait lui être douteuse, puisqu'il lit dans le fond des cœurs, Jésus-Christ donne à Pierre la charge de paître les agneaux et les brebis, les fidèles et les pasteurs.

Or, Notre-Seigneur ne demandait à Saint Pierre, et en sa personne à tous les pasteurs de l'Eglise, un grand amour que par rapport au salut des âmes. Aimer Dieu de telle manière qu'on se sacrifie pour les âmes, telle est la vocation du prêtre. Cet amour de zèle pour travailler à la sanctification du prochain, le serviteur de Marie en fut animé au degré le plus élevé. De là, ce grand courage qui lui fit entreprendre des œuvres supérieures en apparence à la sagesse humaine, et possibles seulement à la folie de la croix (1). Tout quitter, tout entreprendre,

(1) Un éminent Archevêque, qui glorifie l'Eglise par ses grandes œuvres autant qu'il honore notre pays par les brillantes qualités de son intelligence et de son cœur, Monseigneur d'Alger, le disait avec une autorité que nous sommes heureux d'invoquer : « Cet homme de Dieu a su, au milieu de toutes les contradictions et de tous les obstacles, créer, par un miracle perpétuel de foi et de charité, les admirables œuvres qui excitent aujourd'hui l'étonnement de tous ; mais la meilleure de toutes ses œuvres est encore la Congrégation qui les dirige et les continue. » (*Voir la lettre de Mgr Lavigerie, Archevêque d'Alger, à la Note du Chapitre quatrième.*)

*Le Bon Père.* tout souffrir, ne parut pas trop à ce grand cœur embrasé de la sainte passion des âmes. De là, une immense tendresse pour recevoir avec douceur et bienveillance les plus grands pécheurs. Alors même qu'il fallait user de rigueur, sa charité trouvait le moyen de se joindre à la sévérité. Le zèle étant le principe et le premier mobile de toutes ses actions, il savait si bien rendre compatibles les choses regardées comme les plus opposées qu'il réunissait la rigueur à la piété, la correction à la patience, l'indignation à l'humilité. Il ne perdait rien de sa tendresse pour le pécheur, lorsqu'il était le plus animé contre le vice. Dans quelqu'agitation où le mit la nécessité de venger les intérêts de Dieu en punissant le coupable, il ne perdait pas intérieurement sa paix, sa douceur et sa tranquillité.

Pour être sans réserve l'homme des âmes, le serviteur de Marie travailla toute sa vie à chasser de son cœur l'inclination pour le monde et les choses du monde. Il fit en lui, suivant l'énergique expression du P. Garicoïts, le vide du créé (1).

Entreprise difficile entre toutes!

---

(1) *Vie et Lettres du R. P. Garicoïts, fondateur et premier supérieur de la Congrégation des Prêtres du Sacré-Cœur de Jésus établie à Bétharram, par le P. Basilide Bourdenne.* Pau, 1878, in-12, page 92. Nous regrettons vivement de n'avoir pu profiter pour notre travail de cet ouvrage si consciencieux et si attachant qui vient à peine d'être livré au public au moment où nous imprimons ces lignes.

Quoique le monde soit rempli de misères, de chagrins, d'épines, d'amertumes, il ne laisse pas d'avoir des charmes qui surprennent ceux même qui sont le plus convaincus de son néant. L'Ecriture appelle les choses du monde une espèce d'ensorcellement : *fascinatio nugacitatis ;* Saint Augustin dit que le monde est lui-même un grand enchanteur : *magnus præstigiorum artifex.* Il est donc à craindre qu'il ne fasse couler son venin dans les cœurs même les plus religieux et qu'il ne les surprenne par ses séductions, s'ils ne sont solidement établis dans la haine, le mépris et l'éloignement des vanités terrestres, contre-poisons et préservatifs de ses enchantements. Le serviteur de Marie ayant à vivre à côté du monde pour le combattre, cherchait à entretenir en lui la sublime disposition de l'apôtre Saint Paul : *Le monde est mort pour moi, et je suis mort pour le monde.* Comment, en effet, pouvoir détruire ses pernicieuses maximes, si on n'est pas parfaitement convaincu de leur fausseté? Pour ne pas se laisser entraîner à ses mouvements, il faut avoir des inclinations tout opposées. Comme le monde semble n'avoir d'esprit, d'industrie, d'application que pour chercher les richesses, le serviteur de Marie ayant à combattre le monde, aima la pauvreté de toute son âme. Le monde ne pense qu'à se satisfaire : il n'interrompt ses plaisirs que le temps nécessaire pour

*Le Bon Père.*

s'en délasser ; le serviteur de Marie se prit à aimer la mortification de toutes les puissances de son cœur. Comme la croix est encore aujourd'hui un sujet de folie, de scandale et d'horreur, ainsi qu'elle l'était autrefois aux yeux des juifs et des infidèles, le serviteur de Marie chercha à vivre selon l'esprit de la croix. En toute circonstance, on voit éclater en lui le détachement du monde le plus complet, l'éloignement le plus universel de tous les plaisirs, le mépris le plus parfait de toutes les choses de la terre. L'histoire de sa vie n'est qu'un tissu de preuves à l'appui de ces affirmations.

Que dire encore de son esprit de mortification ?

On ne gouverne jamais les âmes avec plus d'édification que lorsqu'on se dévoue davantage à la contradiction et à l'abjection. Voulez-vous savoir, disait Saint Bernard, quel est le grand écueil des personnes constituées en dignité ? Il y en a bien peu dont le gouvernement soit fructueux, parce qu'il y en a encore moins qui soient humbles dans leur gouvernement : *Pauci utiliter, pauciores humiliter prœsunt.* Comme on oublie aisément que, si la Providence élève un homme au-dessus de ses frères pour en faire leur père, leur maître et leur pasteur, il ne laisse pas néanmoins d'être toujours leur frère ! Le serviteur de Marie comprit la parole de l'Evangile et la mit fidèlement en pratique : s'il consentit à être élevé au-dessus des autres, ce fut pour devenir leur serviteur. Par suite de cette disposition, sa vie fut pleine d'incidents amers. Que ne lui fallut-il pas essuyer de traverses pour mener à bonne fin sa sainte entreprise ! Son existence tout entière se consuma à ce labeur ingrat. Il a péri à la peine, mais on ne saurait dire qu'il se refusa jamais à l'épreuve. Afin de n'être pas tenté de se révolter contre la souffrance, il se prit à la rechercher. « Celui qui refuse les croix, disait-il, refuse le ciel. » Il s'éleva à cette perfection, qui est l'un des fruits de la Rédemption, d'aimer la douleur. N'est-ce pas une émouvante destinée que celle de ce juste qui, par amour pour ses frères, se condamne à une vie de tortures sans fin? Peut-on considérer sans attendrissement cette vie où n'a manqué aucun genre d'humiliation, vie de lutte, de combats, d'angoisses intérieures et extérieures ? Mais, s'élevant au-dessus de tant de misères, cette grande âme ne perdait pas sa sérénité, et trouvant dans les contradictions l'aliment de sa vertu, elle redisait volontiers la parole que nous surprenons sur ses lèvres à l'heure de la mort : « Oh ! que la vie me paraîtrait insupportable, si je devais passer un instant sans souffrir ! »

Aussi, le Bon Père méritait-il d'être offert en exemple par un grand serviteur de Dieu, habile entre tous à discerner les esprits et à les conduire dans leurs véritables voies : « Quels sont les hom-

*Le Bon Père.* mes que Dieu bénit? s'écriait un jour le P. Garicoïts. Ceux qui se montrent persévérants dans l'œuvre de Dieu, généreux dans les peines qu'ils y trouvent, et qui, au milieu de toutes les difficultés, savent s'anéantir, vivre et mourir. C'est M. Cestac! Une fois l'œuvre entreprise, rien ne l'arrête; les croix ne font que doubler son courage. Mais aussi quelle bénédiction ! Les sables sont changés en terres fertiles, les âmes arrachées au mal, les pécheresses rentrent dans la voie du bien et de la haute vertu. » *(Vie et Lettres du R. P. Michel Garicoïts,* page 277.)

Telle est, dans ses traits principaux, la physionomie spirituelle du Bon Père : prêtre modèle, dévoré de zèle pour les âmes, enivré d'abnégation, saintement épris de la douleur.

Et maintenant, si nous nous demandons quel fut le mobile ordinaire de sa conduite, c'était moins dirigé par la logique de l'esprit que par celle du cœur que le Bon Père accomplissait sa mission. Assurément, les dons de l'esprit ne firent pas défaut à cette riche organisation. La Providence ne lui avait rien refusé de ce qui fait la puissance de l'intelligence et du caractère. Néanmoins, la faculté maîtresse du serviteur de Marie était l'amour. En toutes choses, il découvrait le côté sympathique. Ame exquise, cœur tendre, il se laissait aller à toute la sentimentalité de sa nature, mais gouvernée et maintenue par la foi. Il aimait Dieu, il aimait ses frères. Toutefois, en lui, l'amour du créé était dominé par l'amour de l'incréé ; l'affection pour ce qui est imparfait était ordonnée selon sa passion pour le parfait. Ainsi put-il consumer sa vie dans une flamme d'amour, toujours ardente et pure, également agréable à Dieu, bienfaisante à lui-même et à ses semblables.

Ici s'offre à nous l'examen d'une question qui a dû se présenter plusieurs fois à l'esprit de nos lecteurs. Le Bon Père semble avoir été établi en communication immédiate et fréquente avec l'élément surnaturel. Que penser de ces rapports mystérieux et extraordinaires?

En principe, la réponse est facile.

D'abord, l'homme entre en rapport avec Dieu par l'intermédiaire de la création. Il communique médiatement avec la divinité : au dehors, par la nature, au dedans, par la raison.

Mais notre créateur ne se borne pas à entretenir des rapports avec l'homme par intermédiaires *purement esthétiques et philosophiques ;* il veut bien consentir à avoir des relations directes et immédiates avec ses enfants. La Providence, qu'est-elle autre chose que l'action de Dieu s'exerçant particulièrement sur chacun de nous ? Qu'est-ce que la révélation, si ce n'est une parole que Dieu a fait entendre à l'humanité pour lui faire connaitre ses devoirs et

Le Bon Père. ses destinées ? Que sont la grâce et les sacrements, sinon des moyens que le Seigneur, dans sa miséricorde, emploie pour agir directement sur nos âmes ?

Indépendamment de ces relations intimes et fortes, de ces *rapports religieux* que la révélation établit entre Dieu et les chrétiens, il existe en outre tout un ordre de communications privilégiées, déterminées par l'application de l'âme pure et fervente à l'idée et à la réalité divines : ce sont les *rapports mystiques.*

Sans entrer en des développements qui n'iraient à rien moins qu'à exposer l'histoire du mysticisme catholique, depuis Saint Jean jusqu'à Sainte Thérèse, depuis Saint Denys l'Aréopagite jusqu'à Saint François-de-Sales, il nous suffit de dire que la saine théologie reconnaît à la méthode affective la puissance d'appeler, d'arrêter, d'entretenir la divinité. Les sublimes colloques de l'âme avec le Sauveur dans l'*Imitation de Jésus-Christ,* donnent une idée de ces entretiens intimes entre les cœurs embrasés d'amour et l'objet divin qui répond à leur tendresse. La théologie mystique est la voie par laquelle notre âme tend à l'union avec Dieu par l'amour. Les moyens de cette union sont la prière, le recueillement, l'exposition simple de l'âme devant Dieu. Elle a deux degrés : la méditation et la contemplation. « Dans la voie mystique, dit M. Bautain, l'âme humaine arrive, dans certains moments du moins, à ce point que, s'écoulant pour ainsi dire en Dieu — je me sers des termes de la théologie mystique — ne vivant plus qu'en lui, elle se pose en Dieu, et alors Dieu, par son amour, par sa vie, devient tout pour l'âme ; c'est lui qui la domine, qui la meut, qui éclaire son esprit, qui illumine son intelligence, qui excite sa volonté et la pénètre d'amour, la vivifie par les impressions les plus énergiques, et ainsi lui fait éprouver dans ces rapports intimes et immédiats, ce qu'il y a de plus délicieux, de plus suave dans les sentiments que l'âme humaine peut éprouver. De là cet état sublime, transcendant, qui est le but de la théologie mystique, ou de la vie de la mysticité. » *(La Morale de l'Evangile,* 7e leçon.*)*

*Le Bon Père.*

Les rapports mystiques, on ne peut le contester, sont reconnus, approuvés, honorés par l'Eglise. Ils constituent le fonds même de la vie des Saints.

En principe, il peut donc exister, et il existe réellement, des communications directes, immédiates entre Dieu et l'homme, produites par la méthode affective. Mais s'il est facile de traiter de la question en droit, il nous est malaisé, il nous est interdit de la décider en fait. Le pape Urbain VIII, dans une Constitution qui régit la matière (13 mars 1625), prescrit à tout auteur catholique les précautions à observer. Nous avons transcrit au commencement de ce volume une première protestation, dont le Souverain Pontife a indiqué lui-même la

620   LIVRE III. — CHAPITRE IV.

Le Bon Père. forme. Nous insérons ici la seconde protestation qui doit être placée à la fin du livre, selon la teneur du décret apostolique. Nous sommes heureux de trouver dans cette formule, émanée de l'autorité pontificale, l'expression fidèle de nos sentiments et la règle précise de notre conduite :

« Je prie le lecteur d'observer que dans ce livre
« j'ai rapporté beaucoup de traits qui prouvent la
« sainteté de la personne dont j'ai fait l'histoire.
« J'y ai raconté des choses qui passent la nature
« et qu'on pourrait regarder comme de vrais mira-
« cles. Mon intention n'est pas de donner ces faits
« comme approuvés par la Sainte Eglise romaine,
« mais seulement comme certifiés par des témoi-
« gnages privés. En conséquence donc des décrets
« de Notre Saint-Père le Pape Urbain VIII, je pro-
« teste ici que je n'entends attribuer à la personne
« dont j'ai fait l'histoire, ni la qualité de Bienheu-
« reux, ni celle de Saint. Reconnaissant l'autorité
« de l'Eglise romaine, à laquelle seule appartient le
« droit de déclarer ceux qui sont Saints, j'attends
« avec respect son jugement, auquel je me soumets
« de cœur et d'esprit, comme un enfant très-obéis-
« sant. »

Il n'appartient donc à aucun docteur de décider sur la valeur des phénomènes surnaturels. Merveilleuse sagesse de l'Eglise qui ordonne à tous ses enfants de croire fermement à la possibilité des communications de personne à personne entre Dieu et l'homme et qui, après avoir affirmé le principe dans toute son extension, nous ordonne de lui abandonner l'examen des faits et de lui réserver la décision des cas particuliers !

Encore une fois, loin de nous la témérité de prononcer sur l'autorité des faits dont cette histoire est remplie ! Il nous a été nécessaire de raconter les circonstances et d'en indiquer les mobiles ; de signaler l'esprit du Bon Père, puisé à la source pure de la grande tradition mystique ; de le montrer vivant toujours en intimité avec l'idée divine ; agissant sous l'impulsion de ce qu'il croyait être la volonté céleste. Mais, encore une fois, c'est à l'Eglise de décider sur la nature, la réalité et la valeur de pareils phénomènes.

Néanmoins, ce n'est pas manquer à la réserve imposée par le sujet que de signaler les formes habituelles sous lesquelles se produisaient les consultations surnaturelles du serviteur de Marie. Il entendait surtout les réponses divines dans les circonstances quelquefois les plus indifférentes en elles-mêmes, et dans les pressentiments intimes. Ces deux voix, l'une du dehors, l'autre du dedans, *le langage des événements et l'inspiration intérieure,* lui portaient l'expression des volontés d'en haut.

La volonté suprême ne paraît pas, en effet, s'être manifestée au Bon Père d'une manière bru-

Le Bon Père.

yante, externe, miraculeuse : « Tout parle de Dieu, disait le Bon Père, même les pierres : la science suprême consiste à comprendre leur langage. » Il disait encore : « Les plus minces détails ont quelquefois une portée providentielle. » C'est pourquoi le serviteur de Marie étudiait avec soin les moindres manifestations, les coïncidences, les rencontres, ce que nous appelons les circonstances fortuites, pour en tirer des inductions relativement à la volonté divine. C'était lui surtout qui était convaincu que le mot *hasard* n'est rien autre chose que le sobriquet de la Providence. Il avait acquis, pour découvrir la pensée céleste dans les événements humains, un admirable instinct, et il était parvenu à lire les réponses d'en haut sur des pages insignifiantes pour tout autre.

Le P. Ramazeilles, des missionnaires de Buglose, a bien voulu nous communiquer le vif récit d'un incident en soi de peu de gravité, mais où la préoccupation et la méthode du Bon Père se laissent surprendre dans toute leur simplicité :

« J'ai gardé le souvenir, nous écrit le Père Ramazeilles, d'une scène intime peu importante, mais dans laquelle *j'ai vu passer*, pour ainsi dire, un secours libérateur.

« C'était quelques années avant la mort du Bon Père, à l'époque où l'on prêtait au gouvernement d'alors le dessein d'exiger des Congrégations religieuses un certain nombre de conditions qui pouvaient paralyser leur action. Le Bon Père arriva à Buglose pendant que nous soupions. Il venait de la chapelle où il s'était attardé plus qu'il n'aurait voulu. Il était soucieux, préoccupé. Il devait l'être selon une très-grande mesure, car il avait perdu sa verve habituelle ; il laissait languir la conversation, ce qui ne lui arrivait jamais quand il venait nous voir. Après le souper, il ne se mêla pas à nous ; il alla encore voir la divine Mère. Il ne fut pas heureux, sans doute, car on le vit bientôt de retour et toujours fortement préoccupé. Je prends un flambeau pour l'accompagner dans la chambre où il couchera ce soir-là. En route, à mots entrecoupés, il me fait part de ce qui l'afflige. Sa congrégation est menacée d'une ruine totale. Comment parer le coup qui va l'écraser ? Arrivés dans sa chambre, l'entretien continuait péniblement, lorsque ses yeux, qui cherchent à reconnaître le logis, tombent sur une gravure suspendue à la cheminée, à une certaine hauteur. Brusquement il me quitte, prend le bougeoir, monte sur une chaise, examine le tableau, en lit la légende avec religion. Quand il revient à moi, le voile de tristesse a disparu, le visage est devenu joyeux. « Voyez et lisez, me dit-il. » La gravure représentait Moïse et Josué montrant le serpent d'airain aux Israélites dévorés par les serpents de feu. Au bas de la gravure, on lisait ces paroles :

*Le Bon Père.*

Le Bon Père. « Des bêtes cruelles et furieuses ayant attaqué
« vos enfants, ô mon Dieu, et des serpents pleins
« de venin les déchirant par leurs morsures, vous
« leur donnâtes un signe de salut, et alors les dents
« même empoisonnées des dragons ne les purent
« vaincre parce que votre miséricorde, qui survint,
« les guérit. C'est vous, Seigneur, qui êtes l'arbitre
« souverain de la vie et de la mort ; qui conduisez
« jusqu'aux portes du tombeau et qui en retirez. »
(*Sagesse*, c. 16.)

« Le Bon Père ne pouvait détacher son regard de ce tableau. C'est par lui que la Très-Sainte Vierge venait de lui parler et de le délivrer de l'angoisse. J'ai vu alors comment l'âme fidèle cherche Dieu, comment Dieu se montre, comment l'âme le trouve. « Maintenant, disait le Bon Père, mon âme est en paix. Je ne crains plus rien. » Quelques jours plus tard, il apprenait que l'orage était conjuré et qu'il n'y avait rien à redouter. » (Lettre du 16 août 1877.)

Une autre forme des communications divines pour le Bon Père était, disions-nous, l'inspiration intérieure. Le Bon Père écoutait attentivement les voix qui se faisaient entendre en lui. Bien souvent il fut dirigé par des avertissements instinctifs, pressants, indépendants de toute influence externe. Il aimait à y reconnaître une action surnaturelle.

Un soir, harassé de fatigue, après une longue

journée consacrée aux travaux de son saint ministère, il disait l'office dans sa haute chambre de Notre-Dame. La nuit était avancée. Le serviteur de Marie ne perdait pas de temps afin de pouvoir bientôt prendre un repos mérité. Tout à coup une pensée forte se présente à son esprit : « Il faut faire ton testament », disait la voix intérieure. Le Bon Père repoussa, comme une tentation, cette pensée qui semblait intervenir pour entraver la récitation du bréviaire. La sollicitation intime devint plus pressante, après quelques instants. Cette fois, il la chassa encore, mais son esprit fut frappé de cette sommation redoublée. Une troisième fois, mais alors d'une manière impérieuse, la voix secrète fit entendre la parole : « Fais ton testament ! » Le serviteur de Marie se leva sans plus résister, dressa son testament et reprit ensuite son bréviaire. Puis il se coucha. Il reposait à peine depuis quelques instants, lorsqu'une soudaine attaque d'un mal violent, que rien ne faisait pressentir, menaça les jours du Bon Père. Mais sa vie eut beau être en péril, la tranquillité du serviteur de Marie fut complète : ses affaires étaient en règle, l'avenir de la communauté assuré. Ce calme eut pour résultat d'aider aux habiles soins des médecins. La guérison fut bientôt radicale, ce qui n'aurait pas eu lieu, ajoutait ingénument le serviteur de Marie, si j'avais désobéi à l'inspiration.

*Le Bon Père.*

Le Bon Père.

La maison de Notre-Dame est pleine de traditions sur la fidélité du Bon Père aux avertissements spontanés.

Une pieuse pénitente nous a raconté comment elle doit sa persévérance à la docilité du serviteur de Marie aux inspirations d'en haut. C'était aux débuts de l'œuvre. Satan se servait de tous les moyens pour combattre l'action divine. Il envoya une femme de perversion qui, dissimulant sa malice sous les dehors de la piété, demanda et obtint d'entrer parmi les pénitentes. Elle ne tarda pas à manifester ses mauvais desseins. Par ses conseils, Marie-Baptiste, alors toute jeune, fort inexpérimentée et peu affermie encore dans la piété, fut entraînée à des résolutions d'indépendance. Il fut comploté que les deux pensionnaires quitteraient ensemble la maison de Marie pour rentrer dans le siècle. Dieu sait quelles étaient les vues de la tentatrice! Or, le Bon Père demeurait encore à Bayonne. Il dînait à midi, suivant l'habitude du pays. Il n'arrivait au Refuge que dans l'après-midi, entre une heure et deux heures. Mais un jour, il allait se mettre à table, quand la voix intérieure se mit à crier : « *Pars! pars! pars!* » avec une si grande énergie que, sans prendre le temps de faire son repas, il se dirigea précipitamment vers Notre-Dame, accélérant le pas de sa placide monture d'une façon inusitée. « Qu'y a-t-il donc par ici ? » demandait-il aux sœurs, étonnées de son arrivée prématurée. Il se dirigeait vers la chapelle pour voir si au confessionnal quelque âme affligée avait besoin de son ministère, lorsqu'au détour d'un corridor il rencontra Marie-Baptiste, son paquet à la main, marchant d'un pas furtif. « Mon enfant, dit le Bon Père, où allez-vous donc ainsi ? » Marie-Baptiste n'était ni menteuse, ni dissimulée. Elle se mit à pâlir, à balbutier, à se contredire. Le Bon Père vit bien qu'il avait affaire à un cœur malade. Il conduisit Marie-Baptiste aux pieds de Notre-Dame-de-Consolation, et Marie-Baptiste, qui n'avait jamais rien eu de caché pour le Bon Père, lui raconta qu'elle se décidait à rentrer dans le monde ; que la nouvelle venue l'attendait derrière le mur du jardin pour l'emmener avec elle, lui promettant une vie plus facile et plus agréable. Quand les confidences eurent été complètes, le Bon Père dit : « Je comprends maintenant pourquoi la voix secrète me contraignait de partir sans retard. » Il fit rentrer Marie-Baptiste en elle-même, la confirma dans de bonnes résolutions et lui promit de demander pour elle le don de la persévérance. Puis il fit justice de la femme de séduction venue pour perdre les âmes.

Voilà, si nous ne nous trompons, les deux modes principaux que le Bon Père appliquait à la reconnaissance des volontés divines : il étudiait les circonstances extérieures même les plus chétives, il

*Le Bon Père.*

écoutait attentivement l'inspiration intérieure. Sans exclure les communications plus expresses, par contemplation ou révélation, nous croyons pouvoir dire qu'ordinairement le Bon Père voyait le doigt de Dieu au milieu des phénomènes en apparence les moins surnaturels et qu'il entendait retentir sa parole dans les intimes profondeurs de son âme. Il résuma lui-même son attitude à l'égard de la puissance infinie par cette image vive et frappante. On lui demandait un jour : « Mon Bon Père, est-ce que vous voyez la Très-Sainte Vierge ? » — « Non, mais je la sens ; je la sens, comme le cheval sent la main du cavalier qui le mène. »

Après avoir retracé le caractère naturel, sacerdotal et ascétique du Bon Père, nous terminerons par un mot sur le caractère de son œuvre.

Cette œuvre est essentiellement utile et bonne.

Bonne dans sa fin : elle tend à la gloire de Dieu et au bonheur du prochain. Bonne dans ses moyens : elle ne repose que sur la vertu et le sacrifice. Bonne dans ses résultats : elle a procuré une augmentation de bien-être et de moralité dans la société. La suppression de l'Institut serait l'extinction, dans notre pays, d'un foyer de devoirs et de richesse.

Elle prospérera de jour en jour, pour la plus grande gloire de Dieu, l'œuvre bénie et féconde ! Le Bon Père l'a organisée selon un plan vaste et très-sagement conçu. Les Orphelines, œuvre de préservation ; les Pénitentes, œuvre de réparation ; les Bernardines, alliance merveilleuse de la contemplation et du travail. Quant aux Servantes de Marie, qui leur servent de Mères, elles étendent leur charité au dehors, vont instruire les petites filles dans les campagnes, soigner les malades dans les hôpitaux, tout en facilitant aux vocations religieuses, avec une générosité exceptionnelle, l'accès de la Congrégation. Tout cela constitue une admirable et ferme unité, capable de défier longtemps le démembrement et la dissolution. Le grain de sénevé est devenu un arbre vivace qui étend au loin ses rameaux. Ses racines plongent dans un riche sol. Celui qui sur la terre l'a si bien planté veillera désormais avec amour à ne pas le laisser manquer de la rosée céleste.

*Le Bon Père.*

# NOTE DU CHAPITRE QUATRIÈME.

### Témoignages.

Nous ne croyons pouvoir mieux terminer cet Ouvrage qu'en insérant ici les *Lettres commendatices* adressées au Saint-Père en faveur de la Congrégation par NN. SS. les Cardinaux, Archevêques et Evêques dont les diocèses possèdent ou ont possédé quelque établissement des *Servantes de Marie*. Ces témoignages, si bienveillants et si élogieux pour l'Institut, ont déterminé le Saint-Siége à accorder à l'œuvre l'insigne privilége de l'Approbation Pontificale, par un Bref en date du 12 avril 1878. Le Document Apostolique couronne heureusement les lettres épiscopales et donne à l'œuvre, en même temps qu'une bénédiction suprême, une glorieuse consécration.

ÉVÊCHÉ *Bayonne, le 24 septembre 1877.*
DE BAYONNE.

Très-Saint Père,

Nous voici de nouveau, nous, le vieil évêque de Bayonne, prosterné aux pieds de Votre Sainteté, pour lui demander une nouvelle faveur, la dernière sans doute, celle de daigner approuver la Congrégation des *Servantes de Marie*, laquelle, après avoir pris naissance dans notre diocèse, s'étend aujourd'hui à un grand nombre d'autres en France.

**Témoignages.**

Déjà, en 1870, pendant le concile du Vatican, Votre Sainteté avait eu la bonté d'accorder un Bref laudatif à ce pieux Institut. Peu nombreuses et de peu d'importance furent les Animadversions que la S. C. des Réguliers fit aux Constitutions proposées à son examen. Les Supérieures de la Congrégation n'ont rien négligé pour y faire droit; et aujourd'hui, déposant humblement aux pieds de Votre Sainteté ces mêmes Constitutions avec les corrections demandées, elles prient instamment Votre Béatitude de daigner leur concéder le Bref approbatif.

Unissant nos prières à leurs vœux, nous supplions Votre Paternité de vouloir bien accorder ce nouveau stimulant de zèle aux pieuses *Servantes de Marie*, dont l'unique désir est de plaire à Dieu et de le glorifier, en obéissant aux ordres du Saint-Siége et en se conformant avec soin à ses instructions. Cette insigne faveur, qui doit affermir et consolider une pieuse Congrégation que nous avons vue naître et prospérer, sera pour nous-même une grande consolation dans notre vieillesse et remplira de joie notre cœur.

Daigne Votre Paternité accéder à nos désirs et nous accorder en même temps sa bénédiction apostolique pour nous et pour tout notre diocèse.

De Votre Sainteté,

le très-humble et très-dévoué fils,

(Place du sceau.)

† François, *Evêque de Bayonne.*

ARCHEVÊCHÉ  *Bordeaux, le 1ᵉʳ Septembre 1877.*  Témoignages.
DE BORDEAUX.

Très-Saint Père,

J'ai regardé comme un devoir pour moi de rendre témoignage du bien opéré dans mon Archi-diocèse par les sœurs de la Congrégation des *Servantes de Marie*. Depuis que j'ai confié à ces pieuses filles le soin des enfants de la campagne qui, sans elles, seraient privées de l'instruction et de l'éducation chrétienne, je n'ai eu qu'à me louer sous tous les rapports de leur zèle et de leur dévouement. J'ai l'espérance la mieux fondée qu'elles ne cesseront de se montrer dignes de leur modeste, mais pénible mission. Aussi, Très-Saint Père, de même qu'il y a quelque temps je me suis joint aux Évêques qui avaient admis les sœurs de cette Congrégation dans leurs diocèses respectifs pour solliciter de Votre Sainteté un Bref Laudatif de cet Institut ; ainsi n'hésité-je pas en ce moment à m'unir de nouveau à ceux de mes vénérables frères de l'épiscopat qui attestent combien les Servantes de Marie méritent d'être encouragées et de voir approuver leur Congrégation. J'ose donc, Très-Saint Père, demander en leur faveur le Bref qui assoiera cette communauté naissante sur une base ferme et inébranlable et lui communiquera la grâce de se développer pour rendre de nouveaux services à l'Église.

Daignez vous rendre à mes instances, Très-Saint Père,

Témoignages. et me permettre de déposer une fois de plus à vos pieds l'hommage du profond respect avec lequel,

Très-Saint Père,

je suis de Votre Sainteté

le très-humble serviteur et fils,

(Place du sceau.)

† FERDINAND, Cardinal DONNET,
*Archevêque de Bordeaux.*

---

ARCHEVÊCHÉ
DE CAMBRAI.

Nous, ARCHEVÊQUE DE CAMBRAI,

*Cardinal-Prêtre de la Sainte Eglise Romaine,*

Attestons que les *Servantes de Marie*, dont la Maison-Mère est à Anglet, diocèse de Bayonne, dirigent plusieurs écoles dans notre diocèse ;

Que dans chacun de ces établissements, elles travaillent à l'éducation chrétienne des jeunes filles avec beaucoup de piété, de zèle et de succès ;

Qu'elles édifient leurs paroisses respectives par leur esprit d'abnégation et leur conduite vraiment religieuse ;

Et qu'elles méritent, à tous égards, les paternelles bontés du Souverain Pontife.

Cambrai, le 11 juin 1877.

(Place du sceau.)

† Card. REGNIER, *Archev. de Cambrai.*

ARCHEVÊCHÉ       *Paris, le 25 juin 1877.*     Témoignages.
DE PARIS.

       Très-Saint Père,

    Nous avons appris tout récemment que les sœurs, appelées en langue vulgaire *Servantes de Marie*, du diocèse de Bayonne, en France, étaient en instances auprès de Votre Sainteté pour obtenir qu'Elle daignât approuver leur Institut, déjà honoré d'un Bref Laudatif.

    C'est de grand cœur que nous joignons notre recommandation à leurs prières, car nous avons été à même de connaître particulièrement cet Institut pendant que nous gouvernions l'Eglise de Belley. Appelées dans ce diocèse par notre vénérable prédécesseur, Mgr de Langalerie, aujourd'hui archevêque d'Auch, elles y ont fondé plusieurs maisons, où elles se consacrent, avec la bénédiction du Seigneur, à l'éducation des jeunes filles dans les écoles paroissiales.

    Nous n'hésitons donc pas à les recommander à Votre Sainteté, convaincu qu'elles méritent les faveurs de votre bonté apostolique.

    Très-humblement prosterné à vos pieds, nous vous supplions instamment de nous accorder votre bénédiction apostolique.

           De Votre Sainteté,

    le très-humble, très-obéissant et très-dévoué

              serviteur et fils,

(Place du sceau.)

       † François, *Archevêque de Larisse,*
            *Coadjuteur de Paris.*

Témoignages.  ARCHEVÊCHÉ      *Toulouse, le 13 juin 1877*
DE TOULOUSE.

TRÈS-SAINT PÈRE,

La pieuse Congrégation de femmes, appelées *Servantes de Marie*, que le Saint-Siége a déjà honorée d'un Bref Laudatif, est en instances auprès de votre charité sans bornes pour en obtenir des Lettres d'Approbation.

Comme d'un côté un mauvais arbre ne peut donner de bons fruits et que de l'autre cette Congrégation a produit dans le diocèse de Toulouse les fruits les plus exquis et les plus abondants, elle nous paraît digne d'être implantée dans le jardin de l'Église par les mains de Votre Sainteté.

Daignez donc, Très-Saint Père, accueillir d'un regard bienveillant les vœux légitimes de ces pieuses femmes et nous accorder à nous-même, ainsi qu'au troupeau confié à notre faiblesse, la bénédiction apostolique que vous demande à genoux,

De Votre Sainteté,

le très-humble et très-obéissant serviteur et fils,

(Place du sceau.)

† FLORIAN, *Archevêque de Toulouse.*

ARCHEVÊCHÉ　　　　*Alger, le 10 juillet 1877.*　　Témoignages.
D'ALGER.

Très-Saint Père,

J'ose joindre auprès de Votre Sainteté mon humble témoignage à tous ceux qui Lui ont déjà été rendus en faveur de la communauté des sœurs *Servantes de Marie*, dont la Maison-Mère est à Anglet, diocèse de Bayonne.

Né moi-même dans ce diocèse, j'ai vu se fonder et grandir cette pieuse Congrégation par le zèle et sous la conduite du saint chanoine Cestac, que j'ai eu le bonheur d'avoir pour premier confesseur. Cet homme de Dieu a su, au milieu de toutes les contradictions et de tous les obstacles, créer par un miracle perpétuel de foi et de charité, les admirables œuvres qui excitent aujourd'hui l'étonnement de tous; mais la meilleure de toutes ses œuvres est encore la Congrégation qui les dirige et les continue.

Je ne pense pas, Très-Saint Père, qu'il soit possible de trouver une société religieuse où existent davantage les dévouement, l'abnégation, l'esprit de simplicité, de piété, d'attachement au Saint-Siége, que dans cette excellente communauté. Je l'avais appelée dans mon diocèse, lorsque j'étais Evêque de Nancy, et je n'ai eu qu'à me louer d'elle.

Il n'a pas dépendu de moi qu'elle ne vînt aussi s'établir à Alger.

C'est assez dire à Votre Sainteté combien je la crois digne de recevoir d'Elle l'Approbation définitive, et combien je serai heureux que cette faveur lui soit accordée.

Témoignages.

Prosterné à vos pieds sacrés, Très-Saint Père, j'ai l'honneur de me dire, avec le plus profond respect,

De Votre Sainteté,

le très-humble, très-obéissant et très-dévoué fils et serviteur,

(Place du sceau.)

† CHARLES, *Archevêque d'Alger.*

---

**ARCHEVÊCHÉ**   ·   *Auch, le 11 juin 1877.*
D'AUCH.

TRÈS-SAINT Père,

Je suis informé que la Congrégation des *Servantes de Marie*, établie à Anglet, près de Bayonne, par M. l'abbé Cestac, de sainte et vénérée mémoire, est en instances auprès de Votre Sainteté pour obtenir l'Approbation de son Institut.

Je vois depuis longtemps ces dignes religieuses à l'œuvre et j'ai pu apprécier l'esprit qui les anime. Je suis heureux de joindre ma voix à celle de mes vénérables Frères dans l'Episcopat pour leur donner un témoignage public de l'estime particulière qu'elles m'ont inspirée par leur zèle et leur dévouement dans toutes les œuvres de charité qui leur sont confiées.

L'Approbation de leur Institut, en même temps qu'elle donnera un nouveau lustre à la Congrégation, servira puissamment les intérêts de la Religion et le bien des âmes dans nos contrées.

Daigne Votre Sainteté accueillir favorablement la demande qui Lui est faite et accorder sa bénédiction au plus humble et au plus dévoué de ses fils prosterné à ses pieds pour la recevoir.

(Place du sceau.)

† Pierre-Henri, *Archevêque d'Auch.*

---

**ARCHEVÊCHÉ**
D'ALBI.

*Albi, le 8 octobre 1877.*

La Congrégation des *Servantes de Marie* me paraît digne, à tous les points de vue, d'obtenir de Sa Sainteté le Bref Approbatif qu'elle sollicite.

J'ai dans mon diocèse des religieuses de cet Institut, qui y font un très-grand bien. Je serais très-reconnaissant à la Sacrée Congrégation des Evêques et Réguliers, si elle daignait prendre en haute considération mon humble prière, que j'unis à la demande de plusieurs de mes vénérés collègues dans l'Episcopat.

(Place du sceau.)

† Etienne-Emile, *Archevêque d'Albi.*

---

**ÉVÊCHÉ**
D'ARRAS.

Nous, Jean-Baptiste-Joseph LEQUETTE, Evêque d'Arras, attestons, par les Présentes, que l'Institut des sœurs appelées *Servantes de Marie*, dont la Maison-Mère est à Anglet, diocèse de Bayonne, possède dans notre

**Témoignages.** diocèse bon nombre d'écoles, où les sœurs du dit Institut se consacrent à l'éducation chrétienne des jeunes filles;

Que les dites sœurs s'acquittent de leurs devoirs avec un zèle digne d'éloge, qu'elles observent parfaitement leur Règle, qu'elles procurent le plus grand bien des filles confiées à leurs soins et qu'elles font l'édification des paroisses où elles résident.

C'est pourquoi nous croyons, pour ce qui nous concerne, que cet Institut rend, sous tous les rapports, d'utiles services à l'Eglise et mérite l'honneur de l'Approbation apostolique du Saint-Siége.

Donné à Arras, le 23 mai 1877.

(Place du sceau.)

† Jean-Baptiste-Joseph, *Evêque d'Arras.*

---

**ÉVÊCHÉ DE LIMOGES.** *Limoges, le 26 Mai 1877.*

L'Evêque de Limoges est heureux de rendre le plus complet et le meilleur témoignage aux sœurs dites *Servantes de Marie.* Ces dignes filles sont attachées comme auxiliatrices à son petit séminaire de Felletin et elles édifient tout le monde par leur piété, leur zèle et leur dévouement. L'Evêque sollicite pour l'Institut le Bref Approbatif du Saint-Siége apostolique.

(Place du sceau.)

† Alfred, *Evêque de Limoges.*

Joseph-Alfred FOULON,           Témoignages.
Par la grâce de Dieu et l'autorité du Saint-Siége apostolique,

*Evêque de Nancy et de Toul, primat de Lorraine,*

Atteste par les présentes que les religieuses dites *Servantes de Marie,* et dont la Maison-Mère est à Anglet, près Bayonne, lui sont particulièrement connues depuis de longues années, qu'il a eu fréquemment l'occasion de rendre hommage à son véritable esprit religieux, qu'elles observent exactement les saintes Règles de leur Institut et qu'elles se livrent avec zèle et succès aux différentes œuvres de miséricorde qui leur sont prescrites.

En conséquence, l'Evêque de Nancy et de Toul est d'avis que les dites *Servantes de Marie* sont dans les conditions régulières pour obtenir du Saint-Siége apostolique la haute approbation qu'elles sollicitent. Il fait des vœux pour que cette grâce précieuse, si Sa Sainteté daigne l'accorder, soit pour la Congrégation un motif de plus de marcher avec ardeur dans la voie de la perfection religieuse.

Nancy, le 9 août 1877.

(Place du sceau.)

† Joseph, *Evêque de Nancy.*

---

ÉVÊCHÉ      *La Rochelle, le 8 septembre 1877.*
DE LA ROCHELLE.

Très-Saint Père,

La pieuse Congrégation érigée à Anglet, en France, sous le titre de *Servantes de Marie,* déjà honorée par

Témoignages.   Votre Sainteté d'un Bref Laudatif, donné à Rome, se consacre depuis longtemps à l'éducation des jeunes filles dans notre diocèse, où elle rend d'excellents services. Aussi l'Evêque de La Rochelle et de Saintes la recommande-t-il instamment à Votre Béatitude, la suppliant de daigner approuver et sanctionner ses Règles.

Daigne le Dieu très-bon et très-puissant conserver, pour le bien de l'Eglise, pendant de longues années encore, les jours et la santé de Votre Béatitude.

(Place du sceau.)

† Léon, *Evêque de La Rochelle et de Saintes.*

## ÉVÊCHÉ
### DE MONTPELLIER.

François-Marie-Anatole de ROVÉRIÉ DE CABRIÈRES,
Par la miséricorde divine
et l'autorité du Saint-Siège apostolique,
*Evêque de Montpellier.*

Les religieuses connues sous le nom de *Servantes de Marie*, d'Anglet, près Bayonne (Basses-Pyrénées), ont fondé leur première maison d'éducation dans le diocèse de Montpellier en 1860. Aujourd'hui, elles y possèdent six établissements.

Pendant ces dix-sept ans, ces pieuses filles ont pratiqué partout les vertus qu'on est en droit d'attendre des Vierges chrétiennes, épouses de Jésus-Christ. Pénétrées de leur belle mission, elles se sont dévouées à l'enfance avec un zèle intelligent et soutenu. Elles ont, du reste, fait en sorte de travailler, dans la sphère de leur action, à seconder l'apostolat de nos bons curés de campagne. Aussi, ont-elles contribué, pour leur part, au bien général des âmes.

En présence de ce passé, nous aimons à croire, avec plusieurs de nos vénérés collègues dans l'Episcopat, que les *Servantes de Marie* sont appelées à faire un plus grand bien encore dans l'avenir, si elles se perfectionnent dans l'esprit de leurs saintes Règles.

Montpellier, le 3 janvier 1878.

(Place du sceau.)

† François-Marie-Anatole,
*Evêque de Montpellier.*

ÉVÊCHÉ
D'AGEN.

*Agen, le 3 juillet 1877.*

Très-Saint Père,

Informé que les sœurs de la Congrégation des *Servantes de Marie*, établies à Anglet, diocèse de Bayonne, sollicitent auprès du Saint-Siège apostolique l'Approbation de leur Institut, et connaissant le bien opéré par les sœurs de cette Congrégation, je me joins à mon vénéré collègue, Monseigneur l'Evêque de Bayonne, pour prier Votre Sainteté de vouloir bien accorder l'Approbation demandée et de daigner me bénir avec les fidèles confiés à mes soins.

De Votre Sainteté,

le très-humble et très-obéissant serviteur et fils,

(Place du sceau.)

† Jean-Emile, *Evêque d'Agen.*

Témoignages.　ÉVÊCHÉ　　　　　　*Belley, le 28 septembre 1877.*
　　　　　　　DE BELLEY.

Très-Saint Père,

Ayant été informé que les religieuses appelées *Servantes de Marie* s'adressent au Saint-Siége afin d'obtenir l'Approbation Apostolique de leur Institut, nous, soussigné, Evêque de Belley, déclarons que les sœurs de cette pieuse Congrégation, qui dirigent dans notre diocèse plusieurs écoles de jeunes filles, jouissent d'un bon témoignage et qu'elles remplissent la mission qui leur est confiée à la satisfaction des paroisses où elles résident et où elles se conduisent avec piété et religion. C'est pourquoi nous unissons bien volontiers nos prières à la recommandation de l'Illustrissime et Révérendissime Evêque de Bayonne, Ordinaire de la Maison-Mère, et nous supplions Votre Béatitude de daigner accueillir favorablement la prière des *Servantes de Marie.*

Baisant avec respect vos pieds sacrés, nous nous déclarons, Très-Saint Père,

De Votre Sainteté,

le très-humble, très-obéissant et très-dévoué

serviteur et fils,

(Place du sceau.)

† Joseph, *Evêque de Belley.*

ÉVÊCHÉ  *Aire, le 25 août 1877.*  Témoignages.
D'AIRE.

Très-Saint Père,

Ayant appris ces jours derniers que la Congrégation dite des *Servantes de Marie,* fondée dans le diocèse de Bayonne et déjà répandue par toute notre région pyrénéenne, se disposait à demander au Saint-Siége l'Approbation Apostolique, si désirable à bon droit pour toute famille religieuse, nous avons regardé comme un devoir de notre charge de joindre notre suffrage à tant d'autres plus autorisés, qui vous sont adressés dans le même but.

Nous avons, en effet, chez nous, un très-grand nombre de sœurs de cet Institut, employées soit dans les écoles, celles du peuple surtout, soit dans les orphelinats, soit dans d'autres institutions pieuses, au grand profit et à l'édification de tous ; et, quoique nées d'hier, déjà pour ainsi dire, consommées, elles ont fourni en peu de temps une longue carrière.

Cette Approbation, que nous vous demandons prosterné aux pieds de Votre Sainteté, leur serait extrêmement utile ; car, sans compter l'élan qu'elle imprimerait à leur progrès intérieur, elle redoublerait leur énergie, rendrait l'accomplissement du devoir plus doux et les poserait en même temps avec plus d'autorité devant les populations.

Pour ces motifs, nous nous estimerions heureux et nous vous serions profondément reconnaissant, si Votre Sainteté daignait accueillir nos prières, s'ajoutant à tant d'autres d'un plus grand poids.

Témoignages.

En attendant, Très-Saint Père, prosterné très-humblement à vos pieds sacrés, nous nous déclarons,

De Votre Sainteté,

le très-dévoué et très-affectionné serviteur et fils,
(Place du sceau.)

† Victor, *Evêque d'Aire et de Dax.*

***

*Bétharram, 20 août 1877.*

Très-Saint Père,

Humblement prosterné aux pieds de Votre Sainteté, le Supérieur-Général des Prêtres du Sacré-Cœur de Bétharram (France), diocèse de Bayonne, ose vous demander une faveur, malgré son indignité et son incompétence complète.

Il vient, en effet, élever sa faible voix pour supplier Votre Sainteté de daigner approuver d'une manière définitive l'Institut des Servantes de la Bienheureuse Vierge Marie d'Anglet, en ce diocèse de Bayonne.

Je le sais, Très-Saint Père, ce sont Nosseigneurs les Evêques à qui il appartient de donner des informations et des Lettres testimoniales en cette matière.

Mais, sans vouloir m'arroger aucun droit étranger, j'ai cru pouvoir accéder aux désirs de la Supérieure Générale du dit Institut, en vous disant, Très-Saint Père, ce que je sais de science certaine sur les pieuses *Servantes de*

*Marie*, car nous dirigeons un très-grand nombre d'entre elles pour les confessions, à leur Maison-Mère, et nous les voyons à l'œuvre.

Or, il est sûr, Très-Saint Père, que le fondateur de cette Congrégation, que nous avons connu, était un prêtre d'un rare esprit, d'une piété, d'une charité, d'un zèle admirables; qu'il a laissé et qu'il possède un grand renom de sainteté, que ses œuvres portent le cachet de l'esprit du Seigneur et répandent au loin sa gloire.

Oui, Très-Saint Père, les vertus du fondateur éclatent dans la vie de ses enfants. La foi, la piété s'y manifestent par une dévotion envers la Très-Sainte Vierge, qui anime tout, perfectionne tout, produit d'innombrables merveilles de grâces et de bénédictions.

Persuadées qu'elles ne reçoivent aucun don, aucun bien d'en haut que par Marie, ses dignes Servantes ne disent rien, ne font rien, pour ainsi dire, qu'en invoquant Marie, qu'en imitant Marie dans sa simplicité, sa prière presque continuelle, son dur et obscur travail, sa charité pour les pauvres, son zèle pour la conversion des pécheurs.

Aussi, Très-Saint Père, daignez écouter la voix de tant de vénérés Prélats, qui emploient avec grand fruit ces pieuses sœurs en leurs diocèses, en approuvant définitivement leur religieuse Congrégation.

Et que le Seigneur vous accorde de longs et heureux jours !

De Votre Sainteté,

le très-humble, très-obéissant et très-indigne serviteur,

(Place du sceau.)

ETCHÉCOPAR, *Supérieur*.

# DÉCRET D'APPROBATION

### CONCÉDÉ

## AUX SERVANTES DE MARIE

*Par la Sacrée Congrégation des Evêques et Réguliers.*

---

Il y a quarante ans, un prêtre zélé, Louis-Edouard Cestac, fonda dans la commune d'Anglet, près Bayonne (France), une pieuse Association de sœurs auxquelles il donna le nom de *Servantes de Marie*. Son but principal était de sauvegarder les jeunes Orphelines des vices du siècle, en les recueillant dans un asile ; de ramener à la pénitence les jeunes personnes déjà tombées ; enfin, de donner aux jeunes filles pauvres, vivant dans le monde, l'instruction religieuse et profane propre à leur condition.

Les dites sœurs, soumises à la direction d'une Supérieure Générale, émettent les trois vœux simples de Pauvreté, d'Obéissance et de Chasteté.

# DÉCRET D'APPROBATION.

**Décret d'Approbation**

En 1870, lorsque ce pieux Institut, semblable à un arbre aux fruits abondants planté dans la vigne du Seigneur, avait déjà étendu ses rameaux dans plusieurs Diocèses de France, le Pape Pie IX, de sainte mémoire, sur les Témoignages des Prélats chez lesquels travaillaient les sœurs, l'honora d'un Décret où il lui décernait les plus amples louanges. Cette insigne faveur excita chez les sœurs une joyeuse émulation pour s'appliquer avec encore plus d'ardeur à la poursuite du but qu'elles se sont proposé, au grand avantage du peuple chrétien.

Or, tout récemment, la Supérieure Générale de cette Congrégation a adressé au Saint-Siége une supplique recommandée par les Evêques et accompagnée d'un exemplaire des Constitutions, et a demandé instamment que Sa Sainteté daignât corroborer et confirmer par son Approbation Apostolique le pieux Institut ainsi que les Constitutions.

Et notre Très-Saint Père le Pape Léon XIII, dans l'audience accordée, le 12 avril de la présente année 1878, au Seigneur soussigné, secrétaire de cette Congrégation des Evêques et Réguliers, vu les *Lettres Commendatices* des Evêques susnommés, a approuvé et confirmé, comme par la teneur du présent Décret il approuve et confirme, dans la forme des saints canons et des Constitutions Apos-

# DÉCRET D'APPROBATION. 651

toliques, le pieux Institut dont il est question comme Congrégation à vœux simples, sous la direction d'une Supérieure Générale, la juridiction des Ordinaires demeurant réservée ; différant à un temps plus opportun l'approbation des Constitutions sur lesquelles, en attendant, Sa Sainteté a ordonné qu'on communiquât certaines Observations.

Donné à Rome, à la secrétairerie de la Sacrée Congrégation des Evêques et Réguliers, le 15 avril 1878.

J. Cardinal FERRIERI, *Préfet*.

(Place du sceau.)

† A., Archevêque de Myre, *Secrétaire*.

# TABLE DES MATIÈRES

|  | Pages |
|---|---|
| DÉDICACE | V |
| APPROBATION | IX |
| AVERTISSEMENT | XI |

## LIVRE Ier. — L'Œuvre Préparée
### (1801-1836)

CHAP. Ier. — *Une Pieuse Éducation.*

    I. La Première Enfance............ 3
    II. Les Humanités................ 15
    III. Le Séminaire de Saint-Sulpice...... 20
        NOTE. — Correspondance d'un Petit Séminariste............ 27

CHAP. II. — *Le Petit Séminaire de Larressore.*

    I. Le Petit Séminaire de Larressore.... 33
    II. La Prêtrise.................... 42
    III. Direction des Élèves............. 53
    IV. Enseignement philosophique........ 65
        NOTE. — Utilité et nécessité de la Révélation............ 77

|  | Pages |
|---|---|
| Chap. III. — *La Cathédrale de Bayonne.* | |
| I. La Paroisse et le Curé............ | 91 |
| II. La Parole de Dieu et les Pauvres.... | 99 |
| III. Le Confessionnal................ | 107 |
| Note. — La Journée d'un Saint Prêtre.................. | 119 |
| Chap. IV. — *La Formation d'une Sainte.* | |
| I. Le Frère et la Sœur.............. | 133 |
| II. Les conseils d'un Moraliste......... | 140 |
| III. La Direction.................... | 147 |
| IV. Les Obstacles................... | 158 |
| V. La Dévotion..................... | 169 |
| Note.—Extraits de correspondance. | 183 |

## LIVRE II. — **L'Œuvre Fondée**

### (1836-1850)

|  |  |
|---|---|
| Chap. Ier. — *Les Orphelines et les Pénitentes.* | |
| I. Hougassé...................... | 197 |
| II. La Mère Vénérée................ | 210 |
| III. Le grenier du Grand-Paradis....... | 220 |
| IV. La Mère Noire.................. | 226 |
| Note. — Règlement de l'Orphelinat. | 235 |
| Chap. II. — *Notre-Dame-du-Refuge.* | |
| I. Notre-Dame-de-Buglose........... | 241 |
| II. Notre-Dame-du-Refuge........... | 251 |

|  | Pages |
|---|---|
| III. La Crise des Dettes.................. | 258 |
| IV. La Pauvreté........................... | 269 |
| V. La Mort d'un Patriarche............... | 275 |
| Note. — Lettre à un Journaliste.. | 281 |

Chap. III. — *Les Servantes de Marie.*

|  |  |
|---|---|
| I. Les Douze premières Servantes de Marie......................... | 291 |
| II. Les premiers Vœux.................. | 301 |
| III. Le Modèle des Servantes de Marie.... | 314 |
| Note. — Règlement particulier et sentiments d'une Sainte Religieuse............ | 343 |

Chap. IV. — *Les Solitaires de Saint-Bernard.*

|  |  |
|---|---|
| I. La Ferveur primitive............... | 353 |
| II. La Solitude...................... | 366 |
| III. Saint-Bernard..................... | 374 |
| IV. Calomnies et Menaces.............. | 389 |
| Note. — La Légende des Saints Patrons.............. | 399 |

## LIVRE III. — **L'Œuvre Consommée**

(1850-1868)

Chap. Ier. — *L'Esprit de l'Œuvre.*

|  |  |
|---|---|
| I. Les trois Amours................. | 415 |
| II. L'Ascendant personnel............ | 445 |

|  | Pages |
|---|---|
| III. Le Supériorat | 456 |
| IV. La Directrice générale | 463 |
| V. Mort de la Mère Vénérée | 475 |
| Note. — Sentences du Bon Père | 485 |

CHAP. II. — *L'Action.*

| I. Le Travail Professionnel | 491 |
|---|---|
| II. L'Agriculture | 503 |
| III. Les Institutions Scolaires | 518 |
| Note. — Une Prière | 533 |

CHAP. III. — *La Vie du Dehors.*

| I. Rapports avec le Clergé | 537 |
|---|---|
| II. Rapports avec l'Administration | 549 |
| III. Rapports avec Napoléon III | 558 |
| Note. — Réponse à un Ministre | 579 |

CHAP. IV. — *Mort du Bon Père.*

| I. Les dernières Années | 585 |
|---|---|
| II. Le Jour Suprême | 597 |
| III. Le Bon Père | 609 |
| Note. — Témoignages | 631 |

Bayonne, imprimerie Lamaignère, rue Chegaray, 39.

www.ingramcontent.com/pod-product-compliance
Lightning Source LLC
Chambersburg PA
CBHW050059230426
43664CB00010B/1379